バテレンの世紀

Kyoji Watanabe
渡辺京二

"Onde a terra se acaba e o mar começa'
Luís Vaz de Camões, Os Lusíadas, Canto II.

新潮社

バテレンの世紀＊目次

バテレンの世紀

カバー装画
狩野内膳筆『南蛮屏風』
（左隻）部分
神戸市立博物館 蔵
Photo: Kobe City Museum / DNP artcom

装幀　新潮社装幀室

地図製作　クラップス

プロローグ　ファースト・コンタクト

第二の出遭いの前に、第一の出遭いがあった。だが二度目の出遭いを迎えたとき、最初の出遭いの記憶はすでに遠い忘却の彼方へ消え去っていた。

出遭いとは、日本と西洋の遭遇のことである。一八五三年ペリーが来航したとき、日本の朝野はたった四杯に夜も眠れぬ衝撃を受けたといわれる。むろんペリー来航に至るまで、西洋から何の訪れもなかったわけではない。一八世紀末北辺をロシアの影が覆って以来、一九世紀前半は西洋船の訪れに絶えず悩まされてきたのではあるけれど、いわゆる「開国」によって、西洋と否応なく直面せねばならなくなったとき、日本人の驚きと当惑は頂点に達した。見知らぬ人間の種族と初めて出遭ったと日本人は感じたのである。彼らは実は旧知の人間であったのに、記憶は遠く失われていた。それはひとつには、彼らが以前見識っていたのとは著しく異なった風貌で出現したからである。また日本人自身、以前彼らと出遭ったとき以来、自分がどんなに変わってしまったか自覚してはいなかった。

最初の出遭いのとき、両者の関係は対等であった。いや対等というより、遠く母国から数千里を距てて、当時武力充実していたこの国を訪れた彼らは、とくに秀吉・家康の統一政権成立ののちは、政権の意向に阿諛《あゆ》迎合を強いられさえした。だが二世紀半ののち再び出現した彼らは威丈高だった。彼らは幕閣の要人を、まるで丁稚小僧に対するように怒鳴り散らしたのである。

一五四三年、三人のポルトガル人が中国船に乗って種子島へ漂着してから、一六三九年いわゆる「鎖国令」の完成に至る約一世紀は、イギリスの極東史家チャールズ・R・ボクサーによって「日本におけるキリスト教の世紀」と名づけられている。むろんこの一世紀の間、日本人と西洋の関係はキリスト教の受容という一面に限られていたわけではない。これは両者の最初の出遭いであり、しかも長期かつ濃密な接触であったから、貿易はいうまでもなく、文化全般にわたる交渉と相互浸透がみられた。だが、両者の関係を主導した貿易自体、少なくともポルトガル、スペインの場合、キリスト教宣教という強力な動機の支配を免れるものではなかった。その意味でこの一世紀を「キリシタンの世紀」と呼ぶのは失当ではあるまい。

ポルトガルやスペインのアジアへのプレゼンスは、ふつう近代世界幕開けの一端ととらえられている。だとすれば、そのプレゼンスが何よりも世界のカトリシズム化という動機に主導されていたというのは、一見アナクロニックな奇異感を免れない。それは彼らの海外進出がイスラムからのイベリア半島奪回、いわゆるレコンキスタの延長として行われたという惰性を反映するものであると同時に、ヨーロッパにおける旧教国対新教国の対立という構図の延長でもあったことを示唆している。ヨーロッパ本土におけるハプスブルク帝国樹立の企図と、それを挫折させようとするオランダ、イギリスの反帝国的企図の対立が世界規模に拡大したのがいわゆる大航海時代の内実であり、カトリシズム海外宣教は世界のヨーロッパ化の旗印であり、戦略手段でもあった。

ともあれこのように、ポルトガル海上帝国と結んだイエズス会によって強力なキリスト教宣布が行われることで、日本とヨーロッパとの第一の出遭いは広汎な世界観的・思想的意味合いを帯びた。日本人はいわばキリスト教という姿見に映ったおのれを発見したのである。キリスト教を媒介とした日本とヨーロッパの相互認識は、むろん対立や相違をかき立てはしたが、共感や相似を含むものでもあったのを忘れてはならない。

このとき日本人は、西洋人に対して何ら劣等感も先入見も持っていなかった。これは第二の出遭いとは大きな違いである。それは西洋人の場合も同様だった。むろん、彼らは双方ともおのれの文化的規範によって拘束されていた。しかし、そうした相互の偏見も含みつつ、この最初の出遭いはともに対等の立場から相互を発見し、ひとつの世界史を形成するいとなみという、うららかな表象を帯びている。キリスト教宣教に伴う弾圧＝殉教という苛烈陰惨な印象で、この出遭いのリアリティを曇らせてはなるまい。

さらにこの出遭いの特徴は、一方は扉を叩くもの一方は叩かれるものというふうに、非対称的なものではなかったということにある。これも第二の出遭いとの顕著な相違点だった。一六世紀の「大航海」はけっして西洋の独占ではなかった。一五世紀以来アジアの経済は活況を迎え、一四九八年、ヴァスコ・ダ・ガマがインドのカリカットに到着したとき、インド洋貿易圏は完成したシステムとしてすでに繁栄のただなかにあった。さらにその先の東南アジアは南シナ海と結合して、もうひとつの貿易圏をかたちづくった。新興の琉球王国が航海者として名をはせたのはこの圏内においてである。ポルトガルはアジア海域という世界経済の中心に、世界の周辺から馳せ参じた新参者にすぎなかった。

「キリシタンの世紀」は日本が世界有数の銀産出国であった時代と重なる。日本は銀輸出を通じて世界経済にインパクトを与えたのだ。日本人は大航海時代というグローバルなブームに能動的に参加したプレーヤーのひとりだった。ポルトガル海上帝国のアジアにおける拠点は、日本人傭兵の武力なしには維持することができなかった。

しかし「キリシタンの世紀」は、いわゆる「鎖国」によって一世紀で幕を閉じた。この「鎖国」によって、日本は西洋が主導する普遍的な世界史形成に参加する機会をみすみす失ったとする従来の見解は、今日の知見からすればとうてい支持されない。大航海時代の過熱する通商ブームにブレーキをかけ、流動化した世界を再び秩序だてるのは、日本だけではない全世界的な課題だった。近世国家はこの過程のなかから成立したのだし、徳川幕藩制国家はそのひとつにすぎない。「鎖国」は普遍的世界史のひとこまだったのである。それにしても、二〇〇〇年の「鎖国」によって第一の出遭いの記憶はほとんど失われた。一九世紀半ば第二の出遭いを経たのち、われわれは近世当初のヨーロッパとの交渉を、なにか幻めいた杳《はる》かな挿話のように感じて来たのではなかろうか。

戦後、キリシタン史学は長足の進歩を示し、またフェルナン・ブローデル以後の歴史学の展開は、一六世紀を中心とする地球規模の同時代性の進展について絶えず新しい知見を開きつつある。日本における「キリシタンの世紀」はたんなる懐古趣味の対象たるべきものではなく、世界史の形成に参与する能動者としての日本の位相を見極める上で、絶好の考察の対象というべきだろう。新たなグローバリズムがうんぬんされる今日、いっそうその感は深い。

第一章　ポルトガル、アフリカへ

日本に最初に到達したヨーロッパ人はポルトガル人である。西欧諸国で最も早くアジアへ進出したのはポルトガルだったから、これは当然の結果であるにしても、なぜポルトガルなのかといえば話は当然ではすまされない。大航海時代が西欧の社会・経済・文化的発展の必然的結果だという教科書的理解に立つなら、その先駆けとなったのがフランス、イギリス、神聖ローマ帝国といった一五世紀当時の強国ではなく、またイタリアやフランドルのような文化・経済の先進地域でもなく、ポルトガルというヨーロッパの中央政局を離れた辺境国だったのは、歴史上しばしば生じる謎のひとつと言っていい。当時のポルトガルは人口百数十万の小国にすぎなかった。

もちろん、あとから考えついた説明はある。ポルトガルの海外進出はまず対岸アフリカのモロッコ征服から始まった。つまりそれはイベリア半島を支配したイスラム勢力に対する失地回復運動、いわゆるレコンキスタの余勢を駆った行動であったのだが、ポルトガルの場合、そのレコンキスタは早くも一二四九年に完了していた。隣国スペインがアンダルシアに残ったイスラム最後の砦グラナダ王国を滅ぼしてレコンキスタを完了したのが一四九二年、すなわちコロンブスが探検航海に乗りだした年であるのにくらべれば、これは二四〇年も早い。大西洋に面しアフリカに隣接する地理的条件も見逃せない。コロンブスが探検航海を成功させることができたのは、北大西洋を時計廻りにめぐるアゾレス海流のおかげだったのだが、それはポルトガルの西岸を洗っている。当時のポルトガルが新興のアヴィス朝のもとで、強固な国内統一を実現していたのも重要な要因である。アヴィス朝は一三八三年から八五年にかけての革命によって成立している。ポルトガルの海外進出はアヴィス朝の開祖ジョアン一世によって第一歩を印されたのだから、廻り道めくにしても、しばらくこの革命の話をしておかねばならない。

海外進出を可能たらしめた国王権力

当時のポルトガル国王フェルナンド一世は民衆の人望がなかった。彼が人妻レオノールを奪って強引に王妃とし、そのレオノールが野心家でしばしば国政に口を出したからである。彼女は恋人のオウレン伯との間に子をなしたという噂すらあった。民衆にとって、レオノールは大貴族の専横の象徴だったのである。そのうえフェルナンドが隣国カスティーリャとしばしば事を構え、国内が戦火にさらされたのも国民の不満をかき立てずにはおかなかった。一三八三年フェルナンドが死ぬと、その前にカスティーリャ国王に嫁いでいたひとりっ子のベアトリスが即位し、レオノールが摂政の地位に就いた。これがポルトガルの独立喪失につながるのは誰の目にも明らかである。各都市はベアトリスの即位の承認を拒んだ。フェルナンドには庶腹の異母弟ジョアンがいてアヴィス騎士団長の地位に在った。輿望はこのジョアンの上に集まったのである。

ジョアンはレオノールから憎まれ、殺害されそうになったこともあったが、リスボンのブルジョワ市民層と結んで、八三年の暮、レオノール政権の支柱オウレン伯を宮廷で殺した。革命の開幕である。宮廷クーデタとして始まったこの革命は国内の諸都市と農村に波及し、曲折を経たうえ、八五年に開催された身分制議会コルテスによって、ジョアンが国王に選ばれることで終結した。

この革命が隣の強国カスティーリャへの従属の危機感によって終始駆動されていたのは確かなことだ。それはジョアンが即位後アルジュバロータで、寡兵よくカスティーリャの大軍を破ったのが、新政権の地位を確固たるものにしたという事実によっても明らかといわねばならない。だが、この革命はたんにポルトガルの独立を救ったというだけではなかった。ポルトガル史家金七《きんしち》紀男の表現を借りれば、それは「支配層に対する下層民の自然発生的な反乱から、王国の独立を擁護しようとするリスボン、ポルトのブルジョワジーが主導権を握る『革命』に転化し、国内の中小貴族を抱きこんで親カスティーリャの大貴族を破り、ついに民衆主導のコルテスが国王を選定するという状況にまで立ち至った」。金七はさらに、一四世紀はイタリアのチオンピの乱、フランスのジャックリー一揆、イギリスのワット・タイラーの乱などに表れているように封建制が危機にさらされた時期だが、民衆反乱が支配層の一部を巻きこんで勝利したのは、このポルトガルの一例あるのみだと指摘している。

つまり、これは大航海時代の研究家井沢実も言うように「ポルトガルの社会機構を根底からゆさぶる大革命」だったのである。支配層は当然一新された。当時の年代記作者フェルナン・ロペスによれば、「それまで取るに足りなかったきわめて身分の賤しい人びとの息子たちが、その良きご奉公により騎士身分に取り立てられ、新しい家門が誕生した」。旧貴族は没落し、替わってそれまでの中小貴族、平民たる都市ブルジョワから取り立てられた新貴族が新政権の担い手となった。大航海時代前夜のポルトガルはこのように、国王権力のもとで社会各層が強固に統一されるという恵まれた状況にあった。探検航海は国家的事業であるから、このような政情安定のもつ意味はきわめて大きい。翻って各国の政情を見ると、一五世紀初頭、フランスとイギリスはだらだらと続く百年戦争のさなかにあり、神聖ローマ帝国は帝位自体が諸侯間を転々として安定せず、イタリアは小国分立する戦国的状況を呈し、カスティーリャもまた政情不安を免れなかった。とても海外進出どころではなかったのである。

しかし、以上述べたことはポルトガルの海外進出をどの国にも先駆けて可能ならしめた諸条件にすぎない。ポルトガルがなぜ西欧諸国の先頭を切ってアジアの海域に出現したかという動機の説明にはなっていないのである。後世の目には必然と映るような歴史過程は、そのときどきに生じた偶然の連鎖の結果であることが多い。ポルトガルがどうして大航海時代の先駆けとなったのかという問いに対する真実の答えは、ポルトガルには大航海時代を開くなどという意図はまったくなかったのだし、アジア進出の先頭に立つことになったのも偶然の連鎖の結果なのだということではなかろうか。

セウタ攻略のメリット

一五世紀の初頭、ポルトガルにあったのは対岸アフリカに拠点を築きたいという明白な意図だった。ポルトガルはレコンキスタの後もアフリカのイスラム世界と濃密な関係を保っていた。レコンキスタ自体がイスラムとの単なる敵対ではなく、その間にさまざまな商取り引きと文化的摂取を伴う過程だった。対岸のモロッコは穀倉地帯でありサトウキビ産地である。ポルトガルとモロッコのモーロ人との間には、レコンキスタ後も恒常的な交易が存在した。

新興のアヴィス王朝はモロッコの要衝セウタに目をつけた。一四一五年、ジョアン一世はついにセウタを攻略する。言うなれば、すべてはこのセウタから始まったのである。ジョアン一世には五人の息子がいて、そのうち上の三人、すなわちドゥアルテ、ペドロ、エンリケはすでに成年に達していた。ジョアンは三人を騎士に叙任するために、大掛りな馬上槍試合の開催を思い立つが、財務長官のアフォンソがおなじ金のかかることならセウタを攻略してはいかがと進言したので、その通りきまったと当時の年代記の筆者アズララは記す。現代のポルトガル史家はこんな伝承は信用しないらしいけれど、財務長官の発議というのはいかにもありそうな話だ。アフォンソはリスボンやポルトの海運商業の代表者だというし、セウタの金市場は慢性的な金不足になやむ彼らにとって、大きな魅力だったに違いないからである。

アフリカの西スーダンが金の産地であるのは、当時ヨーロッパで広く知られていた。サハラ砂漠の南の草原地帯に興亡した黒人王国は彼らには黄金郷に見えた。マリ王国のムーサ王が一三二四年から翌年にかけてメッカ巡礼に出かけ、途中立ち寄ったカイロで金塊の大盤振舞いを演じ、カイロの金相場はために下落したという噂は彼らの耳にも伝わっていた。スーダンの金はサハラ砂漠を横切る隊商によって北アフリカへもたらされる。モロッコの交通上の要衝セウタはそのような金の集散地のひとつであって、ここを攻略すればスーダンの金の流れとじかに接触できるのである。

セウタ攻略のメリットはそれだけではなかった。モロッコには小麦と砂糖キビを産するゆたかな土地がある。土地不足に不満を抱く貴族たちは、そこで広大な所領を手に入れることができよう。かてて加えて、セウタはイスラムがイベリア半島に進入したときの足掛りである。そこを攻略して、アフリカのイスラム世界の一角にキリスト教の旗を立てることができれば、レコンキスタは華々しい前進の一歩を印すことになろう。

セウタはジブラルタル海峡に面し、ポルトガ

ポルトガル

ル南部の港ラゴスから三〇〇〇キロ以上離れている。進攻の準備は三年かけて秘密裡に行われた。一四一五年、ジョアンは三王子を連れて親征し、セウタは陥ちた。のちに航海王子とうたわれるエンリケはこのとき二十一歳、殊勲を立てて兄たちとともに騎士に叙任され、セウタ総督に任じられた。

黄金掌握を目指したアフリカ西岸南下策

だが、現実は思惑を裏切る。セウタはまわりのイスラム世界に包囲されて、防衛司令メネーゼス伯爵率いる二五〇〇の守備兵は城壁の内にたて籠るばかり。一四一九年にはフェズ王国の大兵に襲われ、エンリケが本土から救援に赴かねばならなかった。貴族たちの所領拡大など夢のまた夢である。しかも、スーダンからの金の流れはセウタを避けてほかの市場へ逃げた。セウタは維持費ばかりかかって利益など何も生まぬ金喰い虫と化したのである。セウタを放棄するか、それとももっと多くの都市を攻略して支配圏を拡げるか。ジョアンの宮廷はこの選択をめぐって揺れる。しかし、セウタを攻略した甲斐がひとつだけあった。アフリカ奥地の事情がいくらかずつわかり始めたのだ。セウタの市場へ流れこんでいた金が、サハラ砂漠の南縁に位置する西スーダンで産出したものだとはっきりすれば、アフリカ西岸を南下して、直接金産地を掌握すればよいではないか。エンリケが一四二二年から探検船を南へ送り始めたのはそのように考えたからに違いない。

しかし、スーダンに達するためには、アフリカ西岸のボジャドール岬を越えねばならない。当時の船乗りには、ボジャドール岬は航海の限界と考えられていた。それを越えて先に進んだ者で、帰って来たのは一人もいないというのである。これは現在のジュピ岬からブランコ岬にいたるアフリカ西岸ではたえず北風が吹き、そのころの船では逆風をついて戻ることができなかったからだが、当時は真っ暗な海とか、なだれ落ちる海といった言い伝えが恐怖の種となっていた。

エンリケが送り続けた船はどれもこの岬を越えることができなかった。こうして一二年経った一四三四年、彼は従士のジル・エアネスに今度こそボジャドール岬を越えるよう厳命し、エアネスの船はついに命に応えた。しかし彼は上陸した地点で人跡を見ず、上陸した証拠に草を採取して持ち帰った。エンリケはさらにエアネスとバルダヤを派遣し、彼らは岬より五〇レグア（一レグアは約六キロ）先に進み、今度は陸地に人間とラクダの足跡を発見した。エンリケは情報をとるために捕虜を手に入れるよう命じて、再度バルダヤを派遣、バルダヤは前回よりさらに七〇レグア進んである河口に達し、原住民と初めて出会って戦闘を交した。この河は採取するにも足りぬわずかな砂金を見受けたというので、ドオロ河と名づけられた。オロとは黄金の意で、ポルトガル人の南航の動機を正直に語っている。彼らはまた河口で五〇〇〇頭にも及ぶアザラシを発見した。殺して皮を剝いだのはいうまでもない。これは一四三六年のことであった。

しかしこの年を最後に、一四四一年に至るまで探検航海は中絶する。エンリケにはもっと重大な関心事が生じていた。ジョアン一世は一四三三年にすでに世を去り、長男のドゥアルテが王位を継いでいたが、セウタの西に位置するタンジール攻略計画をめぐって宮廷はふたつに割れたのである。反対の先頭に立ったのは二男のペドロと四男のジョアンである。ジョアンは異教徒であることは戦争の理由にならぬと主張し、ペドロは国力の乏しいポルトガルに冒険的な遠征の余力はないと説く。エンリケは末弟のフェルナンドとともに主戦派である。彼は後年付会された大航海時代の創始者という開明的なイメージとはまったく違って、対イスラム戦を聖戦と信じてやまぬ篤信の騎士であった。アフリカに所領の欲しい貴族たちは、むろんエンリケの尻を押す。

一四三七年、エンリケはフェルナンドとともにタンジールを攻め、無残な敗北を喫する。イスラム勢に包囲され、フェルナンドを人質とし、セウタの返還を約してやっと帰国がかなった。むろんセウタは返さない。フェルナンドは獄死し、遺体はフェズの城壁から逆さ吊りにされた。一四三八年にドゥアルテが死ぬと、息子が即位してアフォンソ五世を名乗ったものの、まだ六歳。アラゴン王国から嫁いだ母レオノールが摂政となり、大貴族たちは彼女を支持したが、リスボンを始め都市の市民たちが収まらない。半世紀前の革命のときとおなじ構図が出現した。市民たちの希望の星はドゥアルテの弟ペドロ親王。抗争の結果ペドロがリスボン市民の歓呼のうちに摂政に就き、レオノールは亡命して死ぬ。エンリケはこの間、一貫して調停者の立場をとった。ペドロは若いころ欧州の宮廷を遍歴し、広い視野を培った人物で、大貴族を抑えて王権を強化し、時代遅れの十字軍的発想を脱して海運商業を重視した人物といわれる。エンリケはペドロ摂政のもとで探検航海を再開し、一四四三年ペドロはエンリケに、ボジャドール岬以南の航海独占権を与えた。

「十字軍」的発想と奴隷獲得

和辻哲郎の『鎖国』は、「世界的視圏」の拡大をめざす近代人というエンリケのイメージを流布するうえで、最も力あった著作といってよかろう。「サン・ヴィセンテ岬サグレスの城に住み、そこに最初の天文台、海軍兵器廠、天文現象世界地理などを観察叙述するコスモグラフィーの学校などを創設して、ポルトガルの科学力を悉くここに集結しようと努力した」というのは、当時の通説に従ったまでだが、このような航海王子エンリケのイメージは、今日では根本から覆されている。

第一に、エンリケが創設したとされるサグレス航海学校は、史料の裏づけをもたぬまったくのフィクションである。この学校伝説は英国で生れてポルトガルにもたらされたもので、一九世紀末にはポルトガル学界ですでに否定されていた。第二に、エンリケが天文学・地理学等の学識に富んでいたという証拠もない。同時代人のカダモストの記録に「親王は天文学と占星術の学識が豊かなことで、世にその名を知らぬものはなかった」とあるのは、後世の出版者の加筆にすぎない。学識というなら、むしろ兄のペドロの方が、ヨーロッパ各地を遍歴しただけあって、よほどルネサンス的知性のもちぬしだった。第三に、エンリケが周りに集めたとされる科学者や技術者も、同時代の史料によってその存在を確認することはできない。さらに、一四六〇年のエンリケの死までに行われた探検航海のうち、彼の手によるのは三分の一にすぎず、逆に摂政ペドロの積極的な関与が目立つという。

モロッコ征服の意欲で明らかなように、エンリケはイスラムに対する聖戦にわが身を捧げる中世的騎士であったのだ。しかしその彼がなぜ、後世になって「航海者」の異名を奉られるようになったのだろうか。何もかも後世の作為とするわけにはいかない。彼が度々船を送ってアフリカ西岸を南下させ、アジアへ至る航路を開拓する端緒を作ったのは、否定できぬ事実なのである。

先にも名を挙げた年代記作者アズララは「なにゆえ親王殿下がギネー（ギニア）地方の探検を命ぜられたか」と問うて、五つの理由をあげている。第一はボジャドール岬を越えた未知の地域への好奇心、第二はその地域の人々との交易への意欲、第三はイスラムの勢力がその地方にどの程度及んでいるかを知る敵情視察、第四は対イスラム戦で味方をしてくれそうなキリスト教君主の探索、第五にその地方の住民をキリスト教に帰依させて、「迷える魂」を救おうとする使命感である。いくらエンリケの資質が中世的だからといって、第一の理由を否定する必要はなかろう。彼のなかにもルネサンス的知性はやはりうごめいていたと考えたほうがむしろ自然だ。しかし、圧倒的動機はイスラムに対する聖戦にある。モロッコにキリスト教の旗を樹《た》てるのと、アフリカ西岸を南下するのとは、レコンキスタのおなじ一環なのだ。エンリケのギネー地方探検がこのようなキリスト教世界の拡大という動機によって圧倒的に導かれていたことは、いわゆる大航海時代の真実を明らかにするうえで忘れてはならぬ事実だ。それは欧米の教科書でいまだにそう書かれているような、地理的発見などというきれいごとではない。

エンリケはインディアスのどこかにあるというプレスター・ジョンの国を探し出すつもりだった。プレスター・ジョンとは当時ひろく西欧で信じられていた伝説的なキリスト教君主である。エンリケのいうインディアスとは実在のインド亜大陸のことではない。当時はアフリカの一部と考えられていた漠然たる土地のことである。プレスター・ジョンが見つかれば宿敵イスラムをはさみ撃ちすることができるのだ。結局エンリケを動かしたのは、イスラム世界の背後を衝くという十字軍的発想と交易の意欲だったといってよい。交易とはもちろん、モーロ人の仲介なしに西スーダンの金を入手しようとするものだが、実は金にならぶ魅力的な商品がアフリカにはあった。奴隷であって、エンリケが派遣する航海者たちはもっぱら金と奴隷の獲得に血眼になる。

しかもこの奴隷という交易品目は、異教徒の魂の救済という十字軍的目的にも適うのが話のおそろしいところだった。「殿下は多大の労苦と出費を惜しまず、これらの魂をまことの道へ導くことを願われ、主に捧げる供物でこれにまさるものはあり得ないことを理解しておられた」とアズララは書く。「これらの魂」とは西アフリカ沿岸で捕獲もしくは交易され、ポルトガルへ送られてキリスト教に改宗させられたベルベル人あるいは黒人の奴隷のことである。ポルトガル人は一〇〇年ののち日本へ到達して、そこで見出した「迷える魂」をおなじように救済しようと努めることになる。彼らは日本で奴隷交易を行いはしたが、日本人を捕獲して奴隷化する行為を犯したわけではない。しかしそれは、当時の日本の軍事的実力がそのことを許さなかったのと、彼ら自身の内部でその間奴隷問題について論争や反省のあった結果であって、イエズス会の宣教師はたとえ奴隷であろうともキリスト教徒でありさえすれば、異教徒にとどまるよりははるかに幸福なのだとする観念を、胸に秘めつつ日本人に教えを説いたのである。

「世界支配者」たるべきキリスト教徒

つまり、ポルトガル人による西アフリカ住民の捕獲は、大航海時代の前半を主導するキリスト教世界拡大の意欲の底にあるものが何であったかを、赤裸々に物語るものといわねばならない。それはキリスト教徒のみが真に人間の名に値する存在であって、それ以外のイスラム教徒と異教徒（この二者は区別されていた）は悪魔を信じる外道である以上、世界支配者たるべきキリスト教徒に教化され支配されるしか救いの道はないという盲信である。西洋人は主人であり、非西洋人は潜在的な奴隷であるという命題がここからひき出される。その命題が現実化されるのは、むろん大航海時代を越えて一九世紀の到来を待たねばならない。だが西洋の世界支配を正当化する論理が、早くも一五世紀におけるポルトガルの西アフリカ進出のうちに見られるのはなんと戦慄的な事実であることだろう。西洋の世界支配の完成は一面を見れば、まさにレコンキスタの完了だったのである。

先走った話を引きもどそう。一四四一年に再開された航海は初めて現地住民の捕虜をポルトガルにもたらした。エンリケが捕虜の入手を命じたのは当地の情報を得るためであったが、航海者たちはただちに奴隷として売るためにベルベル人を捕獲し始める。彼らは一四四三年にはブランコ岬に達し、この岬以南の沿岸が絶好の奴隷狩りの地となった。最大の成果が挙ったのは翌四四年で、六隻のカラヴェル船の遠征が二三五人の奴隷をもたらす。第一の目的だったはずの金はどうなったのか。砂金が手に入りはしたが、量は微々たるものにすぎなかった。産金地はポルトガル人が近づけぬ奥地にあったし、奴隷狩りによって住民の敵意をかきたてておいて、交易など成り立つ算段ではなかったのである。

アフリカ西岸の探検航海の目的がまるで奴隷捕獲であるかのような様相を呈するに至ったのは、レコンキスタの過程でポルトガル人が、北アフリカのイスラム勢力との間に、相互に捕虜を奴隷化する行為を習慣化していたからだろう。相手がイスラムであれば、闘って捕虜とするのはローマ教皇が奨励するキリスト教徒の義務である。アフリカ西岸のベルベル人は航海者の見るところ、あまり筋金のはいった信心は持っていないらしいが、それでもイスラム教徒に違いはなかった。

航海者たちは住民を求めて上陸し、彼らを視認するや追跡して捕獲し、集落のありかを白状させると、部隊を編成して襲撃した。ベルベル人たちはむろん闘った。彼らは人数でまさっていたし、彼らの唯一の武器である投槍が航海者を貫くこともあった。一四四二年、ゴンサーロ・シントラは一二名の手勢で二〇〇人の敵と闘い、ゴンサーロほか七名が戦死した。しかし、これは例外というべきで、ほとんどの場合住民は、「サンチャゴ」と聖人の名を唱えて襲いかかる航海者たち、対イスラムの聖戦で鍛えられたポルトガルの戦士に抗すべくもなかった。彼らはひたすら逃げた。せっかく集落を包囲したのに、人っ子ひとりいない。それでも航海者たちは気落ちせず、しつこく集落を探し求めた。

恐慌と荒廃の嵐がブランコ岬以南の沿岸を吹き荒れた。この地の住民であるゼナガ族は国家形成以前の部族的生活をいとなみ、首長も存在しなかった。彼らは丸木舟のほか船というものを見たことがなかった。初めてポルトガルの帆船を海上に認めたとき、彼らは白い翼の怪鳥と思い、それが岸に近づくと巨大な魚と思い込み、その神出鬼没な行動を見て幽霊と信じた。いつ、どこを襲うか知れぬ船影は、彼らにとって恐るべき怪物だったのである。

「文明化」の論理

奴隷は人類の歴史とともに古い。アフリカの住民は奴隷狩りという行為を知らぬ無垢の原始人だったのではない。しかし、一五世紀の西アフリカを襲ったような無法で非道な奴隷狩りは、史上めったにお目にかかれぬしろものではあるまいか。おそろしいのは赤子の手をひねるにひとしいこの集落襲撃が、まるで騎士道的な豪胆のあらわれであり武勲であるかのように、ポルトガル人の年代記に記録されていることである。ベルベル人たちが家族を守るために勇敢に闘ったと記すとき、彼らをそのような絶望的勇気に追いやった自分らの無法はまったく自覚されていない。彼らは騎士道的に敵を賞賛しているのであって、それはとりも直さず自らの豪勇の証明なのである。事実、この奴隷捕獲に当たっての勇猛を賞されて、現地で騎士に任じられたアンタン・ゴンサルヴェスのような男もあった。

住民のゼナガ族はイスラム教徒ではあったが、それは形だけのことで、イスラムの教説もよく知らず、教団の組織も成立していなかった。一一世紀以来のイスラム世界とキリスト教圏の抗争など、彼らにとってまったく縁のない話であったのだ。そういう彼らに、ある日突然、聖戦意識にこり固まった戦士たちが、「サンチャゴ」と雄たけびをあげて襲いかかる。悪夢としかいいようがあるまい。

航海者たちに即していえば、一〇人二〇人という小人数で、いつ待ち伏せに遭うかも知れぬ不案内な土地に乗りこんでゆく勇気は、それだけをとるなら感嘆に値する。この点では彼らには信仰に篤《あつ》い中世的騎士の面影が認められる。だが、この騎士を動かしていたのは信仰ばかりではなかった。捕虜は何よりも金になったのである。年代記作者アズララは、最初の捕虜がポルトガルに着いたとき、エンリケ親王はこれまで費した航海の費用を購うに足る富がかの地に見出されると知って、「貪婪《どんらん》のごとき様相を呈」する「喜びと満足」を覚えたと書いている。「殿下はただひたすら迷える魂の救いを求めるという聖なる意図によって励まされた」とアズララはつけ足してはいるが、この救いが金になるというのが肝心で、エンリケは捕虜を売却することで探検の資金を先々確保できる見通しを得た。

一四四四年八月、二三五人という大量の捕虜がラゴスの港に着いた。彼らは郊外の野原に曳き出され、五組に分けられた。そのうちの一組を航海の勧進元エンリケ親王が取るのである。アズララは記す。「あるものは頭を低くたれ、互いに見合わす顔は涙に濡れていた。またあるものは空を仰ぎ、じっと見つめながらまことに痛々しく呻き声を立て、あるいは万物の造り主に助けを求めるかのように大声で叫んでいた。あるものはわれとわが手で顔をたたき、地べたに体を投げ出した」。「だがかれらの悲嘆が最高に達したのは、捕虜分配の役目をおびた人たちがやって来て、かれらを平等に分けるために引き離しはじめたときであった。その結果、親と子が、夫と妻が、兄弟姉妹が、互いに別れ別れにされることになった。……かれらを一方に引き離すや否や、子は父親が別な方にいるのを見ると、猛然と立ち上がって走り寄る。また、母は子を腕に抱きしめ、奪われまいとして地べたにうつぶせになり、体を傷つけられても意に介さない」。

アズララ自身がこれを見て憐れみを覚えぬ心とは、一体どのようなものかと嘆かざるをえない光景であった。「私がかれらの悲嘆に憐れみの涙を流すのも、かれらもまた人間であることが人間としての私の心にそのように強いるからであります」と彼は書く。自分たちが勝手につかまえて来た相手に、このような憐れみを覚えるというのは何たる偽善かといいたいところだ。だが、アズララには最終的な自己正当化があった。「この人たちはわれわれの言葉についての知識を得るや否や、ごく僅かの努力でキリスト教徒になったからだ。私自身もラゴスの町において、この土地で生れた捕虜たちの子や孫である少年少女たちを見たことがあるが、かれらはまことに立派な、そして正真正銘のキリスト教徒であって、さながらキリストの御教えの当初以来、真先に洗礼を受けたひとたちから代々信仰を受け継いで来た信者たちと同様であった」。アズララによれば、このときサン・ヴィセンテ・ド・カーポ修道院にひとりの少年が寄進されたが、彼はのちに聖フランシスコ修道会の会士となったということだ。拉致されて「魂を救われた」少年が、今度は人びとの魂を救う導き手となったというのだ。

ポルトガル人はこの拉致行為によって、当の被害者にもいいことをしたつもりであった。アフリカのサヴァンナで原始的な暮しをするよりも、ラゴスやリスボンで、たとえその身は奴隷であろうとも、文明的な生活を送るほうがどれほどましだろうか。奴隷といっても悲惨な待遇をされたわけではないし、解放されてふつうの市民になることもできる。当初は悲嘆に暮れたとしても、その方が当人によかったのだ。大航海時代の幕開けを導いたのが、このような「文明化」の論理だったことは銘記されねばなるまい。

ポルトガル人出現が煽り立てた黒人首長たちの奴隷狩り

北西アフリカの沿岸部はセネガル河を境として、北はベルベル人の地、南は黒人の地と棲み分けられている。ベルベル人の外見は白人に近いが、黒人は白人からすればまったくの異人である。ポルトガル人のいう「ギネー」とは、黒人の住むセネガル河、ヴェルデ岬一帯より南の地域のことで、黄金を産するのはこのギネーの奥地であるはずだった。ベルベル人の捕獲という思いがけぬ金もうけに血道をあげていても、ギネーの金という当初の目的が忘れられたわけではない。エンリケ親王は配下の船長に、ほかの地に立ち寄らずギネーへ直行せよとしばしば命じていた。初めて黒人の地に達したのはディニス・ディアスで、一四四四年のことである。彼は海上で黒人たちの舟を追跡し、四人を捕えた。これが最初に得られた黒人の捕虜であった。だがこの地の黒人は好戦的で、ベルベル人のようにただ逃げ廻ったり、絶望的に抵抗したりするだけではなかった。翌年、ヴェルデ岬に上陸しようとしたポルトガル人は矢と投槍で反撃され、何も得るところなく引き返した。

ヌーノ・トリスタンの場合、状況は最悪だった。彼は幼少の頃からエンリケの館で育てられ、それまで数々の航海で武名をあげた騎士であったが、ヴェルデ岬を三〇〇キロほど過ぎた地点で河口を発見し、二艘の舟艇をおろして溯上するうちに黒人たちと戦さになった。黒人は一二艘の舟で迎え撃ち矢を射かけて来たが、あいにくこれが毒矢で、トリスタンたちは辛うじて沖合の船に逃げ帰り、錨綱を切ってやっと包囲を脱出する有様だった。トリスタン以下二二名が毒矢に射られて死んだ。

これでは通商どころではない。だが、一四四八年にベルベル人の地アルギン島に設けられた交易所が機能し始めた。エンリケはこれまでのように襲撃によってベルベル人の敵意をかりたてていたら、とても金の入手はおぼつかないと悟ってこの交易所を設けたのである。アルギン島にベルベル人は黒人奴隷と金の延棒をもたらし、ポルトガル側は小麦や雑貨で代価を支払った。ベルベル人は内陸の黒人国を訪れ、首長から金と奴隷を購入するのである。代価は馬であった。当時のアフリカ各地では、他種族との戦争で得た捕虜を奴隷として保有する慣習が一般化していた。奴隷をよろこんで購入するポルトガル人の出現は、こののち黒人首長たちの奴隷狩りを煽り立ててゆくことになる。

セネガルの黒人国首長たちとも、一四五〇年代になると通商が開け始めた。ポルトガル人が求めるのは相変らず金と奴隷である。しかし、セネガルの南に位置する黒人国ガンビアで、依然として敵意が示されたのは、ヴェネツィアの人カダモストがエンリケと契約して一四五五年ギネーへ赴いたとき、ガンビア河で黒人と激しい戦闘を交える羽目に陥ったことで明らかである。カダモストは何とかして平和な通商の意志を伝えようとしたが、黒人たちの返事は「お前たちのことはよく知っている。お前たちと取り引きをしているセネガルの黒人は極悪非道な連中だ。お前たちが黒人を買うのは食用にするからに違いない。お前たちと通商する気はない」というのであった。このときにはポルトガル船には大砲が積まれていて、その威力で襲いかかる丸木舟を追い払いはしたものの、船員たちはおじけづき、カダモストは空しく船を返さねばならなかった。

「プレスター・ジョン」国の探索

エンリケが一四六〇年に死んだとき、ポルトガル船はシエラ・レオネまで達していた。ギネーの黄金を入手するという彼の夢はまだ実現の端緒についたにすぎず、大きな進展はむしろ彼の死ののちに見られる。彼の業績は西アフリカ探検航海の端を開いたのもさることながら、ローマ教皇に働きかけて、ポルトガルが征服する土地の支配権を、異教徒を改宗させる権利も含めて承認させたことにあったかも知れない。ヨーロッパがアフリカ・アジアに対して主人顔で振舞える根拠が、神の名において初めて与えられたのである。

一四七〇年代、ポルトガル人はのちに黄金海岸、奴隷海岸、象牙海岸等と称されるギニア湾岸地方に到達し、「ギネーの金」の本流に初めて接触した。アフォンソ五世のあとを受けたジョアン二世が一四八一年、エルミナ（現在のガーナ）に城砦を築き貿易の中心として以来、一五二〇年代に至るまで、毎年平均八〇〇キロの金がポルトガルへもたらされたといわれる。エンリケの夢のひとつはかくして叶えられたのである。このころ、ニジェル河河口にはベニン王国、ザイール河河口にはコンゴ王国が栄えていたが、ポルトガル人は前者とは一四八六年、後者とは一四八五年に接触し、たがいに対等の国交が開かれた。両国の首都は訪れたポルトガル人が驚いたほどの威容を備えており、これまでのような高圧的な態度は許されなかったのである。ポルトガルはこの両国から黒人奴隷を入手した。

実現されないでいるエンリケのもうひとつの夢、すなわち「プレスター・ジョン」の国の探索はジョアン二世にとり憑いた執念となった。というのはベニン王国の使者がジョアン二世に、彼らの国の東方に有力な国王がいて、まわりの国からローマ教皇のように尊敬されているという話を

北西アフリカ

聞かせたのである。ジョアンはこれこそプレスター・ジョンの国だと信じ、その位置をエチオピアと推定した。エチオピアがコプト派キリスト教の国であるのは、このころまでには知られていた。

一四八七年、二人の使者が陸路を経てエチオピアへ送られた。海路を経て同国へ向うように命じられたのがバルトロメウ・ディアスである。周知のように彼の船隊は翌八八年、初めてアフリカ大陸の南端を回って、大西洋がインド洋につながっているのを明らかにした。当時の地理観では、アフリカ大陸ははるか南から東まで延びており、インド洋はユーラシアとアフリカに囲まれた内海と信じられていたのだった。

しかしディアスは、インドへの航路を開こうとして喜望峰を発見したのではない。彼がジョアン二世から受けた命令は、あくまで「プレスター・ジョン」の国、つまりエチオピアに到達して使節を送ることだった。その使命を果そうとするうちに、自覚せずにアフリカ南端を廻ってしまったのである。インドへの航海も香料貿易もまだ問題になっていなかった。だからこそ、ディアスのアフリカ南端回航から、ヴァスコ・ダ・ガマのインド航海まで九年という歳月の空白が生じたのだ。この九年の間に何があったか。コロンブスがジョアン二世に、西廻りの航海によって日本に到達すべく説いたが、結局は王の採るところとはならなかった。先に陸路エチオピアへ赴かせた使節から、アフリカ東岸についての重要な報告がもたらされた。インドと香料はかくしてポルトガル人の視野へはいったのである。西スーダンの金と「プレスター・ジョン」にひかれて始まった探検航海は遂にアジアへ鉾先を向けるにいたった。彼らはいわば次々と仕掛けられた餌に喰いついて、いわゆる大航海時代なるものを現出せしめたのだった。

第二章　インド洋の制覇

ジョアン二世が陸路を経てエチオピアへ派遣した二人の使節のうち、一人は目的の地に着きはしたものの、間もなく死んだ。もう一人のペロ・ダ・コヴィリャンはエチオピアへ入る前に、紅海の出口を扼するアデンを経て、インド西海岸のカナノール、カリカット、ゴアを訪れ、さらにペルシャ湾頭のホルムズを経て、アフリカ東岸の海港のいくつかに立寄り、カイロでジョアン二世の使者と出会った。これまでの旅で得た情報を、コヴィリャンは使者に託して本国に送った。これは幻のプレスター・ジョンを追ってエチオピアを訪れるよりも、はるかに重要な出来事だったといわねばなるまい。なぜなら彼が歴訪した海港はいずれも、当時の世界経済の檜舞台であるインド洋貿易圏の要所であって、これだけの港をめぐれば、巨大な貿易圏の繁栄の全貌は否応なしに彼の眼前にせりあがっただろうからだ。

コヴィリャンはこののち、アラビアからシナイ半島をめぐって、一四九三年にエチオピアに入り、帰国を許されぬまま三〇年後に死んだが、それはもはや問題ではない。問題は彼がカイロで託した情報がジョアン二世によって生かされたかどうかである。コヴィリャンがカイロで使者に会ったのは一四九〇年の暮というから、情報は九一年にはジョアン二世の手中にあったはずだ。九七年に出航したヴァスコ・ダ・ガマは一路インド・

マラバル海岸のカリカットを目指した。なぜカリカットなのか。カリカットはマラバル海岸の産する胡椒のもっとも重要な集散地であるが、それを知ればこそガマはそこへ向ったのだろう。

だが、『ポルトガル海上帝国』の著者C・R・ボクサーは、ガマが東アフリカのスワヒリ諸都市の文明におどろいたことや、カリカットでヒンズー寺院をキリスト教会と誤認したことから、コヴィリャンの情報がガマに届いていなかったのではないかと推測する。しかし、マラバル海岸の胡椒についてはジョアンもガマもたしかに知っていたのだし、どういうルートをたどればカリカットに着けるか、すなわちインド洋貿易圏の大まかな構図も彼らの脳中にあったのである。コヴィリャンの情報が生かされたかどうかはともかく、インド洋貿易圏に関する何らかの知識なしに、ガマの航海が企てられたはずはなかった。

ここでもうひとつ考慮しておかねばならぬのは、コロンブスとジョアン二世の関わりだろう。ジョアンはコロンブスの西廻り航海プランの売りこみに心が動いたといわれる。結局それに乗らなかった理由は明白ではないが、その後フランドル人フェルナン・ドゥルモに西廻り航海の認可を与えている。ドゥルモは一四八七年に大西洋を西に乗り出したものの、コロンブスの航路よりず

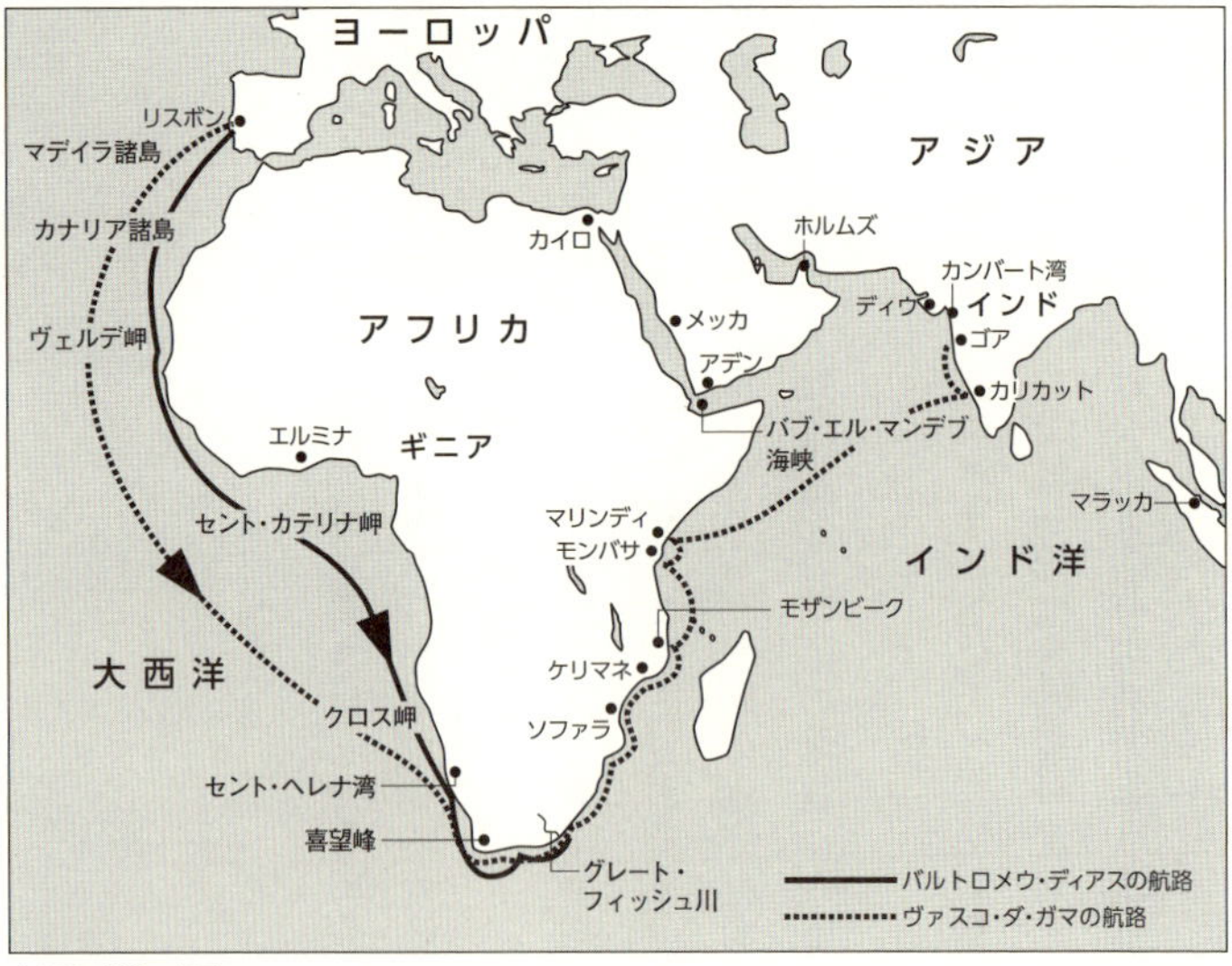

大航海時代の航路

っと北を進んだために、逆風に阻まれてしまった。これは三月のことであったが、その年の八月にはバルトロメウ・ディアスがアフリカを回航してアジアへ到る航路を発見すべく出航した。ジョアンはドゥルモの失敗を踏まえて、ディアスの派遣を決断したのかも知れない。

それにしてもディアスの帰航からガマの出航まで、なぜ九年の歳月が必要だったのか。ボクサーはこの間ポルトガルは南大西洋で秘密の航海を重ねて、喜望峰を廻る有利な航路を模索していたのだろうと指摘する。というのはディアスのとった航路はずっとアフリカ西岸を離れずに喜望峰を廻るもので、その間南東貿易風に逆らわねばならなかったのに対して、ガマはヴェルデ岬から西へ乗り出し、大きく弧を描いてアフリカ南端に着いているからである。ガマの航路はその後ポルトガル艦船の踏襲するところとなった。一五〇〇年、ペドロ・アルヴァレス・カブラルの艦隊がブラジルを発見したのも、大西洋のほとんど半ばまで乗り出すこの航路に従ったためで、カブラルは風に流されて西へ行き過ぎたのだった（これに同行したディアスは遭難）。こういう思い切った航路がガマの独断によってとられたはずはない。ガマのインド派遣がきまったのは、ジョアン二世が没してマヌエル一世が即位した翌年一四九六年である。このときまでに、ポルトガル当局はアフリカを廻ってインドへ至る新航路に確信をもつことができたのに違いない。

ガマ艦隊のカリカット到達

ガマは一隻のナウ（三本から四本のマストを持つ、五〇〇トンないし一〇〇〇トンの大型外洋帆船）と三隻のナヴィオを率いて、一四九七年七月リスボンを出航した。そもそもポルトガル航海者がアフリカ航海で実績を積んだのは、一五世紀中葉に完成したカラヴェル船によるところが大きい。これはアラブ由来の三角帆の採用によって、逆風を間切ることができるようになったもので、ナウとナヴィオはその進化した型であり、両者の違いは前者が後者より大型というだけだったらしい。前檣《しょう》・中檣に横帆《おうはん》、後檣に三角帆を装着し、船首楼と船尾楼があった。ガマの艦隊の場合、主力は三隻のナヴィオ。ナウは食糧その他を積んだ補給船で、船が空になれば解体されることになっていた。

ガマはマヌエルからプレスター・ジョンとカリカットの王への国書を託されていた。マヌエルは依然として、アフリカ東部からインドにかけて強力なキリスト教徒集団が存在すると信じていた訳だが、一方ガマに、香辛料と金と真珠貝の見本を行く先々の住民に示して、その産地をつきとめるように訓令していた。すなわち航海の目的は明白で、マヌエルはインド洋におけるスパイス交易の支配権をムスリムの手から奪い取るつもりだった。スパイス交易の中心カリカットをねらったのはそのためである。プレスター・ジョンもかつてのような幻想的イメージではなく、インド洋周辺に実在するはずのクリスチャン集団の投影で、彼らは当然ムスリムからスパイス交易の支配権を横どりする企てを支援するものと期待された。

艦隊は一一月喜望峰を越え、アフリカ東岸へ出た。このあたりの住民はコイコイ人（ホッテントット）で、上陸して接触を試みてもほとんど益するところがなかった。ただ彼らの吹く笛の「驚くほど美しい和音」にあわせて、ガマ以下のポルトガル人が彼らとともに踊ったというのは、航海記中の最も美しい一節である。

アフリカ東海岸には北からマリンディ、モンバサ、ザンジバル、キルワ、モザンビク、ソファラといった海港が連なっている。いずれもインド洋貿易圏の一角をなすもので、ムスリム商人も定住し、もはやイスラム文化圏の範囲といってよい。ガマはまずモザンビクを訪れたが、現地の支配者との交渉は進捗せず、ついに戦闘を交えるに至った。次のモンバサでも同様であった。モザンビクでの衝突はこの地に伝わっていたのである。ガマの艦隊はどうやら海賊と疑われたらしい。ガマは食糧、水などの補給もさることながら、何よりも水先案内人が欲しかったのである。カリカットへ着くには経験ある水先案内人に頼るしかない。それは遂にマリンディで得られた。その地の領主はモンバサと対立していて、そのせいか好意的だった。ガマが得た水先案内人が当時の有名な航海者イブン・マジドだというのはまったくの臆説である。それは明らかにグジャラート出身のインド人だった。ガマの艦隊は一四九八年五月、インド・マラバル海岸のカリカット近傍（現ケララ州）に到着した。二六日でインド洋を乗り切ったのである。

マラバル海岸は胡椒を産する。それを求めてアデンやホルムズからアラブ商人、西インドのグジャラート商人がやって来るだけではない。東南アジアやベンガル湾地域の物産をもたらす中国のジャンクは、ここから西へは行かない。マラバルはインド洋交易圏における東西の接点で、香料をはじめ東方の物産はいったんここに集荷されて、さらに西へ再輸出されるのである。当時南インドを支配していたのはヴィジャヤナガル王国であるが、マラバル海岸には、その宗主権をうけいれつつ実態は独立国といっていい小王国が分立していた。いずれも交易によって繁栄する港湾都市で、交易船の誘致につとめたので、港にはムスリムをはじめ多様な人種の商人が住みつき共存していた。カリカット王国はそういうマラバル小王国群中もっとも強力で、王はザモリン（海の王を意味する「サムドリ」の転訛）と呼ばれた。

自由な取り引きか、国家の覇権的行動か

ガマの一行はカリカット王ザモリンの眼には、新たに参入した異国の商人と映ったことだろう。しかし、それにしては得体の知れぬ連中で、ポルトガル国王の国書を奉呈して友好を求めるというが、それには胡椒がほしいとちゃんと書いてある。そのくせ対価たるべき金《きん》は持っていない。商売したいなら入港料を払ってさっさとすればよい。アフリカを越えた彼方の国と国交を結んでどうするというのだ。ここに来ている商人たちは誰も自分の国の威光など背負っていないし、国交を結んでから交易を始めるなんて面倒なことをいい出す者は一

人もいない。ここは払うべきものを払いルールさえ守れば、誰でも自由に商売できる港なのだ。ガマの艦隊が沖がかりして入港しないのも怪しく思われた。ガマは国交を求める外交官として振舞っているつもりで、初めて訪れる異国で精一杯用心しているのだが、カリカット側からすれば海賊ではないかという疑いが生じる。ガマが用意した国王への贈物も、仲介する役人や商人から貧弱きわまると嘲笑されてしまった。帽子やら帯やら砂糖など持って来ても仕方がない。贈物なら黄金に限るという。

様ざまなトラブルを経てやっと商品を陸揚げし、いくらかは売れて胡椒や肉桂（シナモン）や丁字（クローブ）を仕入れることができたが、なぜか上陸した隊員が抑留されてしまった。国王と会見して「贈物は見たくない。出発したいなら六〇〇シェラフィン納めて、さっさと出発したらよい。それがしきたりだ」と言われた直後のことである。ガマは住民を捕えて人質とし、それと交換に隊員を取り戻した。艦隊の出発に当っては、追跡するカリカットの舟艇群に対して砲火が浴びせられた。まことに今後の成り行きを予兆するかのような幕切れであった。

ガマたちポルトガル人は、このようなカリカットにおける屈辱的な待遇を、キリスト教徒に敵意を抱くイスラム商人の策動のせいだと受けとった。だが、『大航海時代とモルッカ諸島』の著者で東南アジア史研究者の生田滋によれば、ガマ一行の行動が海賊の疑いを呼んだのが行き違いの原因だろうという。たしかに彼のいうように、当時のインド洋交易圏では宗教や人種の違いはまったく障害にならなかった。しかもカリカットの交易を支配していたのは、ムスリムとはいえグジャラート商人、つまりインド人だったのである。キリスト教徒に敵意を抱く理由などありはしなかった。つまりガマも彼を派遣したマヌエル王も、インド洋交易圏がどのような世界なのかまったく知らなかったのである。それは国家を超え民族を超えた、経済原則のみにもとづく自由な取り引きの世界だった。もっとも後述するように、この世界にも国家の管理が徐々に姿を現しつつあった。

しかし、インド洋から東南アジアの多島海、さらに南シナ海にかけては、様ざまな理由からして、国家の管理・統制に縛られない自由な交易の世界がまだ拡がっていた。国書など持参せずとも、大砲など装備せずとも、経済原則に従いルールさえ守れば、いかなる個人といえども自由に交易に従事できる慣習が長年にわたって保たれて来た世界だった。イスラム対キリスト教という十字軍的発想をこの海域に持ちこむなど、場違いも甚しかったのだ。

しかし、マヌエル王にとってもガマにとっても、アジアの胡椒と香料を求めるのは個的な商行為ではなく、覇権をめざす国家的行動なのである。ガマの艦隊がもたらした胡椒と香料はごくわずかなものだったらしい。だが、ヴェネツィアで一キンタル（約五〇キロ）八〇ドゥカードはする胡椒が、カリカットでは三ドゥカードで手に入るのだ。ポルトガルの国策は定まらざるをえない。何がなんでもアジアの胡椒と香料を独占せねばならぬ。ガマは瀬踏《せぶ》みをしたにすぎない。次の一手は決まっている。大艦隊を送ってまずはマラバル海岸に拠点を築くことだ。ガマの艦隊は一四八名で出発して、帰りついたのは五五名だった。三分の二の生命が喪われたのである。多くは壊血病で倒れた。行きは二六日しかかからなかったインド洋横断に、帰りは八九日を費した。モンスーンの吹き具合をよく知らなかったせいである。当時人口百数十万のポルトガルは、こののちさらに出血を強いられるだろう。しかし、国家の命運は新たに開かれたこのアジア貿易にかかっている。

広大なインド洋交易圏

アダム・スミスは「アメリカの発見、および喜望峰まわりの東インド航路の発見は、人類の歴史に記録された二大事件である」と述べた。しかし、アメリカの「発見」はともかく、ディアスが端を開きガマが実行したアフリカ南端をめぐってのインド洋航海は、ヨーロッパ世界にとっての大事件ではあっても、すでに成立して六〇〇年を経ていたインド洋から南シナ海へリンクするアジア海上文明交流圏からすれば何ら画期的事件を意味しはしなかった。アフリカ回航航路は発見ですらなかった。イスラムの航海者はアフリカ南端を廻れば大西洋へ出ることをとっくに承知していた。では、彼らはなぜアフリカを廻ってヨーロッパを訪れなかったのだろうか。そんなことをしなくても、アジアとヨーロッパを結ぶ通商路は、北方の草原の路、中央アジアからレヴァントへ到る路、華南からペルシャ湾・紅海を経る海路といった具合に、すでに何本も成立して久しかった。また、ヨーロッパにはアジアの商人がわざわざ出かけて買いつけねばならぬような物産はなかった。ヨーロッパはユーラシア大陸文明の辺境にすぎず、花形商品である絹、綿織物、陶磁器、あるいは香料にしても、みな東から西へ流れたのである。東西に中国、イスラムという最先進文明を擁するアジアこそ、当時の世界経済の檜舞台であり、新たな参入者のポルトガルは巨象にとまった虻《あぶ》にすぎなかった。もっとも、それは血を吸いあげるのに十分な針をもった虻であったのだが。

ポルトガルが乗りこんだインド洋は当時どのような世界だったのだろうか。広義のインド洋交易圏は三つの部分に分れていた。ひとつはインド亜大陸の西岸、ペルシャ湾、紅海、アフリカ東岸を含む地帯で、幹線はカイロ―紅海―グジャラート（インド西部）―マラバル（インド半島部の西岸）である。この交易圏の歴史は非常に古く、古来ダウと呼ばれる縫合船が使用されていた。その東にベンガル湾世界が拡がる。コロマンデル（インド半島部の東岸）、スリランカ、インドネシア多島海を結ぶ地域である。そして第三区分として、東南アジアから華南へつながる海域がある。

八世紀にはこの広大な交易圏の東西両端は直接つながっていた。アッバス朝下のペルシャ湾から乗り出したイラン系商人の船は、長駆して唐朝下の華南諸港に達した。しかし、イスラムと中国との直接交易は、八七八年、黄巣の反乱軍が広州を占拠し、そこに住むイスラム系商人一二万人を殺したことをきっかけに衰退した。

その後中国船が東南アジアに進出し、ベンガル湾まではジャンクの世界、それから西はダウの世界というふうに棲み分けられたといわれる。『インド洋における貿易と文明』の著者チョードリによると、一四三三年以降中国船はマラバル海岸の諸港に姿を現わさなくなったという。結句、当時の諸条件のもとでは、リスクをともなう長距離航海は採算が合わず、広義のインド洋交易圏は上記の三つのセグメントが織りなすネットワークの世界に落ち着いたのである。この交易圏の律動を規定するのはモンスーンであった。モンスーンとそれにともない海面に生ずる吹送流の季節的変動を把握し利用することによって、北方に展開する諸帝国の生産物と、南方の珍奇な物産の交換が行われた。

インド洋は特定の帝国や国家によって支配されてはいなかった。イスラムがインドから東南アジアへ教線を延ばすに従い、現地の王侯がムスリム化することはあっても、植民によるイスラム海上帝国が建設されたわけではない。商人は信仰や人種によって差別されることはなかった。ネットワークの交点に出現した交易港の支配者は、一定の税を徴収するほかは自由な交易を許した。商人たちに安定した交易環境を整備してやることが彼らの利益につながり、そのために彼らは居留する外国商人の団体に港と貿易の管理を委任する場合が多かった。

もちろんインド洋交易圏を、たんに国家や民族を超えた自由で平和な理想世界のように想像すると間違う。イラン・イラク・エジプト・アラビアに成立した諸国家は、ササン朝ペルシャの昔から海上交易に関心を寄せ、それなりの海上政策を展開してきたし、とくに一二世紀以降、交易の国家管理や海上交通路への干渉の動きがインド洋にも出現し始めている。このような国家による海上交易の規制はもともと、地中海におけるイスラムとヨーロッパの角逐の過程から生じたものである。すでにイスラム世界の中心はバグダードからカイロへ移っていたが、そこに都したアイユーブ朝は、一二世紀末紅海に進出しようとする十字軍とイタリア艦隊を死力を尽して撃退した。その後もイタリア諸都市は紅海を経てインド洋へ出る試みを放棄しなかったけれども、アイユーブ朝のあとを継いだマムルーク朝によってその企図を阻まれた。香料貿易を遮断して、ヨーロッパをして余儀なくアフリカ南端を廻らしめたのがオスマントルコだというのは誤りである。オスマントルコがカイロを陥したのは一五一六年、すなわちガマの航海の二〇年ばかり後のことなのだ。立ち塞がったのはマムルーク朝エジプトであった。一五世紀にはマムルーク朝は香料の国家専売を徹底させる一方、紅海の支配をめぐってアラビア半島南端のラスール朝と対立を深め、そのためアレクサンドリアにおける香料の価格は急騰した。

一二二九年に建国したイエメンのラスール朝は、バブ・エル・マンデブ海峡を通って紅海へ入ろうとする商船に、アデンをはじめイエメンの主な港に寄航することを義務づけ、この義務からのがれようとする〝侵犯船〟を監視・捕獲する巡視艦隊を設置していた。このようなシーレーンの管理は一五世紀に特に強化されたようだ。こうした貿易管理はすでに一二世紀末アイユーブ朝治下のアデンにおいて見られたところで、当時の史料に語られた船舶の出入港管理の有様は、ほとんど徳川期の長崎のそれを思わせるものがある。また、ペルシャ湾内のキーシュ島の支配者は、一二、三世紀にアラビア半島南岸、アフリカ東岸、インド西岸へ艦隊を派遣し、商船や交易港を襲撃させて掠奪と破壊を繰り返したという。

こういった事実を考えあわせると、インド洋交易圏が通説のいうような平和で自由な取り引きの世界であったか疑わしくなってくる。しかし、イスラム諸王朝の海上管理はまだ紅海周辺に限られていたし、キーシュ王のしたことはほとんど海賊の仕業である。海賊はどの海域にもいた。ポルトガルが突きつけたようなインド洋の排他的支配の要求は、インド洋交易圏に関わる諸国がいまだ考えついたことのないユニークな要求だった。交易圏全体にわたってシーレーンを支配し、そのために要所に要塞を築いて海上帝国を樹立しようとするポルトガルの持続的な志を前にして、従来の交易関係者はすべて色を失った。

インド洋交易圏が独占的支配を知らぬ世界であったのは、中国とインドという二大プレーヤーが海上支配に無関心であったことに拠るところが大きい。むろん中国は一五世紀前半に、鄭和《ていわ》の大艦隊を七度にわたって南海・インド洋へ送った。しかし、それは一過性の試みであり、鄭和艦隊はただひとつの港すら占拠せず、インド洋交易圏の性格に何の変更も加えずに姿を消した。インドは、半島南部を支配したチョーラ朝が一一世紀にベンガル湾域を支配し、スマトラ、マライまで遠征する海上発展ぶりを見せたのを例外として、伝統的に海上支配に関心が薄い。チョードリは、近代以前のシーパワーへの無関心はインドの謎だといっている。むろんその「謎」についてはいくつかの説明が可能だ。だが、そのことについてはまたのちに触れよう。

アルメイダのディウ海戦勝利

ガマの航海はいわば偵察にすぎない。ポルトガルは一五〇〇年、ペドロ・アルヴァレス・カブラルに一三隻の船を付して出帆させ、カリカットを再訪、さらに一五〇二年にガマが二〇隻を率いてマラバルへ向った。いずれの場合もポルトガル艦隊はイスラム商人の船を拿捕・撃沈し、カリカットを砲撃した。ガマはカリカットだけではなく、アフリカ東岸のキルワにも砲撃を加えている。イスラム側はポルトガル人の出現が何を意味するかやっと気づいた。「ヒジュラ暦九〇八年（西暦一五〇二〜〇三年）に、フィランジュ（ポルトガル人）はインド、ホルムズその他のルートに出没し、約七艘の船を捕らえて、その乗員を殺害した」と彼らは記録する。

一五〇二年のガマの第二回航海では、五隻の船がマラバル海岸域に残留した。つまりポルトガル王室はたんにインドと通商をひらくだけでなく、インド洋交易圏を軍事力をもって継続的に支配する意図を明示したのである。足場としたのはカリカットをはさんで北にあるカナノールと、南に位置するコチンだった。とくにコチン王はカリカットのザモリンと対立関係にあり、ポルトガルの保護を期待して服属の意志を示した。ポルトガルと敵対するザモリンはすかさずコチンを攻略したが、一五〇三年アフォンソ・デ・アルブケルケが救援して奪回し要塞を築いた。これがポルトガルがインド洋に築いた要塞の始めである。コチンはその後もカリカットの攻撃にさらされたが、ドゥアルテ・パチェコがよく防ぎ、ついにザモリンを敗死させた。

のちにポルトガルの国民詩人カモンイスがうたいあげることになった軍事的叙事詩の幕が開いたのである。一五〇五年にはフランシスコ・デ・アルメイダが副王の資格を帯び二〇隻を率いて来航し、コチンに本拠を構えた。彼はアフリカ東岸のキルワ王国を服属させてソファラの黄金を入手する一方、カナノールに要塞を築いて、カリカットとディウの間のイスラム商人の交易ルートを遮断しようとした。ディウはグジャラート王国の海港である。グジャラートはインド西北の海岸地方で、良質な綿織物の産地としてインド洋交易圏の中枢のひとつをなしていた。また、マラバルから、コロマンデル（インド半島部東海岸）、マレー半島のマラッカにいたる商圏を支配していたのはグジャラートの商人だった。紅海―ディウ―カリカットの海上路は、西インド洋交易圏の幹線であった。その幹線がポルトガル艦隊によって断ち切られようとしている。ポルトガル人はむろん、胡椒をはじめとする香料を、紅海を通さずすべて喜望峰ルートに廻してひとり占めする考えなのだ。カリカットのグジャラート商人はエジプト・シリアを支配するマムルーク朝のスルタンに訴えた。

スルタン・アル＝ガウリーが一〇隻の艦隊を編成してインド洋へ送ったのは一五〇八年のことである。提督アミール・フサインはディウでカリカットの艦隊と合同し、ディウの太守マリク・アイヤースもその陣営に入った。このエジプト・インド連合艦隊はチャウルで、アルメイダの息子ロウレンソの率いる八隻のポルトガル艦隊と遭遇してこれを破り、ロウレンソは戦死した。息子の死を聞いてアルメイダは悲憤した。もともと彼はイスラム勢力と不必要にことを構えるのを好まず、マラバル海岸にいくつかの要塞を築くだけで、それ以上の征服を欲しなかった。艦隊行動でアラビア海・西インド洋を支配すれば十分として、ポルトガルの国力からして戦力の分散を避けたのである。しかし、息子の死への復仇《ふっきゅう》の念が彼を駆り立てただけではない。イスラム艦隊をのさばらせておけば、ポルトガルの海上覇権は失われる。一五〇九年、彼は手もちの戦力をあげてディウに進攻し、激戦の末にエジプト、インド連合艦隊を破り、提督アミール・フサインは陸地へ逃亡した。ディウの大守マリク・アイヤースがディウをアルメイダに明け渡そうとしたのに、彼はあえてそれを断わった。アルメイダ麾下の艦長たちはディウを占領して掠奪するのを望んだが、彼は占領しても永続的に保有する戦力はないこと、真の敵はカリカット王であってグジャラート王でない以上、彼の怨みを買う行為は慎しむべきことを力説して艦長たちを説得した。

マリク・アイヤースというのは実に興味深い人物である。彼はグジャラート宮廷に奴隷として仕えたが、ある日猟に出た王の頭に鳶が糞を落としたとき、即座に矢で鳶を射落したことがきっかけで立身し、ディウの港の太守となるに至った。彼はここから一二万ルピーにのぼる税収を得ていた。彼の関心は自分のこの地位を守り通すことにあり、そのため表は友好を装いながら、裏ではことごとにポルトガルの進出を妨げた。アルメイダの後任者アフォンソ・デ・アルブケルケも彼の術策には手を焼いて「宮廷人のなかでもあれほどの人物は見たことがない。慎重な人をも欺き、最後はすっかり気に入られてしまう人物だ」と洩らしたほどである。

ディウの海戦後、ポルトガルの海上覇権に挑戦する勢力は存在しなかった。もっともカリカットは一六世紀を通じてポルトガルに敵対し続けた。カリカットはマラッカと並んで、ポルトガルと利害が対立するグジャラート商人の拠点であるばかりでなく、領主のザモリン（海の王）という呼称の示す通り、それ自体強力な海上勢力だったからである。保有する小舟艇から成る有力な艦隊は、湾内や沿岸ではポルトガル艦隊を破ることすらあった。しかし、彼らの船は外洋を自在に航行することができなかった。外洋におけるポルトガルの覇権は揺らがなかったのである。

アルメイダが復仇を誓ってディウに向ったとき、彼の三年の任期はすでに過ぎて後任のアルブケルケが着任していた。後年ポルトガル海上帝国を建設した英雄として名を馳せる人物である。アルメイダは彼に指揮権を譲るのをしぶった。アルブケルケの攻撃的な姿勢や、部下とトラブルを起こす性格を危ぶんだのかもしれない。しかし、本国からフェルナンド・コウティニョ将軍が到着して交替を促すに至って、ついに帰国の途についた。だが喜望峰近くで給水のために上陸したとき、黒人の襲撃を受けて不慮の死を遂げた。彼は自身が識見に富み高潔である半面、人びとへの評価がきびしく、そのため反感も招いたと伝えられる。

アルブケルケのゴア獲得

やる気満々のアルブケルケは総督に就任するや、コウティニョとともにカリカットを襲った。カリカットの街は簡単にとれたが、王は市から離れた郊外の宮殿に住んでいる。宮殿に侵入して掠奪に熱中しているとき、圧倒的な反撃が始まった。掠奪品を担いだポルトガル兵は次々に倒れ、コウティニョも戦死。救援に赴いたアルブケルケは石塊を頭に受けて倒れ、大楯に載せられ半死半生で船へ運ばれる有様だった。一五一〇年一月の出来事である。

不屈というべきか、アルブケルケは次にゴアをねらった。このときまで、ポルトガルはインドに領土を持っていない。前任者のアルメイダはコチンに駐在したが、そこには要塞があるだけである。アルブケルケはマラバルの海賊から、ゴアの領有者であるビジャープル王国の王ユースフ・アーディル・シャーが、内外の敵と戦うのに精一杯で、今こそゴアをとるべきときだと唆かされたのである。インドには北にデリーのイスラム王朝、中部にやはりイスラムを奉じるバフマニー王国、南部にヒンズーのヴィジャヤナガル王国が並立していたが、このころバフマニー王国は五つに分裂し、ゴアの属するビジャープル王国はその後継国家のひとつだった。もしゴアがとれたら、ポルトガル海上帝国の夢は実現に一歩近づくことになろう。

結局、ゴアはとれた。しかし、簡単にとれたのではない。一五一〇年二月の最初の攻撃で楽々と占拠できたのは、相手が備えを怠っていたからだ。ビジャープル国王のユースフ・アーディル・シャーはこの直後死んだが、あとをついだイスマーイールは五月、大軍を催してポルトガル勢をゴアから叩き出した。アルブケルケは全軍を船に収容したものの、折から雨期にはいって出港できず、泊地で敵の砲撃と飢えに苦しめられたあげくに、八月になってやっとカナノールへ逃げ帰った。このときポルトガル本国から新手の艦隊が到着しなかったら、ゴアの奪回は不可能だったかもしれない。艦隊のひとつは香料を本国に積み帰るもので、もうひとつはマラッカへ赴いて交易を開く命を受けていたが、アルブケルケは両者とも強引に自分の指揮下に置き、ゴア奪回の戦力に転用したのである。一一月、アルブケルケは激闘の末にゴアを再び占拠した。六〇〇〇のムスリムがこのとき殺されたといわれる。こののち、ゴアは一九六一年にいたるまでポルトガル領として維持されることになる。

ヴィジャヤナガル王国はポルトガルのゴア占拠を歓迎した。というのは、同国はヒンズー王国として、北方のバフマニー・イスラム王国およびその後継国家と抗争を重ねており、イスラムの騎馬隊に対抗するのに馬を必要としていたからだ。ゴアはホルムズから大量にアラビヤ馬を輸入する窓口であった。こののちポルトガル商人は毎年三〇〇〇～四〇〇〇頭の馬を、ホルムズからゴアへもたらすのである。ゴアは直ちにポルトガルのインド洋支配の中心となったわけではない。総督府は依然としてコチンに置かれ、ゴアへ移ったのはヌーノ・ダ・クーニャ総督時代の一五三〇年である。だが、ポルトガルがアジアで、狭い島とはいえ領土を獲得したのはこのゴアが最初なのである。その意義は大きかった。

「ポルトガル武士」が奪取した港市マラッカ

アルブケルケの次のねらいはマラッカであった。だが、マラッカに商館を置くのは彼の創意ではなかった。前任者のアルメイダもマヌエル王から、早くマラッカへ行けとせっつかれていた。マラッカがアラビア海・ベンガル湾と、東南アジア海域・南シナ海を結ぶ要衝であり、そこにマルコ（モルッカ）諸島の丁字、バンダ諸島の肉荳蔻《にくずく》（ナツメグ）と肉荳蔻花（メース）がもたらされることは、すでにポルトガル宮廷の知るところだったのである。前記したように、この年到着した艦隊のひとつ、ディオゴ・メンデスの率いる四隻は、もともとマラッカへ向かうように指令されていた。ゴアの再占領後メンデスは予定通りマラッカへ向かおうとしたが、アルブケルケは指揮権を発動してメンデスを捕え本国に送還した。つまり彼はマラッカをどうしても自分でとりたかったのだ。それは功名心でもあり、また自分でなければ使命は果せぬという自負でもあったようだ。というのは、この前年ディオゴ・ロペス・デ・セケイラの艦隊がやはりマヌエル王の指示でマラッカを訪れ、だまし討ちに遭って六〇名を殺されたうえ、二四名を捕虜とされる事件が起っていた。一五一一年、アルブケルケはこたびは断乎たる処置をとるつもりで、一四隻を率いてマラッカへ向かったのである。

マラッカは東南アジアの代表的な港市《こうし》国家であるが、ふつう港市と呼びならわされる都市国家とは構造を異にしている。港市はその奥に内陸部を所有し、その熱帯性産物を訪れる外国船に提供する働きによって成立する小国家なのだが、マラッカは特産品を産む内陸部を持たない。背後は沼地で、食糧の米さえ輸入に頼らねばならぬ。この地の繁昌はインド洋と東南アジア多島海・南シナ海の接点という地の利からきたもので、代々の支配者は外国商人を優遇して、貿易の中継基地としてのマラッカの地位を築きあげたのだった。マラッカ王家の始祖はスマトラ島のパレンバン王家の出で、ジャワ島のマジャパヒト王国の進攻によって亡命し、マラッカ海峡を転々とした末、海上民の助力で一四世紀末にマラッカに定着したといわれる。当時の王はマフムード・

シャー。支配階級はマレー人貴族であるが、数千人に及ぶ外国人商人が定住し、とくにインド系のムスリム商人の勢力が大きかった。ふつう港市国家にはシャーバンダルと呼ぶ外国人商人の代表がいて、船舶の出入と交易を管理し、併せて在留外国人の統制を行なうのだが、マラッカにはそのシャーバンダルが四人もいて、それぞれの出身海域を代表した。つまりこの港市にはそれだけ広汎な地域の外国船が集まっていたことになる。

マフムード・シャーがセケイラの艦隊を捕獲しようとしたのは、それまでのポルトガル人の行動からして、侵略の前触れと判断したためで、ポルトガルは遠い、殺してしまっても報復されることはない、という彼の言葉からすれば、むしろ事前に禍根を断つ考えであったろう。しかし、そのあとゴアがポルトガルの手に陥ちた。アルブケルケの来襲に当たって、マフムードはおさおさ用意を怠らなかったはずだ。マラッカを占領後、三〇〇〇門の火砲が発見されたという。東南アジアはポルトガル人来航以前にすでに銃砲とおなじみであった。三〇〇〇門とはいかにも過大で、またどの程度の「火砲」だったのかはわからない。しかし、アルブケルケがマラッカの占領にあたって苦戦したのは事実である。結局ものを言ったのは、ポルトガル船の備砲の威力とポルトガル武士の武勇であったろう。

いまポルトガル武士と言ったが、下級貴族を主力とするポルトガル戦士の武勇は、戦国時代の日本武士のそれと極めて似たところがある。だが、その話はいまは措こう。東南アジアの「商業の時代」（一四〇〇年～一六五〇年）の権威アンソニー・リードによれば、東南アジアの戦争の目的は領地ではなく人間を獲得することにあった。できるだけ多くの捕虜を得るための戦争であるから、戦闘で人員を損耗するのをいやがる。だから攻撃を受けた側は捕虜にされるのを避けて森に隠れ、掠奪に飽きた敵が引き揚げるのを待てばよい。マラッカの場合も、王はアルブケルケが掠奪を終えたら船で立ち去るだろうと考えて、町から一日の距離に避難していたという。東南アジアの諸王侯は、ヨーロッパ人やトルコ人にとっては普通であるような高い兵員損失率に慣れていなかった。最初の戦闘で戦死者が出ると、あとは兵を温存しようとする。リードはいう。「西側の戦争によってヨーロッパ人が覚えた残酷さが、兵力の上で優勢な東南アジア軍に少数で決定的な勝利を収めるのに何度も成功した主な理由だったことに疑いの余地はない」。ポルトガル人が常に寡兵よく大軍を破った秘密は、兵力の損耗をいとわぬ攻撃性にあったのである。マフムード・シャーの思惑はみごとにはずれ、アルブケルケはマラッカに居据った。東西貿易の中継点であるからこそ居据ったのに、商人たちはマラッカから逃避した。窮屈なポルトガルの束縛を嫌ったのだ。しかし、それはまたのちの話。アルブケルケの眼は西へ向いた。

アルブケルケはゴアを奪取する以前、ペルシャ湾頭の重要な海港ホルムズを攻撃し、そこに要塞を築いていた。ホルムズ、ゴア、マラッカを押さえたいま、残る要衝は紅海の入口を扼するアデンである。この四地点を確保すれば、イスラム商業勢力の手からインド洋貿易を奪いとるための布石は完了する。一五一三年、アルブケルケはアデンを攻めたが惨めな失敗に終った。そのあと紅海へ入って、アデンに代る足がかりを求めたけれどもそれも空しく、結局、反抗するホルムズを再征したのが彼の最後の事業となった。この遠征中に病床に臥した彼は、アルベルガリアが後任総督として着任したことを知り、失意のうちに船中で世を去った。六二歳であった。いわゆるポルトガル領東インドの基礎を定めたのは紛れもなく彼だったが、インド洋の重要地点に恒久的な拠点を築こうとする彼の雄大な構想は宮廷の支持を得られず、また、アデン攻略に失敗したことが彼の構想を未完に終らせることになった。

抜け道だらけの香料貿易支配

マラッカ攻略ののち、アルブケルケの目が向いたもうひとつの地点はモルッカ（マルコ）諸島だった。マルコ諸島は広義ではハルマヘラ島はもちろん、その南のセラム島、バンダ諸島も含むけれども、当時西洋人が目指したモルッカ諸島とはハルマヘラの西に連なるテルナテ、ティドレなどの小島のことである。なぜなら西洋人が求める丁字は、インド洋貿易圏の最東端をなすこの小列島でしか産出されなかったからだ。

名高いアジアの香料のうち、胡椒はローマ帝政期から大流行し、エジプトからインド・マラバル海岸へ向う船は年間一二〇隻にのぼったといわれる。肉桂（シナモン）、肉荳蔻（ナツメグ）、肉荳蔻花（メース）、丁字は八世紀からヨーロッパで知られていたものの、盛んに用いられるようになったのは中世末期からである。それは一種のブームといってよく、肉の臭味消しとして必須だったというのが通説だが、香料に詳しい東西交渉史家山田憲太郎によると、健胃剤として広く用いられたとのことだ。西洋人はこれら香料をイスラム商人から供給されていたのだから、産地について確かな知識は持たなかった。胡椒についてはやがてマラバルの産と知られ、それゆえにガマはカリカットを目指したのだが、インドに来てみて肉桂はセイロン（スリランカ）島の産とわかった。しかし、肉荳蔻、肉荳蔻花、丁字に至っては、イスラム商人もさだかな産地を知らず、ただマラッカで入手するのみだったのである。香料諸島について知っていたのは中国商人である。彼らは一四世紀の前半にモルッカ諸島、バンダ諸島を訪れていた。バンダは肉

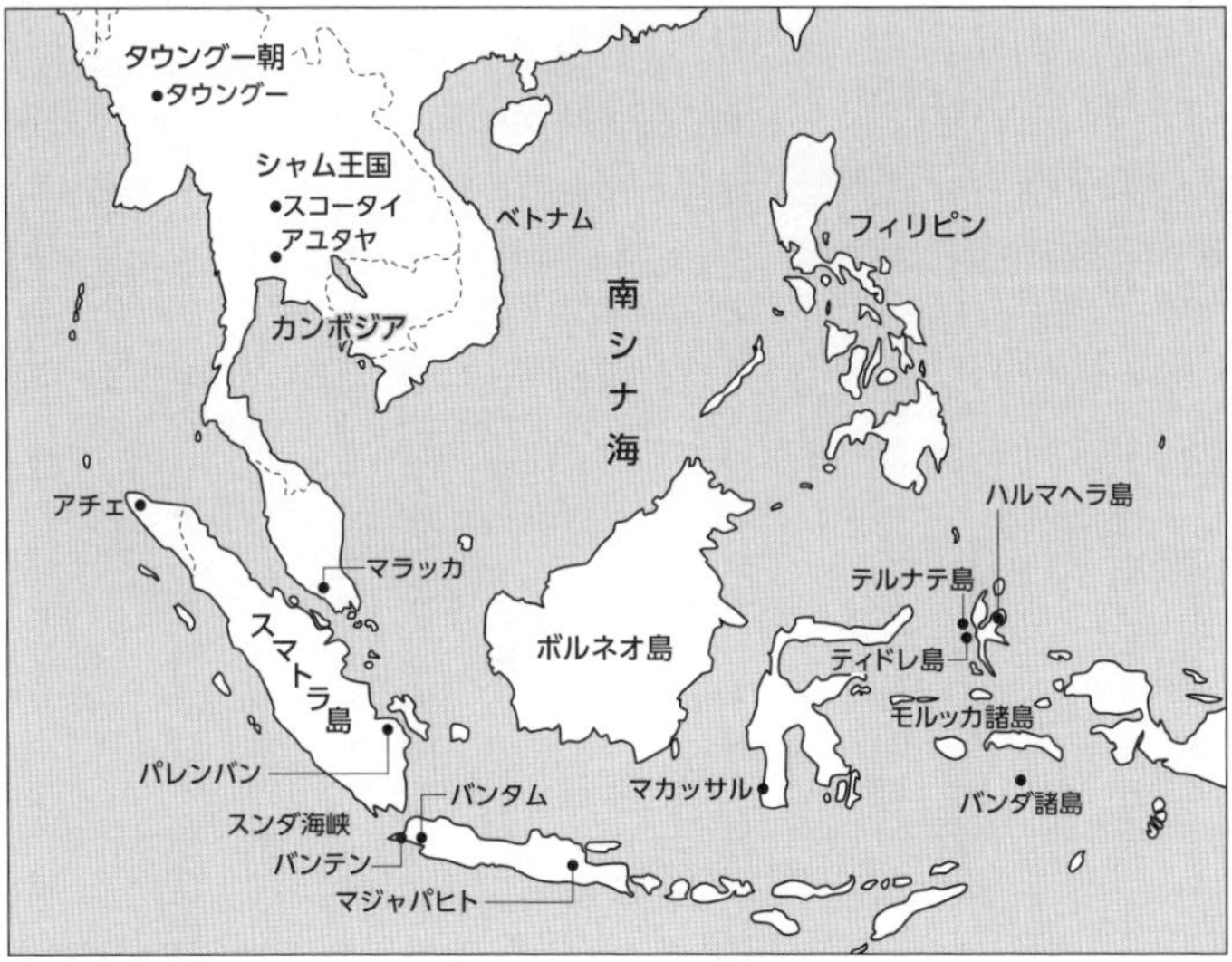

一六世紀の東南アジア

荳蔲、肉荳蔲花の世界唯一の産地である。しかし、彼らはやがて香料諸島に来航しなくなった。海外との通商に積極的だった宋・元と違って、明帝国は海禁令を布いて海外渡航を禁じたからである。

ポルトガル人が香料諸島について知ったのはマラッカ占領ののちのことだ。モルッカの香料はジャワ島北岸の商人たちによってマラッカへもたらされていた。アルブケルケはマラッカを占領した直後、三隻の艦隊を香料諸島へ送ったが、バンダに達したのみでモルッカへは手が届かなかった。ポルトガルがモルッカのテルナテ島に要塞を築いたのは一五二二年のことである。彼らがテルナテ、ティドレ等で産する丁字を独占しようとしたのはいうまでもない。彼らがただ同然の価格で集荷した丁字は、マラッカでは原価の一〇倍、ヨーロッパでは三六〇倍で売れた。ポルトガルの香料、ことに胡椒貿易の支配は、ホルムズからレヴァント、アデンからエジプトにいたる従来のイスラム商業のルートに深刻な打撃を与えた。

当時のイスラム側の史書は記す。「ヒジュラ暦九二〇年（西暦一五一四〜一五年）、アレクサンドリア港は荒廃して、前年度の関税収入は全くなかった。ジッダ（現サウジアラビア紅海沿岸）港もまた、インド洋におけるフィランジュ（ポルトガル人）の商人たちへの侵掠行為の影響で荒廃した。なぜならば、近年六年間にわたって商品を積んだ船の入港は停止したままになっているからだ。こうした状況はダミエッタ地方でも同様であった」。ジッダは紅海の要衝、ダミエッタはナイル河口の交易港である。

ポルトガルはカルタス制度によってインド洋貿易を支配しようとした。カルタスとはポルトガルが保証する海上交通許可証で、それを所持せぬ商船がポルトガル船の検問にひっかかると、積荷は没収され乗組員はガレー船に送られる。カルタスの取得料は微々たるものにすぎないが、問題は往路・復路ともにポルトガルの要塞に寄港して関税を納めねばならぬ点にあった。むろんそれ以前もイスラム商船は、交易港で現地の支配者に関税を支払っていたわけだが、ポルトガルの関税は従来のそれに比べて高かったばかりではない。インド洋を航海する全船舶に対して、寄港を強制して関税を徴収するというのは、従来の交易の慣習になかったことである。もっとも、一〇世紀ごろ、スマトラ島のパレンバンを中心にして栄えたシュリーヴィジャヤ王国は「蕃船がその地域を過ぎり、その国に入らない者があれば、必ず軍隊を出して尽《ことごと》く之を殺」したというが（周去非『嶺外代答』）、これは武力を行使してでも商船を誘致しようとしたもので、必ずしも一定海域における主権を宣布したものではあるまい。インド洋全般をおのれの海上主権のもとに置こうとした点で、ポルトガルのやったことは規模の違いはあるものの、一定の海域をおのれのものと宣言して通行料を徴収した日本中世の海賊に近い。

しかし、このようなポルトガルの海上主権の行使が通用したのは、せいぜい一六世紀の三〇年代までであった。ポルトガルは東インド領で、一五一二年には五〇隻、二〇年代は八〇隻の船を保有していたというが、広大なインド洋には抜け道はどこにでもあったのである。ポルトガルのマラッカ攻略ののち、ポルトガルの支配を忌避する貿易商人たちの交易拠点として、新しくいくつかの港が興起した。ジャワ西部のバンテン、セレベス島のマカッサル、マレー半島東岸のパタニ（現タイ南部）、さらにはマラッカのマフムード・シャーが逃亡先に築いたジョホールがそれである。ポルトガルは東南アジアに分散したこれらの交易拠点に有効な支配を及ぼすことができなかった。なかでもポルトガルの脅威となったのがスマトラ島北端のアチェ王国である。

アチェの勃興には、マラッカ海峡を避ける新たな海上交通路の開拓が関わっている。ポルトガルの支配を嫌う商人たちは、ジャワ島とスマトラ島の間のスンダ海峡を通りスマトラ西岸に出て、アチェに寄港したあとインド洋を横断し、モルディヴ諸島経由で紅海へ向かった。ポルトガルの監視が厳しいマラッカ海峡、マラバル海岸がこうして迂回されたのである。アチェはやがてオスマントルコと結び、その軍事援助を得てマラッカに重大な脅威を与えるに至る。

マラッカを押さえ、モルッカ諸島の香料を手に入れたとき、セウタ占領以来の海外進出の衝動はひとまず収まりがついたものと見てよい。もちろんポルトガルはこののち、中国に拠点を設けようと試み、その結果日本という果実を見出すにいたる。しかし、西スーダンの金を求めて開始されたアフリカからアジアへの探求の旅は、一応モルッカで目的の地に達したのである。インド洋におけるポルトガルの課題は、いったん手にした海上覇権をいかにして維持するかという一点へ向かう。

脆弱な「ポルトガル海上帝国」

もう一度確認しておかねばならぬが、すでに完成した構造をもつ広義のインド洋交易圏をまるまる接収するなど、人口百数十万という国力からしても、彼らにはできはしなかった。彼らにはその構造を変えることすら不可能だった。F・ブローデルが言っている。「ヴァスコ・ダ・ガマ以前も以後も、インド洋はそれ自体としてひとつの世界であり、およそ自足している世界である。小麦はディウから、綿布はカンベイから、馬はホルムズから、米と砂糖はベンガル地方から、象牙、奴隷、金は南アフリカ海岸から供給を受けていた」。広義のインド洋交易圏の基軸はカンベイを中心とするグジャラート地方の綿布と、モルッカ、バンダの香料を結ぶ線にあり、その中心に位置したのがマラッカだったが、そのマラッカを奪取してみても、前述したように東西の交点が分散しただけで、インド洋、インドネシア多島海の多様な特産とその交換の構図はいささかも変らなかったのだ。

ポルトガルにできることといえば、この構造に乗っかって独占的にうまい汁を吸い上げることしかなかったのに、その独占すら所詮は叶わぬ夢だったのである。モルッカの丁字について見れば、年産三〇〇〇バハル中、ポルトガルが獲得できたのは四〇〇バハル、すなわち一三パーセントにすぎなかったといわれる。香料の中心をなす胡椒にしても、ポルトガルがヨーロッパにもたらしたのは一六世紀前半において年間二万ないし三万キンタル、世紀末には一万キンタルに落ちこんだが、一方アチェは、その頃グジャラート船によって年間四万ないし五万キンタルを紅海のジッダ港へ送りこんでいた。

紅海からエジプトにいたるイスラムの香料貿易は一五三〇年ごろから力強く復活した。オスマントルコがエジプトを征服するのは一五一七年、アデンを占領するのは一五三八年である。結局アルブケルケがアデンを取りそこなったことがここに来てものを言った。もちろん、ポルトガル艦隊は紅海の入り口であるバブ・エル・マンデブ海峡をパトロールしたが、水も洩らさぬというわけにはいかない。お膝元のカリカットですら、ポルトガル人は一五三六年、胡椒を積んだ小舟の巨大な群れが彼らの巡視をかいくぐって紅海へ向かうのを放置せざるを得なかった。艦隊の増強を求め続ける指揮官の声に本国が応えることはなかった。前述したカルタス制度（ポルトガルが保証する海上交通許可証）は香料貿易の独占という非現実的な政策を放棄して、従来のインド洋商人の交易を認めるかわりに通行税を徴収する間接支配へ転換したものと見ることができる。

ポルトガルのインド洋支配は一五六〇年ごろが最盛期で、一七世紀にはいるとオランダの追いあげもあって急速に崩壊する。しかしポルトガルの海上覇権は、もともと脆弱な基盤の上に築かれたものにすぎなかった。C・R・ボクサーによれば、ポルトガル海上帝国の最も目立つ特徴は極端な分散性である。アルブケルケはポルトガルの東方帝国を維持するには、四つの要塞と三〇〇〇人のポルトガル人が乗り組む艦隊があればよいと言った。四つの要塞とはアデン、ホルムズ、ゴア、マラッカである。このうちアデンを除く三つはそう言う本人が奪取した。三〇〇〇人の乗組員を擁する艦隊は一六〇六年に一度実現されただけである。しかしポルトガルが維持せねばならぬ要塞は、一六世紀中に四つではなく、アフリカのソファラから長崎にいたるまで四〇にのぼった。明らかに手の伸ばし過ぎで、この要塞群を維持し通すなど、もともと国力からして無理な話だったのである。

ボクサーの推定によれば当時のポルトガルの人口は一〇〇万ないし一四〇万。一六世紀中は毎年二四〇〇人が海外へ出た。帰国したものはごくわずかである。一方、新大陸を経営したスペインの人口は七〇〇万ないし八〇〇万。毎年の出国者は一〇〇〇人。一見してポルトガルの出血ぶりは明らかだろう。しかもポルトガル人が渡航した先は気候のよくない土地が多く、ポルトガル領アジアまでの六〜八カ月の航海中死亡する者も少なくなかった。歴代の指揮官たちの末路を見ると、悲愴感さえ漂ってくる。一五〇〇年、喜望峰の発見者バルトロメウ・ディアスはカリカットへ向かうカブラルの遠征に同行し、ブラジルに漂着した後、アフリカ沿岸で遭難した（カブラルはその後、カリカットに到達）。初代副王アルメイダがアフリカ南端で戦死し、アルブケルケが船中で病死したことはすでに述べた。ガマは一五二四年、インディアス領の綱紀弛緩をただすべく副王として赴任したが、現地について三カ月を経ずして病死。一五二八年から九年間総督を務めてインディアス領の規律を建て直したヌーノ・ダ・クーニャは、罷免されて帰国の途中、喜望峰近くで亡くなり水葬に付された。

ポルトガルの交易活動はインド・東南アジアの物産を本国にもたらす航海から、アジア域内の交易に次第に重心を移してゆくのだが、そのアジア域内交易に従事するポルトガル船の乗組員の構成を見ても、アジアにおけるポルトガルのプレゼンスの薄さがうかがわれる。そういう船は数名のポルトガル人あるいは混血児の指揮下に、アジア人船員によって運航されるのが通例で、ゴア・マカオ・長崎を結ぶ大船の場合でさえ、上級船員と十数名の兵士以外は乗組員はすべてアジア人か黒人だったという。

海上交易に無頓着なインドの君主たち

それにしても、ポルトガルはなぜこうもやすやすと、たとえ一時的であろうとインド洋に覇権をうち樹てることができたのだろうか。オスマントルコは内陸志向の帝国だとよくいわれるが、地中海ではヴェネチア、ジェノヴァ、スペインと覇権を争って死闘を繰り返していた。ヨーロッパの艦船の火砲に対抗できる海軍はすでに保有されていたのである。かつてアルメイダが接収を拒んだグジャラート王国の港市ディウは、ヌーノ・ダ・クーニャの艦隊に攻められてポルトガルの要塞建設を許し、一五三七年国王《スルタン》バハードゥル・シャーがクーニャを謀殺しようとしてかえって殺されたのちはポルトガルの領有に帰した。だが、バハードゥル・シャーは生前すでにオスマントルコのスレイマン大帝に救援を要請していた。一五三八年、スレイマンは七〇隻の艦隊を送ってディウを包囲させた。ディウは危うく陥るところだった。救われたのはまったくの偶然にすぎない。結局、オスマントルコは紅海経由の香料貿易が復活したいま、常時艦隊を配備してまでポルトガルとインド洋の海上覇権を争うほどの意欲は持たなかったのだ。

オスマントルコはさておき、肝心のインドはポルトガルの侵入に対してなぜ手を束《つか》ねていたのか。むろん何もしなかったのではない。ビジャープル王国はしばしばゴアの奪回を試みたし、それゆえにこそクーニャは一五三六年、イスマーイール・シャーの死後の王国の内乱に乗じ、ゴアの対岸を占領して守りを固めねばならなかった。だが、北インドのゆたかな平原を支配するデリーのスルタン諸王朝も、それを滅ぼして一五二六年インドに覇を唱えたムガル帝国も、海岸線を浸食するポルトガルの動きを蠅がとまったほどにも感じてはいなかったのだ。ムガルの最盛期を現出したアクバル帝は自分の貿易船を紅海へ送るために、毎年一通の免税カルタスをポルトガルから入手していた。これはポルトガルに支払う関税を免除するもので、ポルトガル側からすればアクバルへの賄賂であるが、一方アクバルからすればポルトガルの海上支配権を認めたことになる。

近代的な国家主権の観点では、大ムガル帝国の主人ともあろうものが、おのれの海の無税通行証を侵入した異国人からいただくというのは、何とも締らぬ話ではある。だが、アクバルにはインド洋をおのれの海と見なすような意識はなかったのだし、海上貿易は帝王の管理すべき事項でもなかったのだ。彼は三〇歳になって初めて海を見たといわれている。ムガル皇帝もグジャラート王国のスルタンも、そうしようと思えばポルトガル人を追い出すことはできた。では、なぜそうしなかったのか。そうしようと思わなかっただけだ、というのがマイケル・N・ピアスンの意見である。ピアスンによれば、海上貿易を支配することは彼らの国内政治体制にとって必要事ではなく、その体制の枠内において商人に委ねてしかるべきだった。ポルトガル人はあくまでそうした商人の一種と見なされたのである。彼らの関心はもっぱら土地と人民の支配にあった。グジャラートの国王《スルタン》バハードゥル・シャーは「海上の戦争は商人の問題であって、王の威信とは関係がない」と語ったといわれる。商人たちからすれば、貿易を続行するためにポルトガルの海上支配を受け入れねばならないのなら、そうして悪い理由は彼らにはなかった。近代の民族主義者にとってはショックかも知れないが、それが現実的な対応だったのだとピアスンはいう。

一六一四年、ポルトガルはグジャラートのカンベイ湾を襲撃した。このときグジャラートはすでにムガル帝国の版図にはいっていたが、グジャラートの商人たちは、これによってポルトガルとの貿易が杜絶するのを怖れて、ムガル皇帝ジャハーンギールに、彼が受けた損失を全額補償することを申し出た。これは「日本との貿易に関係していたアメリカ人事業家のグループが戦争を避けようとして、真珠湾攻撃のあとで合衆国に対して損害の全額を補償した」ようなものだ。なぜ、そんなことが生じるのか。グジャラートの商人は広汎な自治を享受しており、税金も代表を通して国家に納入した。つまり国家＝支配者集団と商人とはそれぞれ自治団体をなしていて、国家＝支配者は個々の商人を国民として把握することはなく、あくまで代表を通して交渉を持つのみだったのである。自治団体である商人が他の商人（たとえばポルトガル人）とどんな取り決めをしようと、それが国家の支配体制に影響しない限り国家が関知するところではなかった。商人たちが「ポルトガル人に余分な税を納めようとしたり、あるいはポルトガル人の指揮のもとに航海しようとしても、国家はそのことが自分たちになんらかの関係があるとは考えなかった」のだ。むろんこのことは、ポルトガルが各地に要塞を築くにとどめ、それ以上の内陸支配を求めなかったのと無関係ではない。ポルトガル領インディアスは支配下の領民からはいうまでもなく税を徴収していたが、その歳入の六〇パーセント以上は関税収入だったのである。

すさまじい限りの物欲

東南アジアの島嶼部において、現地の支配者たちがポルトガルの侵入に対して、インドの場合のように無関心でありえなかったのは前に見た通りだ。マフムード・シャーはマラッカを逐われたのちもポルトガルの支配に反抗したし、アチェの王はしばしば艦隊を送ってマラッカを包囲した。彼らは海上貿易に依存する港市国家の支配者であったから、これは当然の反応だった。これに対して東南アジアの大陸部においては、ポルトガルは諸国家の動向を左右する力は持たなかった。大陸部で当時目につくのはシャム（現タイ）のアユタヤ王国の隆盛ぶりである。東南アジアはポルトガルの参入以前の一五世紀から、アンソニー・リードのいう「商業の時代」に突入しており、アユタヤ王国は繁栄する海上貿易から吸い上げた利益によって王権を強化することができた。

アユタヤ王国がビルマ（現ミャンマー）のタウングー王国の遠征軍によって都城を占領されたのは一五六九年のことである。タウングー王国はダビンシュエティ王のときビルマを統一するが、それにはポルトガル人傭兵の力が大きかったといわれる。アユタヤ都城を陥れたのは次代のバインナウン王である。こうしてタイはビルマの属領となったが、やがてナレースエンがタウングー勢を駆逐してアユタヤの独立を回復した。ナレースエン王もまたポルトガル人の砲兵隊によって自軍を強化した。いずれにせよ、ポルトガル人は大陸部では、国家から遊離した冒険者として傭兵化したのであって、その実態は、東南アジアから中国・日本にかけて放浪を重ねたメンデス・ピントの、虚構と法螺をこきまぜた『東洋遍歴記』の語るところから遠くはなかっただろう（第三章で詳しくふれる）。

ジョージ・サンソムはポルトガルの成功の理由として「継続的かつ集中的なエネルギーの発揮」を挙げる。アジアにはこのようなエネルギーの集中と継続は存在しなかったというのだ。なるほど一五世紀初頭の鄭和の南海遠征の成り行きを見ても、彼の言うところはもっともに聞える。だが、そのエネルギーの正体たるや、身も蓋もないすさまじい限りの物欲ではなかったか。もちろんそれには、彼らの身勝手ではあるが燃えさかる宗教的使命感をつけ加えねばなるまいが。

一五七四年にイエズス会東インド管区の巡察師（イエズス会総長から全権委託されて、布教状況を査察するため派遣された高位の宣教師）としてインドに着いたアレッサンドロ・ヴァリニャーノは「ポルトガル人がインドに赴任してくるのは、私利私欲を追い求め、金持になるため以外の何物でもない」と慨嘆している。だが、そもそもセウタを奪取したときに、ポルトガル人は「ムーア人」の住居の豪華さ美しさに驚き、これに比べると自分たちの住いは豚小屋同然だと感じたのだ。アジア遠征に当って、彼らの胸底にその伝説的な富への渇望が煮えたぎったのはあまりに当然だった。切り取り強盗の用意はいつでもあったのである。一五〇六年、アフリカ西岸のブラヴァを攻撃したとき、ポルトガル兵は住民の女性が着けている銀の腕輪が抜き取れぬというので腕ごと切断した。その数八〇〇に近かったという。

マラッカを制し、モルッカ諸島を押さえたポルトガルが、やがて北上して日本にいたるのは時間の問題と考えられるかもしれない。だが、彼らは香料を求めて東南アジア多島海へ足を踏み入れたのであって、日本については その位置もよく知らず、関心も薄かったのである。一五一〇年代にマラッカで書かれたトメ・ピレスの『東方諸国記』には「ジャンポン島」についてわずか数行の記述があるだけで、それも「商品にも自然の産物にも恵まれていない」とか、ジャンクを持たず海洋民族ではないなどと、きわめて冷淡な書きぶりで、情報自体も不正確で貧しい。

ピレスはともかくもゴーレス＝レケオ（琉球）とジャンポン（日本）を区別して書いているが、それ以前にポルトガル人が得た情報では、マラッカへゴーレスあるいはレケオと呼ばれる人びとが来航することはわかっていても、彼らがどこの誰であるかすこぶる曖昧で、日本人と琉球人の区別もよくついてはいなかった。今から考えるならば、このゴーレスあるいはレケオが琉球人であるのは明らかである。C・R・ボクサーは彼らが勇武の民であるように記述されているところから、バジル・ホールら一九世紀の琉球訪問者がその地の人びとをきわめて穏和と述べていることをもって、彼らが琉球人であることを疑っている。しかしこの時代の琉球は三山統一の激動期で、彼らは戦乱の世を生きていたのだ。薩摩支配下の琉球人の気風と異なっていたとしても当然だろう。

一五世紀東シナ海の主役、琉球船

こののちポルトガルは東シナ海の支配者となるが、それ以前の一五世紀、この海を股にかけた花形は琉球船だったのである。中山王察度《さっと》が一三七二年、明の冊封を受けて以来、琉球は連年明に入貢するにいたる。その入貢回数は朝貢国中第一位で一七一回、第二位の安南が八九回だから、いかに明から優遇されたかわかる。入貢といっても実態は貿易である。琉球の進貢品は第一に馬とあるが、琉球の馬は小型で、これでは役に立たぬと明の役人がぼやくのに対して、当時の皇帝が「遠人の義を慕い、入貢するを以て、必ず物の優劣を計らず」となだめたという話があるぐらいだから、大した交易品ではない。明にとってこの交易が意味があったのは、琉球が蘇木や香料などの南海の産物、武具・美術品・硫黄などの日本の産物をもたらしたからである。

すなわち、進貢活動を維持するためには、琉球は北は日本、南は東南アジアと交易を行なう必要があった。中国から入手した絹や陶磁器を日本の武具や硫黄、東南アジアの香料や蘇木と交換したのである。日本へ船を出すのは倭寇の跳梁のため困難で、日本船の来航を待ったが、東南アジアへは頻繁に船を出した。最も関係が深かったのはシャム（タイ）のアユタヤ王国で、年に一回は船を送っていたらしい。マラッカに派船したのは一四六三年が最初で、マラッカ側の記録に毎年八〜一〇隻来るとあるのは誇大としても、ゴーレス＝レケオの名を轟かすだけの働きはあったのである。

明は建国以来、海禁を国是としていた。一五世紀初頭、鄭和の大南征というめざましい出来事はあっても、それは一過性の現象で、一五六七年に緩和されるまで海禁は一貫して維持された。海禁とは外国交易を入貢の形態だけに制限し、民間人の海外渡航は一切許さぬ政策をいう。琉球は明の海禁策によって生じた空白、すなわち中国船の交易活動の停止に乗じて、東シナ海・南シナ海を雄飛したのだといわれる。しかし、この説明には納得のゆかぬ面もある。海禁によって東アジアの交易圏に生じた空白というけれども、明に入貢してそれぞれの産物をもたらしたのは琉球だけではなく、シャムも安南もマラッカも日本もそうしたのである。もちろん琉球には「朝貢不時」、つまり貢期の制限なく随時入貢できるという特権があり、それが他をひき離しての一位という入貢回数をもたらしたのであるが、それにしても琉球だけがもっぱら明の必要とする物資を調達していたわけではない。

しかも、中国船は南海から姿を消したのではなかった。一五〇九年にセケイラの船隊がはじめてマラッカを訪れたとき、港内には三隻の中国船が碇泊していたし、マラッカ王のだまし討ちによって捕虜とされた同船隊のルイ・デ・アラウジョが獄中から報じたところでは、シナから毎年八〜一〇隻のジャンクが到着して胡椒と丁字を持ち帰るとあり、さらに一五一一年アルブケルケがマラッカに臨んだときにも、港内には三隻の中国船がいた。海禁はザル法に近く、福建から広東にいたる沿海の住民は交易なしには生きられず、地元の郷紳と結んで堂々と密貿易にはげんでいたのが実情だった。

琉球の海上雄飛の前提には、明の建国者太祖洪武帝の並々ならぬ好意があった。先に述べた「朝貢不時」の特権のみならず、洪武帝は琉球に入貢のための外航船まで与えた。朝貢国に船を下賜する例はほかにないわけではないが、琉球に対しては洪武〜永楽年間（一三六八〜一四二四年）だけで三〇隻に及ぶという。琉中関係史が専門の赤嶺守によれば、このような太祖の優遇策には、当時明が苦しめられていた「倭寇の受け皿」の役割を琉球に果させようとする意図がこめられていた。太祖は倭寇の禁圧をたびたび日本に求めたが、効果は現われなかったので、琉球に特権的な入貢条件を与えて、中国沿岸に群がる倭寇を琉球へそらそうとしたというのだ。倭寇は海禁によって交易が不可能なため掠奪を行うのであって、琉球で中国産品を得られるとあれば、なにも中国沿岸を荒すことはなく、よろこんで琉球に向うだろうという次第だ。

また、琉球の強味は日本・朝鮮と東南アジア諸国との接点に位置することだったかも知れない。その接点で東アジアと東南アジアの物産の回流が生じ、琉球船の雄飛の場が生れたのである。あるいはまた、三山統一という近世国家建設の課題が、雄大な交易活動を導き出したと見ることもできよう。琉球の海外交易はすべて国営だった。しかし、琉球の海外雄飛は一六世紀にはいると急速に終りを告げる。一五一一年、シンガポールまで来たレケオの船は、ポルトガルのマラッカ占領を聞いて北上をためらったが、マラッカ知事の保証を得てやっと入港したという。これがマラッカを訪れた最後の琉球船となった。

明朝廷から門前払いを喰ったピレス一行

琉球船が消えた東シナ海は、やがて倭寇とポルトガル人の海となる。ポルトガルを日本へ導いたのは倭寇集団だったのだ。だが、その筋道を追うまえに、ひとまずポルトガルの中国へのアプローチを述べておかねばならない。

ポルトガル人はマラッカ占領の三年後、中国との交易を試みた。初めのうち胡椒を生糸・絹織物と替える交易は順調に進み、莫大な利を生んだようである。しかし、彼らは中国やマライのジャンクで渡来したもので、珠江を溯上して広州市の前面に達することはなかった。広州は明が南方諸国の入貢地として指定した港であり、ポルトガル人が新手の入貢者として遇されなかったにもかかわらず紛争も起こらなかったのは、「シナ人はいかなる外国人も屋内に入らずといいて、他国人の上陸を許さざりき。然れどもわがポルトガル人はその商貨を売りて充分なる利益を得たり」と当時の記録にあることで明らかである。ポルトガルは『大明会典』の規定する朝貢国ではなく、正式の入貢者ならざる彼らが交易を許されるはずはないのに、事実として交易が行われたのは、当時の布政使呉廷挙が「上供の香物欠少、軍餉収備の必要」から広州における規定の貢船以外の蛮船の交易を許したからである。もとよりこれはポルトガルのような非朝貢国との交易を許す趣旨ではないが、いったん規定を緩めれば「蛮人」が広州に雑踏する事態となり、東南アジアのジャンクで渡来したポルトガル人は、このような従来からの入貢者たる「蛮人」にまぎれこんだのであろう。

一五一七年、フェルナン・ペレス・デ・アンドラーデが大使トメ・ピレスを伴って広州を訪れるに及んで、ポルトガルの交易国としての資格が当然問題化することになった。フェルナン・ペレスは八隻の船を率いて珠江河口に至ったが、当時ポルトガル人の仮泊地となっていた九龍半島西部のタマン（屯門澳）を越えて珠江を溯上し、広州市前面に達して礼砲を放った。中国官吏が驚愕したのはいうまでもなく、『明実録』には「大船に駕し広東省下に突進、銃砲の声城廓を震動す」とある。だが、フェルナン・ペレスは中国官吏の咎めに対して、礼法に慣れざるゆえと直ちに謝罪し、つとめて穏和な態度に終始したので、彼らの心証も好転しやがて貿易を許されるに至った。しかし、フェルナン・ペレスはたんに貿易をしにやって来たのではない。彼の任務は北京の宮廷に赴いて国交を開くため、大使トメ・ピレスを送り届けることにあったのである。そもそもポルトガル宮廷がマラッカ占領以前から中国との貿易に望みを抱いていたのは、一五〇九年、セケイラがマラッカを初めて訪れたとき、中国に関して調査を行うように訓令されていたことによっても明らかで、ポルトガルのマラッカ政庁は朝貢制度のほころびに乗じた貿易に満足せず、正式の国交に基づく交易関係をこの際樹立するつもりなのだった。

トメ・ピレスはマラッカの商館に勤める薬学者であり、浩瀚な『東方諸国記』の著者として名高い。彼はマラッカでの待遇に不満ですでに帰国の決心を固めていたが、友人の東インド領総督アルベルガリアの懇請もだしがたく、フェルナン・ペレスの船隊に乗って広州へ来たのが身の不運だった。彼は国書と礼物を北京の宮廷へ届けねばならぬのだが、もちろんそれは対等の国交を求めてのことである。だが、明帝国には対等の国交などという観念はない。広州の布政使はフェルナン・ペレスの申し出を入貢を願い出たものと受けとって、ピレスを広州にとどめて宮廷にお伺いを立てた。もちろん、フェルナン・ペレスが朝貢を申し出るはずはない。これは仲に立った中国人通事が、対等の国交に基づく交易というフェルナン・ペレスの言い分が通るはずがないので、勝手にポルトガル使節が天子に貢を進じ封を請うために来たもののように作文したのである。

フェルナン・ペレスの船隊は官憲の好遇に気をよくしてその年のうち広州を去った。もちろんピレスの使命の前途を楽観してのことである。ところが一五一九年、シマン・デ・アンドラーデの船隊が使命を終えたはずのピレスを迎えるべく広州を訪れると、何とピレスは上京できぬままその地に留っていた。ピレスが二年余りを広州で過したのは、ポルトガル人の入貢申請に接した明朝廷が、『大明会典』に名の見えぬ国の入覲を許さず、貢物の代金を給して使臣を放逐すべしと命じたのに対して、ピレスが帰国を承知せずあくまで広州に踏みとどまって入京の目的を達しようとしたからだという。

シマンは激怒した。彼はフェルナン・ペレスの弟であるが、極力穏和に振舞って中国側の好意を買おうとした兄と違って、ただちに示威・脅迫の策を採った。彼はもともと短気と傲慢で名を売った男である。彼はタマンに城砦を築き、絞首台を設けて現地人を裁判に付し、関税を払わず中国人税関員を殴打するなど、中国人の反感を買う暴行をほしいままにした。しかも彼は帰航に当って貸金の質にとった子どもを奴隷として連行した。中国史書がポルトガル人の「掠食小児」「炙食小児」の行為を書き立てたのはこのことを誇張したものである。

ピレス一行は一五二〇年広州を出発、南京に在った武宗皇帝と会い、翌年ともに北京へ入った。しかし、朝貢国として昵懇の間柄だったマラッカをポルトガルが滅した事実、ピレスの伴った中国人通事が一行をマラッカ使節と偽わったこと、国書の内容が朝貢の意と遠く距たること、さらにはシマン・デ・アンドラーデの広州での暴行が明らかになるとともに、明朝廷はピレス一行を放逐することに決し、武宗死去のあとを受けた世宗は一五二一年五月、彼らを広州にもどして投獄させた。ピレスは一五二四年に獄中で死んだらしい。メンデス・ピントは中国放浪中ピレスの娘に会ったと言い、ピレスが釈放後中国女性と結婚して二七年後死んだという伝聞を記しているが、もとより信ずるに足りない。

世宗はピレス一行を投獄させただけでなく、ポルトガル人を広州から放逐するよう命じた。折柄広州にはディエゴ・カルヴォの船隊が滞在していたが、中国艦隊の包囲攻撃を受け降伏寸前に陥りながら、にわかに吹き起った烈風に乗じて辛うじて脱出した。翌一五二二年にはメルロ・コウティニョが関係修復のために派遣されたものの、広州湾で中国艦隊に迎撃されて五隻中二隻を失い、ほうほうのていでマラッカへ逃げ帰った。ポルトガル人捕虜二三名はスパイあるいは海賊の名を負わされて死刑に処せられた。このように中国海軍がポルトガルに対して優位に立ったのは、ボクサーによれば火船の使用に長じていたからであって、その立案者海道副使汪鋐の名声はのちの香港時代にまで伝えられ、キャッスルピークに神として祀られていたという。それはともあれ、カリカット到着以来武威を南アジアに振るったポルトガル海軍は明の水軍に手も足も出ず、中国という巨大な市場から門前払いを喰ったのである。

ポルトガル人の日本「発見」

広州で門前払いを喰ったポルトガル人は中国貿易の利を諦めきれず、北上して福建方面で密貿易に加わった。明の海禁策は朝貢以外の海外貿易を一切認めず、中国人の海外渡航も禁ずる建て前だったが、もともと人口過剰で貿易で生計を立てるしかない福建から広東にいたる海浜の民が、そうですかと引き下るわけがない。

貿易業者たちは武装して取締りの官船と対抗し、堂々と密貿易に従事する有様で、地方の有力者たる郷紳も実は彼らの後ろ楯だったのである。ポルトガル人はこのような中国の海民たちの海禁破りに加わったわけだが、当時この方面の実情を見聞したドミニコ会士ガスパール・ダ・クルスが言うように、彼らの地位は極めて不安定だった。中国官船とつねに交戦状態にある彼らは、安心して碇をおろせる港を持たず、たえず外洋をさまよって、暴風雨に襲われて難破することも少なくなかった。

だが、一五四〇年ごろ、ポルトガル人はついに寧波《ニンポー》に近い舟山群島の一角、雙嶼《リャンポー》に定着した。ここは中国の密貿易者の基地で、ポルトガル人をそこへ誘致したのは、中国の武装商人つまりは海賊の首領許棟《きょとう》だったといわれる。クルスは言う。「そこに住む貧しい人々はポルトガル人と航海を共にしてきた中国商人はこれらの集落に帰れば、お互いに親戚同士であったし、よく顔が知られてもいたから、土地の人々は彼らのためにもなおいっそうポルトガル人を温かく迎えてやった。やがて彼らを仲介役として土地の商人がポルトガル人へ売るための商品を持ち寄るという商談が成立した」。

ポルトガル人の日本発見は、中国南部海岸の海寇的状況への彼らの参加、より直接的には雙嶼への定着から生じたのである。彼らが広州あたりでうろうろしていたら、日本へ漂着することなど起こりえなかった。一六世紀日欧交渉史の大家岡本良知が言うように、ポルトガルがカリカットへ到着してからさらに中国に達するにはわずか一六年を費すにすぎなかったのに、初めて広州を訪れてから日本に到るまでには二十数年を要してい

一六世紀の東アジア

る。

　つまり、彼らの眼中には日本はなかったのである。黄金の国ジパングに関するポーロの伝説的言説に、彼らはまったく関心を寄せていなかった。しかし、雙嶼まで来れば寧波は目と鼻の先だ。寧波はいうまでもなく勘合貿易船の入港地であり、大内と細川の勘合船が寧波で争闘したあげく沿岸を掠奪してから、まだ二〇年は経っていなかった。しかも当時、南中国を基地とする中国船は大挙して九州を訪れていた。ともに「大々的な窃盗や掠奪を行なう」（クルス）ほど中国人海商と一体化していたポルトガル人が、中国船に乗って日本に到るのはもはや時間の問題だったのである。

　ポルトガル人の日本初航に関する基本的な記録は、せんじつめると南浦文之《なんぽぶんし》の『鉄炮記』、アントニオ・ガルバンの『世界新旧発見史』、エスカランテ・アルバラードの報告書、メンデス・ピントの『東洋遍歴記』の四つに帰する。『鉄炮記』は一六〇六年の述作だが、種子島家に伝わる文書にもとづいたふしがある。ガルバンのものはシャムにいたポルトガル船長ディオゴ・デ・フレイタスからの伝聞であるらしく、アルバラードの報告もおなじくフレイタスの話を記録したものだから、出所はおなじと言ってよい。ピントだけは自身の経験として語るが、むろんこれは法螺まじりとしても、彼が当時雙嶼にいたのは事実で、伝聞であっても相当の根拠あるものとみなすべきだ。

　まず年代に関しては、『鉄炮記』は一五四三年、フレイタス情報は一五四二年のこととし、ピントは例によって曖昧きわまりない。この点では従来様々な論考があるが、日本中世史、対外関係史が専門の村井章介は最近、四二年が初航、四三年が再航という新説を述べている。また訪れたポルトガル人については、ガルバンはアントニオ・ダ・モッタ、フランシスコ・ゼイモト、アントニオ・ペイショットを挙げ、ピントはディオゴ・ゼイモト、クリストヴァン・ボラリョ、それにピント自身とする。『鉄炮記』には牟良叔舍、喜利志太侘孟太とあるが、牟良叔舎がフランシスコ、佗孟太がダ・モッタの音写と解される。アルバラードは二人とのみ述べて人名を記さない。到着地については、『鉄炮記』とピントは種子島、ガルバンはたんにジャポエス、アルバラードはレキオの一島と述べる。

到達の経緯の点では、ガルバン、アルバラードともに、ディオゴ・デ・フレイタスの船がシャムに寄港中、その船から抜け出した三人あるいは二人が、ジャンクに乗って中国へ商いをしに向ったが、暴風雨に遭って前記の場所へ漂着したと言い、ピントの述べるところは甚だ錯綜するけれども、インドシナから中国へ商売に向い、暴風雨に遭って漂着したというのは前二者にほぼおなじ。『鉄炮記』は船客一〇〇余人を乗せた大船が着いたと述べる。これは従来中国船と解されて来たが、的場節子はポルトガル船と主張する（『ジパングと日本』吉川弘文館・二〇〇七年）。また『鉄炮記』の伝える事件とフレイタス情報のそれは、年度が異なるものの、従来は人名の一致から同一事件と見なされてきたが、的場はそれぞれ別な事件と解すべきだとする。

的場は日本をめざしたのは私欲にかられたポルトガル冒険商人だから、記録に残される以外に、ポルトガル人の雙嶼定着以降、彼らがいつ日本を「発見」しても不思議はなかったと言う。つまり『鉄炮記』やフレイタス情報にとらわれる必要はないという次第だが、一五四〇年以降に渡来した「すべての唐船に、ポルトガル人日本初渡来の可能性があった」という彼女の主張は聴くべきであろう。しかし、『鉄炮記』のいう異国船がポルトガル船であったか否かはともかく、ポルトガル人が自前の船でなく中国のジャンクで渡来するのが一般であった事実は動かない。この八年（あるいは七年）のうちに、かのザビエルを鹿児島へ送ったのも中国「海賊」のジャンクだったし、一五四四年、豊後を訪れた六、七名のポルトガル人も中国のジャンクに乗って来たのだった。このとき一六歳の大友宗麟が、彼らを殺して商貨を奪おうとした父（義鑑）をいさめた話は名高い。だが、彼らが中国船に乗って訪日したのは、おそらく航路と九州沿岸の地理に暗かったからだろう。だが、彼らが雙嶼をはじめとする中国海商＝海賊の根拠地に寄生し、中国人と一体化して密質易や海賊行為に従事していた以上、彼らの日本初航が中国船に搭乗する形で行われたのは何ら怪しむに足りない。国籍を問わぬ多様な冒険商人たちが作り出す東シナ海の海寇的状況のなかで、日本とヨーロッパの最初の出会いが演出されたことの意味は大きい。ピントが日本発見の報を雙嶼へもたらすと、その地のポルトガル人は色めき立って日本へ船を仕立てようとしたという。何しろ日本には銀があり余っていて、中国の絹を持ってゆけば大もうけ確実と話したのだからたまらない。もちろんピントが日本の発見者だというのはつくり話だが、ポルトガルの冒険商人たちが日本に新たな商機を見出したのは彼の言う通りで、こののち彼らの船は連年薩摩・大隅あるいは豊後の諸港を訪れるようになった。広州で国交を拒絶されて以後、福建・浙江方面への進出はポルトガル政府の関知せぬ個々の商人によって行われ、中国人に導かれて日本を訪れたのもこのような冒険商人たちであった。

倭寇と密貿易

ポルトガル人が中国人海商の密貿易の波に乗って日本と出遭ったのであれば、ここで問題になるのは当然かの倭寇でなければならない。倭寇は遠く一三世紀に始まるが、国際問題化するのは一三五〇年で、この年一〇〇余艘の倭船が高麗南部を襲い官米を奪った。当時日本が南北朝の争乱のさなかであったのはいうまでもない。この年以来、高麗は連年倭寇に悩まされることになる。倭寇が掠奪したのは米穀と人間だった。人間はむろん奴婢とするのである。

倭寇はやがて中国北部にまで足を延ばすようになり、一三六八年明を建国した太祖朱元璋は、九州の実質的支配者である征西将軍懐良《かねよし》親王に倭寇の禁圧を求めたが実効はなかった。しかし太祖はやがて室町幕府と交渉し、将軍義満と冊封関係を結んで勘合貿易を開くに至り、一方高麗では、倭寇討伐に功あった李成桂が新たに国を建てて朝鮮と号するに及んで、猛威を振るった倭寇も次第に鎮静化する。一四一九年、遼東の望海堝で明軍が倭寇に大打撃を与え、同年朝鮮が倭寇の巣窟である対馬を掃蕩した（応永の外寇）のが、いわば倭寇へのとどめとなった。

ところが一六世紀の中葉、倭寇は突如南シナ海沿岸で猛威を逞しゅうする。いわゆる嘉靖の大倭寇である。中世東アジア国際関係史の研究者、田中健夫作成の年表によれば、それまで毎年一、二件にすぎなかった倭寇の行動が、一五五二（嘉靖三一）年に一三件、五三年には六四件、五四年には九一件、五五年には一〇一件に達した。浙江・江蘇をはじめ中国の中・南部沿岸は惨害を蒙り、倭寇鎮圧は明朝の緊急課題となった。

歴史学界は一四世紀から一五世紀前半までの前期倭寇と、一六世紀中葉の後期倭寇をまったく性格のことなるものとして区別している。後期倭寇は日本では八幡船《ばはん》と呼ばれ、たとえば明治後期に初稿が書かれた村田四郎の『八幡船史』では、日本民族の海外雄飛の好例として賞揚されていた。昭和前期の軍国主義時代に、そのような風潮が一段と強まったのはいうまでもない。しかし、朝鮮を主な対象とする前期倭寇が、まぎれもない日本人の行動であるのに対して、嘉靖年間の大倭寇が中国人海商を主体とする反乱であり、日本人はそれに付随したにすぎないことは、すでに昭和初期に秋山謙蔵によって明らかにされていたのである。秋山は明の史書にこのいわゆる倭寇が「その実は真倭ほとんどなし」とか、「倭は十に三」あるいは「十の一」と記述されていることから、この時期の倭寇とは「実はその大部分が支那人の海賊であり、明政府が自己の統制に在るべき支那海賊の暴乱を、すべて『倭寇』と記載したのである」と主張した。

嘉靖の大倭寇の実態が中国官憲の密貿易弾圧に対する中国人海商の反撃であることは今日定説になっている。国是とする海禁を無視した密貿易に手を焼いた明朝は、朱紈《しゅがん》を浙江巡撫に任命して取り締りを強化した。朱紈は一五四八年、密貿易の根拠地となっていた雙嶼《リャンポー》を攻略し、頭目の李光頭と許棟を斬った。密貿易者たちは舟山群島の瀝港《れっこう》を新たな根拠地としたが、一五五三年にはここも官兵に攻略された。根拠地を奪われた密貿易者たちは、流賊となって中国沿岸を荒掠し始めるのである。しかし、なぜこれが「倭寇」なのだろうか。秋山謙蔵は明の官吏が反乱を招いたおのれの失態を糊塗するために、前世紀の現象である倭寇に罪をかぶせたというのだが、流賊のなかに少数とはいえ日本人がおり、しかも指導的な役割を果していたらしいのも記録の語るところなのだ。賊の先頭には日本人がいて双刀を舞わせて突撃し、あるいは頭目の日本人が扇をうち振って一隊を指揮したというのだが、双刀を舞わすというのは中国の刀法臭いとしても、日本人の武勇あるいは狂暴が官兵に恐怖心を抱かせたのは事実なのである。

ハーバード大学の黄仁宇は一九八一年に出した著書の中で、嘉靖の大倭寇の主体を「日本列島からの侵略者」と呼んでいる。賊徒が「普通は中国人が多数を占め」ていたのを認めながら、作為の多い明朝史書の倭寇観を鵜呑みにするのはどうかと思われるが、反乱軍がよく統制がとれ、つねに少数で大軍の官兵を撃破した事実を指摘して、「この種の能力は中国の農民反乱においては普通見られない」と述べているのは看過できない。むろん、賊徒は農民などではなかった。この頃中国の密貿易者は半ば海賊化していて、メンデス・ピントの記述でわかるように、あるいはポルトガル船と交戦し、あるいは中国船同士で掠奪し合っていたのである。それにしても、彼らの戦闘能力が日本人の参加によって増強されたのは否めない事実のようだ。南北朝の動乱以来、日本人は二〇〇年以上も常態化した戦乱で鍛えられて、当時東アジア随一の戦闘業者となりおおせていた。

嘉靖の大倭寇における日本人の役割なり参与の度合については、今となってはわからぬことが多い。しかし重要なのは、なぜ日本人がこの局面に登場したかということである。この点では、許棟の子分だった王直の働きに触れねばならない。中国側の記録によれば、雙嶼における密貿易に日本人を引き込んだのは許棟で、一五四四年のことであったというが、また王直が四五年に博多から三人の日本人を雙嶼に連れてきたともいう。王直は四三年、ポルトガル人がはじめて種子島に来たときも、おなじ船に乗り合わせていた。雙嶼・瀝港が失われたあと、王直は日本の五島列島に新たな根拠地を置き、自分は平戸に住んだ。五島市福江町には王直ゆかりといわれる遺跡が今も残っている。彼が日本に根拠地を求めたのにはそれなりの理由があった。日本は一五三〇年代から世界有数の銀産国となり、中国海商が日本人を雙嶼に誘致したのも日本銀を求めてのことだったのである。中国に流入する日本銀の流れが日本と中国双方の武装海商イコール冒険商人の手を結ばせたのだ。だとすれば、王直たち中国人海商の明朝官憲への復讐戦に、日本の海賊ないし冒険商人が参加したのは当然の成りゆきだったといわねばなるまい。

ポルトガル人の記録によると、一五四〇年代、九州には数百の中国船が訪れていたという。一五四六年鹿児島湾にいたジョルジェ・アルヴァレスは、この年の秋、その沖合で台風のために一隻のポルトガル船と七二隻の中国船が沈んだと報じている。これは大変な数字といわねばならない。ところが、一五五五年マラッカにいたルイス・フロイスは書簡中に、中国から来た船から聞いたこととして「日本の沿海の諸王は支那沿岸都市の総督を攻撃せんため大艦隊を編制せりとのことなり。こは両国にとりては大破壊にして大争闘なり」と報じ、両国間の戦争はポルトガルにとって好都合だと記した。このの後彼は一五六二年の年報にも、戦争の結果中国船が日本へ来なくなったのはポルトガルの何よりもの幸わせだと書いている。まさに日本貿易の好機が到来したのである。

密貿易の根拠たる雙嶼が破壊されたあと、ポルトガル人は広州湾の浪白澳《ランパカウ》あるいは上川島《じょうせんとう》に拠って密貿易を続けたが、一五五四年に広州での貿易を公許された。この点についてガスパール・ダ・クルスは次のように述べる。「レオネル・デ・ソウザが一五五四年よりこの方、カピタン・モールであったとき、彼はある約定を中国人とのあいだに取り交わした。それは、ポルトガル人はみずからに課せられる税を支払う、そのかわり自分たちが中国の港において交易を行うことを容認して欲しいというものであった。その時から今にいたるまで交易は、中国第一の港である広州で行われている」。つまり彼らは、明朝への反乱者と化した中国人の武装海商との結託を解消し、彼らのいう日中間の大戦争、すなわち嘉靖の大倭寇を傍目に見ながら、明朝に対してひとりよい子になろうとしたのである。

日本銀と中国絹の交換

一五五七年、ポルトガル人はマカオに定住地を獲得した。これは植民地でないのはもちろん、租借地とすらいえない。ただ中国官憲から、定住して交易を行うのを黙認されたのである。後年彼らは海賊追討の功をもってマカオを与えられたと主張するようになる。信じるに足りぬとしても、中国官憲が海賊退治にポルトガル人の手を借りたのは事実のようで、だとすれば、これも彼らがかつての同盟者と手を切るにいたったことの傍証といえるだろう。マカオは単に広州貿易のために用いられたのではなかった。ポルトガル人の視線はすでに日本へ定められていて、それは日本貿易の拠点たる意義の方がはるかに大きかったのである。私人の行為として始まった日本貿易はおそくとも一六世紀半ばまでには政府の管理下に置かれ、一五五六年以降、国王またはインド政庁の任命するカピタン・モールが仕立てた船によって日本貿易を行うこととした。カピタン・モールは単に船隊の司令官にとどまらず、マラッカ以東のポルトガルの海上支配権の代表者であり、マカオ到着以降は当地の司政官でもあった。

アルブケルケの経営から四、五〇年を経て、アジアのポルトガル海上帝国は様ざまな問題を抱えて頽勢へ向かおうとしていた。このときに当たって開かれた日本貿易は、ポルトガルのアジア経営にとってカンフル剤だったと言っていい。それは胡椒貿易よりはるかに大きな利潤をもたらした。だがその一面で、チョードリはインド政庁の関心がゴア―マカオ―日本の新航路に集中するあまり、インド洋方面の支配の弛緩を招いたと指摘している。日本貿易とは要するに日本の銀と中国の絹との交換である。ポルトガル人は両国産品の仲介を行ったにすぎないが、その仲介が商売として成り立つには、中国が日本船の渡来を受けつけず、また中国の密輸業者も官憲との抗争に結局は敗れて、日本来航が激減するという背景があった。倭寇の大頭目王直は明朝に投降して、一五五九年に斬られた。ポルトガルはもはやアジアの富をヨーロッパにもたらすという当初の段階を終え、アジア内の貿易に仲介者として参入することに活路を求めるにいたった。その仲介貿易のメインが日本貿易だったのだ。ポルトガルは中国の絹を日本にもたらす際に仕入れ値の四、五倍で売り、さらに日本銀を中国に持ち帰れば両国の金銀比価の差によって暴利をむさぼることができた。彼らは往き帰り二度儲けたのである。

しかし、日本貿易は日本布教と不可分の関係にあった。なぜなら、ポルトガル国王はローマ教皇庁から、西経四六度三七分以東の新発見地の領有を認められるとともに、新領土の住民のキリスト教徒化を義務づけられていたからである。ポルトガル国王は教皇から布教保護権を与えられていた。布教保護権とは征服した新領土に司教区を設定し、司教を指名推薦しうる権利とともに、司教区を経済的に維持し、カトリック信仰の宣布に尽くす義務をいう。日本は一四九四年、教皇の仲介で成立したスペイン・ポルトガルの新発見地分割協定によって、潜在的にポルトガルの支配に属すべき土地とみなされていた。日本貿易の開始は当然日本布教の開幕であらねばならなかった。

インドには早くも一五〇〇年に宣教師が到着し、フランシスコ会・ドミニコ会によって布教が行われ、一五三四年にはゴア司教区が設けられた。だが布教は遅々として進まず、貧しい漁民やカースト外の賤民に改宗者が得られたにすぎない。また聖職者の質も悪く、C・R・ボクサーによれば、そのある者は自らがアジアに来たのは財を積むためであり、向う三年間に五〇〇〇クルザードと真珠・ルビー等の宝石多数を得ねば満足しないと語る始末だった。だが一五二一年に王位に就いたジョアン三世は敬虔王という異称が示すように、折柄高潮期にあった対抗宗教改革運動に加担し、一五三六年異端審問所を設けた。インド領においても従来の異教徒に対する寛容策が放棄されて、一五四〇年にはゴア市内のヒンズー寺院が破壊され、ポルトガル支配地においてヒンズー・仏教・イスラムの儀式を行うことが禁止されるにいたった。フランシスコ・ザビエルが一五四二年ゴアに着いたとき、王国インド領は、このような宗教的感情の高揚のただなかにあったのである。

征服と貿易のかたわら置き忘れられていたキリスト教的使命感が、征服の停滞とともに甦ったのだといえるかも知れない。しかしボクサーは言う。「日本の銀、中国の絹、インドネシアの香料、ペルシャの馬匹《ばひつ》、インドの胡椒がポルトガル領インドにとっていくら重要だからといって、そのことは神が黄金神におとらずいずこにもましますものだった事実を打ち消すものではない」。彼によると副王ドン・コンスタンティーノ・ブラガンサは、ヒンズー商人を遮二無二改宗させようとする彼の努力に対して、役人たちが王室の収入を徴収する妨げになると反対したとき、「余は王領の名誉と国王陛下の栄光のために、土地からあがる収入やカラック船が積んで来る胡椒よりも、最も貧しいカナリ人を改宗させるほうを選ぶ。たったひとつの魂の救済のためでも、すべてを賭けるつもりだ」と答えたという。ポルトガル人にはもともと聖職者を深く尊崇する心性がある。かてて加えてインドに駐在する副王と役人の任期は三年であるのに、聖職者は生涯現地にとどまる。当時のことわざも言う。「副王は来て去り行くが、イエズス会の神父はつねにわれわれとともに在る」。聖職者の植民者たちへの影響力は役人たちの比ではなかった。

イエズス会という「戦闘的布教組織」

ザビエルの到着後、ポルトガル植民地の宗教的指導権はイエズス会の手に移った。イエズス会はその二年前にローマ教皇庁より認可されたばかりだ。その評判を聞きつけてジョアン三世が、同会にインド領へ派遣する宣教師を求めた。ザビエルはジョアン三世の期待を担ってゴアに着いたのだが、そのイエズス会は従来の修道会とはまったく異なる戦闘的布教組織だったのである。

イエズス会の創立者イグナチオ・ロヨラはスペインのバスク地方の出身である。バスク人はインド・ヨーロッパ語族とまったく異なり、いまでも系統不明とされるバスク語を話す特異な民族で、彼らの居住地域はピレネーの南北にまたがるナヴァラ王国と、その西のバスク諸県にわかれる。イグナチオはバスク諸県のギプスコアの貴族の館に生まれた。ところが会の副将ともいうべきフランシスコ・ザビエルも、バスク地方を構成するナヴァラ王国の生まれなのだ。ナヴァラ王国（フランス語ではナヴァル）は一五世紀の末から、フランスの王族アルブレ家の領有するところだったが、一五一二年スペイン王フェルディナンドは兵を出してピレネー以南の地を割取した。このときザビエル六歳、父は王国の王室会議議長の任にあった。一五二一年、フランス軍はナヴァラ王国の南半分の失地回復を求めて南下し、ザビエルの二人の兄もこの軍中にあった。この時スペイン軍にあって要衝パンプローナを死守したのが、三〇歳になっていた騎士イグナチオである。彼はこの戦いで重傷を負い、それが彼の使徒的回心のきっかけとなった。フランスの失地回復の企ては失敗し、こののちピレネー以北のナヴァル王国はヴァロワ王朝下の藩国としてとどまり、やがて、この世紀の末にブルボン王朝を創始するアンリ四世を生むことになる。

ザビエル家の末子フランシスコは一五二九年、パリ大学でイグナチオと知り合った。イグナチオはフランシスコより一五歳年長で、このときすでに様々な信仰的実践で聖者の名を得、のちにイエズス会のバイブルとなる『霊操』を書きあげていた。やがてイグナチオはザビエル以下六名の同志とともに、モンマルトルの丘の上の教会で、伝道に生涯を捧げる誓願を立てた。この誓願が実ってローマ教皇より新修道会としてイエズス会の設立が認可されたのは一五四〇年のことである。

イエズス会は従来の修道会とはいちじるしく相貌を異にしていた。終日修道院に籠って祈りに明け暮れることをイグナチオらは望まない。合唱祈禱や苦行に日課のほとんどを費すことを避けて、黙想や研学、さらに伝道活動を重視した。まったく新しいスタイルの戦闘的修道会といってよい。つまり、イグナチオらの前にはふたつの必要、あるいは可能性が拓けていた。ひとつは宗教改革と対抗してカトリック教会の生命を更新することであり、さらにはスペイン・ポルトガルの海外領土獲得に伴ってヨーロッパ人の視野に登場した数々の異民族をキリスト教徒として獲得することである。前者について言うなら、イグナチオは頑冥な保守派だったのではない。教会の位階に叙せられぬ在野の身で説教や托鉢を行い、たびたび異端の疑惑を蒙っている。異端審問の残酷なイメージから、スペインは当初からカトリック保守派の牙城だったように思われているが、実は一六世紀初頭のスペインはルターと並ぶ改革派の旗頭エラスムスの影響が深く、照明派と呼ばれる神秘主義的傾向が広がっていた。イグナチオが異端審問にかけられ説教を禁じられたのは、照明派とのつながりを疑われたからだ。

しかし、イエズス会設立者にとってより重要なのは第二の局面であろう。イグナチオは人間の存在意義を、神意を見出しそれを実現することだと考えた人である。つまり人間は、神の望み給うところを実現する道具たることに生涯の満足を見出すべきなのである。では神意とは何か。キリストは地上のあらゆる霊魂のうちに、あらゆる民族のうちに、神の国を建設しようとするのであり、それには従者、戦士、英雄が必要なのだ。かくしてイエズス会会憲は「諸所へ経めぐり、神に対するすぐれた奉仕と霊魂救助の存する世界のどこにも居住することをわれらの天職とす」と謳うことになった。ヨーロッパ人の視野に新たに登場しつつある諸民族をすべてキリスト教化すること、これこそ人と生れた甲斐なのだ。己れは神の道具というイグナチオの人生観は、世界のヨーロッパ化の第一波たる時代の趨勢とまさに一致したのだった。

イエズス会はこのような世界の全面的キリスト教化のための実動部隊として組織された。イエズス会の組織原則が軍隊的規律に酷似しているのは上長への服従、定期的情報提供の義務化などをとっても明らかだが、これもイグナチオの創意によるものである。彼はスペイン帝国の軍人だった。一六世紀のスペイン軍は兵站ひとつとっても、当時のヨーロッパではもっとも合理化され効率性の高い組織だったといわれる。彼がこの新修道会を教皇に絶対服従を誓う手兵として提供したのも、軍隊的な指揮命令の一元化の観念にもとづくものだったのだろうか。

「霊操」とマルクス主義前衛政党的性格

だが、イグナチオの天才は何と言っても、イエズス会士の養成法にあらわれている。入会者はまず『霊操』を課される。『霊操』とは身体の鍛錬が体操であるように、霊魂の鍛錬法を意味する。それはキリストの姿にならって自己を全面的に変革する方法であり、第一週は罪の認知と痛悔、第二週はキリストの救済活動の観想、第三週はキリストの受難の観想、第四週はキリストの復活の観想を行う。観想とは場所・情景も含めて出来事をまるで眼前にあるように心のうちに復元することであり、高度の精神集中を強いられる。これを通じてイエズス会士たらんとするものは、自己を神意実現の手段として徹底的に作り変えられるのである。『霊操』は入会時だけでなく、その後期間を置いて何回も繰り返される。サマセット・モームは『霊操』を熟読した人で、その経験を次のように述べている。「以上の鍛錬を全体としてみると、それが目的を達成するために、どんなによく考案されているか悟らざるをえない。聖イグナチオは自分のもつ形にしたがって人間の魂を作りあげる芸術家である。……このような修行によって精神が縛られおびやかされて、空想の幸福な流れは永遠にせきとめられる、と考えたくなる。おそらく聖イグナチオが狙ったのはこれだったのだろう。もしそうだとすると、『霊操』はあのとりとめもなく、不安定で片意地なもの、すなわち人間の魂を統御するために考えだされた、もっともすばらしい方法である」。

このような訓練を経て、イエズス会士は会の目的を一切に優先させる態度を身につけた。のちに彼らが目的のためには手段を選ばないとか、会の事業を正当化するために詭弁を弄するとか批判されたのには、誤解もあるにせよ、自己をすべて会の目的に捧げつくす彼らの習性がかかわっていたと言ってよかろう。イエズス会はこのような、のちのマルクス主義前衛政党を彷彿とさせる戦闘部隊だったのである。イグナチオはまた会士に、哲学・文学・科学にわたるルネサンス人的教養を身につけることを要求した。これまたイエズス会の戦闘能力の秘密のひとつだった。

日本人の「知識欲」に期待するザビエル

ザビエルはインド到着以来、住民の教化のため席の温まることのない多忙な日々を送っていた。彼がまず布教を試みたのはコモリン岬以東のいわゆる漁夫海岸だった。ここではすでに二万の信者が獲得されていたが、信者とは名ばかりで教理は何も心得ていなかった。彼らに教理を教え、名実ともにクリスチャンにすべくザビエルは大奮闘した。一五四四年には新たに一万人に洗礼を授けたが、これはポルトガル政庁の好意をあてにした現地領主が領民に改宗をうながした結果にすぎなかった。彼はイグナチオ宛の手紙で、当地のインド人はきわめて未開で無知だとこぼした。新天地を求めてモルッカ諸島へも行き、それなりの成果はあったが、彼の心にはむなしい風が吹きそめていたようだ。「インド人のうちにキリスト教が存続するのは、現在ここにいる私たちやそちらから派遣される宣教師が生きているあいだだけでしょう」と彼は書く。彼はイグナチオばかりでなくジョアン三世にまで、当地のポルトガル人の腐敗と圧制を訴え、彼らの非行がせっかく改宗した住民の信仰を棄てさせている現状では、まず必要なのはポルトガル人自身の救霊だと悲憤する。しかも、ジョアン三世がいかにザビエルをあと押ししようとも、ここでは王の訓令すら無視されるのである。

こういう失意の中でザビエルはアンジロウという日本人と出会った。彼はすぐさまこの三〇代の薩摩士族の旺盛な知識欲と怜悧さに魅せられた。日本人がアンジロウのように知識欲にみちた民族なら、日本こそ神の約束された土地にちがいない。「日本人はインドの異教徒に見られないほど旺盛な知識欲があるので、インドのどの地域よりも、ずっと成果が挙がるだろうとのことです」と彼はイエズス会に告げる。知識欲、これこそキーワードだ。邪悪な異神のほかにキリスト教的な真の神があるというのは信心の問題ではなく、まさに真理の認識の問題なのだ。これこそルネサンス時代のザビエルら宣教師の思考枠だったことを忘れてはならない。

それは文明の問題にもつながる。ザビエルはインド（それは今日の狭義のインド亜大陸のみならず、マラッカ以東の東南アジアを含むインディアスである）を文明の存在せぬ未開の地とみなした。彼の視野には北インドのムガル帝国はまだはいっていない。彼自身が書簡中で繰り返すように、ポルトガルの支配するのはわずかな海岸の拠点のみで、布教しようにも内陸への支配力はない。イエズス会がムガル帝国の宮廷とはじめて接触したのは一五七七年、つまりザビエルが没してはるかのちのことだった。ザビエルよりのちにペルーの布教にたずさわったイエズス会士アコスタは、文明と未開の区別を文字と国家機構の有無においた。同様な観念はザビエルにもあったことだろう。彼はアンジロウと接して、日本に確かな文明の存在を感じた。イエズス会士たる者、相手が未開であろうが布教を諦めるいわれはない。しかし、キリスト教はヨーロッパという彼らからすれば高度な文明国の属性である。相手が文明国の民とあれば、理性の説得が利く。彼にとって信仰はあくまで理性の問題だった。

インドから東南アジアにかけて広がる基底の精霊信仰がザビエルの眼には蒙昧きわまる未開に視えた。その文字以前の世界観のゆたかさも深さも彼には視えなかった。彼にとってキリスト教とは理性の最高形態だった。何よりもそれは迷信と偶像の闇を払う光だった。その意味で彼はまぎれもないルネサンス人であり、文字による連絡と記録を重視し、組織の効率性を追求する近代合理主義的精神のもちぬしだったのである。やがてザビエルは日本に来る。彼とともに日本を訪れたのがこのような初発の近代ヨーロッパ的理性だったことは、何をさて措いても銘記すべき事実である。

アンジロウは薩摩で人を殺し、追手から逃れるためにポルトガル船に乗ってマラッカへ来たといわれる。和辻哲郎は彼の逃避先が京坂でなくマラッカであったことから、九州人にとってはマラッカまでの東アジアの海上は気安く行けるところだったと言い、また論者によっては当時の東南アジアには日本人が溢れていたように言う人すらいる。なるほど倭寇現象からして、南中国は九州の西岸南岸の人びとにとっていわゆる「川向う」だったかもしれない。しかし、東南アジアに日本人が進出するのはこの世紀も末になってのことだ。フィリピンをスペインの版図に組みいれたレガスピの言うところでは、日本人がフィリピン北部に現れはじめたのは一五六〇年代になってからである、マラッカの街を日本人がぞろぞろ歩いていたはずがない。珍しい日本人だったからこそ、ザビエルはアンジロウにとびついたのだ。アンジロウは頭のよい人だったらしく、八カ月でポルトガル語の会話はもちろん読み書きも出来るようになった。ザビエルは彼をゴアのイエズス会の学院へ入れた。彼は入信し、初歩的な文献を日本語に訳すほどの長足の進歩をとげた。信じにくいことだが、マタイ伝を全部暗記したといわれる。ザビエルの日本人への期待はいやが上にも高まったのである。

日本についての情報源はアンジロウのほかにもあった。日本を訪れたポルトガル船の船長は口々に、日本人は知識欲が強いのでキリスト教の教理に耳を傾けるだろうとザビエルに語った。なかでも彼に強い影響を与えたのは、アンジロウをマラッカへ連れて来たジョルジェ・アルヴァレス船長の日本報告記である。彼は次のように日本について述べていた。日本人は気前がよく、ポルトガル人を家に招いて宿泊させる。好奇心が強くて、ヨーロッパについて知りたがる。頑固でなく心が狭くない。武を好み八歳から帯刀する。盗みを憎み、わずかな盗みでも殺す。基本的には一夫一婦で、婦人の姦通は死をもって罰される。賭けごとを嫌う。ポルトガル人が感情を露わにするのを軽蔑する。酒を飲むとすぐ寝てしまい酔狂をしない。婦人は比較的自由で、つきそいなしに外出できる。奴隷は少なく、監獄は存在せず罪人は家に監禁する。川や温泉で沐浴するのが好きで、そのさい通行人に陰部が見えても気にしない。食事は粗末で量も少ない。家禽数は少なく筋ばっている。

アルヴァレスは彼が寄港した山川などの薩摩の港での見聞にもとづいてこのように書いたのだろうが、かなり正確な観察と言ってよい。ザビエルはむろん、好奇心が強くて頑固ではないというところにもっとも注目しただろう。ここにはインドと違って説得に耳を傾ける人びとがいるのだ。ザビエルは「海賊」という綽名の中国人の船に乗って、一五四九年六月二四日日本を目指してマラッカを出航した。この年の一月にはジョアン三世宛、インドでは望みがないので「日本へ脱出します」と書いていた。果して彼は日本で新たな希望を手に入れるだろうか。

第四章　ザビエルからトルレスへ

ザビエルが鹿児島へ着いたのは一五四九年八月一五日、豊後を離れてインドへ向ったのが一五五一年一一月一五日、滞日したのは二年三カ月にすぎなかった。布教という点でほとんど見るべき成果がなかったのは当然であろう。彼はついに最後まで日本語を習得しなかった。「私たちは日本人のなかに、彫像のようにつっ立っているだけです」というのは彼自身の言葉である。

鹿児島には五〇年の八月まで滞在した。約一年間である。その間獲得された信者は一〇〇人。それもアンジロウが家族・縁者・知人に働きかけたからこそ得られた信者であった。領主島津氏の当主は貴久。ザビエルの言によれば、貴久は伊集院の居城で彼を歓迎し、臣下たちに入信の許可を与えたという。もちろんザビエルは鹿児島に長居するつもりはなかった。初めからめざすは日本国王のいる京都だったのである。貴久は風向きがよくなれば都へ行く便も求められようとザビエルを慰めたとのことだが、実はこの異国からの風来坊に深い関心をとどめるどころではなかった。貴久は猛将とたたえられた義弘など三子とともに、各地の豪族たちを相手に、いわゆる三州（薩摩・大隅・日向）統一に乗り出したばかりであり、ザビエル滞在中も加治木の肝付氏、帖佐の祁答院《けどういん》氏、蒲生氏らと交戦中だったのである。

ザビエルは司祭コスメ・デ・トルレス、修道士ファン・フェルナンデスを伴って平戸へ移った。「領主が神の教えの広まるのを喜ばないことが分かってきたので」他の土地へ行くことにしたとザビエル自身が語っている。さすれば貴久の態度も変ったわけだが、これはむろんザビエル一行の強烈な異教排撃のせいであったろう。島津氏は前世紀以来篤く禅宗を信じ、薩隅は禅宗大繁昌の地だった。ザビエルらはその禅宗を無神論として批判したのである。貴久の機嫌がよかろうはずはない。ザビエルは島津氏の丸に十の字の紋章を見て、キリスト教ゆかりではないかと考えたこともあったが、蜜月は早々と終った。

めざすは京であるからには平戸にも長居の要はない。しかし、二一歳の領主松浦《まつら》隆信は大いに好意を示し、ふた月の滞在中に一〇〇人の信者を得た。フェルナンデスはよほど語学の才があったらしく、このころにはもう日本語で説教ができた。平戸にはすでにポルトガル船が入港するようになっていて、ザビエルらがここへ移ったのもそのせいだし、隆信が大歓迎したのも貿易の利に釣られてのことだ。ただこの人物、宣教師たちに対して叛服つねならぬ厄介な存在になるのだが、それはのちの話。

一挙にめざすのには京は遠すぎる。そこでまず、フェルナンデスを伴って山口を訪れた。トルレスは平戸の信者のために残すのである。山口は中国地方の雄、大内氏の本拠で、それを承知の上での訪れである。ザビエルは領主大内義隆の前で一時間以上にわたって教義を述べ立てた。義隆は黙って聴いていたが、男色の罪は禽獣以下だというくだりになると激怒した表情を示し、ザビエルらはまわりから退出を促された。通訳に当ったフェルナンデスは自分たちは殺されるに違いないと思った。

ザビエルは、山口で信者になったものは少数で成果があがらないので都へ行く決心をしたと言っている。しかし、そもそも彼の壮途の目的地は京だったのである。国王すなわち天皇を説いて布教の許可を得るつもりで、あわよくば入信させようという考えもあったことだろう。まず支配者を入信させるというのは、創立者イグナチオに始まるイエズス会の戦略なのである。彼は支配者の子弟が入会するのをことのほかよろこんだという。彼らを介して権力者へ働きかけることができるからだ。まずトップをねらえ。ザビエルもイエズス会のこの戦略に終始忠実だった。

苦難の旅ではあったが、とにかく京都へは着いた。一五五〇年の末か、明けて五一年一月のことである。だがザビエルは宮中へのつてなど持たなかったし、都をとり巻く政治情況の不安定さを見れば、布教許可をとりつけるべき実権者すらさだかでないことに気づかざるをえなかっただろう。この世紀初頭に端を発する細川管領家の内紛がもたらした無政府状態は、ザビエル入京時には頂点に達していた。細川家家宰から成り上った三好長慶が将軍義輝と主君細川晴元を逐って入京したのは前々年のことで、その権勢も安定にはほど遠く、義輝・晴元連合にいつ京から追い落とされるかしれたものではなかった。ザビエルは京都に一一日しかとどまらなかった。はるばるめざして来た日本国王がこうも影の薄い存在だったとは。のちに彼は手紙の中でこのように書く。日本人は「一人の国王を戴いてはいますが、

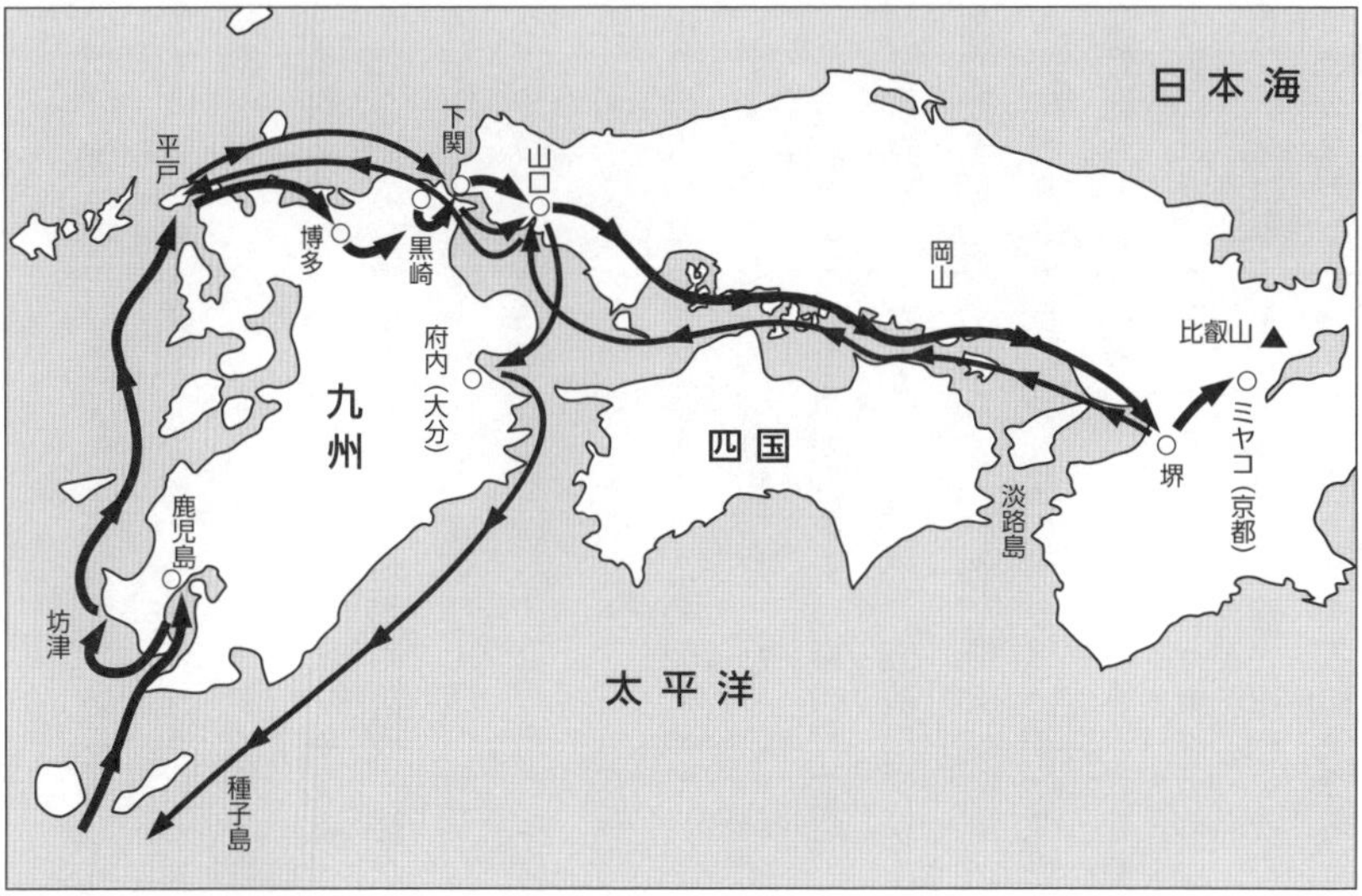

ザビエルの足跡（日本国内）

一五〇年以上にわたって彼に従っていません」。

帰るところはトルレスの待つ平戸しかなかった。ザビエルの留守中、トルレスは領主の親族である有力武将籠手田《こてだ》一族を入信させるなど、一定の成果をあげている。しかし、九州の一隅にささやかな法燈を掲げる気などザビエルにはなかった。彼のまぶたに浮かぶのは、周防・長門・豊前・筑前の守護を誇号する大内氏の首都、勘合貿易の利によって繁栄した山口の面影であったろう。領主義隆の気分を害したとしても、その後迫害を被ったわけではない。幸い彼の手許にはインド副王のもたせてくれた豪華な贈物がある。都がだめなら、拠点を築くべきはやはり山口である。彼はトルレス、フェルナンデスを伴い、贈物をたずさえて再び山口へ向かった。贈物のせいか、今度は義隆も機嫌うるわしく、ただちに布教と領民の入信を許可したといわれる。ザビエルがこのたび山口に滞在したのは五一年四月から九月にかけて約五カ月である。最初のふた月で五〇〇人の信者を得たと彼はいう。しかし、僧侶や庶人からの質問や嘲笑もかなりのもので、ザビエルらはこの時初めて日本人という異教徒との本格的な宗教論争を経験したといってよい。坊主は容易ならぬ論争相手だった。この経験はこのあと展開するイエズス会の日本布教にとって、イニシエーションというべき重要性をもつものだった。しかもイエズス会はこの地で貴重な人材を獲得した。盲目の琵琶法師ロレンソがその人で、その後彼はフロイスによれば「今日までにイエズス会が日本で有したもっとも重要な説教師の一人となった」のである。

しかし、ザビエルは山口に落ち着くさだめにはなかった。豊後にポルトガル船が入港したと聞いてその地へ向かったのである。彼は来日以来、インドから一通の手紙も受け取っていなかった。今度の船こそそれを載せて来たかもしれない。しかし豊後の府内に着くと、その希望も失われた。インドへ帰ろうという気はそのとき起こったのではなかろうか。山口に残したトルレスとフェルナンデスは拠点を守り続けるに違いない。ここは一度インドへ帰って、増援の手筈を調えるべきだ。ザビエルがそう考えたというのは納得できる推測である。

だが、豊後から船出した彼は再び日本へ帰ることはなかった。ザビエルが日本を去ったのは、再渡来の意志あってのことか否か。従来の史書は再来の意があったとするものが多いが、ザビエル自身の言動に確証を徴することはできない。事実のみに従えば、彼はインドへ帰る旅の中途で中国伝道の志を立て、帰還後イエズス会内の内紛を調停・解決したのち、広州湾の上川島で中国入国の機会をうかがううちに病を発して長逝した。

ザビエルの眼に映った「日本人」像

そもそも彼が根拠と定めた山口を去って豊後へ赴いたのは、ポルトガル船より通信を得るためで、インドへ帰るつもりではなかった。船が彼への通信を一切積んでいないのを知って、初めて帰還の意志が生じたのである。インドのイエズス会にザビエルの日本伝道を支援する態勢がないことを知り、ひとたびゴアへ帰って態勢を立て直そうと彼が考えたのであれば、再訪は当然予定されていたことになろう。だが、インド帰還後彼の関心は決定的に中国伝道へ移った。日本への幻滅あるいは嫌厭の情があったのではない。「日本の人びとは慎み深くまた才能があり、知識欲が旺盛で道理に従い、またその他さまざまな優れた資質がありますから、彼らのなかで大きな成果が挙げられないことはありません」といい、さらに「インド地方で発見されたすべての国のなかで、日本人だけがきわめて困難な状況のもとでも、信仰を長く持続してゆくことができる国民だ」とも彼は語っている。

このきわめて明るい展望が、彼が二年余の伝道で得た確信だったのである。また彼は日本伝道中「私の生涯でこれほどの霊的な満足感を受けたことは決してなかった」とも書いている。それなのに彼は望み多い日本を再び訪れようとはしなかった。もちろん彼自身が語っているように、中国はあらゆる意味で日本の本家であるから、中国を教化できれば日本伝道も意のままになるという見通しもあったことだろう。また、バルタザール・ガーゴら三名のイエズス会士を日本へ送りこむ手順を終えて、彼自身が再訪せずとも日本宣教を進める目途が立つ思いだったのかもしれない。

おそらくザビエルは日本での苦難を再び繰り返す気になれなかったのではないか。コチンから在欧のイエズス会士へ送った書信のなかで、肉体的には元気だが、日本から「精根尽き果てて」帰って来たといっている。四六歳、頭《こうべ》はすでに白髪に覆われていた。彼が日本で数々の労苦や危険を経験するまで、自分のなかにどれほどの悪と惨めさが潜んでいるか認識していなかったというのも、彼の受けたダメージが大きかったことの証拠である。彼によれば、日本は死ぬほど寒いところだった。食べものといえば米と少量の野菜。昼も夜も訪問客が押しかけて質問攻めで、祈りや黙想をするひまもなく、食事と睡眠の時間さえない。日本人は「ほんとうにうるさい人たち」なのだ。しかも常に死の危険に脅かされる。たとえ収穫の見こみは大きいにしても、それを刈り取るには尋常ならざる志操が求められるのである。もちろん、中国伝道だって日本の場合に劣らぬ苦難が予想される。しかし、それは今のところまだ夢である。ザビエルは日本での苦労を繰り返すより、もう一度夢を見たかったのであろう。日本での辛酸の慰めを得られるものと思って帰りついたインドで、宣教師間の醜い対立を見出して「悲嘆に暮れ」ねばならなかったからだ。中国宣教は燃え尽きんとするザビエルの生命が求めた最後の夢だったように思える。

ザビエルの眼には、日本人は「今までに発見された国民のなかで最高であり、日本人より優れている人びとは、異教徒のあいだでは見つけられない」といったふうに映った。富より名誉のほうを重んずることや、盗みを憎んで厳罰に処するのは、キリスト教諸国にも見られないところでザビエルは感銘を受けた。しかし、彼は同時に日本人を相当うぬぼれの強い人びとと見たようである。武器の使用と馬術にかけては自分たちに及ぶ国民はないと信じて、他国人すべてを軽蔑する。好戦的でいつも戦さをし、最も武力に優るものが支配者となる。

食生活は貧弱なのに、不思議なほど健康で老人が多い。しかし彼の日本人観のうちで最も重要なのは、何といっても、道理を受けいれやすいという一点だろう。異教の教理に対して、彼らは頭から拒否したり嫌悪したりすることはなかった。ザビエル自身がいうように、彼らはむしろ進んで宣教師の宿舎に押しかけ、好奇心を示し議論を挑んだ。異教の説くところに道理があると納得すれば、ためらうところなく入信したのである。

もちろん、ザビエル一行を嘲笑する者たちもいた。一行はいたるところで、子どもたちにつきまとわれ石を投げられた。だがこれは、大道で異教を説く異国人に対するふつうの反応で、どの国においても見られる庶民のならわしに過ぎない。仮に仏教の一派がこの時代にヨーロッパへ赴き伝道を試みたとしよう。石を投げられるどころの騒ぎではなく、悪魔の使徒として火刑台へ直行せねばならなかったことだろう。一六世紀中葉の時点では、日本人はまだ異端・邪教の観念に煩わされることはなかったのだ。彼らは初めザビエルらの説く異教をシャムあたりから来た仏教の一派と思ったらしいが、やがて仏教とはまったく異なる新奇な教えだと悟った。それでも彼らはこの新奇な教えに好奇心を示したのだった。つまり彼らは鎌倉新仏教の諸宗派の出現以来、新奇な分派というものにはなれっこだったのである。キリスト教は仏教の分派ではないにしても、異端・邪教として旧仏教から弾圧された一向宗・日蓮宗が定着し拡大して行った経緯からして、新奇な教えに対して当時の日本人の大多数は免疫を持っていたといえるのではあるまいか。同時代の真宗教団、法華教教団は異宗排撃という点では極度に戦闘的だったが、これは当時の一般の態度ではない。ふつうの日本人は宗教については態度が流動的で、多宗派の共存を認める寛容の持ち主であったようだ。島津家の菩提寺である曹洞宗福昌寺の住職忍室がザビエルと親交を保ったのもそのあらわれであろう。ザビエルの認めたところでは、日本人は自分の意志で宗派を選び、一家のうちで夫と妻と子どもらがそれぞれ別な宗派に属するのも珍しいことではないのだった。

このような寛容がキリスト教伝道に利したことはいうまでもない。しかし、多宗派共存はまた競合ということでもあり、当時、異宗間の教義論争すなわち宗論は公開されて庶人のホビーの観を呈していたらしい。ザビエル一行もこの宗論に巻きこまれた。坊主どもは敵意にみちて議論を吹っかける。これはザビエルらが彼らを悪魔の手先と敵視したのだから当然の反応だ。ザビエルは坊主らの「優れた才能と鋭い頭脳」を認めざるをえなかった。彼がイエズス会本部に哲学と弁証法の心得ある者の派遣を求めたのも当然である。

後任トルレスの苦闘

ザビエルが去ったのち、ゆたかな稔りの予想される日本宣教の大任を担ったのはコスメ・デ・トルレスである。トルレスはスペイン人で司祭としてメキシコへ赴き、フィリピン経営のために派遣されたビリャローボス艦隊に従って、モルッカ諸島の南のアンボイナ島でザビエルと出会ったのである。一五四八年イエズス会士となり、翌年ザビエルに従って来日した。彼はザビエルが京へ向ったあと、平戸で信者の獲得に努めていたが、やがてザビエルが本拠と定めた山口に呼ばれ、彼がインドへ去ると、フェルナンデス修道士とともに本拠を守ることになった。トルレスは最初から試練にさらされた。ザビエルが山口を去ると、それまでこの傑出した人格の威をおそれていた仏僧たちが、遠慮会釈もなく修道院へ乗りこんで議論を吹きかけ始めたのである。トルレスはトマス・アクィナスやドゥンス・スコトゥスのような偉大な神学者でさえ、信仰の力なしには彼らの議論にうち克つことはむずかしいと感じた。さらに、ザビエルがインドへ去ったひと月前には、山口の大守大内義隆が部将の陶晴賢《すえはるかた》に叛かれて自害していた。山口は戦火に焼かれ、トルレスらは身を潜めかろうじて命を保ったのである。

一方、新たな展望が豊後で開けつつあった。インドに発つ前、ザビエルは豊後の大守大友義鎮《よししげ》に会い、少《しょう》弐《に》・島津と並んで代々九州に威を振るった名家の当主が、宣教師歓迎の意をもつのみならず、ポルトガル国王との修好を望んでいることを知った。義鎮はインド副王への信書を託した家臣をザビエルに同行させた。義鎮が宗麟と号するのは一一年のちのことだが、以下宗麟と表記しよう。彼はこのとき満二一歳、前年に家督を嗣いだばかりだった。この相続も二階崩れの変と称する惨劇の結果で、父の義鑑《よしあき》は長子の宗麟をさしおいて異母弟たる末子に家督を嗣がせるつもりだった。しかし義鑑はそれに反対する重臣と紛争を生じ、末子塩市丸《しおいちまる》を殺害されたのみならず自身も重傷を負って、死の床で宗麟の相続を認めたのである。元来大友家は本貫である豊後でさえも、強力な一族部将や地方豪族を統制できず、ましてや征服地の城主たちは叛服つねならざる状態で、宗麟の代に入って親譲りの豊後・肥後の守護職に併せ、豊前・筑前・筑後守護職を兼ねるにいたるといっても、その内実は宗麟の統制力、支配機構の未整備など、脆弱なものにすぎなかった。彼がポルトガルと結ぼうとしたのも、その脆弱さを自覚していたからかもしれない。何しろ彼はポルトガル国王の臣下になりたいとさえ申し出ているのだ。

宗麟は好奇心旺盛で複雑な性格といわれるが、ポルトガルとキリスト教への関心も実は若き日に培われていた。一五四五年、ジャンクに搭乗してジョルジ・デ・ファリアというポルトガル商人が豊後を訪れた。義鑑はこれを殺して財産を奪わんとする中国人パイロットの奸策を用いようとしたが、宗麟が父を諫止したという。これは彼が一五歳のときである。ファリアは三年間豊後に逗留して、この間宗麟の弟八郎晴英が銃で掌に傷を負ったとき治療に当ったという。また、ディエゴ・ヴァス・デ・アラガンというポルトガル人が五年間滞在したが、商人でありながら日夜神に祈る姿を見て、彼の信じる神はよほど偉大にちがいないと思ったとのちに宗麟は回顧している。

だがトルレスは、豊後の開拓にすぐさま着手するわけにはいかなかった。彼はフェルナンデスとともに山口の教圏を守らなければならなかったのだ。義隆を弑《しい》したのち陶晴賢は、大内氏の後嗣として宗麟の弟八郎を立てた。大内義長と名のり五二年春山口へ入った八郎は、この年九月トルレスに有名な大道寺創建の裁許状を与えた。山口の教会はこののち義長の庇護のもとに五年間成長を続けることになる。

豊後の宣教は五二年九月、バルタザール・ガーゴ司祭が二人の修道士を伴って着任したことによって現実化する。これはむろんザビエルの手配によるもので、彼らはマラッカでザビエルと別れて日本へ向ったのである。ガーゴ一行は宗麟から歓迎されたが、宣教は順調に進んだわけではなかった。宗麟の家臣統制は相変らず不安定で、翌五三年二月には府内で反乱が起こり、宣教師たちは身の不安を感じた。

豊後布教とアルメイダの病院

豊後の宣教が進み始めたのは、五五年になってルイス・デ・アルメイダが事業に参加してからだろう。この人は新キリスト教徒と呼ばれる改宗ユダヤ人の家の出で、商人として来日し、イエズス会士の活動に感銘を受けて二〇〇〇クルザードを寄付するとともに、外科医の免許を持っていたところから、まずは医療活動を通じて宣教を助けようとした。一クルザードは当時米一俵金一両に値したというから、二〇〇〇クルザードは大金である。この金は生糸貿易に投資されて会の経費にあてられたというが、貿易のことはあとで詳しく述べる。アルメイダがまずやったのは育児院の設立である。当時広く行われていた間引きの風習を宣教師たちはかねてより嫌悪していたが、アルメイダは殺されるはずの嬰児を引き取って、乳母を傭い乳牛を購入して養ったのだった。宗麟もこの挙をよろこんだ。病院を開設したのは翌年の末のことである。病院における医療活動は大いに住民の入信を促進したものの、信徒が貧民にかたよるという問題も生むことになった。農村部にも五四年には手がかりができた。朽網《くたみ》郷というところで集団的な入信が行われたのである。領主の朽網鑑康《あきやす》はのちに大友家の加判衆《かばんしゅう》（家老）に列した有力者で、自分は入信しないものの家臣・領民の入信は奨励した。農村部にはほかにも有力な拠点が築かれた。

一方、大内義長の庇護の下にあった山口教会に重大な転機が訪れた。義長は実力者陶晴賢の操り人形だったのに、その晴賢が五五年一〇月、厳島で毛利元就に敗死し、防長二国は毛利軍の進攻にさらされ、義長の有力家臣も毛利に通じて、山口の街はまたもや戦火にかかったのである。五一年以来山口の拠点を守り続けたトルレスも、五六年五月に意を決して豊後府内へ移った。このとき一五〇〇を数えていた信徒たちは悲嘆のうちにトルレスと別れた。大内義長は毛利勢に攻められ、翌五七年五月に自刃した。八郎が大内氏の後嗣に招かれたとき、宗麟が陶晴賢の傀儡になるのは目に見えていると反対したのに、八郎はたとえそうであれ乱国の大将となるのは武門の面目と答えて山口へ赴いたという。宗麟は義長の救援要請に応えず見殺しにした。そもそも陶晴賢の反逆は宗麟の了解あってのことだというし、元就の防長進撃にも事前に毛利の使者に承認を与えていたという。宗麟もまた謀略を常とした戦国武将の一人だった。日本宣教の根拠地はかくして山口から豊後府内へ移った。トルレスはすでに頭に白髪《こうべ》をいただき、かつては肥満体であったのに見違えるほど痩せ果てていたといわれる。

宣教師たちは宗麟に信ずべき庇護者を見出したが、当時九州の覇者と目された彼の権力基盤が意外に脆いものであることにすぐ気づかねばならなかった。トルレスらが一五五六年山口から豊後府内へ移った二カ月後、メルシオール・ヌーネス・バレトを長とする司祭《パードレ》二名、修道士《イルマン》六名からなる第三次日本ミッションが豊後に着いたのは、ちょうど宗麟に対する重臣の反乱が起ったさなかで、誤って反乱者の領地へ入港した彼らは、宗麟は逃亡しパードレは殺されたと聞かされる始末だった。反乱は鎮圧されたし、殺された宣教師は一人もなかったが、宗麟がこのとき府内を退去して臼杵丹生島《にうじま》に築いた新城へ移ったのは事実だった。重臣は一人も伴わなかったというから、宗麟の家臣団統御にはなお困難な課題が残されていたわけである。

ヌーネス・バレトは宗麟のインド副王宛書簡などから、彼がすぐにも入信するものと信じていたが、意外にも彼の態度はしぶとかった。討論のために仏僧を招いてほしいというヌーネス・バレトの願いにも、首を縦に振りながら実際には招こうとしない。仏僧たちに恥をかかせたら、その背後にいる重臣層の心証を害すると考えているのはヌーネス・バレトの目にも明らかだった。事実、重臣たちの大多数は宗麟の宣教師保護に反感を持っていた。反対党の頭目は宗麟夫人で、これは奈多《なだ》八幡宮の大宮司の娘。その兄の田原親賢《ちかかた》はフロイス言うところの「国内第一の大身」ながら、これまた反対派。宗麟がパードレたちに、重臣たちを説得したあとでないと改宗できぬと言訳したのももっともというべきだ。だが実は彼自身、キリスト教にひかれ宣教師に好意を抱いてはいたものの、その一方、臨済禅の檀家たることをやめる気もなかったのである。この年彼は京都大徳寺に瑞峯院を建立寄進し、またこの数年後臼杵に寿林寺を建て、瑞峯院の名僧怡雲《いうん》をそこに招いて自ら修禅した。つまり、キリスト教も禅も救済に到る入口として併存してさし支えないという、当時の日本人の顕著に認められる心性の一例に、この段階の宗麟はとどまっていたといえるだろう。

信者二〇〇〇を数えた山口教会の崩壊後、日本宣教の根拠地は豊後であるべきであり、それゆえこそガーゴの第二次ミッション、ヌーネス・バレトの第三次ミッションがこの地に送りこまれたのであるのに、豊後教会の存立はひとえに宗麟の保護にかかっており、宣教師たちは周囲の悪意にとり巻かれていた。信者こそやがて一五〇〇に達したというものの、武士や有力者の入信は一人もなく、信者は彼ら宣教師自身が認めるとおり、貧乏人と病人と「悪魔憑き」だった。「悪魔憑き」というのはいわゆる狐憑きのことで、宣教師が彼らを正気づけた記録は甚だ多い。治癒した患者とその家族が入信したのはいうまでもない。

病人が入信したというのは、アルメイダが病院を開いたからである。当時の西洋医学の水準は大したものではなかったという意見もあるが、アルメイダのいうように日本では外科手術は行われておらず、彼自身は母国で外科医の免許を受けていたのだから、当時としてはかなりの治療効果があがったらしい。われわれの使う薬は不思議によく効くと彼はいっている。京にまで評判が伝わったというのも、病院というコンセプトの斬新さを思えばありえないことではあるまい。それにしても、アルメイダの育児院と病院、それに教会の行う慈恵などが誘い水とあれば、入信者が貧民に傾くのは当然である。身分ある者は施しを受けるのを恥としたから、貧民の入信は逆効果となった。これはのちに京都のような都市でも見られるところだが、府内でも町内の規制が厳しくて、町民の入信はほとんど生じていない。豊後教会の基盤は町内からはみ出した下層民のほかは、朽網《くたみ》郷のように一村こぞって入信する農村部にあった。

ヌーネス・バレトはイエズス会東インド管区長の身分のまま来日したのだが、滞日わずか四カ月でインドへ帰った。日本の「食物とベッドのために病いにかかった」のだ。つまり、味つけしない米と木の枕にやられた。ほとんど死なんばかりだったというけれど、もともとこの人は学究肌で、苛酷な環境での宣教には向かなかったようだ。日本に来るのにも海賊やら台風やらひどい目に遭った。マラッカから豊後に着くのに一年三カ月もかかっている。途中、日本行をやめようと再々思った。到底ザビエルの真似は無理だったのだが、彼の事例は宣教師たちがどんな苦難を乗り越えて来日したのか、まざまざと語ってくれる。宣教師だけではない。商人たちにとっても、荒れる南シナ海と日本近海は手ごわい障壁だったのである。

血気はやるヴィレラの平戸追放

しかしヌーネス・バレトは、ひとりの有能なパードレを連れてきていた。当時三〇歳を出たばかりのガスパル・ヴィレラである。一五五七年九月、ヴィレラはトルレスの命で平戸へ派遣された。平戸は一五五〇年から翌年にかけてトルレスが布教した土地である。五五年以来ガーゴが布教していたが、宗麟が博多で土地を与えるというのでガーゴはそこへ赴き、代りにヴィレラが平戸へ赴任した。ここには五〇〇の信者がいた。

このころポルトガル船の入港地は平戸に固定しつつあった。ポルトガル商人は初め中国人のジャンクに搭乗して来日したのであって、一五四六年になってポルトガル船が薩摩を訪れ、その後豊後や平戸へ足を延ばすようになった。従来中国と日本の間の海上交通は、寧波《ニンポー》から来る船は五島方面へ、福建・広州より来る船は坊津など薩摩諸港へ向うのが、風向きからしてふつうだった。ポルトガル人は南中国から中国人にならって渡航したのだから、当初薩摩諸港に入ったのは当然のことだが、やがて平戸の存在を知り、一五五三年から連年入港するようになった。というのは平戸には京・堺の商人がやって来たからである。平戸は倭寇の根拠地のひとつだった。倭寇とは明朝の海禁策をかいくぐって密貿易を強行する日本人・中国人合同の武装海商であるが、その巨魁たる王直が五島に居を構えたのは一五四八年である。彼が中国官憲に誘引されて斬られるのは五九年だから、ヴィレラの平戸行のときはまだ健在で、彼らの南中国侵攻、すなわち嘉靖の大倭寇はこのころが盛りだ。彼らのやったことは海賊行為とはいうものの、実態は日中貿易である以上、京・堺の商人が平戸・五島方面と強いつながりを持ったのは当然の話だった。

ポルトガル船が豊後を入港地として選ばなかったのは一見不思議だ。そこの領主は当時最も信頼できる宣教師の保護者で貿易にも意欲的である。京・堺にも平戸よりずっと近い。しかしこの謎は、ポルトガル人が倭寇との関連で来日した経緯を知れば解ける。当時マラッカに在ったフロイスが見通したように、この日中間の戦争によって中国船は日本に来なくなり、ポルトガル船にその空隙を埋める好機が訪れた。ポルトガルの日本通商は倭寇が作りだした枠組に規定されていたのだ。だとすれば寄港地として落着く先は、倭寇以来京・堺とつながる五島・平戸方面でなければならなかった。一五五三年から連年平戸へ入ったのはドゥアルテ・ダ・ガマの船である。この人物は五〇年から六年間九州に来航したといい、五一年豊後からザビエルをインドへ連れ帰ったのも彼の船であった。篤信の人で、ガーゴ司祭の書簡によれば、五五年にいたる六年間インドのイエズス会から日本在留のミッションに一回の通信しかなかったが、その間在留ミッションの財政はガマの喜捨によって支えられた。ガーゴが平戸へ赴いたのはひとつはガマの船のポルトガル人の告解を聴くためであったのだ。

平戸にはすでにトルレスの努力によって信仰の種が播かれ、有力な籠手田《こてだ》一族が保護者になっていたが、問題は領主松浦隆信が貿易の利に誘われて好意を示しつつも、内心はキリスト教の領内布教を嫌っていることにあった。彼はポルトガル船の入港を切に願いながらも、それに伴う宣教師の領内での活動を抑制しようと望んだ。これは矛盾であって、ある時は宣教の便宜を与えるかと思えば、事あるごとにそれを取り上げようとした。宣教師たちもやがて彼の二心に気づくに至った。隆信は一五五五年おそらくガマの船に託して、当時日本をめざしてまだマカオに滞在していた東インド管区長ヌーネス・バレトに書簡を送り、平戸に来れば厚遇すると約したが、そのなかで「私はさきに一度欺いたけれども、再びそうすることはない」と書いている。宣教師に保護を約束しながらそれに背いたのを自ら認めている。だが、このヌーネス・バレトへの誓言も守られることはなかった。

松浦党は平安末期から肥前国松浦郡を中心に勢いを張った一族であるが、その傍流で平戸島から北松浦郡さらには壱岐国を併せて戦国大名としての地位を確立したのが平戸松浦家である。当主隆信は南の大村氏と争うとともに、このころにわかに擡頭した佐賀の龍造寺氏に備えねばならず、ポルトガル船の誘致は財政強化策として切に望まれるところだった。ヴィレラはそういう状況下の平戸へ乗りこんだのだった。この時までは隆信は二心を蔵しつつも宣教師を表面上は歓迎し、両者の間は円滑であった。この両者のうわべの平和を一気に破壊したのが血気にはやるヴィレラである。彼は信者であるドン・アントニオ籠手田安経に給された平戸北方の生月島《いきつき》・度島《たく》などで布教を開始し、熱心のあまり信者に神社仏閣から偶像や書物を運び出させ、海岸に積みあげて火を放った。仏僧が怒ったのは当然であろう。「我らは仏様に加えられたかくもひどい辱めを黙ってはおれぬ。いわんや一人の異国人によってそんなことがなされては」。『日本史』の著者フロイスはこう彼らの言葉を伝えている。仏僧たちは隆信に愁訴し、ついに隆信も教会の閉鎖とヴィレラの追放を決意した。それでもまだ彼には、宣教師と決定的に手を切るつもりはなかったのである。彼はヴィレラにこのように告げた。「民間に不穏な様子が濃いので、バテレン殿は当地を退かれる必要がある。後日人びとが平静に復するならば、予が貴殿を呼び返すだろう」。

近時はそういう風潮もよほど薄らいだが、ひところまでキリシタン史の叙述者は、宣教師に好意的だったり入信したりした者を肯定的に扱い、宣教に好意を持たぬ領主や仏僧を悪玉視する傾向があった。だが考えてもみよ。日本の仏教ミッションがヨーロッパの一角に上陸し、教会堂からイエス像や聖書を持ち出して焼いたならば、騒ぎはこの時の平戸の比ではあるまい。それを思えば、隆信の反応は甚だ穏やかなものだといわねばならない。隆信を悪玉視するのは欧米の文明を人類の正道と信じ、その移入に抵抗する者を反動ときめつける明治以来の因襲であろう。

一年で滅んだ横瀬浦港

ヴィレラは一五五七年に平戸入りして翌年には追放され、活動期間は一年に満たなかったが、彼の行動は予期せぬ重大な結果を招いた。すなわち宣教師たちは平戸の教会閉鎖を重大視し、平戸にかわるポルトガル船の入港地を探し始めたのだ。もっとも、入港したポルトガル人は司祭に告解をする必要があるから、入港地は司祭の駐在するところが望ましい。だが、宣教師たちが新たな入港地を求めたのは、そればかりでなく明らかに

萩
長門
山口
周防
対馬
玄界灘
対馬海峡
壱岐
小倉
周防灘
筑前
博多
豊前
岐部
中江ノ島
生月島
宇久島
平戸
平戸島
五島列島
唐津
佐賀
肥前
筑後
日田
日出
豊予海峡
大分
(府内)
臼杵
黒島
有明海
大村
豊後
長崎
諫早
雲仙岳
熊本
阿蘇山
福江
深堀
島原半島
肥後
福江島
富岡
志岐
八代
延岡
本渡
天草灘
天草諸島
日向
日向灘
宮崎
薩摩
鹿児島
大隅
志布志
島原・長崎付近図
横瀬浦
有明海
大村湾
外海《そとめ》
神浦
内海《うちめ》
大村
島原半島
出津
三重
雲仙岳
樫山
福田
長崎
千々石
島原
伊王島
小浜
北有馬
日野江城跡
高島
深堀
天草灘
原城跡
有家
加津佐
南有馬
口之津
大隅諸島
種子島
屋久島
鉄砲伝来地

九州

隆信に対する懲罰だった。松浦氏とポルトガル人との間は直ちに決裂したわけではない。ヴィレラが逐われた五八年から六一年まで連年ポルトガル船は平戸港へ入ったし、六一年には五隻の多きを数えた。ポルトガル海商はとくに平戸へ入るのを好んだというが、むろんそれは京・堺の商人との取り引きができるからだった。だが、六一年には平戸の宮ノ前というところで日本人とポルトガル人の大がかりな争闘が生じた。ことは絹布取り引きの際の価格についての口争いに端を発したのだが、それを仲裁しようとした武士にポルトガル人が斬りかかり、武士がよんどころなく斬り伏せたところ、双方仲間を呼び集めての乱闘となり、十数人のポルトガル人が殺されたというのだ。ポルトガル人は隆信に日本人の処罰を求めたが、彼は言を左右にして応じない。だが、このままではまずいと考えたのだろう。翌六二年になると隆信の態度はいちじるしく融和的になり、教会の再建さえ認めるそぶりである。だが、日本布教長トルレスは豊後にあってすでに平戸の地を見限っていた。彼は肥前地方の松浦氏より信頼できる大名領に、宣教の根拠となるべき入港地が見つかるのではないかと考え、すでに六一年のうちにアルメイダを同方面に派遣していたのである。

アルメイダ一行は大村湾の入口に位置する横瀬浦に平戸に代わる適地を発見した。領主大村純忠の重臣朝長《ともなが》純利と接触してみたら、手応えは十分である。アルメイダの復命を受けて、トルレスはさらに内田トメを大村へ派遣した。内田はザビエルが山口に滞在した時の宿主であり、その後トルレスに従って豊後へ移っていたのだ。彼は大村純忠に会い、横瀬浦を教会領として寄進し、一〇年間関税を免除する確約を得た。向背つねならぬ松浦氏の平戸を忌避して、信頼できる教会の保護者のもとにポルトガル船の入港地を求めるというトルレスの心願はかくして成就された。しかしこれこそ、イエズス会士がポルトガル貿易船の入港地を左右するという、本来の宣教から逸脱する行為の端緒を開くものにほかならなかった。大村家との交渉の詰めは六二年七月、やはりアルメイダによって行われた。アルメイダは前年一一月からこの年五月まで薩摩を訪れており、文字通り東奔西走だったわけである。彼がトルレスからこのように重用されたのは、ガーゴ司祭はすでに六〇年にインドへ帰還し、ヴィレラ司祭は五九年に京都へ派遣されて、ほかに人材がなかったのだろう。彼はまたそれだけの外交家だった。交渉は横瀬浦港とその周辺の土地の半分をイエズス会の所有とし、住民は全員クリスチャンとする、貿易の関税は一〇年間免除ということで決着し、その年のうちにマカオを発したペドロ・バレトの船が横瀬浦港へ入った。日本イエズス会はこの時日本貿易のみならず、大名諸侯に対して初めて主導権を握ったのである。

開港直後、布教長トルレスは自ら横瀬浦を訪れた。イエズス会が新たな根拠地を得たことの意義を誤たず認識したのだ。これまでポルトガル船が出入りしたのは、いずれもすでに港として名のあったところだ。ところが横瀬浦は二、三軒の藁ぶきの家があるだけで、ここを港として開いたのはイエズス会なのである。しかも港周辺の土地は会に寄進された。会は治外法権を伴う根拠地を獲得したのであって、その意義は重大である。豊後ですら、会はこのような特権を享受してはいない。トルレスは自らこの根拠地を固めたあとはまた豊後へ帰るつもりだったが、情勢の推移は彼に帰還を許さなかった。日本イエズス会の本部は事実上このとき横瀬浦へ移ったわけである。横瀬浦には司祭館や教会が建ち、住民もふえ、彼らはすべてクリスチャンである。むろん商人もやってくる。港が繁昌に向かっただけではない。翌一五六三年に入ると、領主大村純忠自身が受洗した。横瀬浦の未来は盤石であるかに見える。しかし、それは大村氏という樹木が健在の限りであって、親木が倒れるとき寄生木は枯れねばならない。

大村氏の祖は平安末期にさかのぼるが、彼杵《そのぎ》郡大村に本拠を構えて勢力を張るようになったのは一六世紀初頭であるらしい。純忠は島原の有馬晴純の二男で、一五三八年に大村純前《すみさき》の養子となり、純前の死（一五五一年）とともにあとを嗣いだ。大村家と有馬家は代々婚姻を重ね、晴純の妻すなわち純忠の母は純前の妹であって、純忠が伯父のあとを嗣ぐのは不自然ではないが、純前には実子貴明《たかあきら》がいた。その貴明を武雄の領主後藤純《すみ》明《あきら》の養子に出して、有馬家から純忠を迎えたのだから尋常でない。あれこれ勘案すれば、これは結局有馬家の勢力拡大策を大村家が受け入れたということであるらしい。有馬氏は晴純のとき最盛期を迎え、島原の高来《たかき》を本拠に所領は二一万石にのぼり、二万の兵を動かしえたという。だが、大村氏の家臣団には純忠に服さずして後藤貴明に心を寄せるもの少なからず、純忠の地位は極めて不安定だった。

純忠は入信後、軍神として尊崇されていた摩利支天像を焼き、さらに養父純前の位牌をも焼き棄てた。彼は入信時トルレスに、兄の有馬義貞が熱心な仏教徒であるので、その手前急激な寺院破壊はできないと断っており、さらに後年日本巡察師ヴァリニャーノに、神社仏閣の破壊はバテレンが教理に反するというので不本意に行ったにすぎないと語った。入信直後の気のはやりもあったろうが、同盟を結んだイエズス会に対して誠意を見せる必要が彼をこうした行為へ走らせたのだろうか。純忠には領国支配を補佐する一二名の老臣がいたが、彼らは純忠の行為に衝撃を受け、折から後藤貴明が好機と見て反逆を唆かしたのに応じて、一五六三年八月純忠と宣教師の殺害を謀った。純忠は辛うじて多良岳の寺に逃れたものの、このあと数年領国の支配権を失ったのである。横瀬浦も焼かれた。火を放ったのは豊後から来た商人団で、この機に乗じてポルトガル人の財貨を奪おうとしたのだ。トルレスたちは碇泊中のポルトガル船へ逃れた。その中にはのちに『日本史』を著わすことになるルイス・フロイスもいた。彼はイエズス会第四次ミッションの一人として先月横瀬浦に着いたばかりだった。こうして日本イエズス会の希望を担った横瀬浦は一五六三年わずか一年で滅びた。

横瀬浦が滅びる前、トルレスは有馬義貞の要請を受けて彼の領国へアルメイダを派遣していた。義貞の好意をバックにしてアルメイダは島原・有家《ありえ》・口之津などで順調に布教を続けた。だが、八月に入って反動が来た。龍造寺氏の攻勢にたえきれず多久城を喪ったことや、大村における純忠の失権が義貞の権威を揺がせたのだろう。すでに一五五二年に義貞に家督を譲り仙巌と号していた晴純が、仏僧たちの意を受けて実権を握り、改宗者の弾圧に乗り出したのである。だが改宗者たちはよく堪え、有馬領から信者が消え去ることはなかった。トルレスは横瀬浦焼き打ちののち、港内に碇泊するポルトガル船内で四カ月を過した。そのあと大友宗麟の支配する肥後国の高瀬へ難を避けたが、ここでの生活は困難を極めた。だが仙巌は宗麟の書状による説得を受けて、トルレスを領内に招く気になった。彼はアルメイダに「口之津はキリシタンのものだから、バテレン殿はそこへ行かれるがよい」と語った。一五六四年の初め、老トルレスは口之津についの栖《すみか》を得た。この天草島と向きあう島原半島南端の港は、やがて住民すべてが改宗者というキリシタンの町となる。

カピタン・モール平戸入港は司祭駐在が条件

横瀬浦焼亡のあと、船はふたたび平戸へ入るしかなかった。一五六四年、マカオを発った三隻の船が平戸へ着いた。一五五七年ごろポルトガル人がうやむやのうち居据って開いたマカオは、それまで南中国沿岸のあちらこちらを移動していた彼らが最終的に落ち着いた通商拠点で、一五五九年以来ゴア発マカオ経由のカピタン・モール座乗の官許船が連年日本を訪れることになる。

カピタン・モールとは貿易船隊の司令官として本国政府ないしインド政庁により任命され、航海中および航海先の港における軍事・政治・通商のすべてに責任をもつ者のことであるが、日本航海の場合、ゴアからマカオを経て日本へ至る毎年一隻の官営船の司令を意味し、航海中はむろんのこと、日本においてポルトガル政府を代表するのみならず、一六二三年マカオ政庁が開設されるまで、マカオ統治の任に当ったのであるから、事実上マラッカ以北の移動総督といってよかった。カピタン・モールは国王の恩顧、植民地経営の功績などにより、毎年航海ごとに任命されたが、この地位は莫大な利益を生むものであったから、のちには財力がある者に転売されることも生じた。日本へ最初に来たカピタン・モールは一五五六年豊後来航のマスカレーニャスで、これ以前渡航したポルトガル船は全部私営船である。ただしマスカレーニャスの船は浪白澳《ランパカウ》から来たので、マカオ経由は一五五九年のルイ・バレトを以て嚆矢とする。もちろん、カピタン・モール座乗の官営船以外に、私営船で渡来する商人があったことはいうまでもない。

さて一五六四年には、まず一隻のナウと一隻のジャンクが平戸港外に着いたが、船長たちは当地にいる司祭から入港許可を得ることを望んだ。松浦隆信は度島にいたフロイスの許に使者を送って、戦さのためまだフロイスに挨拶していなかったことを詫び、ポルトガル船に入港許可を与えんことを乞うた。やむなくフロイスは許可を与えたけれど、やがて着くべきカピタン・モール座乗のサンタ・クルス号については簡単に平戸入りを認める気はなかった。トルレスから口之津入りを指令されていたのだ。サンタ・クルス号は八月横瀬浦に着き小艇に港内を探らせたが人影を見ず、やむなく平戸へ向うとともに、度島のフロイスの許へ使者を立てた。

平戸沖でサンタ・クルス号に乗り込んだフロイスは、カピタン・モールたるドン・ペドゥロ・アルメイダに平戸へ入るべからざる旨を告げた。アルメイダはただちにフロイスの意に従おうとしたが、乗客の商人たちが聞かない。彼らは航海途中台風のためにあわや難破する目に遭ってきたので、やっと日本まで運んだ荷をぜひとも平戸で売り捌きたかったのだ。フロイス自身が認めるように「平戸の港はシナからもたらされる商品の一大消費地であり、ポルトガル人が他の何処よりもこの港へ来るのを喜ぶ」のだった。商人たちの強い意向に逆らえず平戸への入港が避けられぬとすれば、それなりの措置を取る必要がある。つまり入港の代償を松浦隆信からもぎ取らねばならぬのである。フロイスはアルメイダと謀って船を平戸南方二里の河内へ入れ、使者を隆信の許にやって交渉させた。平戸に教会堂を建て司祭の駐在を認めるのが入港の条件である。隆信はこれを認めた。

フロイスはサンタ・クルス号に乗って堂々と平戸へ入港し、先に港内にあったポルトガル船は祝砲を放った。ポルトガル人一行は美装して上陸し隆信の館へ向かう。先年ヴィレラが「衆人の罵倒を浴びながら追い出された」ので、司祭はことさらに威を示さねばならなかったのだ。隆信はにこやかに迎えたというが、心中いかばかりだっただろう。イエズス会はいまやポルトガル定航船の入港地を左右する地位に立ち、九州の大名諸侯もその権威を無視することはできぬのである。なお、このサンタ・クルス号でメルチオール・デ・フィゲイレド、ジョアン・カブラル、バルタザール・ダ・コスタの三人の司祭が日本入りした。遣日第五次ミッションである。

第五章　ヴィレラ、都で苦闘す

さて、九州肥前地方（宣教師はそれを下《しも》と呼びならわしていた）での貿易と宣教の進展はひとまずここで打ち切り、これまで叙述が及ばなかったヴィレラの畿内開拓について述べたい。ヴィレラが二人の日本人を伴って豊後から京へ向かったのは一五五九年、つまり平戸から逐われた翌年の九月のことだった。日本人の一人はかの盲僧出身のロレンソ修道士、もう一人はこのときまだ同宿《どうじゅく》だったダミアンである。ダミアンはまだはたち前後で、将来を嘱望された俊才だった。同宿というのは宣教師の侍者・下働きのことで、このうちイエズス会入会を認められる者も出てくる。

イエズス会内の位階についていうと、修練を経るうちに司祭《パードレ》に叙品される者と、平会士すなわち修道士《イルマン》にとどまる者が分かれる。これは当人の希望にもよったようで、日本語をいち早く修得したフェルナンデス修道士は、日本渡来の直前ザビエルから司祭に叙品してやろうといわれても固辞したという。しかし、日本におけるイエズス会の活動は、彼ら司祭と修道士がいれば成り立つというものではなかった。第一、言語の問題がある。鹿児島の忍室和尚は後年アルメイダに、ザビエル殿のいわれることを熱心に理解しようとしたが、通訳がいないので、何のことやらさっぱりわからなかったと述懐している。宣教師たちにとって、日本語は難物であった。

後年日本布教長フランシスコ・カブラルが「才能のある者でも告白を聴くのに少なくとも六年はかかり、キリシタンに説教するには一五年以上かかる」という通りであり、なかにはヴィレラのように来日六年目には、日本語は難しくない、私は大半は聞き取ることができるとうそぶく者もいたが、これはヨーロッパの同僚向けの元気づけとみてよかろう。カブラルは一六年間日本語を研究したフロイスでさえ、信者に説教するには支障があると述べている。そのようなヨーロッパ人宣教師に代って、人びとに向けて説教し仏僧と討論したのは誰か。それこそ日本人の修道士や同宿だったのである。ガーゴは一五五五年、平戸からインドとポルトガルのイエズス会の修道士《イルマン》等に送った書簡で次のように伝えている。「山口にあるパードレ・コスメ・デ・トルレスも、説教をするもう一人の日本人を抱えています。そして、パードレは彼を通じて必要なことを語り、人びとが彼に話す言葉に答えています」。この日本人こそフロイスが日本イエズス会史上の大説教師とたたえたロレンソにほかならない。ここでロレンソのことを「もう一人」というのは、このとき平戸へ布教に来ていたガーゴも日本人キリシタンのパウロを伴っていたのである。彼は「福音の偉大な説教師」であり、ガーゴに代わって毎日説教をこなした。一五九〇年、島原の加津佐で開かれたイエズス会総協議会では、ヨーロッパ人司祭が日本語で説教できないので、重要な聖役がつねに日本人修道士の上にかかることが問題にされ、学問を修めていない彼らが説教を行い、生涯を学問に捧げ聖務を本業とする司祭が「一言も語り得ないのは、きわめて道理に外れたことだ」と慨嘆《がいたん》される始末だった。このようにキリスト教宣布の上で日本人修道士や同宿の存在が必須だったただけではない。ヨーロッパ人宣教師の日常生活や教会・司祭館などの維持の上でも、日本人同宿なしにはどうにもならなかった。イエズス会は日本の政情・文化風俗に対して適応政策をとったが、そうすれば宣教師は上流の仏僧と地位が同等ということになり、例えば大身の武士を訪問するときは従者を従えて儀容をつくろわねばならない。従者は同宿の務めるところで、一方教会に住み込んで雑務をこなす者は看坊と呼ばれた。要するに日本イエズス会の活動は、このような大勢の日本人によって下から支えられていたのだ。

ヴィレラの畿内布教

ヴィレラたちは一五五九年の末ごろ京都へ入りはしたものの、まずは住居の確保に苦労せねばならなかった。翌年六月、ようやく四条坊門の姥柳《うばやなぎ》町に落着くまで、五回転居を余儀なくされている。というのは、しぶしぶ家を貸した家主はすぐにまわりの非難にたえかねて、バテレンたちに退去を迫るからであった。京都の町衆の自治は一五四〇年ごろには成立していたといわれる。彼らは熱烈な法華宗徒であり、天文法華の乱（一五三六年）で寺を焼かれた後も、数年にして勢力を回復していた。自治の担い手が異宗派排撃で鳴る日蓮の徒である以上、バテレンたちを寄宿させる家が厳しい非難にさらされたのは当然である。三度目の住居のことであったが、家主の老人は周囲の圧迫にたえかねて狂気を発し、深夜バテレンたちの小屋の戸を棍棒で打ち叩き、「中にいる野郎ども、すぐに起きて出てゆけ。出てゆかぬなら皆殺しにして、腹を切って死んでやる」と絶叫する始末だった。

ヴィレラらが最終的に落着いた姥柳町の家はある仏僧から買ったのである。京都町衆の掟では、町内の同意なしに家屋・土地の売買はできぬことになっている。仏僧はヴィレラの呈示した買い値に釣られ、町掟に違反してこの家を手放したのだった。町内の人びとはこの違反をとがめて騒ぎ立てたが、フロイスによると、ヴィレラの要請を受けた室町幕府の役人が、騒ぎをとり鎮めたとのことだ。ヴィレラはすでに将軍足利義輝に面謁して好意ある扱いを受けていたし、彼らの宿舎を乱暴からふせぎ、非分の課税を禁ずる制札を得ていた。それでも町内の人びとは役人に喰ってかかり、あわや争闘に及ぶところだったというから、彼らの自律ぶりには相当なものがあった。

ヴィレラ一行の五回に及ぶ転居話で強い印象を受けるのは、当時の庶民生活のおそるべき貧しさである。彼らが掘立小屋のような家屋しか借りられなかったということもあるが、それにしても夜は屋根の隙間から星が見え、床は裸土、壁は蘆の束で「誰でもどこからでも自由に出入りでき」たというからすさまじい。彼らは畳を一枚購入してヴィレラがその上で寝《やす》み、ほかの二人は藁《わら》を敷いて土間で寝た。不自由したのは煮炊きである。豊後のアルメイダの病院で重湯を作るのに使っていた鍋をひとつ持参していただけだった。それでは足りぬのでふたつ購入したが、そのひとつはなんとひどく錆ついた兜《かぶと》だった。犬や猫が入って来て、置いてある鰯とかご飯をたべる。見かねた信者が木の盥《たらい》を貸してくれた。それにしまえというのだ。ヴィレラたちは重宝したが、やがて正月がくると信者は返してくれと催促した。自分の家に要るというわけで、当時は盥ひとつが貴重品だったことがわかる。

当時の冬は今よりずっと寒かったらしい。一五六一年の暮から翌年の春にかけて、アルメイダはトルレスの命を受けて、ザビエルの滞在以来放置されていた鹿児島の信者を訪れたが、彼が鹿児島にいる間「いまだかつて日本で見たことのないほどの雪が降るのを見た」。雪をかきわけてやっと進む有様だったという。ましてや京都の冬は厳しかった。ヴィレラは「寒さのために病気になった」。街を歩くと子どもたちが石や馬糞を投げつけた。将軍義輝に妙覚寺で謁したときは、従者たちに取り巻かれ、好奇心と嘲りの的となった。ある者など指をヴィレラの眼の中へ突きこまんばかりだった。しかしこれは珍奇に触れたい一心であるから、彼らの説くところも結構珍しがられて、彼らの茅屋は山口でそうであったように、聴聞者で一杯になった。仏僧が討論を挑んだのもこれまた山口と同様である。

しかし、入信者は少数しかなかった。フロイスは養方軒パウロを始め何人かの入信者を得たことを特筆大書しているが、それはとりも直さず、入信者が少なかったことの反映である。パウロは教養があり、後年、教理書の翻訳など布教に大いに貢献した。のちにいわゆる南蛮寺が建立されることになる姥柳町の住居は、京都宣教の本拠であるのに、このの ち二〇年たっても町内の人びととまったくつきあいがなく、あとで修道士となった一人の若者のほか、町内からの入信者はいなかったとフロイス自身が認めている。つまり町内の人びとは町掟を無視してはいりこんだヴィレラ一行を村八分ならぬ町八分に処したわけで、唯一人の改宗者も親から勘当された。キリシタン史家の五野井《ごのい》隆史によれば、都市部における布教は山口を例外として、京・堺・府内のいずれでも成果があがらなかった。堺では入信者の多くは外から来た商人で、地元の者は冷淡だったし、府内でも町衆の入信はほとんど見られず、入信したのはもっぱら貧民だった。また博多については、アルメイダが「日本で最も我が聖教を受け入れ難い市」と述べている。

このように都市部での布教が困難だったのは、町衆が存在したからだ。町衆が神社仏閣を中心とする信仰共同体である以上、異教の侵入をはね返す壁となったのは当然だった。府内の祇園祭のさい、一信者が旗を担ぐのを拒んだため、住居をこわされそうになり、一五日間隠れていなければならなかったという挿話は、町共同体のそうした働きを鮮やかに伝えている。山口での布教が比較的順調だったのは、まず武士層が入信したからである。一方豊後では領主宗麟の肩入れにもかかわらず、武士層がなかなか入信せず、そのため布教対象は貧民層や村落へ向かうしかなかった。

一五六一年八月、ヴィレラは堺へ移った。その理由についてフロイスは、「都においては布教がさしあたってなんら進展しないことが判」り、ヴィレラは「キリシタンの数がふえぬままでいることには、胸中もはや堪えられ」ず、どこへ行けばもっと成果があがるか思案した上で堺へ移ったのだと述べている。堺では日比屋了珪を頼った。了珪は商売のために九州へ下向することが多かったというから、平戸あたりでポルトガル船や唐船と交易を行なったのであろう。堺はザビエルがそこに商館を設けることを提議したほどの著名な商港であったのに、ポルトガル船はそこまで足を延ばそうとはしなかった。堺商人が九州まで出向いていたのでその必要がなかったのだ。とにかく堺にポルトガル船が入港しなかったのは、のちに秀吉が九州征伐のさい、宣教師に堺など畿内の港へのポルトガル船寄港を熱望したのでも明らかである。戦前の歴史学者で京都帝大教授の三浦周行は南蛮屏風の南蛮船入港図に濠が描かれていることをもって、堺に寄港した例のあることの証拠としたが、この説は長崎もまた濠をめぐらした町で、濠の存在をもって堺の証拠とするのは妄説と、一六世紀日欧交流史家の岡本良知《よしとも》によって一蹴されてしまった。

だが、堺でも布教の成果は乏しかった。二年あとの書簡で、ヴィレラ自身が「若干の人がキリシタンになったが、私が望んだほどではなかった」と認めている。「当地で行なわれる商取り引きのために集まる他国の人々」は進んで入信したが、地元の町衆は説教はよろこんで聴いても信者にはならない。これは彼らが裕福な商人で、世間での名誉と評判を重んずるからだとヴィレラは解した。それでも彼は翌六二年の九月までこの地に留まった。京周辺は戦さが絶えず危険で、トルレスからも堺を離れぬよう指示されたからだ。この頃義輝を擁して畿内の第一人者だった三好長慶は、六一年から六角氏・畠山氏・根来《ねごろ》衆からなる反三好連合と戦い、苦戦の末六二年にやっとこれを斥けることができた。ヴィレラはそれで京へ帰ることを得たのだった。

京都は前世紀の応仁・文明の乱ののち、短期間の平穏を楽しんだだけで、この世紀の初頭からずっと兵乱に悩まされていた。その概要を述べるだけでも話はとてつもなく複雑になるのだけれど、要するに管領細川宗家の内紛が引き金となって、宗家総領ひいては足利将軍の廃立があい継ぎ、そこへ畿内各地の守護と国人層が介入して、恒常化した内戦状態となったのである。その間に擡頭したのが細川阿波守護家の家宰三好氏で、長慶は一五四九年、すなわちザビエルが来日した年に入京して畿内に覇を唱えた。しかし長慶は一五六〇年、すなわちヴィレラ入京の翌年、河内の飯盛城に入ってからは連歌の世界に没頭して、意を俗世に断つもののごとく、

六一、二年の戦いに苦戦したのもそういう彼の姿勢が与ったかもしれない。代りに実権を握ったのが家臣の松永久秀で、畠山高政が飯盛城を攻めたとき急を救ったのも彼久秀であった。ちなみに戦国諸雄のこの頃の動静をしるすと、信長が桶狭間で今川義元を倒したのが一五六〇年、この時はまだ長尾景虎と称した謙信が北条氏康の小田原城を囲んだのが六一年、さらに武田信玄と川中島で戦ったのもこの年である。

結城・清原・高山ら畿内国人層の入信

京へ帰ったヴィレラは翌一五六三年四月、ふたたび堺へ移らねばならなかった。戦雲がまた京を覆ったからである。堺へゆけば安全であったのは、むろん同地が私戦の及ばぬ平和領域だったためだ。ヴィレラが書簡で伝えるように、干戈を執って敵対しあう同士も、いったんこの町へ入れば武器を置かねばならなかった。前回の滞留で、この町の人びとが富を誇り傲慢であるのを知っていたから、布教の前途についてヴィレラはあまり期待は持っていなかった。ところがこの地に着いてひと月も経たぬうちに、思ってもみないチャンスが彼の前に転がりこんで来たのだ。

四月二七日付のインドの修道士《イルマン》等に送った書簡で、彼は奈良のさる大身の武士から、入信したいので自分のもとへ訪れるよう懇請されたことを伝え、さらに、この人物はデウスの大敵と評判があるので、あるいは自分は誘殺されるかもしれないが、それはデウスのために命を捧げるのだから本望だし、もし彼が本当に入信する気なら大好機だと述べている。これはヴィレラが予感したように、イエズス会の畿内開拓に一大転機をもたらす出来事となったのであるが、会士たちの記述を読む限り、いかにも奇蹟譚めいた謎の出来事という感が深い。この事件についてヴィレラ自身の語るところは簡短に過ぎ、フェルナンデスの、マカオの某神父《パードレ》に送った書簡は平戸にいての伝聞であって、結局フロイスの『日本史』の記述がもっともくわしい。

この奈良の大身の武士とは結城山城守忠正であった。彼は将軍の奉公衆であるが、フロイスによると「学問および交霊術」において有名で、天文学に通暁していたという。松永久秀の顧問格であったらしい。この頃仏僧たちが宣教師追放をたくらんで結城忠正に訴えたので、忠正は久秀に報告して可否を問うたところ、久秀は殺すなり追放するなり好きにせよと答えた。久秀は熱心な法華宗徒で、かねて宣教師の敵として知られていた。フェルナンデスのいうところはこれと違って、仏僧たちは久秀に訴え、久秀が「妖術師」として令名ある結城忠正と清原枝賢《しげかた》に調査を命じたことになっている。清原家は平安以来の明経《みょうぎょう》家の家柄で、枝賢もまた学者として当時名のあった人である。フェルナンデスは出来事の翌年、ヴィレラの身辺にあった者からこの話を聞いたのだから、この方が信頼できそうだ。フロイスの話ではあとで枝賢が突如出てくるのが不自然である。

つまり、フロイスによると忠正、フェルナンデスによると忠正と枝賢は、宣教師の追放と教会の没収を決意していたというのだ。ところがここでディエゴという都のキリシタンが登場する。フェルナンデスはこの男は忠正に金を借りに来たのだと言い、フロイスは久秀に訴願することがあって、忠正に仲介を頼んだのだと言う。いずれにしても忠正はディエゴに会い、ちょうどキリシタン追放を策していたところだから、談は彼らの信仰に及んだ。ところが忠正は、ディエゴが語るキリストの教えに感銘を受けてしまったのである。フロイスによれば、ディエゴが語った創造主という観念に忠正は驚嘆したという。また霊魂の存在を聞いて「手で畳を打ち、まるで深い眠りから覚めたかのように額をさすり、讃嘆の言葉を発してやまなかった」。

なるほど、ここはキリスト教が日本人の宗教観念に与えた衝撃のかんどころだろう。忠正は学者であるから仏教哲学の無の観念に深くなじんでいたに違いない。しかし、アニマは在るのだという。またキリスト教の創造主は、くらげなす漂える海をかきまぜて島を創った民族神などとは違って、一切を根拠づけるものなのだ。忠正はキリシタンになりたいと思ったとフロイスは言う。キリスト教の邪法たるゆえんを調べあげるはずだった男に大逆転が見舞ったのだ。いくら異教の教義が新鮮とはいえ、これでは奇蹟譚に近い。私が謎めいたというのは、忠正の回心があまりに唐突に思えるからである。フェルナンデスは、この段階では忠正は、キリシタンになるやもしれぬと語ったと言っているが、大差はない。忠正はもっとくわしく教理を聴くために、ヴィレラの来訪を求めた。ディエゴの報を受けたヴィレラは大事をとってまずロレンソを奈良へ派遣した。忠正は枝賢を呼んでともに雄弁家ロレンソの説教を聴聞し、二人とも入信を決意。ロレンソからこの報告を受けたヴィレラは奈良へ赴いて、二人に洗礼を授けた。このとき沢城主高山飛騨守図書（友照）も聴聞して洗礼を受け、ダリヨの教名を得た。ジュスト右近の父である。

回心というのはこのように劇的に起るものなのかもしれない。だが、この出来事が奇蹟めいて聞えるのは、フロイスたちが結城や清原がいかにも仏僧と同心した迫害者一味だったかのように語るせいではなかろうか。フェルナンデスの伝えるところでは、松永久秀は仏僧たちの訴えに対して、司祭は外国人であり、われらの庇護を請うて来たのであるから、まずその説くところを吟味せねばなるまいと答えて、結城、清原に調査を委嘱したとある。だとすれば、両人があらかじめ司祭追放を決意していたというのは、回心を劇的ならしめる作為の疑いが濃い。ともあれヴィレラは、入信した二人を伴って意気揚々と京へ戻った。学識をもって鳴る両人が入信した事実は、京都教会に決定的な威信を加えるものであったのだ。

結城・清原・高山の入信をきっかけに、堰を切ったように畿内国人層の改宗が続いた。そのフィーバーはまず三好長慶の飯盛城に伝わる。結城忠正の長男に左衛門尉というのがいて、奈良で父とともに受洗した。彼は長慶の被官であったからそののち飯盛城へ帰り、同輩にさかんにデウスのことを説いた。それでは話を聞こうではないかということになって、ロレンソが飯盛城に招かれたのが一五六四年の五月。このとき三好幕下の七三名の武士が入信を決意、そのなかには三ヶ《さんが》（三箇）伯耆守頼照、池田丹後守教正、三木判太夫の名が数えられる。飯盛城はこのあとヴィレラが訪れて諸家臣に洗礼を施し、三好長慶とも会った。長慶は自分は禅の信者だがまだその奥儀を極めていない、それを極めてから司祭の説くところを聴こうと語ったという。態よく改宗を拒んだわけだが、司祭には庇護を約し、家臣の入信を許した。彼はさきに入京後まもないヴィレラと会っており、その時から宣教師たちに好意的だったのである。だが彼はこのヴィレラとの再会ののちまもなく没した。

　ロレンソは大活躍で、大和の沢でジュスト右近を含む高山飛驒守の家族に洗礼を施し、大和の十市、摂津の高山へも赴いた。高山には高山ダリヨの母がいて、ヴィレラから受洗した。こうしてこの年の七月から八月には、沢、三ヶ、砂、高山などに教会が設けられた。砂は結城山城守忠正の采地《さいち》である。この時入信した摂津・大和・河内の小領主たちのうち、信仰の熱烈さで抜きんでていたのは高山父子と三ヶ頼照である。彼らの領地では家臣・領民の大規模な入信が見られた。いったいなぜこのような目ざましい現象が生じたのだろうか。豊後の大友氏や肥前の大村氏の場合、領主が入信したり、それに準ずるほどキリシタンに好意的であっても、ただちに家臣団の改宗は起らず、かえって領主と家臣間に隙が生じている。九州と畿内ではどうしてこのような武士層の反応の違いが見られるのだろう。

　第一に言わねばならぬのは、九州の諸大名は貿易の利にひかれてキリスト教に近づいたのだが、結城・高山・三ヶといった人たちはまったくそういう動機を欠いていたということだ。入信したからといって、ポルトガル船が来るわけではなかった。つまり、九州のイエズス会はポルトガル貿易船という強力な威光のもとに宣教を行うことができたが、ヴィレラにはそんな後ろ楯はなかっ

畿内（キリシタン関連）

た。入信しても、現実上の利益は皆無だったのである。だから彼らの入信は動機として純粋ということになる。つまり彼らには、おのれの行動を支えてくれる強力な精神的確信が必要だったのだ。当時の人びとにとってそういう支えは信仰以外にはなかった。では、そういう信仰はどこで求められるのか。既成の諸仏教には、むろん上杉謙信が毘沙門天の熱烈な信者だった例はあるが、一般には戦乱を生き抜くための支えになるような教理が欠けていただろう。一向宗にはそれがあった。しかし一向宗に頼れば、本願寺王国の家臣とならねばならぬ。

畿内の小領主層は切に戦国状況を生き抜く信仰を求めていたものと思われる。彼らが置かれているのは九州の戦国状況よりずっと苛烈な、一切の秩序が失われるカオスに似た状況だった。九州では、大友、島津、少《しょう》弐《に》らの守護大名らは旧秩序の中で抗争し、たがいに裏切り合ったりすればよかったので、家臣たちも主君への忠誠と反逆に揺れながら、聚合離散を繰り返せば十分だった。畿内の国人領主層はそうはいかなかった。この世紀初頭に始まった将軍家・細川管領家の分裂は畿内全般に無政府状況を生みだし、守護・地頭制は完全に崩壊しつつあった。高山は久秀の家臣、三ヶや池田は長慶の家臣だったが、そんな関係はあくまで仮のもので、頼れる者は自分しかないのである。畿内という先進地での秩序の解体ぶりは、彼ら小領主に過激な孤独の心情を生み出したのではなかったか。全能の創造主とそれによる救済の教えは、そういう彼らの孤独な魂によほど訴えるところがあったらしい。

また、彼らの入信が家臣、領民の全般的改宗をもたらしたのは、彼らが領地・領民を直接把持している国人であることによる。大友のような守護大名は、地つきの有力家臣団に制約されて、領地・領民を一元的に把握する戦国大名的管理体制をまだ構築できていない。領地・領民はあくまで地つきの国人の支配するところである。高山や三ヶのようなキリシタン武将が家臣・領民のすべてを改宗させえたのは、彼らが地つきの国人だったからだろう。豊後の場合も、朽網《くたみ》郷が一郷を挙げて入信したのは、領主がそれを奨励したからだった。土地の直接支配者は何といっても強いのである。

松永久秀の「デウスはらい」

しかし、やがて逆風が吹き始める。一五六五年、松永久秀はわが子義久と三好義継（長慶の養子）をして将軍の御所を攻めさせ、将軍義輝は奮戦むなしく殺されてしまう。これは六月一七日のことだが、その後京の雰囲気は険悪になり、やがて結城山城守からヴィレラへ警報がもたらされた。久秀らは主君を殺すほどの無道を行ったのだから、この際宣教師を害するおそれが大いにある。手遅れにならぬうち避難せよというのだ。このとき京の教会には二人の司祭がいた。ルイス・フロイスがヴィレラを援けるべく、この年の初め入京していたのである。信者たちはこの際京の教会が閉鎖されても、ヴィレラさえ生きていてくれれば復興ののぞみはあるというので、彼に避難を迫る。ヴィレラは日本語もままならぬフロイスをあとに残すのに忍びなかったが、懇望に負けて七月二七日、三ヶ《さんが》氏を頼って飯盛城へ落ちのびた。

朝廷で「デウスはらい」、すなわち宣教師追放がとりきめられたのは七月三一日である。直接には三好義継の奏請によるが、むろん松永久秀を中心とする法華僧や神道家の暗躍があったらしい。フロイスは二九日にはすでにこの件で警報を受けており、三〇日には三好三人衆の一人、三好日向守長逸《ながやす》から、内裏の詔勅を阻止しようとしたが力及ばなかった、この上は早々に堺へ赴くべきだという連絡があった。フロイスは翌三一日三ヶへ避難、八月一日に追放令が京の町々へ布告されたのである。難しい立場に置かれたのは飯盛城のキリシタン武将たちである。長慶なきあと、彼らは三好義継に仕えていたが、その義継は松永久秀にとりこまれて、宣教師追放の先頭に立っている。彼らはキリシタンとしての義を貫くためには、義継の禄を離れてもよいと思いつめていた。ヴィレラは彼らの苦衷を見るに忍びず、フロイスを伴って、八月四日三たび堺へ入った。

義輝なきあとの畿内の政局は、松永久秀、三好義継、三好三人衆なる三者の角逐によって推移した。三好三人衆とは三好長慶麾下の実力者であり、久秀とよくなかった。義継はこの両者間を往ったり来たりして、その都度戦雲が動いたのである。畿内にはその他、近江に六角、紀伊に畠山の守護勢力が健在で、石山へ移った本願寺王国もまた一方の雄であった。

キリシタン武士たちはそれぞれの主君に従って戦場であいまみえることがあった。フロイスは彼らが戦場で同信の者と戦うのをなるだけ避けようとしたと言い、事実次のような話も残っている。ジョルジ結城弥平次は結城山城守の甥で、河内岡山城を領して日頃篤信の聞えあり、収入を惜しげもなく教会へ注ぎこむような人柄であった。彼は三好義継に属していたが、あるとき四国勢との戦いであやうく討死という窮地に立たされた。四国勢というのは三好三人衆の軍勢であろう。そのとき弥平次の兜に飾られたイエズスの文字に目をとめたのが、四国勢の陣中にいた三木判太夫である。彼が三ヶ頼照などとともに飯盛城で洗礼を受けた人物であることは先に述べた。判太夫が「汝はキリシタンなりや」と声をかけると、弥平次は「いかにも」と答える。判太夫は馬からとび降り、「ご安心なされよ、御身を殺さんとする者あらば、われ先んじて死なん」と言って弥平次を馬に押し上げ、ついに彼を護り抜いたのである。この判太夫にはほかにも面白い話がある。奈良に駐屯中、まよい鹿を見つけて殺し、肉を部下たちに与えた。もちろん神鹿の殺生は御法度である。三好三人衆のひとりは、バテレンがそそのかしてそういうことをさせるのだと憤激やまなかったということだ。

とにかくキリシタン武士とて、今日の味方が明日には敵となる情勢の中で武士の意地を立てねばならなかった。それと信心のかねあいは、けっしてたやすいことではなかったに違いない。将軍義輝は大部隊に屋形を襲われたとき、長刀《なぎなた》をとって勇戦したのであるが、ものかげから義輝の足を払って倒したのは池田丹後守の息子だという。丹後守は飯盛城で入信した、三好長慶の家臣の一人である。おそらくこの日、息子とともに義継の軍に加わっていたことだろう。

キリシタン武士たちは戦場にあって、十字架やイエズスの御名を描いた旗を掲げていたという。ジョルジ弥平次が兜に御名を飾っていたことは先に述べた。大村純忠はトルレスが贈った金扇に十字架とイエズスの銘がついているのを見て、十字架と銘の効力について知りたがった。こののち彼が陣中で着用していた肩衣《かたぎぬ》には、十字架とイエズスの名が描かれていた。たしかに彼らはこの新来の神の呪力を信じたのである。戦士たる彼らにとって、これはあだおろそかな問題ではなかった。武士ばかりではない。平民たちもこのもの珍しい神のあらたかなご利益を信じたらしい。ヴィレラがまだ平戸地方にいたときの話だが、信者の漁師は妻が出産するというので、男子が生まれるのを願って壁に十字を描いた紙を貼りつけていたが、生れた男の子はすぐ死んでしまった。彼は十字を描いた紙をひき裂き、こんなご利益のないものを信じたのが愚かだったと嘆いて、教会へも来なくなった。

新しい神のご利益にひかれながら、古い神のそれも捨てがたい。ヴィレラが結城山城守の所領で説教をしたときのこと、一人の老爺が阿弥陀信者の用いる数珠をつまぐっているのが目にとまった。キリシタンのロザリオはどうしたのかと尋ねると、腰につけていると言う。なんでそんな数珠で祈るのかとの問いに、老爺が返した答えが振るっている。デウス様のお裁きはたいそう厳しいと聞いているので、万一罪深い私をお許しなさらぬことがあってはと、そのときの要心にこの数珠をもっている。まわりのキリシタン武士たちは爆笑したという。ヴィレラも苦笑まじりにそんなふた股が許されぬことを説くしかなかった。イエズス会士は日本人信者の信仰がいかに純潔で熱烈であるか説いてやまない。それが一面であるのはたしかだとしても、日本人が南蛮渡りの新しい神の威力、すなわちご利益を信じて改宗した一面がまた存在したのは、イエズス会士の宣教記録自体が語る事実だ。ただ、例のふた股老爺にせよ、おのれの罪業深重の想いは切実だったのである。骨肉すらあい喰んだ武士の場合はなおさらであろう。乱世を生きる身の罪の想いは深かった。ご利益といっても、その点に関わるかぎり、彼らの熱誠は本物であったのだ。

堺に落ちた二人の司祭を日比屋了珪も堂々とは庇護しにくかったらしい。わが家には寄宿させず、近くに家を借りてやったが、その家たるや、昼なお蠟燭をともさねばならぬほど暗く、雨の日は部屋の中で傘をささねばならなかった。フロイスはこの家で三年八カ月を過ごすことになるが、その間三〇〇名以上が受洗したと言っている。しかし、大部分は他郷出身の兵士で、堺の町の人びとは依然として入信しようとはしなかった。

ヴィレラは翌六六年四月、トルレスの命により豊後へ帰った。老齢のトルレスには口之津から豊後への旅は無理で、豊後の信者はもう何年も告解の機会を持たなかった。ヴィレラは彼らの告解を受けるべく豊後へ向かったのであるが、トルレスにはこの際、彼を京での苦難にみちた使命から解いてやろうという配慮もあったことだろう。フロイスは入京してヴィレラに会ったとき、七〇歳の老人のように髪がすっかり白くなっているのに心うたれた。ヴィレラはこのときまだ四〇歳だったのである。

フロイスはただ便々として堺へ追放されていたのではなかった。六七年、六八年には三ヶや尼崎へしばしば出かけている。三ヶは畿内キリシタン武将の棟梁ともいうべき三ヶ頼照の居城である。畿内の信者は節目節目の祭日にここに集まり、頼照の厚いもてなしを受けた。フロイスはむろんその際の祭式を司ったのである。この時期、三ヶは畿内キリシタンの支柱だった。尼崎には招かれて行ったのだが、招いた武将のことはいまではよくわからない。あるいはこれは、フロイスの京都帰還策と関わっていたのかもしれぬ。三好三人衆の筆頭三好長逸はかねて宣教師たちに好意的であったが、長逸のもとで実権を握っていた篠原長房は、入信はせぬもののキリシタンの庇護者といってよく、フロイスは彼を頼って京への復帰を図った。だがそれは長房ひとりのよくなしうるところではなかった。六七年一〇月には松永久秀は奈良で三人衆を破り、東大寺大仏殿を焼いた。

第六章　平戸から長崎へ

一五六四年、松浦隆信は平戸での布教を認めることと引き替えに、ようやくマカオからのポルトガル定航船の入港をかちえた。一一月には平戸に教会堂も建った。しかし隆信の本心はあい変らずキリスト教を嫌悪しており、表面はいかに好意を装おうとも、宣教師たちはけっして彼を信じてはいなかった。このあと、宣教師たちの感情をさか撫でするような事件が続いた。大村から平戸へ着いた船に四人の日本人キリシタンが乗っていて、大村純忠からおなじキリシタン同士の籠手田安経への書簡をたずさえていた。松浦隆信はこれを知ると、純忠と彼の配下の安経との間に盟約があるものと邪推し、四人をみせしめに惨殺した。生月島の領主安経にはさすがに手を出せなかったのである。

また、隆信の嗣子鎮信《しげのぶ》が聖像のメダルを信者からとりあげ、踏みにじって投棄したのも宣教師を憤激させてやまなかった。彼らは生月島で、説教を聴いた子どもたちが先祖の墓を襲ってさんざん破壊したと誇らしげに語る一方、鎮信の行為は許すべからざるものと感じたのだ。無理もない。彼らの一方的な盲信によると、彼らの神は正真正銘の唯一神であるのに対して日本人の先祖崇拝など悪魔のそそのかしに過ぎなかった。

「大村領」福田の開港

一五六五年、カピタン・ドン・ジョアン・ペレイラの座乗する定航船が平戸港へ入ろうとした。平戸駐在の司祭は定航船がやって来ると、沖合まで舟を出しどの港へはいるべきか指示するのを常としていた。このとき駐在の司祭バルタザール・ダ・コスタもこの例に従い、舟を出してペレイラに平戸へ入港しないよう懇願した。ペレイラは篤信の人ゆえ即座に了承して、船を大村領の福田へ入れた。ここで初めて登場する福田は長崎のやや西方に位置する海浜で、こののち一五七〇年までポルトガル定航船の寄航地となる。ペレイラはむろんコスタから福田を教えられたのだろう。だとするとこのときまでに、言を左右にして鎮信の行為を謝罪しようとせぬ隆信に圧力をかけるために、福田に定航船を入れるべく宣教師団は準備を進めていたことになる。

一五六三年に老臣たちのクーデタによって逐われた大村純忠は、六四年一一月やっと大村を奪回、以前から築城にかかっていた三城《さんじょう》城を完成させてそこへ移った。まだ所領を完全に回復してはいなかったものの、福田にポルトガル船を入れるまでに立ち直っていたのだ。純忠はこのとき大村で会ったアルメイダに、二年このかた司祭にも修道士にも会っていなかったと語ったという。福田開港によって彼はやっとイエズス会との接触をとり戻したのだ。福田は純忠に属する福田兼次の所領である。純忠は「かの黒船は鉄砲西洋砲なども積み乗せ来れば、これを他所にやるべからず」と彼に説いたそうだ。兼次も否応はなかっただろう。彼はすでに入信してジョーチンと名乗っていた。それにしても、イエズス会はなぜ横瀬浦の復興を図らなかったのだろう。それはペレイラの船が最初横瀬浦へはいろうとしたが、そこが戦争状態であったので平戸へ向かったというので事情がわかる。つまり大村純忠はこのころ松浦隆信と交戦を続けており、横瀬浦はその渦中にあったのだ。

イエズス会の仕打ちは隆信の怒りを掻き立てずにはおかなかった。彼はナウの定航船を平戸につなぎとめるべく、内心の反感を押し匿して、新築の教会堂をにこやかに訪れるなどそれなりに努めていた。それなのに息子が聖像をけがしたといって、バテレンどもはまたまた平戸を忌避して大村領福田に定航船を入れた。そのくせ連中は仏像は平気でけがしているではないか。この年一〇月、平戸から出た軍艦が福田に碇泊中のペレイラの定航船を襲った。コスタによると五〇隻といい、フロイスによると堺商人の大船八隻あまりと小舟七〇艘という。平戸勢は堺商人と結託してこの襲撃を行なったわけだ。定航船は不意を打たれて苦戦したが、折よく港内にはポルトガルのガレオン船（ナウから発展した大型帆船。細長く船首楼や船尾楼が低い）がいて、定航船を包囲した平戸勢の船を背後から砲撃し、彼らを敗走させることができた。ポルトガル側の戦死者は八名。一方平戸側の死者はコスタによると六〇名、フロイスによると八〇名だった。コスタはこのうちに「都の大船の司令官」二人がいたといっている。

この襲撃について、コスタは隆信が平戸へ入港しなかったことで定航船に恨みを抱いたからだといい、フロイスは隆信が絹の買い付けのため来航していた堺商人と同盟して、定航船の積み荷を奪おうとしたのだという。だが、これが果して隆信の指示であったか、かなり疑わしい点が残る。定航船を襲撃するというのはイエズス会との公然たる手切れ通告を意味する。隆信にそこまで踏み切る決断があったかどうか。コスタは襲撃を事前に察知して定航船に危険を報じたのに、定航船のポルトガル人たちが一笑に付したため不意打ちを受けたというのも、隆信に手切れの意志はないと彼らが読んでいたからではなかったか。

この襲撃の一件はよくわからない点が多いが、襲撃の主力が堺の大船八隻で、堺製の大筒を備えていたというから、おそらく堺商人が積み荷をねらったのであろう。平戸の反キリシタン勢力が参加するのを隆信は黙認していたに違いない。なぜなら、このあとも隆信は平戸教会の活動を依然として許しているからだ。彼にはまだイエズス会と手切れする意志はなかった。このころ松浦領内の信者は二五〇〇に達していたという。

福田にはその後も連年ナウが入港した。大村純忠は四隣に敵をひかえ、領内もまだ不安定だったが、イエズス会はその純忠に肩入れするしか、下《しも》すなわち肥前地方に根拠の張りようはなかったのである。一五六六年には、養父大村純前の実子、後藤貴明が内通者を得て領内に侵入した。純忠は奮戦してこれを追い払ったが、折柄シマン・デ・メンドンサのナウで福田に入港していたポルトガル人は鉄砲を貸与して純忠を助けた。大村領がようやく平安に帰したのは一五六八年になってからだという。前年の暮れ口之津から天草の志岐へ移っていたトルレスは、この春生まれた純忠の嗣子喜前《よしあき》に洗礼を授けるため、老軀を大村まで運んだ。喜前はサンチョと名づけられ、一一月には教会堂も建つ。そしてクリスマスには、会堂の接する広場に舞台が設けられ、ヨセフの生涯、三博士の厩《うまや》訪問など聖劇が、笑劇も交えて日本語で上演された。二〇〇〇人が集まり、まわりに設けられた桟敷には、純忠夫人を始め貴婦人たち、そしてトルレスらポルトガル人の姿もあった。

アルメイダの西肥前布教

イエズス会はむろん、大村以外の西肥前への伝道を怠らなかった。この点で活躍が目立ったのはフロイスから「生ける車輪」と評されたアルメイダである。アルメイダは一五六六年一月、ロレンソを伴って五島列島の福江島へ渡った。五島は宇久《うく》氏の支配するところで、当主は宇久純定《すみさだ》である。アルメイダの宣教は半年にみたなかったが、当時のキリスト教受容のひとつのケースとなっている。

問題はバテレンの渡来がこの島に幸いをもたらすのか、それとも悪運を招きいれるのかということにあった。アルメイダは戦乱に明け暮れる日本の様相をいやというほど見てきたのだから、一見してこの島が平和であるのに強い印象を受けた。ところが仏僧たちはバテレンの訪れた先はみな戦乱の巷となるといい立てる。領主以下四〇〇名を集めた説教はロレンソの雄弁もあって成功を収めた。しかるに翌日純定がにわかに倒れ、病状は重篤であった。誰が見ても異教を招き入れたことへの仏罰のように思える。アルメイダらはまったく孤立した。

アルメイダは苦悩した。自分には医術の心得があり薬も持参している。純定を診察するのはたやすいことだ。だが、その結果病状が好転しなかったり、さらに悪化したりしたら、キリシタンの評判はまったく地に堕ちる。彼は神に祈った。そして純定は快癒するという神の声を聞いた。純定が診察を受けいれるというので彼は館に参上した。アルメイダは薬を与え、創造主に祈るよう説いた。病状は一進一退だったが、二日後純定は快癒した。アルメイダはひとまずは勝った。だが、純定も彼の家臣も彼に回復をもたらしたのが何の功徳だったのか、断定できずにいるのにアルメイダは気づいていた。仏僧たちも盛大に純定の快癒を祈願していたのである。説教が再開され、多くの聴衆が集まったが、翌日、町に火事が起こり、純定の指が激しく痛み出した。次の日、説教を聴きに来る者は一人もいなかった。純定はアルメイダに薬を求め、指の痛みは一応それで収まった。しかし、領主以下町民の気分が冷却しているのをアルメイダはひしひしと感じた。ところが、今度は純定の叔母が重病になった。乞われてアルメイダが薬を与えたところこれが効いた。彼女はたちまち元気になり、アルメイダは首をかしげた。そんな効能のある薬ではなかったはずなのだ。次いで純定の娘が彼の投薬でたちまちよくなり、純定が胃痛に苦しんでアルメイダの薬を飲むと、これも即座になおった。アルメイダの名声はこれで確立した。この場合問題なのは彼の医師としての技倆ではない。彼についているデウスの霊力が問題なので、確立したのは正しくいえばデウスの名声であった。このの受洗者が現われ、教会堂も建つ成りゆきとなった。純定は教会堂の土地を与え、領民の入信を許した。しかし、彼自身が入信することはなかった。後年彼はイエズス会の記録に最悪の不信心者の一人として名を残すことになる。純定が当時一応の好意をバテレンに示したのは、デウスの霊力あるいは呪力を見せつけられたことのほかに、アルメイダに大友宗麟の書状が届いたことを知って、この異国人に強力なバックがついていることに気づいたからかもしれない。

アルメイダはこの年口之津へ帰還すると、夏には天草の志岐へ渡った。天草には五人衆と呼ばれる小領主たちがおり、その一人の志岐鎮経《しげつね》(麟泉)はトルレスにたびたび宣教師の派遣を懇請していた。彼は有馬晴純(仙巌)の第五子、すなわち現有馬国主の義貞と大村純忠の弟にあたる諸経を養子にしていた。口之津から志岐までは海上四里にすぎない。麟泉は家臣ともども説教を聞き、入信の意向を洩らした。説教はアルメイダに伴った練達の日本人修道士ベルショールが行なった。アルメイダは日本語で会話はできても説教は無理である。彼の場合に限らず、宣教師の活躍の蔭には日本人の修道士や同宿の支えがあったことを忘れてはならない。

麟泉は洗礼は受けるが、家臣には内緒にしたいという。大村純忠のように家臣にそむかれてはたまらぬというのだ。フロイスはアルメイダが麟泉の表裏ある人柄を見抜いたというが、それは麟泉が本性を現わす後年のことを知った上での曲筆だろう。話がどうついたかわからぬが、アルメイダ自身は一〇月に授洗したと書いている。教名はドン・ジョアンである。志岐には教会が建ち、サンチェス修道士とヴィレラ司祭が駐在して布教は順調に進んだ。一五六八年一月には口之津からトルレスもやってきた。

トルレスはもう四年あまりも口之津に住み、同地の住民一二〇〇人はすべてキリシタンになっている。一五六六年四月、同地で行なわれた復活祭のことをアルメイダは「キリスト教の荘厳さをことごとく伴って執り行なわれた日本で最初の祝祭」と述べている。町の街路は樹木で飾られてまるで森が出現したかのようだった。

安定した「キリシタン領国」となった天草

六七年にはマカオからのナウの定航船のほか、二隻のポルトガル船が入港した。晴純(仙巌)から与えられた有馬領の口之津は大村領の福田よりはるかに良港と認められていたのである。このように日本イエズス会のセンターの観を呈しつつあった口之津をなぜトルレスは去ったのか。麟泉の招きがよほど熱烈だったとしか考えられない。口之津に三隻のポルトガル船がはいるのを見て彼は羨望にたえなかったのだろう。志岐もそれなりの良港とポルトガル人からみなされていた。トルレスは七月、各地の宣教師を志岐に呼び集めて会議を開き、新たな配置を決めたのち、九月には志岐を去って、前述したように大村へ向かった。志岐の教勢はその後も順調に拡大したけれども、実は領主志岐麟泉の本心はキリシタンというにはほど遠かった。

フロイスによると、麟泉は勇猛果敢な武将として知られる一方、陰謀や策略にも長じるという一筋縄ではいかぬ男だった。一五六九年に志岐に駐在した修道士ミゲル・ヴァスは彼のことを「デウスのことを知らず、聴聞したことがないので、キリシタンのようには見えないが、絶えず愛情を盛んに表し、自らをキリシタンと称している」と述べている。アルメイダから三年前に受洗したというのにこの始末で、ヴァスは七〇年になると、彼のことをはっきり「異教徒」と書いている。七〇年には麟泉待望のポルトガルのジャンクが志岐へはいった。フランシスコ・カブラルとニエッキ・ソルド・オルガンティーノがこの船で来日した。二人とも今後重要な役割を果す大物で、特にカブラルはトルレスに替って日本布教長の任につくべくやって来たのである。

志岐麟泉は一五七一年になると家臣のキリシタンを迫害し始めた。これはこの年、福田に替って長崎が開港し、カピタン・モール座乗の定航船が入港したことと関わりがあるのかもしれない。せっかく前年ポルトガル船が志岐へはいったのに、この先入港地は長崎にきまるらしい。この不満において、彼は甚だ松浦隆信に似ていた。フロイスのいうところでは、麟泉は仏寺の建立を思い立ち、キリシタン家臣に加勢をいいつけたところ拒否されたので棄教を迫ったのだという。ガスパルという教名のキリシタンほか二〇名ほどが棄教を肯《がえ》んぜず長崎へ逃れた。麟泉は執念深く刺客を長崎へ送って、ガスパル父子を殺害させた。ヴァス、フィゲイレド両人とも、定航船が長崎へはいったのちの出来事と伝えている。かといって、麟泉はバテレンたちと手を切ったわけではない。全般的な迫害は起こらず、志岐はこのあともイエズス会の拠点であり続けた。信者は七〇年一〇月の時点で一四〇〇を数えた。この点においても、麟泉の態度は隆信のそれに似ている。フロイスは彼が深夜悪魔と語っていたと伝える。むろん仏と語りあっていたのであって、熱烈な仏徒でありながらキリシタンへの好意を装わねばならなかった点で、彼は異教に対する領主層の反応のひとつの典型的な例を示している。

天草にはもう一人、宣教師の派遣を熱望する領主がいた。河内浦の天草鎮尚《しげひさ》である。ここに派遣されたのはまたもやアルメイダで、時は一五六九年二月だった。天草氏は河内浦城を本拠に北は本渡城、南は久玉《くたま》城を支配する島内では最大の領主だった。アルメイダが着いて二〇日しても、鎮尚には格別の動きはない。アルメイダが実権は家臣たちにあり、鎮尚は無力なのだと見抜き、引き揚げるそぶりを見せると、鎮尚はやっと説教を許した。最初に入信したのは「殿の全領の代官」でリアンの教名をえた。彼の家臣五〇人、さらに彼の義父とその家臣一二〇人が受洗した。アルメイダが当地の人びとの望みがポルトガル船の招致にあることを察して、適当な港湾があるかと問うと、鎮尚は早速、﨑津という寒村に案内した。アルメイダはひと目で気に入り、給水や砲台の計画まで練った。﨑津にはこれより一八年後のことだが、実際にポルトガル船が入港することになる。

しかし、五月には反動が始まった。仏僧どもが鎮尚の二人の弟と結んで、リアンの死を要求したのだ。鎮尚はこの圧力にたえかねて、リアンに国外退去を求めた。リアンはアルメイダの助言によって、家族家臣五〇名もろとも口之津へ逃れた。だが、領内の反キリシタン勢力の圧力はそれで終りはしなかった。彼らはアルメイダの追放を要求した。鎮尚はアルメイダにまず仏僧の怒りを鎮めるのが先決だというかと思えば、自分が殺されるか、所領がキリシタンのものになるかどちらかだから、くよくよしたって仕方がないと洩らすといったふうで、甚だ頼りない。アルメイダは「殿」に見切りをつけて、八月当地を引き払った。彼はその際二人の日本人修道士を残したのだが、この二人も結局は追放された。それでも領内の騒動は収まらなかった。フロイスは天草鎮尚の二人の弟が叛起したのは、宗門のこととは無関係な利欲のためだと述べている。彼らは島津氏や人吉の相良氏の援助を受けていた。とうとう鎮尚は河内浦城を彼らに明け渡して本渡城へ逃げこんだ。彼はアルメイダを介して大友宗麟の書状を得ていたのだが、肥後国守護の名目を有する宗麟の介入も、叛徒たちに対してはほとんど効験がなかった。

だが、鎮尚は志岐麟泉と結んで復活した。麟泉は度々戟を交えた彼の仇敵であったが、係争の一城を与えることを代償に鎮尚は麟泉の援助をかち得、さらに家族家臣とともに口之津に逃れていたリアンを呼び戻して旧臣への工作を進めた末に、河内浦に兵を進め弟たちを追い払ったのである。してみると、鎮尚は一見気弱ながら、武将としての才覚に欠けていたわけではなかった。鎮尚は心の底からキリスト教に傾倒していたらしい。領国を回復すると一五七一年、日本布教長カブラルから洗礼を受けミゲルと称した。領民一万二〇〇〇人がキリシタンとなり、領内に三五の教会を数えるのを見て、一五八二年に彼は没した。嗣子久種《ひさたね》もすでに入信してジョアンと名乗り、天草氏領はもっとも安定したキリシタン領国のひとつとなっていた。キリスト教に心を傾けることで、鎮尚は苦難を嘗めこそすれ何ひとつ得たわけではない。だが、彼はバテレンたちへの親愛を貫き通した。これも当時の領主層の反応の一タイプといってよかろう。

福田に替る良港・長崎

さて、一五七一年の長崎開港について語るべきときが来た。その経緯についてはふつう、福田に駐在していた遺日第五次ミッションのひとりフィゲイレドが、七〇年に福田に入港したナウの航海士を伴い、風波にさらされがちな福田に替る良港を探し求めるうちに、長崎の入江を最適地と認めて測量を行い、翌年からナウが入港するようになったと説かれる。だが日欧交渉史家の松田毅一によれば、七〇年に福田に来たナウが帰帆にあたってすでに長崎に入港しており、その良港たるを知って毎年の来航を約したのではないかという。それはともかく、イエズス会から長崎開港を求められた大村純忠は、初めは「深慮ありて」承知しなかったと『大村家秘録』は記す。純忠は有馬氏がこの話に関わっていたので警戒したのではないかというのが、これも松田の説である。有馬義貞は純忠の兄ではあるが、当時の複雑な政情から純忠の敵にまわることもあった。しかし、純忠が結局開港を承諾したのは、イエズス会の依託を受けた義貞の説得の結果だった。

長崎は長崎氏の支配地で、当代の純景は純忠に臣従し、その娘を妻としていた。すでにキリシタンであり、開港に問題はなかった。純景はいまの桜馬場あたりの丘陵に城を構え、まわりに家臣たちを住まわせていた。すでに宣教が行われ、ヴィレラが長崎最初の教会をこの城下町に建てていた。開港に伴い純景の城下町とは別に、新しい町が海中に突出した岬の先に作られた。純忠が派遣した奉行の采配で島原町以下六つの町が姿を現わす。これが宣教師たちのいうナガサキである。大村町、平戸町、横瀬浦町というのは、それぞれそこのキリシタンが移住して作った町であることを示す。建設に有馬氏の関与があったのは、島原町の名称で明らかだとこれも松田の説。新しい長崎には七一年から連年マカオのナウが来航し、町は矢来《やらい》と濠で囲まれて城砦化していく。

新布教長カブラルとトルレスの死

トルレスに替る日本布教長として赴任したフランシスコ・カブラルはポルトガルの旧家の生まれで、イエズス会に入って一六年になるベテランだった。三七歳の壮年で、神学に通じ、インドで学院長などのキャリアを積んでの来日であるから、新任地の経営については自信も抱負もあったことだろう。性格も甚だ権威主義的だったと伝えられる。一五七〇年六月一八日に志岐に着いたカブラルは、七月末に同地に宣教師たちを招集して会議を開いた。彼はこの会議でインド管区長の指示として、絹服の着用禁止と、マカオ・日本間の交易への参加禁止をいい渡した。トルレスの指導のもとでは、宣教師は日本人と会う際には絹服を着用した。べつに贅沢がしたかったのではなく、そうしないと日本人の間で社会的な体面が保てなかったのだ。トルレスのこの現地順応方針をカブラルは否定して、イエズス会士たる者は木綿の修道服を常用すべしとする。なるほど、会のうたう清貧の原則からすればその通りだ。

アルメイダはイエズス会にはいるとき、それまで商人として稼いだ二〇〇〇クルザード（ドゥカード）を会に寄付した。その際、この金を生糸貿易に投資してその収益を会の経費に当てるように取りきめ、投資の運用はアルメイダの懇意なポルトガル商人に任せられた。トルレスたち司祭らはこの件はアルメイダに一任し、口出しすることはなかった。この日本イエズス会の貿易関与はこののちも度々問題にされた。イエズス会の原則からすればこれも許されることではない。しかし、その収益なしにどうやって宣教師団の経費を賄っていけというのか。ポルトガル国王からの扶助金など、無事に届くかどうかもわからぬものを当てにするわけにはいかない。カブラルの指示にもかかわらず、宣教師たちは絹服の着用をやめず、貿易への関与をやめることもなかった。そうしないわけにはいかなかったのだ。とくに貿易への関与はこのあとますます本格化し、八〇年代には年間五〇〇〇ないし六〇〇〇ドゥカードの収益をもたらすようになる。

年老いて病んだトルレスは、日本布教長の職から解かれるのを切望していた。カブラルの着任によって重荷をおろした彼は、この年の一〇月二日に天草志岐で逝った。

日本キリシタン史上、トルレスほど衆人に大きな感化を与えた人物はあるまい。彼が人びとに敬愛されたのは、その模範的な篤信もさることながら、何よりも愛にみちた謙抑《けんよく》な人柄によってだった。日本人信徒はみな父のように彼を慕った。この人は体も大きかったが、人柄もそれに劣らず大きかったのである。豊後の修院にあって、彼は寝静まった同宿の少年たちを見廻って蒲団をかけ直してやり、台所で鍋釜や食器が放置してあると、井戸で水を汲んで来てそれを洗い、厩舎へ行って馬の世話をし、人よりおそく寝て誰よりも早く起きるのだった。力仕事があるときは率先して働き二人分の仕事をした。久しぶりに教会を訪れる信者がいると、涙を浮かべて抱擁した。不機嫌な顔を示すことなど絶えてなく、謙遜と明るい笑みが常に面を飾っていた。こういった人柄は日本人の心服をかちえずにはおかなかったが、一方この人はなかなか老獪で、日本人の君侯とつきあう際の礼法もよく呑みこみ、彼らの気をそらすことがなかった。

トルレスの死をもって、宣教史のひとつの段階が終った。ザビエルはただ手を染めたにすぎない。トルレスのもとで日本イエズス会は豊後に地歩を築き、肥前で強力な基盤を獲得し、畿内に確固たる橋頭堡を得た。この人こそ日本開教の祖というべき存在であった。彼とともに来日したフェルナンデスはすでに三年前、一五六七年に死去していた。日本に来てすぐ日本語が達者になった彼は、死の床のうわ言でも日本語でデウスと語った。トルレスの死とともに、最初の訪日ミッションはザビエル以下すべて彼らの天国へ召された。

コエリュによる大村「キリシタン領国」化

大村純忠は一五六八年ごろには所領をほぼ回復はしたものの、周囲の状況は依然として厳しかった。一五七二年、後藤貴明は松浦隆信、西郷純堯《すみたか》を誘って、純忠の本拠たる三城を急襲した。不意をつかれた純忠は七名の家臣とともに籠城し、死を覚悟した。もちろん七名というのは主だった武将で、総勢七、八〇人はいたらしい。純忠は武将としても優秀で、なんとかこの包囲戦を切りぬけている。世にいう「三城七騎籠《ごも》り」である。

西郷純堯は純忠の夫人の兄である。大村領に隣接する諫早の領主で、絶えず大村領をわがものにしようとねらっていた。頑強な反キリシタンなのはいうまでもない。七三年には大村領に攻めこみ、一時は純忠殺害の噂が流れたほどだった。

おなじ七三年のことだが、純堯は有馬義貞と謀って、純忠をだまし討ちにしようとしたという。むろん義貞は純忠の実の兄だが、このころは純堯に圧迫されて言いなりになっていたというのだ。義貞はどたん場になって弟をあわれみ、純堯の謀計を教えて急をのがれさせた。この義貞という人は温順な文雅の徒で、父の晴純（仙巌）が領地を拡大して西九州の雄と称せられたのに対し、龍造寺氏などに圧迫されて領地は縮まる一方だった。たまりかねて老臣が諫言すると「龍造寺にとられたのは新付の地で祖宗以来の土地ではない。みな時運の然らしめるところで、得るも喜ぶに足らず、失うも何ぞ憂うるに足らん」と答えるのだからどうしようもない。

七三年には長崎湾の入口を領する深堀純賢《すみまさ》が長崎を襲撃した。このとき長崎純景の城下町は焼かれ、ヴィレラが建てた「諸聖人の教会」も灰燼に帰したが、岬の突端に築かれた新しい港町は、キリシタンの奮戦で守り通すことができた。純賢は西郷純堯の弟で、深堀氏を継いだ人物だが、このあと度々長崎を襲うことになる。

熱烈なキリシタンであるはずの純忠は実は出家入道して理専と号していた。時期ははっきりしないが一五七〇年ごろともいわれている。といってキリシタンをやめた訳ではない。宣教師に対しては熱心なキリシタンでありながら、一方では出家しているのだ。それだけではない。三城の城内には千日観音を祀っていたし、伊勢神宮の御師《おし》からお札も受けている。これは純忠だけのことではなく、福田兼次も入信してジョーチンと称しながら、出家して宗軒の号を得ていた。つまり彼らの意識では、キリシタンとして救済を得ることと、神仏に祈って御利益を蒙ることはまったく矛盾していなかったのだ。神々にはそれぞれその特性に応じた使い途がある。しかしこのようなデウスと神仏へのふた股は、宣教師の見地からすれば絶対に許されることではなかった。

大村純忠の出家に深い危機感を抱いたのはガスパル・コエリュである。彼は一五七二年に来日し、カブラルによって下《しも》（西肥前・天草地方）の上長に指名されていた。彼は一五七四年一一月、純忠と会見し、領内から一切の偶像崇拝を根絶し、一人の異教徒もいなくなるよう全力を傾注すべきだと強硬に申し入れた。むろんこの時、純忠の出家も厳しく咎められたであろう。コエリュは西郷純堯に対する勝利によって純忠の領国支配が安定したのを機に、それがデウスの恩寵によるものであることを純忠に自覚させ、報恩のため前記の処置をとるように求めたのだとフロイスはいう。それにしても恩着せがましい神様ではある。この時期、大村領ではキリシタンの数はまだわずかだったと、フロイスが述べているのも留意すべきことだ。

周囲を敵で囲まれてイエズス会とともに生きるほかない純忠はコエリュの勧告を受け入れた。神社仏閣に対するすさまじい迫害が始まる。多くの寺院が破壊され放火された。フロイスは、ある仏僧が「門徒が改宗するのは仕方がないが、寺院や仏像には手を出さないでもらいたい」と求めたとき、コエリュは「自分の目的は救霊であって、寺院・仏像を破壊することではない」と答えたと記している。ところが説教を聴いた人びとが、あたかも司祭が寺を焼けと説いたごとくに、寺を打ち壊し、材木を我が家へ運んだというのだ。しかし、寺院破壊は司祭の煽動によるものではないと弁明しながら、フロイスはぬけぬけと次の話を録している。あるキリシタンが四旬節の折にコエリュを訪ね、罪の償いのために何をしたらよいか教えを乞うと、コエリュは道すがら見かけた寺を焼くことだと答えた。信徒は帰り道で大きな美しい寺院に出会うと早速放火し、寺院は全焼した。

仏僧が改宗すると寺は教会となり、彼はそこにとどまることを許された。改宗を拒む仏僧は領外へ追放された。純忠の家臣も領民もすべて改宗を強制された。拒む者が追放されたのは仏僧の場合と同様である。寺社の破壊と全領民の改宗がコエリュらイエズス会の強烈な圧力によって進められたことは明らかだ。カブラルは七五年四月に豊後からかけつけ、各地の宣教師を招集して、大村のキリシタン領国化に精力を集中した。

かくして大村領は、領内に一人の仏教徒なく、ひとつの寺院もない日本最初のキリシタン王国となった。七五年一〇月、コエリュは二万人の人々と二〇〇人の仏僧が洗礼を受けたと書簡で報じている。

白水寺にあった前領主大村純前の墓はあばかれ、骨は川へ投棄されたというから、信徒の行動には狂信的な面もあったようだ。しかし、すべての領民がこうした過激な行動に走ったわけではない。フロイスでさえ次のように認めている。「寺社を破壊し絶滅するについてなお困難があった。というのは人々はすでに洗礼を受けていたとはいえ、まだ日も浅く、信仰も弱かったから、彼らは、自分たちがそれまで育てられて来た寺院に対する愛着心をただちになくさねばならないとか、寺院を破壊せねばならないなどと、はっきり言い渡されたならば、それに容易に同意はしなかったであろう」。純忠自身もこの四年あとに来日した巡察師ヴァリニャーノに、寺社破壊は司祭に強要されて仕方なくやったことだと語った。コエリュのことも内心嫌っていたと伝えられる。

寺社の破却はイエズス会の根本方針であって、かの穏和なトルレスでさえ、純忠に洗礼を施す条件として、将来領国内の寺社をことごとく破却することを誓わしめた。イエズス会の観点からすれば、日本人が神仏と称しているものの実体は悪魔にほかならず、この悪魔から解放することなしに日本人の魂の救済は不可能なのだ。カブラルとコエリュはこの根本方針を推進するに当って、トルレスより急進的であったのにすぎない。

第七章　信長、バテレンを庇護す

さて、ここでまた畿内の出来事に眼を向けよう。デウスはらいの勅令によって堺に居を移したフロイスは、三好三人衆の実力者篠原長房に頼るなど、京都帰還の機会をうかがっていたが、情勢は一向に好転しなかった。しかし一五六八（永禄一一）年にいたって、思いがけぬ方角から光明がさしこんで来た。この年の九月、織田信長が足利義昭を奉じて入京したのである。義昭は三年前に兄の将軍義輝が殺害されたとき、奈良興福寺一乗院門跡の地位にあった。義輝の死の直後に一乗院を脱出し、近江国甲賀郡の土豪和田一族に身を寄せて還俗したのは、もとより将軍位を継ぐ意志があったからだ。義昭は将軍位に就くため諸国の大名に後援を求めたものの、最も頼りにした越前の朝倉義景も一向一揆に悩まされて余力なく、この年の七月についに信長の援護を求めて美濃へ入った。一方、義輝を殺した松永久秀が、義昭のいとこに当る義栄《よしひで》を阿波から迎えて、第一四代将軍に就けたのは、おなじくこの年の二月のことである。信長が畿内を制圧するとともに義昭は将軍位に就き、義栄は一〇月に病死する。

フロイスを引見する信長

フロイスの京都帰還を実現したのは、信長から東摂津の支配を任されていた和田惟政《これまさ》だった。彼は部将の高山飛騨守からつねづねキリシタンのことを聞かされて好意を抱いており、信長の了解のもとにフロイスを京都へ迎え入れた。一五六九（永禄一二）年三月のことで、フロイスは三年八カ月ぶりに京の地を踏んだのである。しかし、入京したからといって、フロイスの地位は安泰だったのではない。姥柳町の教会は軍勢に占拠され、フロイスは信者の家に仮寓する有様だった。朝廷の追放令はいまだに取り消されず、それを根拠にフロイスの追放を執拗に画策する動きも絶えない。

そういうフロイスの最も頼り甲斐のある保護者が和田惟政だった。彼は入信することはなかったが、心はキリシタン同様だと自称するし、一五七一年に戦死するまで、宣教師と信者たちを保護すべく誠心誠意努めた。そのために不利を蒙っても意に介しない。信者でもないのに、なぜこれほど尽くすのかと言いたくなるほどで、思えば日本キリシタン史上、不思議な人物というほかはない。惟政は姥柳町の教会を占拠している部隊長とねばり強く交渉した結果、ついにフロイスに返還させた。だが肝心なのは、京都におけるフロイスの地位を信長に保障してもらうことだ。惟政はたびたびフロイスを信長に会わせようと試みたが、信長は贈物としてビロードの帽子を受けとりはしたものの、フロイス自身を引見しようとはしなかった。

信長がフロイスと会おうとしなかったのは、異国の宣教師をどう扱ってよいかわからなかった上に、会えば会ったで、信長自身がキリシタンになるつもりではないかと世間から疑われるのが煩わしかったのだ。しかし、彼は宣教師に対し忌避感を持っていたわけではない。松永久秀がバテレンのもたらす危険を説くと信長は一笑した。「汝のような古狸が何と小心なことよ。たかが一人の異国人がこの日本で何をなしうるというのか。予は反対に、かくも遠いところから教えを説くために異国人がやって来たことを、この都の名誉と思うのだ」。

和田惟政の再三の願いを斥けかねて、信長がフロイスを引見する日がついにやって来た。永禄一二年四月三日のことである。この日信長は義昭の館として築造中の二条城の濠にかかる橋の上にいた。自ら工事を指揮していたのだ。彼は板の上に腰をおろし、フロイスに陽が当るから帽子をかぶるようにいい、およそ二時間のあいだ矢継ぎ早に質問を発した。このとき信長は三四歳、フロイスの見るところ中くらいの背丈で、体つきは華奢、髯は薄く声はよく透った。いささか憂鬱の影があるとフロイスが見たのは興味あるところである。

信長は年はいくつか、日本へ来てどれくらいになるか、インドへの道のりはどれくらいあるのか等々、最初は当り障りのないことを尋ねたが、やがて問は核心に触れ始めた。「日本でデウスの教えが弘《ひろ》まらないときはインドへ帰るのか」。フロイスはたった一人でも信者がいるかぎり日本にとどまると答えた。「いかなる動機から、かくも遠隔の地へ渡って来たのか」。世界の創造主で人類の救い主たるデウスの御旨に添いたい一心で渡来したのであり、現世的な利益は求めるところではないとフロイスが答えると、信長はまわりの群衆にまじる仏僧たちを指さし、大音声を張りあげた。「あそこにいる偽善者どもは汝らとは違うぞ。彼らは民を欺きおのれを偽り、虚言を好み傲慢僭越のほど甚だしい。予は彼らを殲滅しようと何度も思ったが、民を動揺させぬため我慢しているのだ」。

フロイスが高位で学識ある仏僧と宗論を闘わせる機会を得たいと願うと、信長は微笑しながら囲りの家臣たちに「大国からは大いなる才能や強固な精神を生じずにはおかぬものだ」と語ったものの確答は与えなかった。またフロイスが都に滞在する許可状を得たい、もし殿下がそうして下されば、殿下の名声はヨーロッパのキリスト教諸国に拡がるだろうというと、信長は嬉しそうな表情を浮かべた。フロイスのお世辞は明らかに彼の自負心をくすぐったのである。しかし、これにも確答は与えられなかった。フロイスが信長の好意をかちえたのは確かだ。彼は司祭との交際が気に入ったと明言し、今後、しばしば招いて語り合おうと約したばかりではなく、惟政に造営中の館をフロイスに見せるように命じた。将軍義昭への拝謁が実現したのはこの二日あとである。義昭はみずからフロイスに盃を与えた。

和田惟政は宣教師の京都居住の允許状《いんきょじょう》を得べくなお運動を続けた。各種の允許状を下付されるためには進物が慣例とされているというので、キリシタンたちは銀の延棒三本を惟政に託した。彼は自費でさらに七本を加え、一〇本にして信長に献上した。バテレンは貧しいのでこんなわずかな進物しかできず、それを恥じて自ら持参せず自分に託したのですと言い添えて。信長は一笑し、「自分は金も銀も欲しない。異国人たるバテレンから金銭を受けて允許状を出したとあれば、インドやヨーロッパでの自分の評判はどうなることか」と言って進物を受けず、允許状の作成を惟政に一任した。

怪僧日乗の宣教師憎悪

信長の朱印状はこの年四月八日の日付で発行された。それは宣教師が京ならびに信長の領国に居住・滞在することを認め、領民一般の負担する一切の義務を免じ、宣教師に対して非分を働くことを禁じている。七日おくれて、足利公方義昭のほぼ同趣旨の允許状が交付された。フロイスは允許状の御礼として精巧な小型の目覚時計を信長に贈ろうとしたが、彼は「予の手許に置いても、動かし続けるのが難しくこわれてしまうだろうから」と言って受けなかった。彼の潔癖な用意のほどを見るべきである。

しかし、都におけるフロイスの地位は信長と義昭の保障によってただちに安定したわけではなかった。朝山日乗という当時朝廷から上人の号を賜っていた怪僧が、四年前のバテレン追放綸旨《りんじ》を楯にとって、猛然たる巻き返しを開始したのだ。日乗は出雲の名家朝山家の出というから、もとは武士である。尼子氏に叛いて毛利氏を頼り、上京したときは法華宗の僧になりおおせていた。雄弁家だったらしく、たちまち朝廷にとり入り、信長の信任も得て皇居修理の奉行に任じられた。頭脳明敏、釈迦より朝廷復興の使命を授けられたと称して衆人を煙に巻いた。朝廷復興は信長の看板でもあったから、日乗は信長にとって便利な人物だったのである。日乗は信長に対して、バテレンの居るところはすべて戦乱の巷となるので追放すべきだと説いた。信長は「貴様の小胆なることよ。予はすでに彼に都をはじめとして諸国に居住することを許した」と言い、日乗の進言にとりあわなかった。

フロイスが岐阜に帰還する直前の信長を訪うたのは四月二〇日である。信長がフロイスを愛想よく応待したのが、同席した日乗の気に障った。彼はこの場でバテレン殿より説法を聞きたいと持ちかけ、信長はロレンソ修道士に要望に応えるよう命じた。キリシタン布教史上有名な宗論の幕が切って落とされたのである。

ロレンソとフロイスが説いたのは万物の創造主たる唯一神の存在である。これは彼らの説法の定石で、あとは日本人の信じる神仏はもともと人間であり、創造主による被造物である以上真の神ではありえないと続く。日乗はそんなものが在るのなら、いま眼の前に見せよと喰いさがる。フロイスはそれは眼に見えるものではないと突っぱねる。おなじやりとりは霊魂の有無についてもくり返された。日乗は激昂し、「汝は霊魂が存在するというのだから、今ここで見せるべきだ。汝の弟子の首を切るから、それを見せよ」と言って席を立ち、部屋の隅に立てかけてあった長刀《なぎなた》に突進してその鞘を払った。いまからロレンソの首を切ろうというのだ。信長は立ち上り、うしろから日乗をとり押さえ、「自分の面前で無礼だ」と叱ったが、面には笑いが浮かんでいたというから、事の成りゆきを面白がっていたのだ。とにかく日乗の面目は失墜した。

信長の面前での宗論は内容から見れば高度なものとはいいがたい。日乗は才能ある世間師であっても、学識ある高僧ではなかった。ただこのとき一切の創造者たる絶対神の神学と、空の哲理に根ざす仏教思想が一瞬火花を散らしたことは確かである。それはあまりに発想を異にする宗教思想であるので、論争はやれ見せてみよ、いや見えるものではないといった子どもの喧嘩のようなレベルに落ちこんでしまった。しかも、日乗の大人気ない振舞いがレベル低下に輪をかけた観がある。しかし当時宗派間にはやった宗論とは、聴衆の受けをねらうショーみたいなものだったらしい。日乗の振舞いは一種のパフォーマンスだったとも考えられる。

日乗の宣教師への憎悪はこの一件でさらに昂まったのだろう。この五日後、彼は正親町天皇からバテレン追放の綸旨を得、姥柳町の教会に兵を連れて乗りこむ姿勢を示した。この四月二五日の綸旨とは、四年前の追放綸旨の効力を再認したものと考えられる。これに対して和田惟政は宣教師庇護の態度を貫き、日乗との間に緊迫したやりとりが続いた。フロイスの記すところによると、先に信長は日乗を慰撫するためか、追放問題については内裏に一任すると答えたこともあったらしい。信長はまだこの男を見放してはいなかった。

信長がバテレンを好遇した理由

フロイスは遂に岐阜にいる信長のもとへ赴いて、保護を訴える決心をした。彼がロレンソを伴って岐阜に着いたのは六月の一〇日ごろだったらしい。岐阜は人口一万、塩や反物などの商品を馬に積んだ商人が諸国から集まり、バビロンのように繁昌していた。フロイスは惟政の柴田勝家宛の紹介状を持参していたが、彼はまだ岐阜に着いていなかった。二日待って佐久間信盛と柴田勝家が京から到着すると、フロイスは二人を訪問し歓待された。信長の宣教師への好感は、彼の部将の承知するところだったのだ。二人からフロイスの来訪を知らされた信長は早速彼を引見した。場所は稲葉山の斜面に築かれた四層からなる宮殿で、フロイスはポルトガルを出て以来、こんなに精緻で豪華かつ清潔な家屋は見たことがないと述べている。

信長はいつ来たのか、こんなに遠い所までやって来るとは思わなかったと言ってフロイスを歓迎した。フロイスが驚いたのは、信長が家臣や外来の客から異常なまでに畏怖されていることだった。「彼が僅かに手で立ち去るように合図するだけで、彼らはあたかも眼前に世界の破滅を見たかのように、互いに重なり合って走り去るのである」。宮殿はふだんは家臣も容易にはいれぬところだったが、信長は「ヨーロッパやインドの建築には見劣りするかも知れぬが」と断りつつ、自ら案内役を買って出て宮殿をくまなく披露した。信長がフロイスに対するとき、常にヨーロッパとの対照を意識していたのは注目に値する。宮殿内の装飾、調度、庭園等がフロイスの目を驚ろかせたのは前述の通りである。

数日後、木下藤吉郎すなわちのちの太閤秀吉が尾張から到着した。フロイスが惟政の紹介状を持参したところ、藤吉郎は京都居住の件に関しては主君と協議して速やかに処置すると言ってフロイスを安心させた。フロイスは内裏と公方に対する書状の文案を藤吉郎を通じて信長に届けたが、信長はこれでは短かすぎると言い、右筆を呼んでフロイスの庇護を求める長文の書状を口述した。藤吉郎はこの書状に信長の印を付してフロイスへ与え、自らも惟政と日乗への書状をしたためると、急いで戦場へ引き返した。フロイスは勝家を通じて信長に御礼言上の機会を求めた。

フロイスが参上すると、信長は京からやって来た公卿衆の前で「一切は予の力のもとにあるが故、内裏も公方も意に介するに及ばず、汝は予の言うことのみを行い、汝の欲する所にいるがよい」と言い、いつ帰るのかと尋ねた。フロイスが殿下が問題を解決して下さったので翌朝出発すると答えると、彼は城を見せたいからとて出発を二日延ばすように求めた。家臣や公卿たちは何ゆえ信長がこのような好意を宣教師に示すのか、首をひねったという。フロイスが進物を持って稲葉山城を訪れると、信長は早速進物のひとつのシロウラ（ズボン下）を身につけ、第二子の信雄《のぶかつ》に茶を接待させた。信雄はこのとき一一歳だった。信長はフロイスに「元素や日月星辰のこと、寒い土地と暑い土地の性質、国の習俗」について尋ね、会話は三時間に及んだ。やがて信長は席を立ち、自らフロイスの食膳を運んで来た。ロレンソの食膳を運んだのは信雄である。食事がすむと、信長は両人に白い絹の袷《あわせ》と帷子《かたびら》を贈り、その場で着用させて「似合うぞ。いまや汝は日本の長老のようだ」とよろこんだ。

信長が宣教師を好遇した理由は明らかである。宣教師は彼の前にひらけつつあった国際社会の窓口であったのだ。宣教師のもたらす情報によって、ポルトガルからアフリカ・インドを経、日本に達する長い海の道のイメージが彼の脳中で形づくられた。彼が行おうとしている経綸は、この国際社会の中で評価にたえるものでなければならない。また、彼が創ろうとしている新しい日本は、この海の道がもたらす文物、情報を積極的に摂取する度量を持たねばならない。異国人や異国の来朝を歓待するのは、日本がまさに世界のプレーヤーの一員となることにほかならぬのだ。

信長がインドやポルトガルの品物に関心が深いことを知ると、人びとは争ってその種の物品を彼に贈り、緋色の外套と上衣、聖母のメダイと羽飾りのついたビロードの帽子、精巧なガラス器、朱珍の織物、コルドヴァの皮革、砂時計や日時計、テンの毛皮の服等々の南蛮渡りの品々が、十数個の大箱をみたすほどになった。フロイスは「かくも大量の品がどこよりこの遠隔地に来たのか、また日本人はどこでそれをポルトガル人から入手したのか判らなかった」と述べている。このような異国の文物への関心が彼の宣教師びいきの一因だったのは明らかである。

信長はまた宣教師たちの理想への熱誠と献身に深い印象を受けたのに違いない。彼はフロイスもいうように無信仰の人であり、神仏や占卜・迷信を軽蔑した。だから彼を感動させたのは宣教師の説く教義ではなく、金銭欲と名誉欲のかたまりともいうべき当時の仏僧とは対照的な、清廉で真摯な宣教師の人柄だったのである。彼は徹底的にまじめで精力的な人物だった。酒を飲まず食を節し女色に淫しなかった。婦人に無礼を働いた兵士があればただちに殺した。フロイスのいう「総司令官」佐久間信盛が職務に怠慢だというので所領をとりあげて追放した。困苦にたえて布教に挺身する宣教師の精励は彼の目鏡に適ったのである。

信長が宣教師に安全を保障したからといって、日乗のバテレン追放運動がやんだわけではない。宣教師の保護者として日乗と折衝したのは和田惟政だったが、日乗の憎悪はいまや惟政に転じ、遂に岐阜の信長のもとへ赴いて彼を讒訴《ざんそ》するに至った。惟政は信長の不興を買い、部下とともに剃髪して蟄居した。彼はこのとき「バテレンがインドへ追放されるようなことがあれば、自分はすべてを投げ棄ててついてゆく」と語ったという。彼は遂に受洗しなかったのにもかかわらず、バテレンを愛慕する不思議な心情にとり憑かれていた。日乗が信長にどんな告げ口をしたのか、それはわからない。しかし信長は翌一五七〇（元亀元）年の春には勘気を解いて、惟政をもとの地位に復帰させた。逆に日乗は信長の怒りを買って、彼の屋形から追い出された。日乗は朝廷での地位は依然として保っていたが、彼の宣教師追放運動はこれで終止符を打たれた。

かんばしくない都の布教状況

実は信長はこの時期、宣教師問題に心を労するどころではなかったのだ。彼は京をおさえてはいたが、天下はまだ彼のものにはなっていなかった。東に武田、北に上杉、西に毛利という大敵が存在していたばかりではない。当面の問題は近江の北と南に浅井と六角がいて、岐阜・京都間の連絡を脅かしていることにある。浅井の背後には越前の朝倉がいた。信長は浅井長政に妹お市の方を嫁がせて、一応同盟関係を築いてはいたものの、浅井は朝倉と深く結びついていた。元亀元年四月、信長が越前に出陣して朝倉義景を討つと、長政は朝倉側に立って背後を衝こうとし、信長は辛うじて京都に逃げ帰った。六月、信長は徳川家康の加勢を得て姉川で朝倉・浅井勢と戦い、これを破ったが、その本拠を衝くに至らぬうちに、三好三人衆が阿波から摂津に侵入し、信長は南へ兵を返した。

本願寺宗主顕如が信長との戦いに踏み切ったのはこの時である。九月、信長は摂津の天満森《てんまのもり》に本陣を構えて三好三人衆と対陣していたが、一二日の夜半に至って顕如は早鐘を撞かせて軍勢を集め、にわかに信長の本陣を襲わせた。信長は仰天したと伝えられる。この状況を見て朝倉・浅井は、三万の兵を出して京を襲った。信長が帰京してこれに当ると、朝倉・浅井勢は比叡山にたてこもる。フロイスは一二月一日（洋暦）の手紙で、不安におののく京の雰囲気を伝えている。周辺の村々は焼き払われ、街道は封鎖されて、食物にも不自由する有様。市民は財貨を隠したり、妻子を避難させたりするのに大童だ。フロイスも祭具を近郊の山に隠した。米と干大根五〇把があるから何とか食いつなげるというのも切実である。

信長はこのとき生涯最大の危機に立っていた。三好三人衆は南から京へ迫り、叡山の北国勢はしばしば出撃して京をおびやかす。伊勢長島の一向一揆は信長の弟信興の守る尾張小木江《こきえ》城を攻め、信興を自決させていた。信長は一二月、将軍義昭と朝廷の斡旋によって、朝倉・浅井・六角と和睦し、辛うじて危機を脱することができた。

日本布教長のカブラルから都へ派遣されたものの、戦乱のために堺にとどまっていたオルガンティーノが入京できたのは、あけて元亀二年一月一日のことである。このオルガンティーノこそ、のちに「ウルガン・バテレン」の名で日本人に親愛されることになる人物で、フロイスは無二の同僚を得た。都の布教状況はかんばしいものではなかった。この年の三月二〇日付のフロイス書簡は教会が激しい投石にさらされていることを伝え、さらに五月二五日付書簡には「当地方のキリシタンの人数は今に至るもはなはだ少ない。さらに、そのわずかな羊たちのほぼ三分の一は、七年前に私が当地に来た後に亡くなった。大半は戦さで亡くなったが、その他は種々の病や土地を追われたことによるものであった」と述べられている。フロイスによれば、他の場所で二〇〇人を改宗させるよりも、都で一人を改宗させる方がはるかに驚異的なのだった。フロイスはまた仏僧が説教に巧みで、容易ならぬ競争相手であることを認めている。いまのところキリシタンは少数なので、仏僧たちは眼中にないふりをしているが、福音が広がったとき「日本ほど多くの殉教者と激しい迫害を予期させる所はない」。この予言は当った。迫害の主体は仏僧ではなかったけれども。

この年の九月、信長は叡山を焼き打ちした。おなじ月、フロイスらが保護者として絶大な信頼を置いていた和田惟政が、三好三人衆に味方する池田知正と戦って敗死した。フロイスが信長の愛顧を確実にするに至って、惟政の役割は終っていたともいえるが、むろんフロイスたちの悲しみは深かった。京での教勢が伸びぬといっても、惟政なきあと畿内には、惟政の配下で、やがてその息子惟長を放逐して自立する高山ダリヨ・ジュスト（右近）父子、常に畿内キリシタンの中心だった三ケ《さんが》頼照（サンチョ）、丹波八木城主の内藤如安（ジョアン）など、有力なキリシタン武将が健在だったことを忘れてはならない。

布教長カブラルの畿内巡察

一五七二（元亀三）年の初め、カブラルが畿内を巡察の途上入京し、ついで岐阜に信長を訪うて好遇された。カブラルはこの巡察行のあいだ、黒い木綿の修道服で通した。出発に当って、彼は絹の衣を着用し身分を明かさずに旅するように助言されたが、イエズス会の理念たる恭順を表わす木綿の修道服を着用することに固執した。その結果、何の危険もなかったばかりでなく、大友宗麟は「前には日本のイエズス会士は商人のようであったが、今や修道士だ」と感心し、信長は「そなたに絹衣をとらせようと思ったが、そなたらは木綿の黒服に満足しているし、それを尊重しなければならぬ」と言ったという。要するにカブラルは、日本でイエズス会士が規定の質素な修道服を着用することに何の不都合もなく、かえって威厳を高めるといいたいのである。その背景には、彼の着任以来の衣服論争があった。彼はインドから木綿の修道服を着用すべしとする指令を携えてきたのだが、大部分の在日会士はそれに反対した。絹衣を着なければ貴顕と交際できぬというのである。堺までオルガンティーノとロレンソが出迎えたが、彼らは絹の日本のキモノを着ていた。カブラルの強制によったのか、義昭や信長に会見したとき、フロイス以下みな修道服を着ていたので日本人は不思議がって、どうして身なりを変えたのかたずねた。つまり彼らはふだん絹のキモノを着ていたのだ。カブラルの修道服着用指示はこの後も、在日イエズス会士に必ずしも受けいれられなかった。

カブラルは巡察行に出る前は、日本人に対して好感を持っていなかった。布教の方針としては領主を通じて行うしかないが、領主は布教許可を与えても実際は下層の住民に限り、上層の武士の入信を妨げる。それは一般民衆は彼の命令によって容易に棄教するが、教養ある上層の人士はより深く信仰を受けいれるからだというのが彼の観察するところだった。だが彼は巡察の結果、九州の諸侯が貿易の利に釣られて入信するのに対して、都地方の人びとは現世の利益を求めて入信するのではなく、理解力もすぐれていることを知った。「この都の地方は、日本のどこよりも神を識るのに最も適した状態にある」と彼は述べている。彼は一五七四（天正二）年の春にもふたたび都地方を巡察した。カブラルの畿内巡察は信長を始めとする有力者たちにも深い印象を与えたに違いない。フロイスやオルガンティーノがたまたま都に出現した異国僧ではなく、九州に本部を置く日本イエズス会から派遣された京都駐在の布教師であるという事実を、彼らははっきりとさとらされたはずなのだ。

カブラルは第二回巡察の帰途、高山父子の居城高槻を訪うて帰依者に洗礼を授けたが、その場に居合わせた京都の古参キリシタン、ジュスト・ミョウサンが、自分も洗礼を受け直したいと言い出して司祭たちを驚ろかせた。彼が言うには「ヴィレラ師が自分に洗礼を授けてくれたとき、師は戸も窓もない乞食の家のような所に寝泊りしていて、壁には黒いインクで十字架を描いた紙が張られていた。師は祈禱書の文句をいくつか唱えただけで、小さな陶器の碗にはいっていた水を自分の頭に振りかけ、汝はすでにキリシタンになったと言った。

いま尊師らが立派な祭壇に立ち立派な器具を用いて、いとも荘厳に洗礼式を行っているのを見ていると、自分が正しく洗礼を受けたキリシタンなのか、疑いが湧いてくる」というのだった。洗礼のやり直しなどありえぬことではあるが、これを聞いたカブラルやフロイスは、かつての小さな京都教会がここまで発展をとげたことに感慨を禁じえなかったに違いない。

「ローマにモスクを建てるのにひとしい」

この前年は、畿内の情勢が大きく動くとともに、フロイスらが新たな危難に襲われた年でもあった。一五七三年四月、信長は対立を深めていた将軍義昭への示威のため上京《かみぎょう》を焼き打ちしたが、フロイスは無政府状態に陥った京を逃れ、九条ついでは東寺近辺に身を匿した。侵入したのは信長麾下の荒木村重の兵で、信者の納屋に匿れていたフロイスの身辺を、鶏を撃とうとした兵士の銃弾が通過する有様だった。

信長はこのとき北は朝倉・浅井勢、南は本願寺・三好勢に囲まれ、しかも最強の敵武田信玄が前年一二月三方原に徳川勢を一蹴し上京の途にあったのだから、容易ならぬ危機のただ中にあった。しかし、信玄は上京焼き打ちに前後して急死し、信長は七月には義昭を追放、八月には朝倉・浅井氏を滅ぼし、一一月には若江城に三好義継を攻めて自決させた。さらには、一五七五年には長篠で武田勝頼を破り、越前一向一揆を平定して、信長の敵は北方に不気味に蟠踞《ばんきょ》する上杉謙信を除けば、毛利勢に支援される石山本願寺のみとなったのである。信長の覇権が固まることは、畿内のキリシタン教会にとって、安定した布教環境が生れることを意味する。信長は依然として宣教師たちに好意を示し、カブラルを引見した際も、ロレンソの説教を聴いて「これ以上に正当な教えはありえない」と語った。

このような情勢の安定のもとで、老朽化した下京四条坊門姥柳町の教会を改築する企てが動き始めたのは一五七五年のことだった。教会の老朽化ぶりは、風が強いときは倒壊をおそれて戸外へ出なければならなかったほどだという。最初は東福寺の一寺院を購入しようとしたが古すぎるので諦め、もとの場所に新築することにきまった。姥柳町の住人は一致して教会を敵視しているので、隣接した土地を購入することもできず、もとのままの狭い場所に建てるのである。イタリア人のオルガンティーノがいろいろと工夫をこらし、三階の建物が建つことになった。

信者たちは惜しまずに金を出せる者は金を、金を出せぬ者は家でなった縄や、掌一杯の釘や一枚の板を届けた。大工のために魚を届ける者や、木綿の布を織り、職人への支払いに充ててくれという者もいた。フロイスは特に貢献の大きかった者として七名の名を挙げている。高山父子、ジョルジ結城弥平次、ジュスト・ミョウサン、リアン清水、フェリパ・キタ、シメアン池田丹後である。高山父子と結城弥平次は領内から木材を切り出して教会の建材とし、兵士を派遣して作業に就かせた。弥平次はある日工事に従事する職人の数が少ないのを見ると、すぐさま佩刀の金飾りをはずして、これでもっと人を傭えと修道士に与えたという。純情見るべきである。ミョウサンの純真については先に記した。リアンは高利貸だったが、入信後証文を破棄したという人である。ミョウサンとリアンは教会新築の発起人だった。フェリパは三ヶ頼照の姉妹で、自分で織った着物を司祭と修道士に贈るのをつねとした徳行の人だった。

新教会の建築が進むにつれて、下京の町年寄たちは三階建てであることに文句を唱え、所司代村井貞勝に訴え出た。他の建築よりそびえ立つのが怪しからぬし、上階に住院を設けるのも日本の寺院の習慣にそぐわず、隣家の女性は高所より見おろされるので庭にも出られないというのだ。村井は一笑に付してとり合わなかった。彼は信長の意を体して、パードレたちのよき友であったのだ。新教会は翌一五七六年八月一五日、「被昇天の聖母マリア」と名づけられて献堂式が行われた。フロイスは「都には異国の司祭が二人いるにすぎない。幾多の敵の意志に反して都にいとも美しく立派な教会を建てるのは、今、二人の回教徒がローマもしくはリスボンにおいて、我らの教会のそばにあえてモスクを建てるのにひとしい」とその意義を自賛した。もちろん彼は重大な一事を看過していた。ローマもしくはリスボンでモスクを建立するなど当時絶対に不可能であるのに対して、一六世紀の日本人は首都にカトリック寺院の建立を許したという一事である。この年の降誕祭には新教会に畿内中の信者が集まり祝祭をとり行った。前夜着任したジョアン・フランシスコ司祭は目にした光景に驚嘆し、全ヨーロッパの聖職者が自分の眼にしたものを見たならば、どれほどよろこぶだろうかと繰り返し語るのだった。

第八章　豊後キリシタン王国の夢

フロイスは一二年に及ぶ畿内滞在を終えて、天正四年一二月（一五七七年一月）豊後へ向かった。この年大友宗麟は家督を長子義統《よしむね》に譲って居城の臼杵丹生島で隠居し、義統は府内へ移って政庁を開いた。

宗麟はこの前年、二男の親家をカブラルに頼んでキリシタンとしていた。カブラルはわざわざそのために大村から呼び寄せられたのである。宗麟とその夫人は親家を仏門に入れるつもりだった。カブラルの説明によると「日本では、兄弟の一方が領国を継承する時必らず争乱が起るので、一方が国を継げば他方は仏僧にならねばならない」。宗麟自身家督を継いだ際、庶子に家督を譲ろうとする父と血なまぐさい争いを経験していた。しかし、親家は仏僧になることを嫌って言うことをきかない。そこで宗麟は彼をキリシタンに改宗させることを思いつき、カブラルを招いて洗礼を施させたのだった。天正三年一一月、親家はドン・セバスチャンの教名を得た。

宗麟は義統の家督継承を安泰たらしめるために、これだけの手を打ったのである。だが、親家の入信は家臣たちの改宗の呼び水となった。カブラルは「われらが府内に駐在したこの二〇年間、わずか一名の貴人がキリシタンになったにすぎない」と言っている。一名というのは彼の誇張かもしれぬが、府内の入信者が主として貧民だったのは事実で、彼はこのことをアルメイダの病院事業のせいにしている。ところが、親家の入信をきっかけに「貴人」、つまり大友氏家臣団のうちから続々と入信者が出始めたのである。

カブラルのエステヴァン助命嘆願と田原親虎事件

これに不快の念を募らせたのが宗麟夫人である。彼女は国東《くにさき》郡の奈多八幡大宮の宮司の娘で、彼女の兄は大友一門の大領主田原親賢である。彼女は宗麟のキリスト教保護を国を滅ぼす悪縁とみなしていた（第四章で述べたようにヌーネス・バレトは宗麟を入信させることができなかった）。宗麟の娘で府内に住む久我中納言に嫁した女がおり、その家臣にエステヴァンというキリシタンがいた。彼女が仏寺に護符をとりに行くよう命じたところ、エステヴァンが信仰に反するとして拒んだことを母の宗麟夫人に訴えたために一件は問題化した。宗麟夫人は義統と宗麟にエステヴァンを死罪に処するよう求め、併せて宣教師の追放を促した。義統は日頃キリシタンに敵意はもっていなかったものの、母と妹の強請にたじろぎ、エステヴァンの処刑を命じた。彼がこのように動揺しやすい気弱な性格だったことは、その後大友領国が危機に陥るごとに明らかになる。

ここで頑張ったのはカブラルである。彼は宗麟と義統に「キリシタンの家臣はデウスに背かない事柄については主君の命に従うが、教えに反することでは従わぬのだ」と通告し、エステヴァンの助命を求めた。宗麟は夫人の宣教師追放要求などには断乎として耳を貸さなかったが、主命への服従問題については考えるところがあったようである。彼は信仰に反することをしないのは当然だが、エステヴァンの無礼な態度にも問題があったのだとしつつ、結局は義統を説いてエステヴァンを助命せしめたのである。

宣教師たちはキリシタン家臣の忠誠を懸念する領主たちに、デウスの教えは長上の者に対する服従を美徳とするもので、キリシタンとなった家臣はいっそうよく主君へ忠誠を尽すのであると説いてきた。しかし、事はそれほど簡単ではなかった。主君がキリスト教を迫害する場合、家臣の忠誠義務は疑わしいものとなる。カブラルの認める通り、キリシタンは教えに反する主命には逆らわざるをえないので、この問題はのちのちまで危険な発火点を埋伏するものとなった。

フロイスは宗麟夫人を中心としてキリシタンへの敵意が大友家中で強まるなかで、豊後へ赴任したのである。果せるかな、彼が赴任してまもなく田原親虎《ちかとら》事件が起こった。宗麟夫人の実兄である田原親賢は、奈多八幡大宮司家から出て、大友三大庶家のひとつ田原氏を嗣いだ人物で、大友家の家老職である年寄に任じ、フロイスによれば「国中第一の大身」だった。彼には嗣子がなく、京都の公卿からもらいうけた親虎を養子としていた。親虎は宗麟の娘と婚約中で、将来を約束された身であったが、かねてより教会に出入りし、やがては入信する決意を抱いていた。

このことを知った宗麟夫人は激怒し、親賢を招いて対策を講じた。二人は婚約の解消と廃嫡をかざして親虎に翻意を迫ったが、親虎の決意はかたく、ついに天正五（一五七七）年四月、カブラルによって洗礼を受けた。教名はシモンである。もちろん、このことは宗麟夫人と親賢を激怒させた。二人は手を替え品を替え親虎に入信を取り消すように迫ったけれど、この一六歳の少年の決意は揺がず、父親賢から家を出されると教会へ入った。彼の決心が鈍ったのはただ一度、父から改心せぬなら司祭たちをみな殺しにすると脅されたときだけである。しかし、カブラルから殉教の聖なる意義を説かれて動揺は収まった。信者の武士たちは続々と教会へ集まり、親賢の兵が襲えば合戦は避けられぬかに思われた。

宗麟はむろん事態を憂慮していたが、カブラルから要請を受けても、当初は容易に動こうとしなかった。彼は当時九州第一を誇る大領主であったが、まだ信長のようには家臣団に対する絶対的支配を確立しておらず、田原一族のような半ば独立的な性格をもつ豪族には大いに気を遣わねばならなかったのである。しかし結局は、フロイスいうところの「教会の名誉を損わず、親虎に信仰を棄てさせず、なおかつ彼の父が予はバテレンに好意を示しながら彼を軽んじていると考えて予に悪感情を抱かぬよう解決する」という宗麟の方針が功を奏した。宗麟夫人と親賢は宗麟をはばかって教会を襲撃することをあえてせず、事態を黙認することを余儀なくさせられたのである。

宗麟は事態が鎮静化するとカブラルへ、親虎はいまや父と和解し家督の相続者の地位も保てたのだから、父を刺激せぬため教会へしばらく通わぬよう申し送った。彼の慎重な用意を見るべきである。当主の義統も今回は動揺することなく、父宗麟とともに教会の保護者たる意志を明白にした。しかし同時に彼は、親虎とその部下が郷国を捨ててもよいとしたことに、一向一揆に似たものを感じとって司祭に疑念を洩らした。一向一揆との連想は宗麟夫人も疑懼《ぎく》したところだった。大友氏の領国はキリシタンに乗っとられ、彼らはバテレンを領主として迎えるのではないか。これは必ずしも根拠なき悪夢とはいえなかった。

大友宗麟の洗礼と痛恨の耳川敗戦

天正五（一五七七）年の末、あるいは翌年の初め、宗麟は遂に夫人を離別した。彼はすでに親虎事件の際に、カブラル宛に書状で、必ず彼女を離縁するつもりだが、領民の動揺を思うと、すぐにはなし難いと告げていたのである。彼は臼杵丹生島城を出て、近くに館を構え新しく妻を迎えた。この四〇歳ばかりの女性は宗麟夫人の侍女頭を務めていて、その娘は宗麟の次男親家の妻だったという。容色をもって愛されたというのではなく、病身の宗麟をいたわるよきナース役だったらしい。宗麟はただちにこの新妻とその娘を入信させた。

宗麟夫人は激怒狂乱したといわれる。自分の侍女頭と再婚されたのでは面目が立たない。自殺を図ったとも伝えられる。彼女は悪質なバテレン迫害者として、イエズス会士から、旧約聖書中の悪女ジュゼベルの異名を奉られたが、奈多八幡大宮司の娘である彼女が、伝統的な神仏を奉じて異国の神と対決したのは当然のことだった。バテレンに対する夫の愛顧がこの国を滅すのではないかという彼女の憂慮はあながち杞憂ではなかったのだ。

宗麟の心中には、この勝気で攻撃的な妻をいとう思いが十分に育っていたに違いない。彼はすでに義統に家督を譲ったものの、実権はわが手に握っていた。しかし、この際その実権も手放して隠退を決意したのは、新妻と静かな生活を楽しみたい一心からではなかったか。彼はこれまで宣教師に心からの保護と援助を与えてきたが、自身はけっして入信しようとはしなかった。彼は京都大徳寺の禅僧怡雲《いうん》を招いてそのもとで修行し、宣教師に対して「予は今生の後には何もないことを知っている。司祭たちはそのことを承知しながら、国の統治のために来世があるように説くのだ」と語るほどだった。それゆえ宗麟の保護にもかかわらず、豊後のキリシタンは辛うじて二〇〇〇に達するほどにすぎなかった。

その彼が天正六（一五七八）年七月、ついにカブラルから洗礼を受けた。いまに至って受洗した理由を彼はフロイスに語っている。ひとつには義統に完全に統治を任せて自省の機会を得たこと、ふたつには禅宗の奥義を知れば知るほど底の浅さを感じたこと。領国がキリシタン派と反キリシタン派に分裂している状況で、国主たる者が率先して入信することは、政治的人間たる宗麟には困難な選択だったに違いない。完全隠退したいま、彼は念願の宗教的人間としての生を選ぶことができた。受洗後教会から館へ帰る途中、「心は刷新され、異なる眼で物を見ているかのような思いにとらわれ、駕籠から路上の人々を見た時、彼らが皆異教徒で死後永劫に罰されることを思って、デウスの恩寵に涙した」と彼は述懐している。彼の回心は本物だったのである。宗麟の改宗は内外に衝撃を与えたとフロイスは言っている。もちろん好評悪評こもごもだった。ただし、宣教師を迫害していた人々の態度は大いに改まった。

だが宗麟は、やはり政治的人間たることから免れる訳にはいかない。前年には、かねて好《よしみ》を通じていた日向の伊東一族が、島津勢に追い出されて豊後に逃げて来ていた。島津の北進は喰いとめなければならぬのである。すでにこの年の四月、義統は六万の兵を率いて日向へ入った。九月、宗麟も一万の兵を率いて、義統がすでに落していた土持《つちもち》領（現延岡市辺り）へ向けて進発した。カブラルとアルメイダも同行した。宗麟の船には赤い十字架旗が掲げられ、同乗の武士たちは首に影像（ヴェロニカ）をかけていた。彼がカブラルに語ったところでは、この土持を彼の隠棲地とし、理想のキリシタン王国を作り立てるつもりだったのだ。その小王国は日本のものとは異なった新しい法律と制度によって統治され、家臣も住民もみなキリシタンとなり、「兄弟的な愛と一致のうちに生きねばならない」。むろん教会が建てられ、数名のイエズス会士に扶持が与えられる。宗麟は日向へはいる前に武将を派遣して、神社仏閣を徹底的に破壊させた。フロイスは言う。「かの地において仏僧たちの寺院で行われつつあった破壊はすさまじいものであった」。僧侶たちは他の地へ逃げ出すか、それとも自らの手で寺院・仏像を破壊し、その材木を教会堂を建てるために運ばねばならなかった。

だが、キリシタン王国の夢はむざんに打ち砕かれた。一一月、高城《たかじょう》を攻囲中の大友勢主力が、島津勢に急襲されてもろくも潰走した。世にいう耳川の戦いである。総指揮者の田原親賢は身をもって遁《のが》れた。この時宗麟のもとにあったカブラルは踏みとどまって戦うべきだと進言した。このバテレンはもともとイスパニアの軍事貴族なのである。しかし、全軍はすでに浮き足立っている。雪崩をうって豊後へ逃げ帰った。国主がキリシタンになった罰だという声がひろがる。カブラルたちは逃避行中、しばしば身の危険をおぼえた。宣教師たちは豊後へ帰ってのち「数多の無礼な言葉をたえ忍ばずに街路を行くことができなかった」。しかし、敗戦にはいい面があった。宗麟自身、この戦いで強硬な反キリシタン派武将が大勢討ち死したことをデウスの恵みだと語った。また、反キリシタンの頭目田原親賢がこの敗戦で面目失墜し、領地にひき籠ったことも、教会にとって有利だった。宗麟の信仰は微動だにせず、義統もバテレンとの友誼を保った。

問題は領国内外で大友氏の支配に対して反旗が掲げられたことである。国内における最大の脅威は、大友家一門の田原本家の当主田原親宏だった。彼は国内で最大の領主であるが、宗麟がその封地を削って田原分家の親賢に与えたことを、かねてより怨んでいた。耳川の敗戦後、彼は領地に帰って兵を集め、親賢に奪われた封地の返還を求めた。彼は宗麟父子も殺害するつもりで、もし翌年彼が急死することがなかったならば、大友氏はすでにこの時滅んでいたはずだった。危機はまだ続いた。親宏の養子親貫《ちかつら》が兵を挙げ、謀将田北紹鉄がそれに与《くみ》したのである。だが、家臣たちに乞われて執政の座に復帰した宗麟の権威はまだ大きかった。天正八年中にこの反乱は鎮圧された。外からの脅威は龍造寺氏が最大のものであったが、高橋紹運《じょううん》、立花道雪らの名将がよく四囲の敵を防いだ。道雪はフロイスも賞賛してやまぬ勇将であるが、大友氏の衰運を見るに忍びず、天正八年年寄（家老）の志賀道輝らに書を送って、義統始め重臣を批判した。キリシタンとなって寺社を破却し、仏神を川に投じたことへの仏罰だというのだ。

有馬晴信の入信

ここで眼を西九州に転じよう。島原半島の有馬領には、一五六三年アルメイダがはいって宣教を行ない、行く行く有望な形勢を作り出していたが、当時隠居ののちも実権を握っていた有馬仙巌（晴純）が、仏僧らの意を迎えて弾圧に乗り出し宣教は頓挫した。だが仙巌は布教長トルレスの口之津在住を認めたので、口之津は全住民がキリシタンという、イエズス会の根拠地として存続したのである。仙巌は一五六六年に死去し、そのあと当主義貞は龍造寺の圧迫に苦しみ、一五七〇年には隠居して国主の座を長子義純に譲ったものの、その翌年には義純が死に、義貞はあとを嗣がせた鎮純《しげずみ》がまだ幼いので、後見として政柄を執った。鎮純はのちの晴信である。ここでは初めから晴信と呼ぶことにしたい。

義貞はもともと文雅を好む性質で、そのため父仙巌の代には強盛を誇った有馬氏も、次々と所領を佐賀の龍造寺隆信に奪われるにいたったといわれる。その義貞が天正四（一五七六）年になってキリスト教入信の念を起こした理由はよくわからない。弟の大村純忠の所領にポルトガル船が入港するのを羨んだからだという説もある。仙巌の死後、有馬領ではかなり自由に布教が行なわれていたが、特に宣教師の方から義貞を説いた形跡もない。話は義貞の方からコエリュにもちかけられた。重大な用件があるので口之津で会いたいという。コエリュが口之津で待ち構えていると、さらに義貞から使者が来た。自分はデウスの教えを何度か聴聞したことがあり、その教えが清純かつ真実と信じるにいたったので入信したい。重臣や仏僧にはこのことは伝えていない。伝えると障害が生じるからだ。洗礼は口之津に赴いて受けたい。

コエリュは了承し、遂に義貞は数名の家臣とともに四月八日、口之津で受洗した。教名はドン・アンデレである。コエリュはさらに義貞の居城日野江城へ赴き、義貞夫人にも洗礼を授けた。義貞の受洗は大村純忠に遅れること一三年、大友宗麟に先立つこと二年である。これで九州のキリシタン領主は天草鎮尚をいれて三人となった。義貞の入信とともに有馬領の布教に拍車がかかったことは、洗礼希望者が多すぎて、疲労のあまりコエリュが十分に応えられなかったとフロイスが記しているのでも知られる。九月二四日付のゴンサルヴェス司祭への書簡は「今や我らはこの有馬国をことごとくキリシタンにしつつあり、一万五〇〇〇人以上が受洗しているであろう」と述べている。

しかし、この年の一二月末、義貞が死去すると情勢は一変した。嗣子晴信は一六歳ばかりで、反キリシタン派の老臣や一族の言うなりであったので、有馬領はキリシタン迫害の嵐が吹き荒れ、にわか造りの信者も大部分が棄教してしまった。カブラルは義貞の死の床にも呼んでもらえず、葬儀はカブラルの抗議にもかかわらず仏式で行なわれた。

晴信が姿勢を変えてイエズス会に接近を計ったのは、フロイスによれば義貞の死後二年経ってからだった。彼は龍造寺の圧迫にたえかねて叔父の大村純忠と手を結ぼうと考え、そのため純忠の娘ドナ・ルシアとの結婚を望んだのだという。彼はその件の仲介を大村にいたコエリュに依頼した。旧記には「龍造寺隆信再び大軍を発して高来《たかく》に入り、島原、安徳《あんとく》、深江を降す、有馬晴信も遂に和を乞う」とあり、これは天正六（一五七八）年正月のことである。高来とは島原半島東部をいい、これが有馬領なのだ。晴信がコエリュに使者を発したのはおそらくこの年遅くなってからだろう。

コエリュは好機いたれりとばかり晴信と交渉を開始したが、高来に来てくれという晴信の願いには、殿の弟の一人と重立った貴人数名が入信すれば行くと条件をつけた。実はコエリュは事前に大村純忠に会って結婚に関する彼の意向を確かめたのだが、純忠は確答を与えなかった。その内情をかくしながら、彼は晴信に対して売値を釣り上げようとしたのである。コエリュは有馬へはいってからも駆け引きを続けた。晴信が逡巡すると、立ち去るふりまでしたので、晴信はついに弟の一人と家臣多数の改宗を認めた。晴信自身はまだ入信せず結婚話もその後どうなったかフロイスが書いていないからわからない。とにかく、これが晴信入信の前哨戦だった。

この問題はヴァリニャーノの手にひき継がれた。アレッサンドロ・ヴァリニャーノはナポリの人、イエズス会きっての俊秀で、一五七三年日本を含む東インド巡察師に任命された。ときに三四歳、インド各地を巡察したのち、日本の口之津に到着したのは天正七年七月二日（一五七九年七月二五日）である。ヴァリニャーノが口之津にはいると、晴信は表敬訪問して、自分も領民もキリシタンになりたく思っていると告げた。ヴァリニャーノはこの人物のことがまだよくわからず、また彼が反キリシタン派の親族にとり囲まれていることを承知していたので、この話には軽くうなずくまでにとどめた。つまり彼は晴信がまだ本気ではないと見てとったのである。それまで長崎に入港していたポルトガルの定航船が、一五七九年ヴァリニャーノを乗せて口之津にはいったのは、当時長崎が深堀氏によって攻撃されていたからだというが、有馬氏にとって望外のよろこびであったろう。当時の国主たちは宣教師たちが看取したように、所領を家臣たちに分与するために自身は意外に窮迫していた。ポルトガル船の入港は彼らの財政を潤した。ヴァリニャーノは翌八〇年にもポルトガルのジャンクが口之津にはいるよう手配した。晴信のヴァリニャーノを徳とする念が深かったのは当然である。

天正八年にはいると晴信は存亡の危機に襲われた。叔伯などが守る城がいくつか、龍造寺に通じて反乱を起こし、日野江城が攻囲されるにいたったのである。日本の文献にはこの年の攻防について記したものはないが、当時現地にいたカリオン司祭が『一五八〇年度日本年報』にくわしく記していることを疑う理由はない。この危機を脱出できたのはイエズス会の全力をあげた援助のおかげといって過言ではない。ヴァリニャーノは晴信とともに籠城し、イエズス会を動員して城へ食糧・鉛・硝石など六〇〇クルザードに相当する援助物資を搬入させた。晴信の入信はこの籠城中に行なわれた。一五八〇年三月、教名はドン・プロタジオ。龍造寺軍は筑後で有力武将が反乱したこともあり、五カ月の囲みを解いて有馬氏と和した。しかし、晴信はこのときわずかに周囲二〇里ばかりの領国を保有するにすぎなかった。

大村純忠の長崎寄進

龍造寺軍の圧力は、有馬晴信の叔父大村純忠の所領にも及んだ。純忠が領民をことごとくキリシタンにしてから二年経った天正四(一五七五)年、龍造寺隆信が大兵を率いて大村領に侵入すると、純忠は奮戦及ばず、ついに隆信に服従の起請文を差し出した。すなわち純忠は隆信の配下の部将となることで、かろうじて大村領の保持を許されたのだ。しかし、隆信の望みは大村領を完全に併呑することにある。純忠が天正七年、来日したばかりのヴァリニャーノに、長崎をイエズス会に寄進しようと申し出たのは、遠からず所領を隆信に併呑される日の来ることを憂えたからである。ヴァリニャーノのローマ宛書簡によれば、申し出の理由は次のようなものであった。長崎港を隆信に奪われるなら、自分（純忠）は従来えていた貿易船による利益を失うだろう。長崎が教会の所有となれば、隆信も手が出せず、自分は利益を確保することができる。さらに長崎が教会領となれば、何が起こってもそこへ逃げこんで自分の身の安全をはかることができよう。

ヴァリニャーノはこの申し出を受けるべきか否か迷った。というのは、イエズス会の会憲はこのような知行地を所有することを禁じているし、さらにはイエズス会が長崎を領有するとなれば、当然裁判権を行使しなければならず、それには死刑の執行が伴うからである。聖職者が死刑を行うなどとんでもないことだった。だが天正八年四月（一五八〇年六月）になって、彼はついに純忠から長崎の寄進を受けた。純忠と長男喜前《よしあき》が連署した寄進状は、原文は残っていないが、その訳文がローマのイエズス会本部に現存している。要点を摘記しよう。「イエズス会の諸パードレに負うところの多いことを深く考え、イエズス会と同会巡察師に、長崎の町およびそれに接した土地・田畑を、何ものも残さずすべて永久に無償で贈与する。……パードレが選んだいかなる者にも、その地の適切な支配、死刑その他の裁判権を与える。またポルトガル船が碇泊中に支払うものを、永久に引き渡し与える。ただし、ポルトガル船その他の船の税金は予に留保し、家臣に取り立てさせる」。このとき長崎に加えて茂木《もぎ》も寄進された。茂木について、「そこはその地域のキリスト教会の主勢力がある大村と高来（有馬）の地を結ぶ通り道だ」とヴァリニャーノは書いている。この協定によって、純忠は年間三〇〇〇クルザードの関税収入を確保した。

一方イエズス会は一〇〇〇クルザードの碇泊料、長崎・茂木の年貢三〇〇クルザードを得た。イエズス会士一人の年間生計費が二〇ドゥカードだったことを思えば莫大な収入である。ちなみにクルザードとドゥカードはほぼ同価値である。ヴァリニャーノが寄進を受ける決断をしたのは、長崎が教会の敵龍造寺の手中に陥ることを防ぐためだったのはもちろんのことだが、イエズス会が安全な根拠地と、併せて千数百クルザードの安定収入を得られるのも大きな魅力だった。行政に伴う死刑の宣告は、イエズス会が任命した役人に大村氏が権限を与えるという形で、難点を回避した。

以上に述べた長崎・茂木寄進の経緯はイエズス会側の説明である。問題の寄進状は日本語原文が残っておらず、訳文がそのまま信用できるわけではない。あとで述べるように、ヴァリニャーノは天正少年使節派遣の際、大友宗麟の書簡を本人の知らぬままに勝手に作成し、花押も偽造した実績がある。日本側文献ははるか後代に書かれたものではあるが、大村純忠あるいは長崎甚左衛門（純景）が軍費のためにバテレンに多額の借財を負い、その返済のために長崎の地を譲ったと述べている。イエズス会が純忠に金銭的援助を行ったことは、ヴァリニャーノ自身が認めている。寄進状の文言で従来「イエズス会に負う所の多いことを考え」と訳されてきたくだりは、キリシタン史家の高瀬弘一郎によると、実は「イエズス会パードレ達に多大な負債があることを考慮して」と訳されるべきだという。

大村への龍造寺の圧力が強まる

しかし、純忠の長崎寄進が龍造寺の脅威を主な動機とする点はまず動かない。天正八年、龍造寺隆信は純忠を佐賀城へ招いた。コエリュは純忠の佐賀行に強く反対した。彼が誘殺されたなら西九州における教会もまた危殆に瀕する。しかし、純忠としては招待を断われば戦端を開かねばならぬ。彼は嗣子喜前と重臣をひき連れ、死を覚悟して佐賀を訪れた。ところが隆信は純忠を歓待した。純忠は宴席で仕舞を舞い、舞い終えると即座に帰国したという。隆信が純忠を殺さなかったのは、イエズス会との友好を欲したからである。彼はコエリュを佐賀へ招き、コエリュはヴァリニャーノの指示によって招待を受けた。隆信はコエリュを歓待し、ポルトガル船が領内に来航してくれたら、教会の建立と布教を許そうと申し出た。コエリュは適当にあしらったものの、隆信という人物そのものを信じなかった。彼が大村と有馬の支配者となる意志を捨てぬかぎり、彼を教会の最悪の敵と見なさざるをえない。

龍造寺の大村への圧力はじわじわと強化された。天正九年、純忠は隆信の求めに応じて喜前を人質として佐賀へ差し出した。二年後喜前は帰国を許されたが、替りに純忠の二男三男が人質にとられた。帰国した喜前はすでに隆信の傀儡だった。帰還に当って喜前は隆信に、大村領から宣教師を追放し仏教を復興すべきかどうか問うた。隆信は宣教師と友好を保つべしと答えた。彼はなお、領内にポルトガル船を招く望みを棄てきれなかったのである。

天正一二（一五八四）年、純忠は本拠地である三城から逐われ、波佐見に蟄居させられた。替って三城へ入った喜前は、つき添った隆信の家臣たちの言うままになり、彼らは領内のキリシタンをしばしば迫害した。だが、純忠が長崎をイエズス会に寄進していたことが、この際ものを言った。貿易を夢みる隆信はイエズス会と決定的な敵対関係に踏みきることをためらって、長崎に手出しを控えたのである。コエリュは純忠が三城を退去させられたとき、徹底抗戦を説いてやまなかった。彼からすれば、いくら隆信が友好を装っても、平戸の松浦隆信とおなじく、貿易の利を求めるだけで、教会に敵意を抱いていることは明らかだったのである。だが、純忠はああしろこうしろと絶えず口出しをするコエリュに、もはや我慢しかねる心境だったらしい。天正二年に彼の強制で領内の神社仏閣を破却したときも、純忠には不満があった。二人の関係は決定的に悪化し、のちに純忠が死去したとき、コエリュは彼の臨終を見とることを拒否したという。

第九章　ヴァリニャーノ入京

アレッサンドロ・ヴァリニャーノはナポリ王国生れのイタリア人、パドヴァ大学で法学を学び、一五六六年にイエズス会にはいった。入会後も哲学・物理学を学ぶなど、当時第一級のエリートで、七三年に東インド管区の巡察師に任命された。そのころインド派遣を希望する会員は引きも切らず、オルガンティーノのごときは志願して九年目に望みを達する有様だったが、ヴァリニャーノの場合、志願して数カ月後に巡察師に任じられた。東インドは日本も含むイエズス会最大の管区で、様々な問題を抱えていた。イエズス会のヴァリニャーノにかけた期待は大きかったのである。このとき彼はまだ三四歳だった。ヴァリニャーノは一五七四年にインドのゴアに着き、約三年の間、混乱を極めた現地イエズス会の状態の改善につとめ、七七年ゴアを発って日本へ向かった。マカオを経て肥前の口之津に着いたのは一五七九年七月である。ザビエルに遅れること三〇年だった。

彼が日本に着いたころのイエズス会の状況は、前年の大友宗麟の入信等、表面の教勢伸長にもかかわらず、内実は甚だ憂慮すべきものがあった。問題は布教長カブラルの日本人観と、それにもとづく会内の日本人の扱いかただった。カブラルはもともと日本人に好意を持たなかった。はるか後年であるけれども、一五九六年に書かれた彼の書簡は彼の日本人観を率直に吐露している。「私は日本人ほど傲慢・貪欲・無節操、かつ欺瞞にみちた国民を見たことがない。というのは、百姓でも内心王たらんと思わないような者は一人もおらず、機会あり次第そうなろうとする。……彼らはそうするよりほか生きるすべがない場合以外は、共同と服従の生活をすることに耐えられず、生活の道が立ちさえすれば、直ちにみずからが人の上に立とうとする。……日本人は自分の心中をさらけ出したり、他人に覚らせたりしないことを、名誉で思慮深いことだと考えている。彼らは子供の時から、このような欺瞞と偽りにみちた人間になるよう育てられている」。従って「日本人を入会させることをやめないと、イエズス会ばかりか、キリスト教界までが、日本で破滅してしまうに相違ない。……日本人がエウロパ人より大勢になろうものなら、彼らだけで結束するかも知れない。……われわれが追放されて、彼ら自身が支配者となったりする危険が非常に大きい」。

こういう考えの上長によって指導されていたのであるから、日本に着いたヴァリニャーノが見出したイエズス会の現状は、おなじ修道士でさえ、日本人は衣服から待遇まで差別され、ラテン語やポルトガル語の学習も許されず、会の実務を支える同宿《どうじゅく》も含めて、低級な国民と呼ばれる有様だった。カブラルは「結局のところ、お前たちは日本人である」というのが口癖で、一方まるで従僕扱いされる日本人修道士・同宿は、司祭たちに愛情を抱かず、不満が鬱積した。カブラルの二度の畿内巡察に通訳として同行した日本人修道士ジョアン・デ・トルレスは、生後八日目にかのコスメ・デ・トルレスから受洗した人物だったにもかかわらず、ついにカブラルから離反するに至った。

日本イエズス会刷新の決意

ヴァリニャーノによれば、カブラルは日本の風習を悪しざまにいうのが常で、他の同僚もそれに見習って日本の風習を見下していた。カブラルは修院内で高い机で食事し、テーブルクロスやナフキンを用いたが、それが甚だ不潔なので日本人は嫌った。彼は肉を常食していた。修院内には豚や山羊を飼い、牛を解体してその皮を吊して乾燥させ、売却した。日本人はそれを嫌った。修院の台所が油の臭いで充満しているのも、訪れる日本人には不快に感じられた。「キリスト教徒の間には冷たい空気が支配し、教会を訪れる者は稀であり、……もっとも著名なキリスト教徒の殿達はカブラル師を嫌い、彼に逢おうとはしなくなった」。

宗麟だけはカブラルとつきあっていた。だがその彼でさえ、ヴァリニャーノに「キリスト教徒の間のあらゆる冷たい態度は、司祭たちが日本人を遇する方法を知らぬからである。自分の国ではそれでよかろうが、日本人を改宗させようというのなら、日本語を学び、日本の礼法に合うように生活せねばならぬ」と忠告した。有馬晴信と大村純忠は教会側の態度の誤りや宣教師の日本人に対する無礼や気の利かなさを指摘し、「神社仏閣の破壊は、司祭たちが教理に反するというので不本意に行ったにすぎない。われらの国に住んでいる司祭たちが、日本人の美しい習慣や高尚な態度を学ぶよう努力せぬのはまったく無知なことと思われる」と語った。

ヴァリニャーノはカブラルの日本人観にまったく反対だったわけではない。日本人のことを「彼らは見出しうる限り偽装的で不正直な人々である」という以上、彼もまたカブラルの指摘する日本人の一面を感じとっていたのだ。日本人は胸中の感情を敵に対してもあらわにせず、表面は親睦しながら折を見て冷然と殺すと彼はいう。また、カブラルのいう下剋上的傾向を認めていたことは、日本ほど運命の変転の激しいところはなく、強大な人物が一夜のうちに没落し、とるに足りぬ人物がとって替るといっているのでも明らかだ。しかし、彼はまた日本人の美質も誤たず見抜いていた。彼はいう。日本人はきわめて礼儀正しく、下層の民衆もその上品なことはまるで宮廷の使用人のようだ。有能で理解力がすぐれ、子供たちはヨーロッパの子供より早く欧語で読み書きできるようになる。名誉と面目を重んじ、下級の民衆に対しても礼節を尽さねばならぬほどだ。また、信じられぬほど忍耐強く、苦しみや不幸を堪え忍ぶ。優雅で礼儀正しい点と理解力の点では、彼らはわれらヨーロッパ人を凌ぐほどすぐれている。

しかし、日本人とその文化をどう評価しようと、それより肝心なのは、自分たちが異国で暮らす以上はその国の風習に適応せざるを得ぬという事実だとヴァリニャーノは考えた。日本人の性質や風習に文句をいったって仕方がない。その国で布教を行うと決めた以上、それを同情的に理解し、自分たちがそれに適応するしか途はないのである。また、日本人の性質がどうであれ、日本宣教は日本人の修道士や同宿の助けなしには絶対に不可能である。言語の点だけから見てもそのことは動かない。宣教が根づくためには日本人自身の司祭の養成が欠かせない。である以上、イエズス会が日本人を積極的に入会させるのは当然至極な措置である。以上二点は彼のかたい信念だった。

カブラルの抵抗に手を焼くヴァリニャーノ

ヴァリニャーノは日本渡来以前、カブラルの要請に応えて、二六名に及ぶ司祭・修道士を日本へ送りこんでいた。その際彼は、彼らが最良の教師のもとで日本語に習熟するように措置されたいとカブラルに伝えていた。ところが、日本に着いてみて彼は、前記の司祭・修道士たちがまったく日本語教育を受けていないことを知った。そのことをなじると、カブラルは一笑していう。「貴師が日本語を学習によって容易に学び得ると思うのは、日本語を知らぬからである。才能ある者でも日本語で告白を聴けるようになるには少なくとも六年、説教しうるには一五年以上かかる。異教徒に対する本来の説教など全然考えられない」。ヴァリニャーノは第一歩からカブラルの抵抗にぶつかったのである。しかし、日本人の修道士や同宿と話すのにも通訳がいるといった現状を放置しておいていいはずがない。日本で最初になされねばならぬのは、ヨーロッパ人宣教師が日本語を学習する条件をととのえることだ。彼はこののち日本語文典と日葡辞典の作成につとめ、その成果はやがてロドリゲス・ツズの業績となって現われる（第一二章にて後述）。

だが、カブラルとの対立はもっと根本的な局面へ展開した。ヴァリニャーノが日本人を対等のメンバーとしてイエズス会に迎えいれようとしたのに対して、カブラルは強烈な抵抗を示したのである。そんなことをしたら、下剋上の習性をもつ日本人は勝手なことをやり出して、日本イエズス会は滅亡する。日本人はあくまで下級メンバーとしてヨーロッパ人に奉仕せねばならぬというのだ。カブラルは日本人会員がラテン語など高度な学問を学ぶことにも反対だった。日本人に主導権を奪われるのをおそれたのである。日本の風俗・習慣に適応するというヴァリニャーノの方針にも彼は理解を示さなかった。彼は日本の風習を劣ったものとして嘲笑するのを常としたという。ヴァリニャーノはカブラルの抵抗に手を焼いた。のちに手紙の中で「日本を指導する布教長がなんらの理解も示さず、私の案をけっして容れようとしなかったことはもっとも私を苦しめた」と書いている。

ヴァリニャーノは当然都地方の巡察を行うことを考えていた。しかし、一五八〇年七月に長崎に入港した定航船が、インドのイエズス会の内部に動揺がひろがっているという情報をもたらした。ヴァリニャーノはインドへ帰還すべきかどうか同僚に諮問したところ、カブラルとコエリュはそりゃ帰るべきだという。都地方を巡察するなど無用のことだともカブラルは主張する。自分が十分見廻ってきたといいたいのだろう。とにかく二人はヴァリニャーノをインドへ追い返したかったのである。しかし、ヴァリニャーノの決意は逆にこれで固まった。インドへは帰らない。日本イエズス会刷新の方針は断乎貫徹する。八月の末になるとカブラルが日本布教長を辞職すると言い出した。ヴァリニャーノの決意の前には、そんな形で反抗を示すしかなかったのだ。カブラルのその後をいえば、八三年に離日してマカオの上長となり、九二年にはゴアのインド管区長に昇りつめている。反ヴァリニャーノ派の頭目として、重きをなし続けたわけだ。

オルガンティーノの安土修道院

ヴァリニャーノは九月、口之津をたって豊後に赴いた。一〇月、臼杵に司祭たちを集めて協議会を開き、同地に修練院《ノヴィシアド》を設けることをきめた。大友宗麟の船に乗って五畿内巡察に向かったのは、翌八一年三月である。都では、オルガンティーノがヴァリニャーノ一行を待ちわびていた。彼はカブラルたちがヴァリニャーノをインドへ追い返そうとしたとき、インドへ帰らずぜひ都に来てくれと申し送ったほどのヴァリニャーノ派である。彼はウルガン・バテレンの名で親しまれたのでわかるように、徹底した日本人びいきで、日本の慣習に適応すべしとするヴァリニャーノの方針に大賛成だった。彼の考えでは、「日本人は全世界でもっとも賢明な国民に属しており、喜んで理性に従うので、われら一同よりはるかに優っている」。だから、彼らと交際する方法さえ心得ていれば、宣教は困難ではない。この、ヨーロッパ人より賢明という点を彼はしばしば繰り返しており、日本語を解し始めてからは、「かくも世界的に聡明で明敏な人々はないと考えるに至った」とさえいう。要するに、いくつかの欠点は気にならぬような日本びいきだったのだ。

オルガンティーノが都に赴任してすでに一〇年が経っていた。その間、教会が危機に陥ったことはないでもない。信長は大坂本願寺およびその背後にある毛利勢と戦って、戦況は必ずしも有利ではなかった。一五七七年二月、信長は紀州の雑賀衆を攻めたが、京都駐在のジョアン・フランシスコによれば、馬上で出陣する信長は「恐怖を感じさせるほど不機嫌な顔」をしていたという。彼は一貫して宣教師に好意を示したものの、政略の前にはいつ何時でも好意を翻す用意があった。荒木村重が信長に叛いて本願寺側に寝返ったとき、村重の部将たる高山父子は高槻城に拠って信長に抗した。右近の妹と息子が村重に人質とされている以上、そうするしかなかったのだ。高槻は堅固な城で陥すのがむずかしい。信長はオルガンティーノに右近の説得を命じた。だが、右近は応じない。信長は都の全宣教師を集めて、右近が開城に応じなければ、彼の面前で司祭らをことごとく十字架にかけるであろうと右近に伝えよと命じた。右近はそれを聞くとただちに開城を決意した。彼は城中の者に、自分の子と妹の命とひき替えに司祭と信者の命を救うのがデウスへの奉仕となるのだと告げた。かくして高槻は開城したが、父ダリヨが部下を率いて村重のもとに走り、右近の子と妹の命は救われたのである。「信長は以前からキリスト教を高く評価していたが、右の一件により評価をいっそう加えた」とフランシスコはいう。仮にジュスト右近が命をきかなかったら、信長は本当に司祭たちを磔にかけただろうか。信長はこう脅せば右近はいうことをきくと読んでいたのかもしれない。だが、いったん言い出せば思いがけぬことも断行するのが信長である。バテレンたちの命は風前の灯だったといってよかったろう。まかり間違えば、日本キリシタンは秀吉の追放令以前に、禁圧の嵐にさらされていたかもしれないのだ。高槻開城事件が起ったのは一五七九年、翌八〇年には本願寺光佐（顕如）が大坂から退去し、築城成った安土城が一般に公開された。オルガンティーノが安土城の一郭に土地を与えられたのはこの時である。

信長が琵琶湖畔に安土城を築いて本拠としたのは天正四（一五七六）年のことである。だが、狩野永徳の豪壮な襖絵で飾られた五層七階の天守閣を中心とする城郭が完成したのは天正七年に至ってで、そのひと月あと、信長は一般民衆に城内の参観を許した。オルガンティーノが安土城の威容に接したのはこのときが初めてである。ともに参観したジョアン・フランシスコ司祭はその壮麗を次のように述べている。「城は七層あって、城内の部屋が余りにも多いので、信長も最近迷ったとのことだ。床は天井板のように清潔で磨かれており、扉と窓はことごとく塗って光沢を出しているので、鏡のように己れの姿を映して見ることができる。外部の壁はいとも白く、最上階のみはことごとく金色と青色で塗られ、日光を反射して驚くべき輝きを作り出している。瓦はきわめて巧みに造られているので、外から見る者には薔薇かなにかの花に金を塗ったもののように思われる」。

オルガンティーノは安土城下の山腹にひろがる武家屋敷地の一画に修道院を建てたいと思った。それが叶うなら、イエズス会の威信がいっそう高まることになるし、武将間に教えをひろめるにも好都合である。信長は即座にオルガンティーノのねがいを許した。ちょうど城山と城下町の間にある入江を埋めたてたばかりの土地があった。信長はいう。「この土地を望む大身が大勢いるが、予は誰よりも汝のものになることを望む。修道院を建てるならばできる限り立派なものを建てて、この町の名所となってほしいものだ」。

オルガンティーノが張りきったのはいうまでもない。ちょうど都にイエズス会の建物を建てるために用意した木材があって、修道院は極めて短期間に完成した。ジュスト右近は一五〇〇名の人夫を提供したという。こうして「安土においてもっとも美しく気品のある邸の一つ」（フロイス）が完成した。三階建てで、一階は客を宿泊させる座敷で、茶室がついている。二階は広間と寝室、三階は神学校《セミナリヨ》にあてられる。街中でも特に目立つ高い建物だった。神学校を設けたのも、茶室を備えたのも、ともにヴァリニャーノの指示である。有馬について設けられたこの神学校には、すでに二二名の生徒がヴァリニャーノの到着を待っていた。茶室を設けたのは、ヴァリニャーノが日本人の社交手段として茶会が重要なのを悟ったからである。オルガンティーノはヴァリニャーノの新方針に双手を挙げて賛成だった。

信長は工事の途中を見分し、地所が狭いといって、周辺の家屋をとり除かせるほど気を入れていた。修道院が完成すると、よく出来たとほめて、オルガンティーノに二〇〇クルザードを贈った。これは些少な金額ではない。信長はあい変らずバテレンたちに好意的で、彼らの説くところに耳を傾けては「仏僧たちの言うことは皆偽りで、来世に関してはバテレンたちの言うことだけが真実と思われる」などとお愛想を言った。しかし司祭たちは、信長が内心ではデウスと霊魂の存在に疑問を抱いているのを知っていた。彼は仏僧とおなじく宣教師も、心では信じていないことを、世道人心を導くために、さも信じたふりをして説いているのではないかと疑っていたのだ。

ヴァリニャーノの畿内巡察

一五八一（天正九）年三月八日、ヴァリニャーノはルイス・フロイス、ロレンソ・メシアなどを伴って府内を発ち、五畿内巡察へ向かった。堺に着いたのは一七日であるが、その間海賊に脅やかされ、やっと堺港へ逃げこんだものの、追跡して来た海賊船に一五〇クルザードを払って、荷揚げを認めてもらう始末だった。当時瀬戸内海は海賊、つまり海の領主たちに支配されており、通航する船は彼らに通過料を払わねばならなかった。ヴァリニャーノ一行は信長をはじめ京の有力者に贈る莫大な財貨を携えており、海賊衆の間で絶好の獲物として評判になっていたのだ。堺から京へ向かう際、駄馬三五頭、人足三、四〇人を要するほどの荷物だった。

巡察師一行はまず高槻を訪れ、ジュスト右近の心のこもった接待を受けた。ジュストこのとき二八歳。巡察師来れりと聞いて、畿内の信者がどっと押し寄せてくる。ヴァリニャーノはここで聖週間の典礼を行うことにした。式典は華麗かつ厳粛に行われ、ヴァリニャーノはさながらローマにいる思いがした。熱狂した信者たちは鞭打ちの苦行に没頭し、制止せねばならぬ程だった。

ヴァリニャーノがあとにして来た下《しも》、すなわち九州の教勢ははなはだ憂慮すべきものがあった。大友氏は肥前の龍造寺氏に圧迫され、有力家臣の反乱があいつぎ、やっと小康状態を保つのみである。大村領はすでに龍造寺氏に制圧され、有馬氏はイエズス会の肩入れによって、ようやく島原の南部を保持している。九州では領主の入信によって領民がキリシタン化したのであるから、大友・有馬が滅びるなら、領民のほとんどは棄教する。累卵の危きにある九州の教会にくらべて、畿内の教会は信長の庇護とオルガンティーノの手腕によって、日々隆盛におもむきつつある。ヴァリニャーノはいかばかり心強かったことだろう。

一五七九年度の『日本年報』(フランシスコ・カリオン執筆)によれば、都地方の最大の教団は高槻にあり、ここには八〇〇〇の信徒がいた。以下、三ヶ《さんが》領内に四〇〇〇、結城ジョアン領に二〇〇〇、その他河内国内に六〇〇。以上で一万五〇〇〇弱となるが、京の信者は二〇〇ないし三〇〇と少なく、堺に至っては一〇〇名に満たない。

高山、三ヶ、結城などのキリシタン武将の領内がキリシタン化しているのは、九州の場合と異ならないが、ただ彼らが貿易の利に釣られて入信したのではないという違いはあった。それだけ純粋だったのである。ちなみに『日本年報』とは、それまで各宣教師がばらばらに本国へ報告を送っていたのを、ヴァリニャーノが年度報告として一本化したもので、この七九年度年報がその皮切りであった。

入京したヴァリニャーノは三月二九日(洋暦)、本能寺に信長を訪ねた。彼はヴァリニャーノ一行を好遇し、四月一日に行われる馬揃えに一行を招待した。信長はヴァリニャーノが伴った黒人に大騒ぎで、腰から上の衣服を脱がせ、それでもなお自然の肌色と信じなかったという。四月一日(邦暦二月二八日)の馬揃えは、前年石山本願寺を降し、畿内を完全に平定した信長が、天下に威を示すべく企画した一大ページェントだった。麾下の部将たちが綺羅を飾って馬を揃える華やかな行事を、信長はヴァリニャーノにぜひ見せたかった。馬揃えは内裏の東に設けた南北八丁の馬場で行われ、正親町天皇以下公卿たちも桟敷をしつらえて観覧した。信長はヴァリニャーノが贈ったビロードの椅子を、家来たちに肩の高さまで担がせ、自分の後を歩かせた。武者たちと交って馬を疾駆させたあと、彼がわざわざ椅子に坐ってみせたのは、贈り主への心遣いだったのか。キリシタンたちはよろこびに包まれた。

馬揃えが終ると信長は安土城に帰還し、ヴァリニャーノ一行を招いて、自ら城内を案内した。ヴァリニャーノたちがその壮麗を賞賛すると、信長は喜色を浮かべた。彼は以前フロイスにも語ったように、自分の評判がヨーロッパまで伝わってほしかったのだ。彼が帰国の際の土産にといってヴァリニャーノに一双の屛風を贈ったのも、ヨーロッパでの名声を求めてのことだった。安土城と城下町を描いた屛風で、信長はこれは内裏から望みがあったのに断わったくらいの品なのだが、わざわざ遠くから訪ねてくれた巡察師への敬意を示すために贈るのだともったいをつけた。ヴァリニャーノはこのあと、屛風を安土・都・堺・豊後の教会で展示し、人びとは群をなして見物したという。この屛風は後述する天正少年使節に託されて教皇グレゴリオ一三世に献じられ、ヴァティカンの地図画廊に陳列されたが、現存していない。

信長は安土の修道院を建てるのに物いりだったろうとて、資金援助を申し入れるなど、彼のバテレンたちへの好意は本物だった。ただしヴァリニャーノは同僚と協議した上、この申し出を辞退した。信長は誰が修道院長になるのかまで心配し、オルガンティーノが上長となると聞いてよろこんだ。彼なら信頼できたのである。信長は突然修道院を訪れることがあった。信長の清潔・整頓好きは有名だったから、宣教師たちはあわてふためいたが、彼は神学校の少年たちが弾くヴィオラとクラヴォ（チェンバロ）に耳を傾けて御機嫌だった。当時の日本人はオルガンも含め、洋楽をよろこんで聴いたらしい。オルガンは安土と豊後に一台ずつしかなかった。

宣教師たちの願いは何でも聴き届けるかに思われた信長だが、天皇に拝謁したいというフロイスの願いをかつてすげなく斥けたことがある。その時彼は不快気な表情で「予がいるところで、他人の寵を得る必要はない。予が天皇であり内裏である」と告げたという。ヴァリニャーノも天皇に謁したいと思ったが、このフロイスの話を聞いて諦めざるをえなかった。フロイスによるとこの後、信長は自らを神に擬するようになったとのことだ。神はむろん天皇より上に座すものであろう。

ヴァリニャーノが滞在中、安土神学校が軌道に乗ったのは彼のよろこびだったろう。しかし、神学生の募集はそう楽に運んだわけではなかった。フロイスによれば、オルガンティーノは募集に当って「非常な困難を経験した」という。つまり親が子どもを神学生にするのを嫌がったし、子どもは子どもで髪を切るのは僧侶になるみたいでいやだと忌避したのである。彼らは武士の子だからあくまで主君に奉仕したかった。かくして、高槻から八名の神学生を募るに当って、ジュスト右近は各人に二〇〇俵の扶持を与えることを約さねばならなかった。

インド管区から独立し準管区に昇格、コエリュが準管区長に指名される

ヴァリニャーノが畿内巡察を終えて堺から帰途についたのは一五八一（天正九）年九月初めである。瀬戸内の海賊や毛利水軍を避けるために、土佐沖を廻る航路をとった。豊後に着いたのは一〇月三日（洋暦）、さらに薩摩廻りで長崎に帰着したのは一一月末だった。

長崎帰着後、ヴァリニャーノは下《しも》地方（西肥前・天草）の宣教師を召集して協議会を開いた。彼はすでに豊後と安土で協議会を開いており、この長崎協議会をもって、在日イエズス会の意志統一は完成したのである。ヴァリニャーノはローマ出発時にイエズス会総長から、日本をインド管区から独立させて、布教区から準管区に昇格させるべく命を受けていたのだが、長崎協議会で準管区の設置が正式に決議され、準管区長にはガスパール・コエリュ（一五七二年に来日）が指名された。ヴァリニャーノは準管区長にほんとうはオルガンティーノ（一五七〇年に来日）を当てたかったのだが、彼の欠点を考慮して結局はコエリュを選んだ。オルガンティーノの欠点とは、規則を無視して自分の信念で突っ走ってしまう点や、修院の建設などに惜みなく金銭を投じるので、会の財政を破綻させかねない点だった。さらにヴァリニャーノはオルガンティーノが自分とおなじイタリ

ア人であることから、同国人びいきのそしりを受けることをおそれたのである。

さて、その日本イエズス会の財政についてだが、当時の年間経費は一万クルザードを超えていたという。一方収入はポルトガル国王支給の補助金が一〇〇〇ドゥカード、インドに所有する土地からの収入一〇〇〇ドゥカードにすぎない（クルザードとドゥカードはほぼ同価値）。併せて二〇〇〇ドゥカードで焼け石に水といってよい。しかも国王の補助金は名目ばかりで、ほとんど日本へは着かなかった。結局、日本イエズス会の経費は、マカオ・日本間の生糸貿易に参入することによってまかなわれた。アルメイダが入会した時、二〇〇〇クルザードの自己資産を会に寄付したことは先述したが、アルメイダはこれをポルトガル船が船載する生糸に投資し、それからもたらされる収益が、年々増大する日本イエズス会の金銭支出をまかなってきた。日本イエズス会の生糸貿易への関与は、会の本来のありかたを逸脱したものとして批判の声が絶えず、ヴァリニャーノはローマ出発時に、総長から貿易関与を禁止するように命じられていた。だが彼はマカオ滞在中に実情を知るに及んで、日本イエズス会の貿易関与が避くべからざる必要悪であることを悟るようになった。

マカオ市民はアルマサンという組合を作り、共同出資して広東で生糸を仕入れ、長崎で売却した売上金を、出資金に応じて配分していた。ヴァリニャーノは来日前、マカオでアルマサンに加入する契約を結んだ。それによるとイエズス会は、ナウ一隻の定航船ごとに五〇ピコ分の生糸を長崎に送ることが認められる。長崎での生糸販売はパンカドと呼ばれる一括売却方式で、パンカド価格で売られた五〇ピコの代金から三パーセントの税金と運賃を支払った残りが会の収入となる。また長崎で売れ残った生糸があれば四〇ピコをパンカド価格で譲渡される。ピコはおよそ六〇キログラムに当る。この生糸貿易により、日本イエズス会は年間六〇〇〇ドゥカードの収入を得たといわれる。まさに会の命綱であり、これなしに会の布教活動はありえなかったのだ。

第一〇章　天正少年使節

　ヴァリニャーノは一五八二年二月二〇日、日本巡察の任を終えて長崎を離れたが、このとき、九州のキリシタン大名、大友・大村・有馬の名代として、ローマ教皇に謁見させるべく、四人の少年を伴っていた。世にいう天正遣欧少年使節である。四人のうち、伊東マンショと千々石《ちぢわ》ミゲルが正使であり、前者は大友宗麟の甥の従兄弟、後者は大村純忠の甥、有馬晴信の従兄弟というふれこみだった。副使中浦ジュリアンと原マルティノは大村氏の家臣筋の出と考えられる。年齢は正確にはわからぬが、離日当時一三、四歳であったらしい。遣使の目的については、ヴァリニャーノ自身がこのあとゴアで明白に記している。「少年たちがポルトガルとローマを旅行中に追求すべき目的はふたつある。そのひとつは世俗的・精神的にも、日本が必要とする救援の手段を獲得することであり、もうひとつは日本人に対し、キリスト教の栄光と偉大さ、この教を信仰する君主と諸侯の威厳、われらの諸王国ならびに諸都市の広大にして富裕なること、さらにわれらの宗教がその間で享受する名誉と権威を知らしめることである。このようにして日本人少年たちは、帰国の後、目撃証人として自らの見聞を語りうるだろう」。

　第一点についていえば、ヴァリニャーノは日本イエズス会が着々と築いてきた実績を、生きた少年の姿でヨーロッパに示したかった。イエズス会のインドにおける宣教は貧民や被差別民に及ぶのみで、エリート層の入信は見られなかったのに対して、日本では九州の有力な領主が三人まで、自分の領国をキリシタン化している。彼らの名代たる貴公子がはるばる波濤を越えてヴァティカンを訪れたとあれば、当時世界を発見し征服しつつあった南欧諸国に、あらたな感動の渦が巻き起こるであろう。感動はただちに日本イエズス会への資金援助につながるに違いない。

第二点はヴァリニャーノが日頃感じていた日本人に対する苛立ちと関係がある。彼はいう。「日本人はそれら（西欧キリスト教文明の偉大さ）を見たことがなく、それゆえいまなおそれを信じえず、彼らの多くの者は何もわからぬままに、司祭は母国では貧しく身分も低い者で、そのために天国のことを説くのを口実にして、日本で財をなすために来ているのだと考えている」。少年たちにヨーロッパ諸国の強大さと教会の栄華を目のあたりにさせ、それを日本に伝えれば、このような日本人の尊大さも改まるはずだというのが彼の考えだった。

この点については、遣使の七〇年後に書かれたバルトリの『イエズス会史』の記述がさらに参考になる。遣使の理由について彼はいう。「第一は、日本人がただ己のみこの世界に存在すと考え居ることなり。いまだ航海に熟せず、わずかに海岸に沿いて航行し、毎日太陽の沈みし時は港へ入るを常とし、世界には彼らの島々とシナ及びシャムのほか存在することを信ぜず、彼らの地図はこの三地方のみをもって全陸地となしいたり。されば、ポルトガル人らが貿易のため、商船にてその国に来るに及び、他の国々、他の人種のあること、また彼らの渡り来りしヨーロッパが世界の他の極にあることを知りたるにもかかわらず、なおその地方は何人も棄てて去らんと欲するが如き不幸なる砂漠なりと考え、同地方に住む者は二万マイルの遠きを航海して富める日本に来り、生活の資を得んとするものなりと思えり」。このためパードレたちがヨーロッパの王国の威容、教皇の尊厳、教会の威勢と華麗をいくら説いても信じようとせぬ。少年使節が帰国してヨーロッパの実情を語り伝えれば、「日本のキリシタンらは、彼らが強大にして尊敬すべき団体に加わりたることを知り、異教徒らは今日までのごとく、商人の神、または浮浪人の宗教と罵ることを止むべし」。さらに第一点についても、バルトリは率直に記す。「時のローマ教皇にして、布教に甚だ熱心なるグレゴリオ一三世、ならびに最近ポルトガル及びインドを欲するに至りしフェリペ二世が、親しく日本人の性質を知る機会を得ば、彼らを愛し、その帰依に対して適当なる援助を与うるに至るべし」。

それにしてもなぜ少年たちだったのだろうか。『日本遣欧使者記』の著者グヮルチェリは三大名の名代としては、当時有馬のセミナリヨで教育されていた少年たちが、ヨーロッパで尊敬を受けるのに適任であり、さらに「すでに成人した者では、かかる大気の変動には生命の危険が伴い、しばしば渡海の途中か、またはいんぢやの地で死ぬるようなことがあるが、少壮の者ではかかることがない」とその理由を述べている。

暴露されたヴァリニャーノの作為

少年使節は卓抜な組織者かつ企画者であるヴァリニャーノなればこそ思いつけたビッグ・アイデアだった。だが、彼はこのアイデアを実現する上で、相当な無理を重ねなければならなかったのである。ヴァリニャーノが少年使節の派遣を思いついたのは、離日前せいぜいふた月ばかりのことだったといわれる。何しろ時間がなかった。すぐ近くにいる大村純忠と有馬晴信の諒解をとるのは難しくなかったろうが、豊後の宗麟の承認を得る余裕はもはやなかった。少年使節は宗麟・純忠・晴信の、教皇、イエズス会総長、イスパニア国王、ポルトガル国王らへの書簡を持参したが、それらはいずれも同筆で三侯の自筆ではなく、ヴァリニャーノのもとで作成されたことは明らかであり、とくに宗麟の花押は当時彼が用いていないものであった。

このようなヴァリニャーノの作為は、後年ペドロ・ラモンによって暴露された。ラモンはヴァリニャーノの信任厚いイエズス会士で、臼杵の修道院長も務めた人物であるが、一五八七年、イエズス会総長宛の書簡で、遣使が大友宗麟のまったく与り知らぬ行為であることを明らかにしたのである。彼はいう。「フランシスコ王すなわち豊後の屋形は自分の使節としてマンショを派遣することなどまるで考えもせず、一行が出発するまで、マンショが他の人々と一緒に旅立つなどということは気にもかけず、知りもしなかった」。ラモンによれば、事後このことを知った宗麟は「何のために少年たちをポルトガルに送るのか」と尋ねたという。ラモンは宗麟が書簡を認《したた》めたことはないと明言している。

さらに彼は、伊東マンショの身分について衝撃的な暴露を行なった。彼によれば、マンショは豊後王の甥の従兄弟ではなくて親戚の親戚にすぎず、「豊後国内を非常に賤しい姿でさげすまれて放浪し」た人物だというのだ。ラモンは、ミゲル、ジュリアン、マルティノについても、彼らは非常に身分の低い郷士であって、当地では何の尊敬も受けていない、有馬侯、大村侯と縁続きだとしても遠縁にすぎぬと主張した。つまり彼は、ヨーロッパで最上級の歓待を受けたこれら貴公子の正体は、日本では問題にもされぬような卑しい身分の者たちだと言いたいので、それは結局、そういう身分詐称まであえてしたヴァリニャーノへの告発を意味した。

ラモンの言い分をここで一応検討しておこう。松田毅一の詳細な研究によれば、ヴァリニャーノはマンショが宗麟の甥の従兄弟だと主張したわけではない。彼が代作させた宗麟書簡には、従兄弟の伊東ジェロニモを遣わすところ、遠国にいるので、代りに彼の従兄弟のマンショを渡海せしめるとある。つまり、マンショは宗麟の従兄弟の従兄弟だというのだ。ジェロニモとは伊東祐勝のことである。北日向を領する伊東義祐は一五七七年、島津勢に追われて豊後に逃れた。義祐の嫡男義益の妻が宗麟の姪だったため、その縁を頼ったのだ。義益の二男がジェロニモ祐勝である。当時は安土の神学校に在学していた。宗麟からいえば姪の子というわけである。一方マンショは、義益の姉妹である町上という女性が、伊東一族の男と結婚して産んだ子だから、ジェロニモとは確かに従兄弟になる。ヴァリニャーノのいうように宗麟の甥の従兄弟ではなくて、姪の子の従兄弟なのである。だからラモンのいうように、マンショは宗麟の「親戚の親戚」にすぎず、流浪して教会で育てられたというのも真実である。宗麟は一五七八年、耳川で薩摩勢に大敗してから、伊東一族を保護する余裕も失っていただろうし、彼がマンショを知らなかったとしても不思議ではなかった。

マンショの素性についてラモンのいうことは正しい。しかし、彼がマンショを卑しい身分の出のようにいうのは誤っている。なるほど宗麟との関係は遠縁も遠縁だが、落ちぶれたりといえども、彼はれっきとした日向の旧主伊東義祐の孫なのであった。千々石ミゲルについてはラモンの言は誤っている。彼の父千々石直員《なおかず》は大村純忠の弟で、ミゲルが純忠の甥、有馬晴信の従兄弟であることには何の疑点もない。ただラモンの指摘は、伊東マンショの宗麟の名代たる資格がいかにも乏しく、それ以前に宗麟がマンショの派遣自体を知らなかったという点で、重大な意義を持つ。もっともヴァリニャーノにしてみれば、宗麟の場合は事後承諾でも構わぬという気だったのだろう。宗麟には以前二度にわたって、ポルトガルのインド副王へ遣使したためしがあった。いずれにせよ、少年使節派遣は大友、大村、有馬三侯の積極的な意志によるものではなく、あくまでヴァリニャーノ自身の壮大な企画だったのである。

マカオ、ゴアを経てマドリードへ

少年使節四名、教師役のパードレ、ディオゴ・デ・メスキータ、日本人修道士一人、日本人同宿二人を引き連れて、ヴァリニャーノがマカオへ着いたのは、一五八二年三月九日である。旅立つに際してはひと騒ぎあった。母親たちが泣いてわが子をひき留めたのである。海に出ると、猛烈な船酔いを初めて経験した。ミゲルは「五臓六腑も吐き出されるのではないかと思った」と語っている。

マカオで一〇カ月風待ちして、この年の暮れゴアへ向かう。シンガポール海峡で、船を棲家として暮らす漁夫たちを見て心がなごんだというのは、故郷の漁師たちを想い起こしたからだろうか。しかし、マラッカを出てからが大変だった。炎天のもと風はなく、船は進まない。暑さは増し、水もやがて切れかかる。マンショは病床に臥して危うく死ぬところだった。ヴァリニャーノは夜も眠らず必死に看病した。やっとインド南端に上陸し、コチンに着いたのは一五八三年の四月、ここでも半年風待ちして一一月になってゴアに到着した。少年たちはポルトガルのインド支配の現状を初めて目のあたりにしたのである。ゴアにも半年間滞在、その間、ポルトガルの海外布教史をみっちり頭に叩きこまれた。

ヴァリニャーノはゴアで、イエズス会総長クラウディオ・アクアヴィーヴァから、インド管区長に任ずる指令を受けとった。この先少年使節たちと同行できなくなった彼は、日本から同伴してきたメスキータのほかに、付き添いとしてゴアの学院長をしていたヌーノ・ロドリゲスを指名し、何事についても行き届かぬことのない人の常として、五六カ条にわたる注意書きを与えた。彼はこのほかアクアヴィーヴァなど数名にも依頼状を作成しており、前記注意書きと併せると、彼の留意点が明らかになる。彼は何よりも少年たちに、教会の荘厳、王侯の権威、都市の繁栄を見せて、ヨーロッパに比べて日本がいかに劣っているか悟らせるべきだと注意する。逆に、ヨーロッパの偉大さに反するようなものは、一切見せてはならぬのである。彼はいう。「少年たちにはつねに案内者が伴うべきで、よいものだけを見せ、悪いものはまったく見せず、また学ばせないようにせよ。……宮廷であれ、司教座であれ、そこに見受けられる無秩序について彼らに語ってはならぬ」。これは少年たちの修養のためになされた注意ではない。あくまで、彼らの心にヨーロッパへの疑念が生じるのを防ぐ措置である。ルネサンス期の宮廷や教皇庁にみなぎる淫風と乱脈は、彼のよく承知するところだった。

ヴァリニャーノの留意点の第二は、少年たちの待遇に関するものである。彼は待遇についてはイエズス会総長に一任し、「盛大でおおやけの歓迎、帝王の間の公式謁見などは謝絶する」とした。これよりすれば、のちに少年たちが教皇庁の帝王の間で、キリスト教国君主なみの謁見を賜ったのは、彼の本意ではなかったことになる。彼がこのように控えめな待遇を望んだのは、他の修道会などからの嫉視を避けるためだった。

ゴアからの航海は極めて平穏で、少年たちは一五八四年八月一一日、リスボンに安着した。航海は平穏とはいうものの、ゴア出航から一七〇日の長きにわたり、灼熱のインド洋、アフリカ沿岸を航海したのだから、少年たちの疲労は限界に達していただろう。このあと彼らは各地で歓迎されたが、日本布教の後援者エーヴォラのブラガンサ大司教を表敬訪問した際、マンショとミゲルが教会のパイプオルガンをみごとに演奏して賞賛を博した。彼らは日本にいた頃宣教師から西洋音楽の教育を受けており、クラヴィオラの演奏にはすでに熟達していた。

マドリードでフェリペ二世と会見したのは一一月一四日である。スペイン王フェリペは一五八〇年以来、ポルトガル王をも兼ね（ポルトガル王としてはフィリペ一世）、その勢威は絶頂を迎えていた。少年らがひざまずいてフェリペの手に接吻しようとすると、彼はそれを制して立ちあがらせ、抱擁して礼を受けた。彼は少年

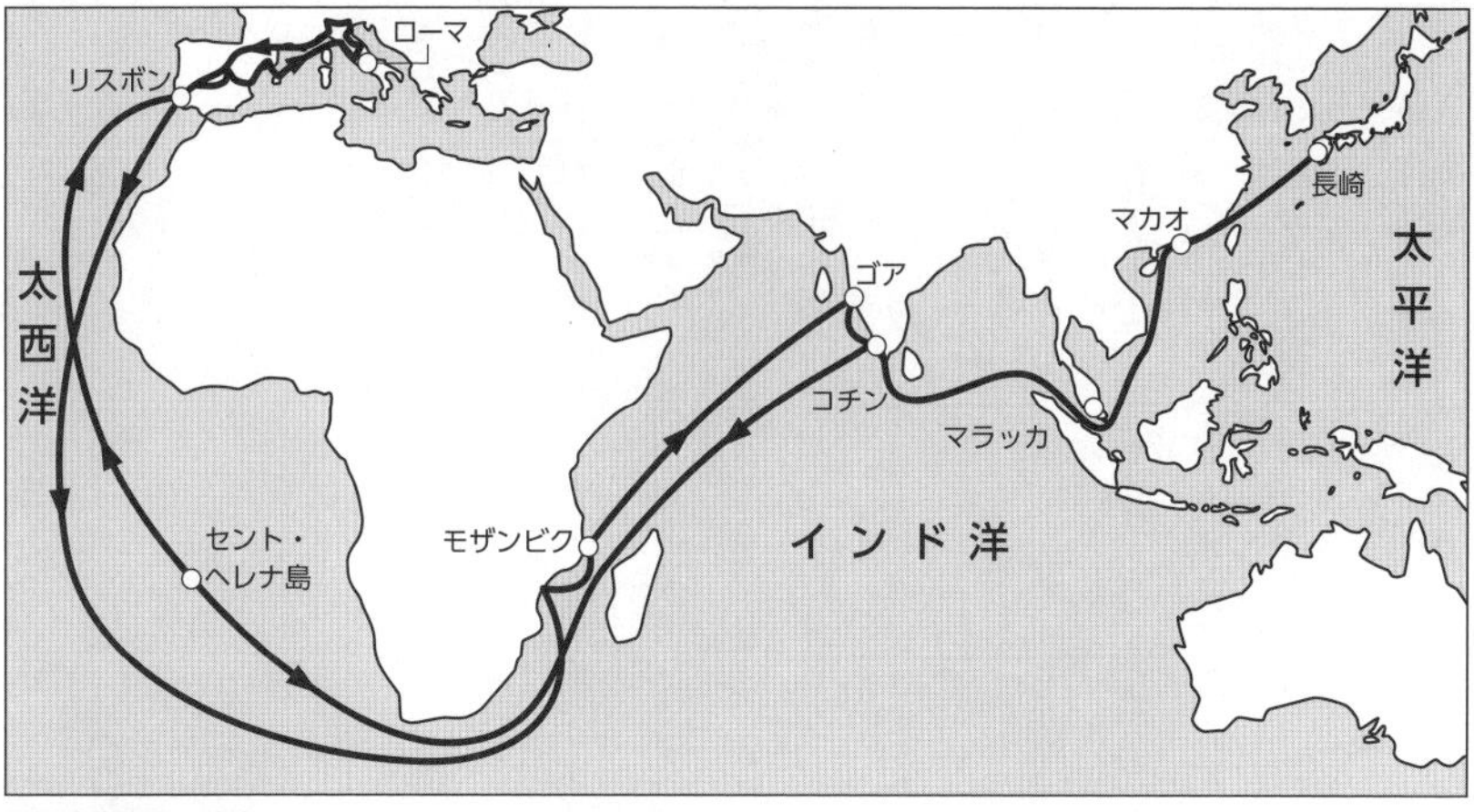

天正遣欧使節の足跡

たちの服装に関心を示し、刀や袴はむろんのこと、草履を珍しがって、手にとり裏返して観察したという。少年たちはマドリード西北のエスコリアル宮殿の参観も許された。今日なお壮麗を誇るエスコリアルは、二四年の歳月をかけてふた月前に完成したばかりだった。

ローマ教皇謁見でイタリア全土が熱狂に包まれる

少年たちが海路イタリアに着いたのは一五八五年三月一日、翌日トスカーナ大公フランチェスコに招かれてピサを訪れた。歓迎の夜会で彼らは西洋の婦人と初めてダンスなるものを踊った。マンショは指名されて大公妃と踊った。「彼は満面紅潮しつつ、共に舞踏するのほかなかりき」と前述の『イエズス会史』でバルトリはいう。日本のセミナリヨでまさかダンスは習わなかっただろうから、堂々と踊り終えて喝采を得たマンショは、なかなかの度胸というべきであろう。ジュリアンは自分をじっと見つめている貴婦人を相手に選んだが、よく見ると姥桜《うばざくら》だったので満座が笑った。もちろん好意から出た笑いである。少年たちはこのあとフィレンツェに向かった。だが、かのフィレンツェ共和国の栄華は一世紀も前のことで、メディチ家がトスカーナ大公として君臨していたのは、スペインのあと押しあってのことにすぎなかった。

少年たちの旅はローマで極まる。三月二三日、彼らはヴァティカンの帝王の間で教皇グレゴリオ一三世に謁見した。かかる最高の礼遇は教皇自らが決定したといわれる。イエズス会総長アクアヴィーヴァは、少年たちが国王並みの礼遇を受けたことについて、かねて控え目な私的接見を望んでいたヴァリニャーノに対し、教皇自身が枢機卿会議に諮《はか》って公式謁見を決められたのであって、「われらの思慮及び期待のほかなりしが、これを阻止する能わず」と弁明の手紙を書かねばならなかった。

謁見は感激にみち、グレゴリオ一三世は少年たちが入室するのを見るや、感動して落涙したといわれる。バルトリによれば、彼らが教皇の足下に至って接吻すると、「教皇は今は涙に濡るるのみならず、涕泣して彼らをおのおの両度に及びて抱擁し、その額に接吻を与え」た。またアレサンドロ・ベナッチなる人物がこの年にものした記録には「ぱっぱは公子等を抱く為に御身を屈めたまい、御顔を公子等の顔にすりつけて、両眼に涙を湛えつつそを吻《す》いたまえり」とある。列席の枢機卿たちもみな涙を抑えかねた。グレゴリオはすでに老齢で、この一八日のちに死んだ。死の床にあっても彼が尋ねるのは日本の少年たちのこと、とくに病臥していた中浦ジュリアンのことだったという。

この教皇は改革派であり、グレゴリオ暦の制定者として名高いが、この日少年たちを先導した騎兵頭のソリア公は、教皇の甥と称されたものの彼の実子であった。つまり、この徳高き教皇も、ちゃんと女に子どもを産ませていたのだ。生涯貞潔を誓う聖職者には子はいないはずだが、歴代の教皇でこの誓いを守った人物はめったになく、子が生まれたら甥と呼ぶならわしで、ネポティズム（縁故主義）の名はここから生じた。グレゴリオのあとはシスト五世が立った。少年たちは改めて謁見を受け、五月一一日にはローマ市民権が授けられた。このシスト五世はヴァティカン内の腐敗を峻烈に追及して名をあげたが、一方、自分の親戚を引き立てて職禄や特権をたっぷり配分し、トリエント公会議ののち跡を絶ったはずのネポティズムを復活させたことでも知られた。ヴァリニャーノが絶対見せたくなかったことのひとつは、当時の教皇のこうした側面であったに違いない。

ローマで教皇が使節に与えた殊遇は、イタリア全土に熱狂を生んだ。このあと少年たち、もはや成育して青年たちと呼ぶにふさわしい彼らは、このあとペルージャ、アンコーナ、ボローニャ、フェラーラ、ヴェネツィア、パドヴァ、マントヴァ、ミラノと旅を重ねて行くのだが、いたるところで熱狂的な歓迎を受けた。馬車を差し向けるわ、儀杖兵を立ち並ばせるわ、礼砲を打つわ、花火をあげるわといった騒ぎである。群衆がおし寄せて、ちょっとでいいから公子たちに触ろうとする。宴会、狩猟、演劇といったもてなしも目白押し。イタリアの都市は互いに見栄を張って競いあう風潮が強いから、ある都市がこうもてなしたと噂になれば、何とかしてそれを上廻ろうとする。公子たちはくたくたに疲れた。ヴェネツィアは巨匠ティントレットに四人の公子の肖像画を注文した。そのうちマンショの絵のみ息子のドメニコ・ティントレットにより完成したものの、しばらく失われていたが、二〇一四年ミラノで発見された。

フィーバーぶりはイタリア駐在の各国大使から、それぞれの本国に伝えられ、神聖ローマ帝国皇帝やフランス国王からも招待が届いた。フィーバーの熱烈さは、使節がローマに着いた一五八五年中に、彼らに関する印刷物が四八種も出されたという事実にも示されている。一五八五年から一五九三年の間に、九〇種を越す関係書がイタリア、フランス、ドイツ、ポーランド、ベルギー、スペイン、ポルトガルで出版された。日本宣教に対してヨーロッパ士人の関心をかきたてるというヴァリニャーノの企図は、みごとに達成されたというべきであろう。シスト五世は、グレゴリオ一三世が一五八三年に定めた日本イエズス会への年金四〇〇〇ドゥカードに、二〇〇〇ドゥカードを追加する決定を下した。この点からもヴァリニャーノの目的は果たされたといえるが、合計六〇〇〇ドゥカードは当時の日本イエズス会年間経費の半ばにしか達せず、しかも実際に日本へ届く保証はなかったのである。

「甚だ行儀よく、動作上品にして恭謙なり」

少年使節たちは各地で人びとによい印象を与えた。もっとも容貌については「鬚なく、オリーブがかりたる色の青年で、その容貌はすこぶる醜し」、「顔は小さく、鼻もまた同様なり、頭は小さく、眼も小さく、顔色は蒼白なり」などと述べられており、服装については「使節の服装は異様のものにして、ローマにてはいまだかつて見たるものなきものなりき。この服は繊細なる絹糸をもって織りなされ、あまたの色にて花鳥を現したり。金糸をもって織り出したる花枝はさながら生けるが如く、綺羅を点じ、巧妙を極め、おそらくはわが国人中、何人もかくの如き妙工を想像しうる者なかるべし」と賞賛したものもあれば、「この衣服は甚だ立派なりとは言うべからず。道化役者の服によく似たるものなるが、彼らはこの服装にて公衆の面前に出ずることを喜ばず、わが国風の服装をなさんことを欲する由なり」と述べたものもある。

だが、人びとが一致して認めたのは、彼ら四人の公子の態度の上品さ、気品、礼儀正しさ、そして恭謙《きょうけん》であった。そもそもグレゴリオ一三世が少年たちにぞっこんだったのも、その恭謙と礼儀にうたれたからだという。当時の記録は、「彼らは甚だ行儀よく、動作上品にして恭謙なり。当市（ヴェネツィア）滞在中かつて不謹慎なる態度、または幼稚なる挙動を認めたることなし」といい、「才能はまたその判断及び思慮にも示され、その年齢に比してはるかに進みたることは確実なり。すなわち彼らの動作には、いささかも少年のごときところなく、思慮深き成人の円熟と重厚さを備えたり。しかして、彼らの間において互いに語るときも、また召使、随員と語るときも、常に極めて慎重にして、少しも軽率なること、礼儀にはずれたることなし」という。この少年らしくなく大人っぽいというのは、のちに開国維新の頃も、日本の子どもについて認められた特徴である。

使節たちはポルトガル語を少しは解したが、イタリア語にはまったく習熟しなかった。というのは、ヴァリニャーノはゴアで作成した五六条の指令のなかで、少年たちを外部の人たちと絶対に交際させぬように、また、少年たちが訪れるところはつねに司祭・修道士を伴わせるように指示していたのである。その指示がよく守られたことは、彼らがつねに付き添いのイエズス会士を介してしか会話しないことが当時の記録にとどめられているることで明らかである。

ラテン語については、『日本遣欧使者記』のグヮルチェリは文法を知るのみだと言っている。四人のうち原マルティノはラテン語に習熟しており、帰途ゴアでヴァリニャーノへの感謝演説をラテン語で行ったといわれる。この演説はゴアで出版に付されているが、松田毅一は付き添いのメスキータあたりが書いたものをマルティノが単に読みあげたものにすぎぬと推論する。一五九三年の在日イエズス会名簿によれば、帰国後彼らは修練院でラテン語を学び直したが、その学力はかつての有馬セミナリヨの同級生と同等もしくはそれ以下だったという。おなじ名簿に、四人について、日本語の読み書きをよく知らぬとか勉強中と書かれていることからすれば、彼らは松田のいうように「日本文字も満足に知らぬ状態で日本に戻った」のであろう。

少年たちはヨーロッパをどう見たか

使節一行は一五八六年四月リスボンを発ち、翌八七年五月末ゴアに到着した。ゴア滞在で特記すべきは、ヴァリニャーノが使節の訪欧記の編纂に着手したことである。彼はこのあとマカオでこの大部の著述を完成し、イエズス会司祭ドゥアルテ・デ・サンデがこれをラテン語に翻訳し、一五九〇年にマカオで印刷に付された。わが国では一般にサンデ『天正遣欧使節記』の名で知られる。

サンデは本書の序文で少年使節の備忘日記をもとにヴァリニャーノが構成したというが、そのような日誌が存在したとしても、本文全体はヴァリニャーノが少年たちになり替って、というより少年たちの口を借りて自分が言いたいことを述べたものであることは一読明白といってよい。というのは、この本は、使節四人が日本に帰って、有馬王の兄弟のレオ、大村侯の兄弟のリノに旅の見聞を語るといういわば座談会形式になっているのだが、ヴァリニャーノはゴアとマカオでこれを書いたのだから、これが架空の座談であることは明らかである。形式だけではなく、内容についても到底少年たちの日記にもとづいたものとは思われない。その内容はヨーロッパの政治・宗教・文化がいかにすぐれているか、賛嘆・宣伝するに尽きていて、その誇大ぶり饒舌ぶりは、まさにヴァリニャーノ自身の対日宣伝と評して誤らない。ヴァリニャーノの遣使目的の第二点が、少年たちに、ヨーロッパがいかに日本よりすぐれているか理解させることであったことを想起してほしい。つまり彼はこの書において、少年たちにヨーロッパを賛美させることによって、第二の目的も遂行されたと公言したことになる。

果して少年たちは、ヴァリニャーノが創作したように、ヨーロッパの制度文物に心酔して帰国したのだろうか。もしそうだとすれば、明治以降この国に誕生するヨーロッパ心酔の知識人、ことごとにヨーロッパを準拠として日本を断罪する知識人というタイプが、このとき日本史上初めて誕生したことになる。だがグヮルチェリは、彼らが「その見るもの、聞くところに対して全く驚嘆の色を示」さなかったと語っている。彼はそれは彼らの慎み深さのためであり、心中では感嘆していて、随員に対しては素直にそれを語ったとつけ加える。果してそうであったのか。

ヨーロッパの実物を見たから、ヨーロッパびいきになるとは限らない。ヨーロッパを訪ねて違和感を抱いた日本人は、漱石以下少なしとせぬ。明治以降のヨーロッパ心酔型の知識人は、大部分ヨーロッパを訪ねもせずにそうなったのである。少年使節が、ヴァリニャーノがそう語らせているようなヨーロッパ賛美者となって帰国した証拠は何もない。彼らの帰国後の言動はほとんど伝えられていないから、判断の根拠もないわけだが、都市から都市へとぐるぐる引き廻され、万華鏡のように移り変わりくるめく事物に接しながら、ヨーロッパの制度文物について、彼らがどれだけの観察をなしえたというのか。グヮルチェリが述べているように、彼らは悪しきものが目に入らないように目かくしされた状態で旅した。悪しきものが目に入ったときは虚偽の説明がなされた。田舎者の都のぼりめいた感嘆はあったとしても、その印象はおよそ茫漠《ぼうばく》たるものであったに違いない。ただ、ヨーロッパで与えられた教皇以下庶民に至るまでの恩愛は、彼らの胸に深くとどまったに違いない。

イタリア各都市で、庶民たちはまるで聖者に対するように彼らに尊敬を払い、彼らのあとをついて廻ったという。四人の少年のうち三人までが、その後迫害時代を通して信仰を守りぬいたのは、このようなヨーロッパの信仰者たちの愛に溢れる思い出が、彼らの中に生きていたからではなかろうか。

当時の日本とヨーロッパでは、どちらが文明としてすぐれていたかという比較はむずかしい。建築物についてなら、松永久秀の多聞城、信長の安土城、秀吉の大坂城等々、宣教師たちは讃嘆の言葉を惜しんでいない。長年長崎に住んでいたスペインの貿易商で『日本王国記』の著者アビラ・ヒロンは、たかが有馬晴信の居城の大広間を、「よしんば世界最大の君主でも、大よろこびでこれを使われるだろうと思われるほどの、美しい広間」と述べ、また、台所や庭の清潔さにも驚きの目をみはっている。建築にせよ庭園にせよ、美的基準の違いは彼我の比較を困難ならしめるけれども、彼らは彼らなりに日本的な美に盲目ではなかった。にもかかわらず、文明の高さ、とくにその中核にある宗教的エトスの高さについて、彼らの確信が揺らいだことはない。日本の事物の解釈についてまずまず好意的だったヴァリニャーノでさえ、ヨーロッパ文明の優越を疑うことはなかった。でなければ、彼らはなぜ遠路はるばるこの国を教化しようというのか。

ヴァリニャーノは前記『遣欧使節記』で、少年たちにヨーロッパでは戦争がないなどと語らせている。一六世紀の西洋史をひもとけば、ヨーロッパには戦争がないなどとはお笑い草だろう。永遠の都ローマが、カール五世の傭兵軍団に劫掠され、エラスムスをして一文明が終わったといわしめたのは、たかだか五十数年前のことにすぎなかった。ヴァリニャーノとしては、信長のためしのように、栄光を極めんとする覇者が一朝にして転落するような国内の政治的不安定を、ヨーロッパはすでに克服していると言いたいのだろう。だが、秀吉・家康によってヨーロッパなみの一国内の統一と安定がもたらされたときこそ、日本イエズス会の破滅が始まる日だったとは、何たる皮肉であることか。

それにしても、四人の少年は松田のいうように、日欧の文化比較を行うにはいかにも不適任だった。彼らはみな九州の田舎育ちで、京畿における日本文化の最高水準をまったく知らなかった。仮に彼らがヨーロッパの文化に心酔して帰国したとしても、その後秀吉に始まる迫害時代に、一貫して九州で過ごした彼らの帰朝談が、日本人の西欧観に深い影響を与える可能性などまったく存在しなかったというべきだろう。

ヴァリニャーノが少年たちにヨーロッパのよい点だけを印象づけるように細心の注意を払ったことは、一九五〇年・六〇年代にソ連や中国を訪ねた日本人が、目かくしされてよいところばかり見せられた例を想起させる。総じてイエズス会が二〇世紀の共産主義政党と性格・手法において一致していることはおどろくほどである。実現すべき目的の超越的絶対性、組織の大目的への献身、そのための自己改造、目的のためには強弁も嘘も辞さぬ点において、イエズス会は共産主義前衛党のまぎれもない先蹤《せんしょう》といわねばならぬ。組織内における上級意志の卓越、それに対する服従、上部への通信・報告の義務化という点でも、両者はいちじるしく似ている。余談だが、このこともつけ加えておきたい。

第一一章　秀吉と右近

ヴァリニャーノと少年使節が長崎を発った四カ月あと、宣教師たちの変らぬ庇護者だった信長が本能寺の変で斃れた（天正一〇年六月二日、一五八二年六月二一日）。

安土にいたオルガンティーノは凶変を聞くと、神学校《セミナリヨ》の生徒ともども、琵琶湖中の沖ノ島に避難した。当時の日本人は騒乱の際には、武士から庶民に至るまで掠奪に走るのを常としたから、宣教師たちは街中で暴徒に囲まれて衣服を剝がれた。島に逃れてみると、乗って来たのは何と海賊船で、オルガンティーノは銀を出せと脅迫された。海賊といっても、彼らは湖畔集落の住人で、日頃琵琶湖水面の交通を支配し、通行料を徴発するのはむろんのこと、時に応じて掠奪も行っていたのだ。オルガンティーノはかなりの銀を携えていたが、巧みにそれを隠匿し、やがて安土に残っていた日本人修道士がよこした舟で、やっと虎口《ここう》を脱することができた。

この間、安土の修道院と神学校は柱と屋根を残して、すべてが掠奪され尽くした。

オルガンティーノ一行は何とか京都の教会へ到着した。都の教会は本能寺からわずか一区街を距てたところにあったので、在京のカリオン司祭たちは事変の当夜、間近に銃声を聞き火の上るのを目撃した。双方は互いに無事をよろこび合ったが、明智光秀には、宣教師たちに危害を加えるつもりは一切なかったのである。明智が滅んで平穏が戻った。いまや教会の支柱ともいうべき高山右近は山崎の合戦に殊功を樹て、高槻の所領は安泰である。信長によって越前の柴田勝家のもとに追放されていた父ダリヨも、高槻に戻った。安土セミナリヨの生徒たちは都の教会が手狭なので、高槻へ移って授業が再開された。

本能寺の変以降の畿内キリシタン武将の動向

しかし、高山父子と並んで畿内キリシタンの柱だった三ヶ《さんが》頼照・頼連父子は、誘われて明智に味方し、没落の悲運に見舞われた。父子は大和に逃れたが、その後父サンチョ頼照は大坂の教会に現われ、秀吉の宣教師追放令ののちまで長く教会に奉仕したという。秀吉の覇権のもと、他の畿内のキリシタン武将の運命も変動を免れなかった。河内国岡山の城主結城ジョアンは、一五八三年秀吉の命で他国に所替えとなり、翌年の小牧長久手の戦いで戦死した。ジョアンを補佐して城代を務めた叔父のジョルジ弥平次は、このあと高山右近に仕え、一五八五年、右近が明石に移封されたのちは小西行長に属した。河内国若江のシメアン池田丹後守教正も一五八三年美濃国へ移され、長久手の戦いでは池田勝入斎恒興に属して奮戦、包囲を突破して帰還し、秀吉から感状を得た。その後秀吉の養子秀次に勤仕し、信任されて尾張の清洲奉行を務めたといわれる。

このようにして畿内のキリシタン武将の所領は、わずか高山右近の高槻を残すのみとなった。信長の死の直前、高槻領の住民二万五〇〇〇のうち、一万八〇〇〇がキリシタンだった。『高山右近の生涯』の著者ヨハネス・ラウレスはこのことをもって、右近が領民に改宗を強制しなかったことの証拠とする。住民の四分の一が異教徒であることを許され、仏僧たちがキリスト教の説教を聴くことを強制されることもなかった。信長に讒訴されるのをおそれたのだとラウレスはいう。だが秀吉の代に替り、彼の寵愛が確かだと信じられるに及んで、右近は仏僧に説教聴聞を強制し、改宗しない僧を追放すると宣言した。一〇〇人に及ぶ僧侶が洗礼を受け、寺は教会に変った。だが、この高槻の全領キリシタン化は、九年前の大村純忠のそれに較べればよほど穏和な形で行われ、住民の間に不満をかもすこともなかったらしい。右近は常日頃の行いで領民の信頼をかちえており、領民の教化にも長い歳月を費していたのだった。

秀吉が安土城を上廻る壮大な規模の大坂城を建設し始めると、右近は新しい城下町に教会堂を建てる必要をいち早く感じとった。秀吉は城下を繁栄させるために、麾下の部将に屋敷を設けるよう慫慂《しょうよう》しており、パードレたちにも教会堂を建てるように命じる可能性が高い。その際彼は、都の教会堂を移転させよなどと言い出しかねず、そんなことになればイエズス会にとって大いに不都合である。先手をとって、こちらから願い出るに如《し》くはない。ここに幸い、結城ジョアンが建てた美しい岡山の教会堂がある。岡山が異教徒の所領となった以上、それも早晩破壊されるだろう。それに先立って教会堂を大坂に移築すればよいではないか。その費用は自分が受けもとうと、オルガンティーノに申し出た。

一五八三年九月、オルガンティーノはロレンソ修道士を伴って大坂城を訪うた。秀吉の歓待ぶりは周囲の者を驚かしたほどで、両者を一番奥まった寝室に招じ入れ、親しく語らったのち極上の地を与えようと約した。そのあと秀吉はロレンソを伴って城外へ出て、目当ての土地へ赴いてただちに測量させ、一〇〇メートル四方のその土地の所有権をロレンソに与えた。

秀吉麾下の武将が続々と入信

当時秀吉のスタッフに有力なキリシタンが含まれていたのは注目されるところだ。この日会見の部屋に同席を許されたのは、ジョーチン小西立佐《りゅうさ》とシモン安威了佐《あいりょうさ》だけであった。小西立佐はアゴスティーニョ行長の父、秀吉の財務を担当し、この二年後には堺の代官となった。一五六〇年代には入信していたとみられる。安威了佐は秀吉の右筆、すなわち秘書官で、入信はこの年であったらしい。フロイスは『一五八三年度日本年報』で、秀吉が寵愛する五人のキリシタン家臣を挙げているが、それはジュスト右近、シモン了佐、ジョーチン立佐、アゴスティーニョ行長、それにチュアンケなる老人で、これは信長の右筆だった武井夕庵《せきあん》に比定される。

また、秀吉の正室北政所の侍女にもジョーチン小西立佐の妻マグダレナ以下、モニカ、ルシア等のキリシタンがおり、特にマグダレナは北政所の信任が厚かった。北政所は熱心な仏教徒だったが、マグダレナなどの影響で次第にキリシタンに好意を持つようになった。のちの話になるが、堺に建築中の教会堂のためにオルガンティーノが調達した五本の巨木を、石田三成の進言によって、大坂城の建材として秀吉が召し上げようとしたとき、彼女は「予の兄弟からも召し上げているのだぞ」と抗弁する秀吉に対して、「バテレンたちはあなたの家臣ではありませぬ」と諫言し、木材を返還させたという挿話が伝わっている。岡山教会堂の大坂移築のために、右近は「まるで私事をすべて忘却したかのようであった」。移築が完了し、最初のミサがあげられたのは翌八四年の降誕祭である。

一五八四〜八五年には秀吉麾下の部将の入信が続いた。これは主として高山右近の働きであったらしい。右近について宣教師の伝えるところは、むろん割り引いて受けとらねばならぬが、文武両面における名声は事実であったようだ。彼は利休七哲の一人であり、武勲も卓越したものがあった。秀吉にもすこぶる気に入られていた。入信以来、右近は身を持すること固く、人格品行の面でも、同輩の武将たちの尊敬をかちえていたようだ。また、宣教師たちの認めるように、教理にくわしく、かつそれを説くのが巧みだった。つまり、一流の説教師だったのである。根来攻めの際、彼は焼却されるべき運命にある美しい寺院を、司祭《バテレン》たちに給わるよう、秀吉に乞うた。秀吉は「汝も司祭《バテレン》だから、汝にやろう」と答えたといわれる。

右近に説かれてまず入信したのは、馬廻衆組頭の牧村政治である。近江で二万五〇〇〇俵を給され、利休の高弟でもあった。一五八四年のことで、続いておなじく馬廻衆の毛利高政が入信した。翌八五年になると、右近と牧村に説かれて、利休七哲の一人蒲生氏郷が入信。信長の次女を夫人とする大物である。近江日野を領していたが、伊勢半国一二万石を与えられた。おなじ年、行長・右近・氏郷に説かれて受洗した黒田官兵衛孝高《よしたか》も、氏郷クラスの大物である。播磨に一万石を領したが、秀吉の謀将として重要な地位を占めていた。彼は息子の長政も受洗させた。このように重要な武将が入信するに至ったのは、右近の働きかけが大きかったにしても、キリスト教のどこが魅力だったのだろうか。貿易の利が得られる九州大名とは違って、彼らには入信によ る利は何もなかったのである。秀吉がキリシタンの部下を重用したといっても、入信すれば秀吉の寵がえられるわけでもない。彼らの入信の動機については、また改めて考えることにしたい。

傍若無人な神仏像破壊

八四年には当時名声をはせていた医師の曲直瀬《まなせ》道三が司祭フィゲイレドにすすめられて改宗した。豊後にいたフィゲイレドは病気治療のため上京し、道三の診察を乞うたのだが、交情が深まるにつれて、道三を説いてついに入信せしめたのである。道三はたんなる医師というより、当時最高の識者の一人と目されていたので、彼の入信は衆人の耳目を驚ろかせた。ただし彼は入信に当って、宣教師たちにすこぶる耳の痛い忠告を行なっていた。彼は宣教師たちが日本の神々を悪魔と呼ぶのをやめるように忠告した。バテレンたちは日本の神々が昔の王侯や王子であったことを知っているに違いない。だとすれば、今日の国王・貴族へ敬意を示す以上、彼らの祖先を悪魔と呼ぶのは控えるべきではないか。神々が霊魂の救済に役立たぬのを説くのはよいが、異教徒を驚ろかせぬよう穏やかな言葉でいうべきだ。道三の忠告は、キリスト教宣教の上で重大な問題を提起したもので、日本イエズス会はこの際真剣に受けとめ反省すべきだった。しかし、彼らがそうした形跡はまったくない。彼らはこのあとも依然として、日本の神仏を悪魔呼ばわりし続けたのだった。

彼らが九州のキリシタン大名の領内で、いかに傍若無人に寺社破却、神仏像破壊を行なったか、一例を示しておこう。一五八二年、ヴァリニャーノが少年使節を連れて長崎を発ったあとのことだが、準管区長の重責を託されたコエリュは、有馬領の加津佐の海岸にある岩山に、領内から追放された仏僧が仏像を匿していると思いこんだ。この山の岩窟はもともと信仰の対象で、仏像は以前から祀られていたのかも知れない。それとも仏僧がこのときそれを隠匿したのか、いまとなっては確かめようのないことだ。コエリュはフロイス以下修道士や若者を率いてその山に渡り、岩殿と呼ばれる洞窟の中にあったおびただしい仏像を取り出し、大きくて取り出せぬものはその場で火をつけた。残りの仏像は、教理《ドチリナ》を習っている少年たちを召集して口之津の司祭館へ運ばせた。彼らは仏像を曳きずり、唾をかけた。加津佐の住民たちは「男も女も子供も戸口に出て、その哀れな運命に同情を示していた」。その後仏像は司祭館の炊事の薪となったと、フロイスは得々と書いている。驚ろくべきなのは、住民の悲しみを叙して平然たるフロイスの神経ではなかろうか。おのれのなすところを善かつ真理と信じこむ狂信の常というべきか。

コエリュらは自分たちが権力を握るキリシタン大名領ゆえに、このような振舞いを許された。だが、畿内においても、ジュスト右近は領内の仏閣破却に踏み切ったし、ヴァリニャーノの日本の習慣への適応方針に賛成だったオルガンティーノでさえ、神仏を悪魔扱いすることにおいて、コエリュに劣る者ではなかった。都から三里離れた山に「悪魔に奉納された寺院」がある。「(私は)どうあってもこの寺院は破壊すべきであり、代わりに都から見て拝みうるほど大きな十字架を建立して、天使の長サン・ミゲルを祭るべきである」といつもキリシタンに説いている。それをどうして知ったか、その寺院の仏僧たちは信長のもとへ赴き、寺院を破却することがないようキリシタンに命じてほしいと請うたとのことだ。「われらはかの寺院の最後の藁に至るまで焼却することを切に望んでいる」。以上はオルガンティーノが一五七七年九月二一日付の手紙で述べたことである。

布教しようと思う国へ出かけて、その国伝来の神を悪魔と呼ぶのがどんな行為であるか。それは当時日本の仏僧がヨーロッパへ布教して、公然とキリストを悪魔と呼んだらどんな騒ぎになったか、想像してみただけでわかる。ヨーロッパの聖俗権力は必ずや彼らをひっ捕えて火刑に処したであろう。他国へはいりこんで、その国の寺院や神像を悪魔と呼んで破却しようというのは、その国の文明をよほど蒙昧なものと見下げていなければできぬことだ。宣教師たちにそれができたのは、ヨーロッパ文明とその基盤たるキリスト教を人類の普遍かつ最高の所産と、すでにして信じていたからにほかならない。ヨーロッパと日本とは産業や技術や軍事力において、さらに教育、道徳においても懸隔はなかった。バテレンたちが信じたのは精神の優位である。かくて日欧のファースト・コンタクトは、この三〇〇年のちのセカンド・コンタクトの構図を先取りする一面を示すことになった。秀吉はかつて信長の部将として一向宗と戦い、いまや根来・雑賀の仏教勢力を倒し、キリシタンにはむしろ好意的であった。宣教師たちは希望に燃えた。だが、行く手には暗雲がはらまれていた。

有馬・大村につかの間の安堵をもたらした龍造寺の敗退

目を西九州へ移すと、ここでも重大な情勢の変化が起こっていた。龍造寺隆信が島原・沖田畷《なわて》の戦いで戦死し、有馬・大村のキリシタン領は長年の脅威から救われたのである。

龍造寺氏の圧迫のもと、領国の三分の一を保つのみとなった有馬晴信は、ヴァリニャーノが日本を去った一五八二年の末、肥後の八代に渡って島津氏に救援を依頼した。島津は肥後国を舞台に龍造寺と争っており、いまや頼るべき相手は彼しかなかったのである。島津方は一五八四年三月、龍造寺隆信が大兵を催してまたもや有馬領を侵さんとするのを知って出兵を決定し、国主義久の弟家久に兵三〇〇〇を授けて、四月島原へ渡らしめた。

両軍が島原北方二キロの沖田畷で交戦したのは、一五八四年五月四日（天正一二年三月二四日）のことである。龍造寺軍は三万、あるいは六万と伝えられるが、六万はいくら何でも誇大だろう。フロイスは一万二〇〇〇と述べる。大村氏も出兵を強いられ、三〇〇の兵を派して島原城を守った。対する島津・有馬連合軍は島津兵が三〇〇〇、有馬晴信の手兵は一〇〇〇にすぎなかった。フロイスの数字を採るにせよ、龍造寺勢は三倍の兵力を擁したことになる。沖田畷は海と山に迫られた湿地で、中央を細い畦道が通るにすぎなかった。島津家久は龍造寺の大兵をこの湿地に誘いこむ策を採った。龍造寺勢は海沿いと中央の畦道と山沿いの三路から攻めかかった。龍造寺隆信は中央路の軍中を駕籠《かご》に乗って進んだ。肥満していて乗馬にたえられなかったのである。戦闘が始まっても、兵は畦道につかえて前に進まず、いたるところで敵味方がいりまじる混戦となった。その混戦の中で、敵中深くはいりこんだ薩軍の川上左京亮がたまたま隆信と出合い、その首を挙げた。主将を討たれた龍造寺勢は色を失って潰走した。

捷報は夜中の三時になって、口之津の準管区長コエリュのもとに届き、キリシタンたちは歓喜に包まれて鐘を打ち鳴らした。「やがて夜が明け、その日は美しく晴れて、露の降りた野は青々として」信者たちを祝福するがごとくだったとフロイスは伝える。だが、島津氏の救援によって危く難をのがれた有馬氏は、この後一転して島津氏の圧力に苦しまねばならなかった。沖田畷の戦勝後、島津氏は島原・三会《みえ》の二城に兵を置いて睨みを利かせ、有馬領内で十字架を倒したり、教会堂に乱入したり、キリスト教に露な敵意を示した。晴信にも棄教するよう圧力をかけたといわれる。『一五八七年度日本年報』は、晴信が島津氏へ従属したと述べている。

準管区長コエリュは一五八五年三月三日付のフィリピン・イエズス会士宛の手紙で、フィリピン総督に、兵士・弾薬・大砲・糧食を積んだフラガータ船を、二、三隻日本へ派遣してくれるよう要請した。「それは、現在軍事力が不均衡でこれに劣るために抵抗できず、他の異教徒に大いに悩まされている何人かのキリスト教の領主を支援できるようにするためである」と彼はいう。当時の九州の情況を考えれば、これは島津氏によって、有馬・大村両氏が圧迫されている有様を述べたものとみなすしかあるまい。すなわち、コエリュがマニラに派兵を要請せねばならぬほど、島津の西九州支配は強まっていたのだ。島津のキリシタン嫌いには定評があり、フロイスによれば「下《しも》の地方（西肥前・天草）では全教会の滅亡を予期して戦々兢々としているキリシタンのいない土地とてはなくなった」。

晴信は龍造寺氏との戦いに勝つや、戦前の約束を履《ふ》んで、長崎に隣接する浦上をイエズス会に寄進した。だが、長崎はやがて薩摩軍によって占領された。フロイスは八六年一〇月までの出来事として、薩摩勢が「長崎は定航船の利益がほしいと言って占領し、そこで多数の接収を行な」ったとはっきり書いている。長年大村領で宣教に従事したルセーナによれば、島津氏は大村領の西彼杵《そのぎ》半島まで占領下に置いていた。

龍造寺氏の敗退によって、大村純忠はもとの地位に復帰し、人質にされていた長子の喜前《よしあき》も一五八五年には父のもとへ帰っていた。ルセーナは純忠が「薩摩の支配下にあり晴信の手中にまかされている外海《そとめ》と内海《うちめ》の領地を回復することに決めた」と書いている。外海・内海とは西彼杵半島の西岸・東岸のことで、有馬氏はこのとき強制されて、島津氏の先兵の役割を担わせられていたのである。純忠は薩摩・有馬の連合軍を駆逐して、内海・外海のみならず、長崎まで回復した。一五八六年のことと推測されている。このことは他の内外文献には記録されていないが、長年大村で宣教に従事したルセーナが、ありもしなかったことを記述するはずがない。コエリュのマニラ宛書簡が薩摩の軍事的脅威のもとで書かれたのは、もはや明らかだろう。浦上を治めた純忠は、改めてこれをイエズス会に寄進した。

目前に迫る島津の九州制覇

島津氏はたんにキリシタン憎しの一念から、有馬・大村両氏を圧迫したのではない。彼らはすでに肥後・筑前を制し、残る豊後の大友氏の征服を日程にのぼらせていた。全九州制覇という目標からすれば、有馬・大村は当然島津に従属すべき存在だったのだ。島津軍の侵入を目前にして、皮肉なことに豊後のキリシタンは最盛期に達していた。島津軍侵入直前の豊後在住イエズス会士は四五名にのぼり、従来祇園信仰によって結束し、入信者をほとんど出さなかった府内の町衆も、一五八四年には頭人《とうにん》一三名が受洗するに至った。このように豊後教会が隆盛を迎えたのは宗麟の尽力によるところが大きかった。彼は地方の家臣たちに働きかけて入信を促すなど、いまや俗人司祭といってよかった。『一五八一年度日本年報』は「往時二五〇〇人にすぎなかったキリスト教徒は、今や一万人を超えた」と述べ、ゴメス司祭は一五八五年だけで一万二〇〇〇人が改宗したと伝えている。

しかし、軍事上の弱体化は日に日に明らかとなった。従来筑前の立花城を守りぬき、フロイスからいまや豊後の国王のようなものと評された立花道雪は、隆信戦死後筑後に転戦中に病死。筑前岩屋城を守り、道雪と並んで豊後の頽勢を回復したと、おなじくフロイスが伝える高橋紹運も、一五八六年島津軍に攻められて戦死した。この両名将の死は来る大友の亡国を予兆したものといわれる。

島津勢は一五八六年一〇月、侵入を開始した。義弘が肥後口から、家久が日向口から進んだ。大友氏の防衛態勢はほとんど崩壊していた。宗麟の二男親家は薩摩と内通し、そのことが露《ば》れて、現国主である兄の義統から所領を奪われ、宗麟のとりなしがなければ殺されるところだった。また、代々年寄（家老）を務めた志賀家の当主道易も、義統の妾と私通して罪を得、ついに薩摩と通じて豊後の地図を献じたといわれる。その他、大野郡・直入郡の諸将の多くが叛き、薩軍を手引きした。このとき岡城（現・大分県竹田市）を死守して名をあげたのが、道易の長子志賀親次《ちかつぐ》である。彼は早くからキリスト教に心を寄せていたが、父道易、祖父道輝の反対をおし切って一五八五年受洗し、ドン・パウロの教名を得ていた。宗麟は臼杵の丹生島《にうじま》城に籠った。城内には大勢の避難民が逃げこみ、悲惨な状況を呈した。守備兵はわずかで、もし薩軍が力攻すれば、宗麟と宣教師たちはこのとき殉教をまぬかれなかったはずである。だが、薩軍は三日間掠奪にあけくれたあと、一二月八日に囲みを解いて去った。

一五八七年一月義統は、秀吉が派遣した救援軍、仙石秀久、長宗我部元親らの軍勢とともに、戸次《べつき》川で薩軍と戦って大敗を喫し、豊前の妙見《みょうけん》城に逃げた。彼が豊後にとどまって戦おうとしなかったことは、のちに秀吉の不興を買う一因となった。豊後を蹂躙しつくした薩軍も、秀吉勢の主力が豊後入りするに及んで兵を引いた。このとき、義統は黒田孝高に説かれて妙見城で受洗した。これまでけっしてキリシタンになろうとしなかった彼がこの期に及んで入信したのは、宗麟にとって何よりのよろこびであったろう。

第一二章　バテレン追放令前後

島津が豊後へ攻めこむ前、コエリュと宗麟が前後して、秀吉を大坂城に訪うた。まずコエリュの場合から述べよう。準管区長の当然なすべき畿内訪問は、戦乱などのためにのびのびになっていたが、八五年になっていよいよ準備にかかると、一〇月になって薩摩から使者が到着し、「その年内にはある理由があって」出発しないように、もし聞きいれねば禍あるべしと警告してきた。準管区長が秀吉に豊後救援を求めるのではないかと疑ったのだと、フロイスは書いている。

コエリュは年の明けるのを待って、一五八六年三月六日、長崎を出発した。途中、瀬戸内の上関《かみのせき》で感動的な出来事があった。八〇歳ばかりの老女二人がロザリオを手にして船中のコエリュを訪ねてきたのである。なんと彼女らは三五年前にザビエルから洗礼を授けられたキリシタンだった。以来、彼女らは孤立しながら信仰を守りぬいてきたのである。コエリュは四月二四日、堺に安着した。五月四日の大坂城訪問は、翌年の宣教師追放令の前奏曲として重大な意義を有する。秀吉との会談が不調だったわけではない。秀吉は最大限の歓待ぶりを示し、雰囲気も和気藹々《あいあい》だった。会見はどう考えてみても大成功だったのである。ただあとから考えてみれば、不気味な暗礁がちらりとその影をのぞかせていた。

秀吉の胸に刺ったフロイスの傲慢な発言

秀吉はこの会見において、朝鮮・中国を征服するつもりだと語り、二隻の大型ナウと航海士の提供をコエリュに求めたとフロイスは記録している。しかしこの会見については、オルガンティーノの一五八九年三月一〇日付の書簡があって、それによると、ポルトガル船はコエリュの方から提供を申し出たのだという。フロイスがさっさとコエリュの脇に坐を占めて通訳に当ったので、オルガンティーノは出る幕がなかった。フロイスは秀吉に対して、殿下がシナ征服のため下《しも》（九州）に渡るのならば、ここにいる準管区長に助力を依頼なさるがよい、彼は下のほぼ全域を指揮下に置いているし、大型帆船をポルトガル人の操縦のもとに提供することができると語った。オルガンティーノと高山右近はフロイスの発言に危険を感じて、彼の言葉を遮ろうとしたが、フロイスは準管区長の権威をかさに着て、オルガンティーノの口を封じた。彼と右近の憂慮は杞憂ではなかった。秀吉の右筆安威シモン了佐はあとで使いをよこし、関白殿の面前でのあのような傲慢な発言は、すべての者に不快感を与えたと、一行に注意して来た。

問題はフロイスの発言が、イエズス会が九州の諸大名に対し、相当の支配力をもっているらしいと、秀吉に疑わせた点にある。そういえば、バテレンは今回三〇名を越える伴を連れてきていた。秀吉はこのとき直ちに不快感を表わしたわけではなく、このあとコエリュに、布教に関する特許状を与えたのでも明らかなように、宣教師に対する好遇に変りはなかった。この特許状によって、備前・備後・美作の大守宇喜多秀家の本拠岡山に教会が建てられ、毛利氏の領内の教会再建も認められたのだから、コエリュの行く手は順風満帆に見えた。だが、秀吉の胸には棘が刺さっていた。その痛みはいつかは疼き始めるだろう。

宣教師たちは初め秀吉を評価していなかった。フロイスは「気品に欠ける」と評し、一五八四年一月の書簡では、秀吉が追放したり苦しめたりした大身たちはみな復讐の機をうかがっているので、彼はさほど長くは生きぬだろうと噂されていると書いている。それが『八五年度日本年報』になると、何事においても信長をはるかに凌ぎ、キリシタンの教えに敬意を示している、といったふうに変った。コエリュの大坂城訪問後は、フロイスの筆によるイエズス会庇護者、秀吉のイメージはふくらむ一方だった。

島津討伐と九州のキリシタン領国安堵

大友宗麟が「一万クルザードはするであろう贈物」（フロイス）を携えて大坂城を訪うたのは、おなじ年の五月二三日、コエリュに遅れること一九日だった。秀吉は宗麟を歓待し、出兵して九州に秩序をもたらすことを約した。島津氏は大坂表で逐一情報を収集し、八代から長崎へ使いを送り、禁じたにもかかわらずコエリュが秀吉を訪問し、しかも薩摩に対し戦いを始めるように説いたこと、宗麟と大坂で会って薩摩対策を協議したこと、長崎入港の定航船と薩摩の取り引きに協力しなかったこと等々を詰問した。コエリュの留守中、下地方の上長を務めていたベルショール・デ・モーラは、急遽修道士を八代に送って弁明させたが、さんざん罵られて追い返されてしまった。

先に述べた通り、秀吉は一五八六年の秋、大友氏救援のために、仙石秀久、長宗我部元親ら四国勢を豊後に送りこむ一方、黒田孝高に毛利・吉川・小早川の兵を監して豊前を攻略させた。豊前平定が順調に進んだのに対して、仙石・長宗我部勢は一五八七年一月、戸次川の戦いで薩軍に惨敗し、四国へ逃げ帰った。秀吉は一五八七年一月軍令を発して、二五万にのぼる征討軍を編制して逐次九州に投入し、退却する薩軍を追って薩州川内に至り、六月一三日島津義久を引見して、島津の降伏を受けいれた。

島津氏を降したのち、秀吉は豊後一国を大友義統に安堵し、宗麟には日向一国を与えた。有馬氏、大村氏もそれぞれ所領を安堵された。だが宗麟は秀吉の好意を謝しながら、日向領有を辞退した。宗麟にはもはや現世に求めるところがなかったのだろう。長らく父に逆らって入信を拒んでいた長男の義統が、黒田孝高の粘り強い説得によって、この年四月に受洗するに至ったのは、彼の最後のよろこびであったろう。彼は六月一一日に死んだ。一方、大村純忠も六月二三日に死んだ。死に当って、キリシタン教団を守るために戦ってきたが荷が重かった、日本のキリシタンの模範となることなどとてもできなかったと述懐した。

秀吉が八代に着陣すると、コエリュは早速ポルトガル商人を連れて伺候した。秀吉は日本全国を平定したあと、二、三〇万の軍勢でシナを征服する予定だが、ポルトガル人はこれを喜ぶかどうかと尋ね、答えを聞くと満悦した様子を示した。さらに彼はポルトガル船が堺に来航するように求めた。コエリュは水深の許す限り、意に添うように努めると約した。八代城に監禁されていた人々の助命をコエリュが乞うと、秀吉は即座に許した。ご機嫌は上々で、コエリュが信任されぶりに自信を深めたのは当然だったのである。

一夜で急変した秀吉の態度

秀吉が筑前箱崎へ凱旋したのち、突如として「バテレン追放令」を布告した一件は、歴史上往々見られる謎のひとつに数えられる。彼がイエズス会の宣教行為に対して、危険を感知したことが謎なのではない。異教の侵入に対して敵意を示した為政者は、イエズス会の開教以来数々存在したし、神社仏閣の破壊などの過激な行為を伴う宣教のありかたからすれば、為政者たちがそのような反応を示さない方がむしろ不思議なのである。謎というのは、ぎりぎりまでパードレたちに好意を示して来た秀吉が、一夜にして彼らに対して激昂し、追放を言い渡した急変ぶりである。むろん、いろいろな解釈が行われてきたが、謎は依然として解けない。とにかく、事実経過を述べよう。

コエリュは八代で秀吉に会ってのち、いったん長崎へ帰り、七月八日（邦暦六月三日）ごろ、フスタ船で博多湾頭の姪浜《めいのはま》へ着いた。フスタ船というのは、細長で底が浅く、帆と櫓の両方で航行する二〜三〇〇トンの快速軍船で、かねて長崎警備のために配備されていたものである。コエリュは八代で秀吉から「博多でまた会おう」といわれていたし、具申したい若干の用件もあった。

秀吉は一週間のちの七月一二日に博多に到着し、箱崎に本陣を構えた。キリシタン武将から通告を受けて、七月一九日、コエリュがフスタ船で姪浜から博多に赴くと、秀吉は博多の地割りを行うために海上に出ていて、フスタ船を認めるや、船を寄せて乗り移ってきた。彼は上機嫌で、コエリュたちとうちとけて談笑し、接待を受け、船中をくまなく巡察して、大砲を打たせた。ポルトガル語について質問し、日本語でジャパンと書かせ、何度も発音してみせて、「予はバテレンの弟子じゃ」と冗談を言った。フスタ船が博多の浜辺に着くと、一〇〇〇人ばかりの町民が贈物を用意して待ち構えていた。秀吉は銀子一枚を取っただけであとは町民へ返し、食糧品はコエリュに与えるべくフスタ船に積みこませた。コエリュがこのときとばかり、「自分たちはこの町に教会を持っていた。再建のためにもとの土地を与えられたい」と言上すると、秀吉は「好みの場所をとるがよい」と、いとも簡単に願いを聞きいれた。

翌七月二〇日には、コエリュらが秀吉の宿舎を訪問した。あい変らぬ歓待ぶりで、席上、長崎の深堀純賢が海賊行為を働いているという話が出ると、秀吉は即座に純賢を捕え、領地を没収するように指令した。長崎におけるイエズス会の長年の仇敵は、かくして秀吉の手で除かれたのである。この前後、秀吉麾下の部将たちはコエリュらを取り巻き、大いにキリシタン宗旨に関心を示した。もちろん、御大将のお気に入りと思えばこそそうしたのである。コエリュたちが前途に輝かしい希望を抱いたのは当然だった。この会見ののち、彼らは期待と感謝の念にみちて退出したとフロイスは書いている。

しかし、ひとり高山右近は、無気味な地鳴りが近づいてくるのを感じとっていた。二日のちの七月二二日、彼はフスタ船にコエリュたちを訪ねて、「間もなく悪魔による大いなる妨害と反撃が始まるように思えてならぬゆえ、そうした事態に対して十分な備えが必要である」と警告した。コエリュが何か格別手がかりになるようなことを知っているのかと尋ねると、「いや別に特別な情報に接しているわけではない」と右近は答えた。だが彼は、秀吉のイエズス会への感情が、この一、二日で悪化したことを敏感に感じとっていたのだ。言いはしなかったが、何かを知っていたに違いない。でなければ、人騒がせなことをわざわざ言いに来るわけがない。

七月二四日には、平戸に入港しているポルトガル船のカピタン・モール、ドミンゴス・モンテイロが、五〇〇クルザードの贈物を携えて秀吉を訪問した。この船は前年平戸に入港したのだが、取り引きがうまくゆかず越年していたところ、ポルトガル船を見たいので、博多へ廻航せよという秀吉の命を受けて、それが困難であることを言い訳しにやって来たのだ。モンテイロが博多には浅瀬や暗礁が多く、無理に乗り入れると船を失う危険があることを説明すると、秀吉は納得した様子で、あとは機嫌よくモンテイロに立派な太刀を授けた。この件について岡本良知が「博多は古くより開港場として内外の船が輻湊《ふくそう》した処であるから、大きくても六、七〇〇トンを超えないポルトガル定航船の入れぬわけがないのである。されば何等か他の理由を以て博多入港を好まなかった船長の口実と見なすべきであろう」と述べているのは、注意すべきである。そもそもモンテイロのナウは、事情は明らかではないが、イエズス会の指示に従わずにあえて平戸へ入港し、宣教師たちの憤激を買っていた。これを当時長崎が薩軍の占領下にあったためと推測する見方もあるが、それならイエズス会側が憤るわけがなく、また前記したように、この時期長崎はすでに大村氏によって回復されていた。

このあと夜にいたるまで、秀吉の心中あるいは周辺で何が起こったのか、一切は謎である。とにかく彼は、夜に入って高山右近のもとに使者を送り、棄教するように迫った。右近がそれだけはできぬと返答すると、彼は即座に右近から領地を剝奪し、追放に処することを宣告した。

夜も深更になると、フスタ船でぐっすり眠りこんでいたコエリュは、関白からの使者がやって来たと叩き起こされた。使者は小西行長と安威シモンである。シモンはこのときすでに棄教していたらしい。コエリュは夜半、行長の宿舎に連れこまれ、気の毒そうな顔つきの二人から、秀吉の詰問三カ条を伝えられた。第一、汝らは何故、仏僧のように寺院で法を説くのではなく、地方から地方をめぐって熱烈に煽動するのか。以後は仏僧を見習え。もし不服なら、全員マカオへ帰還せよ。第二に、汝らは何故、有用な道具である牛や馬を食べるのか。シナから渡来する商人も含めて、汝らが牛馬を食せずにおれぬのならば、今後渡航は無用である。第三に、ポルトガル人が日本人を奴隷として購入し、海外へ連行するのは許されぬ行為である。連行された日本人を連れ戻すよう取り計らえ。コエリュは答えた。なるほど我々は地方へ出歩くが、それ以外布教の方法がないからで、布教に当って強制的な手段をとったことはない。肉食については、司祭たちはすでに日本食になじんでいる。商人にはよく言い聞かせよう。しかし、日本人が肉を売りに来る以上、徹底は保証しがたい。奴隷の売買は厳禁すべきだ。だが肝心なのは、貿易港の「殿たち」がそれを禁止することだ。

日本ではこの世紀、戦争に伴って住民が捕獲され、奴隷として売られるのは通例であった。これは日本だけのことではなく、西洋でも同様のことが行われた。従って、ポルトガル商人は日本の慣行に従って日本人奴隷を購入したのであって、売る日本人がいるから買うポルトガル人がいるのだというのは、コエリュの言う通りだろう。フロイスはこの年、薩軍が多数の豊後の住民を捕えて肥後で売りとばし、それがさらに高来《たかき》（島原半島北部、有馬領）で二足三文で転売されたと伝えている。高来でというのは、むろん買い手がポルトガル人だったことを示している。だが、コエリュの言い分は盗っ人猛々しのたとえ通りでもあった。ポルトガル国王は度々日本における奴隷取り引きを禁じる勅令を出した。しかもイエズス会員は、この勅令の実行を促す立場にあるにもかかわらず、しばしばその取り引きに立ち会ったのである。

翌朝、秀吉は早起きして、居並ぶ諸将の前でキリスト教と司祭を罵倒し、司祭たちを追放せねばならぬ理由を説き、使者をコエリュのもとに派遣して、彼らが寺社を破壊する理由を問い糾した。コエリュはわれわれがそれを指示したことはない、信者が自発的にやったのだと答えた。明白な嘘である。するとまた使者がやって来て、二〇日以内に日本を退去すべしという決定的な通告を伝えた。前日秀吉に謁見したカピタン・モール、モンテイロには文書が交付された。今日松浦家文書に残る五カ条の禁制文（二一〇頁）が、おそらくその文書である。

イエズス会に対する「双価的」感情

秀吉は老境へはいるにつれて、突発的な怒りの発作を抑えられなくなったようで、バテレン追放令の突然の発布は、その徴候の最も早い表われなのかもしれない。それはけっして十分に検討され準備された処置ではなく、怒りが積み重なり徐々に高まるうちに、衝動的に形をなして行ったのではないかと考えられる。前後の事情からして、彼のバテレンたちへの態度の急変が、モンテイロのポルトガル船廻航の拒否をきっかけとしていることは明らかである。表面上はにこやかに納得したように見せかけていたが、内心は穏やかではなかったに違いない。イエズス会が彼の求めに従って、ポルトガル船を提供することは、彼がもくろむ大陸経営の肝心要の一点であったからだ。博多廻航を言を左右にして断るというのは、彼らが度々明言してきた誠意を疑わせるに足ると、秀吉には感じられたはずだ。だが、それだけでは、火のついたような彼の激怒ぶりは説明がつかない。事態の進展ぶりを見る限り、激怒はその夜高山右近に求めた棄教が拒否されたことで噴出したのである。

秀吉の第一の反応が、なぜ右近への棄教要求となって表われたのか、いまとなっては事情は皆目わからない。

右近が熱心なキリシタンであり、ほとんど宣教師の一人といってよいほどなのは、秀吉も百も承知していて、その上で彼を重用し続けていたのだ。なぜ急に棄教を求めねばならないのか。右近が数日前から事態の急変を予感していたことからすれば、そこには今日のわれわれには窺い知れぬ、何らかの事情が伏在していたようだ。しかも、右近がこのとき表面上だけでも、秀吉の要求に素直に従っていたら、それ以上の事態の進展は防がれていたかもしれない。秀吉が続いてコエリュのもとに詰問の使いを送ったのは、右近から要求を拒否されて、怒りに火がついたからなのだ。だが、このときの詰問三カ条には、肝心の寺社破壊の件がはいっていない。また、宣教師を日本から追放するとも言っていない。もしコエリュが三百代言めいた不遜な答えをせず、素直に詫びを入れていたならば、事態の進展はここで防げていたかもしれない。

だから秀吉は、熟慮の末にバテレン追放を決断したのではなく、その夜、右近やコエリュの対応に怒りを募らせるうちに、追放という報復処置に突っ走る決意が形をなしたというのが、実情ではなかったろうか。この点については、フロイスもこう述べている。「私はこの変化は突然の怒りからだとする方が可能性が大きいと思う。というのは、彼が言うように、ずっと前から計画し、この考えを抱いていたとするなら、今までいつも司祭たちにあのように大きな好意と栄誉を与えたであろうか。……関白殿がそれほど長い間その考えを隠し、我らの教えについて常に敬意をもって語り、そしてずっと前から計画していたというのは、そのような大きな転向を軽々しく行ない、怒りから急激に大きく変ったことを隠すためのように見える」。

追放の理由はあとからいくらでもつく。翌朝秀吉は早起きして、麾下の諸将の前で足摺りせんばかり怒って見せ、フロイスによれば、「日本の祖、イザナミ、イザナギの子孫たる我らは、当初から神ならびに仏を崇敬し来った。もし我らが、これらの犬ども（伴天連たち）が為すがままに任せるならば、我らの宗教は失われてしまうだろう」と語ったとのことだ。

だが、宣教師たちの説く神が、日本に伝来する神仏の教えとまったく異質のものであるのは、今さら気づくまでもなく、初手からわかっていたことではなかったか。わかった上で、彼は宣教師を好遇してきたのではなかったか。むろん、秀吉がここで語っている追放の理由（それは追放令の第一条にも明記されているのだが）は、当然提起されてしかるべき問題で、そのために、島津氏は領国内の布教を受け入れず、立花道雪は志賀道輝ら家臣を通じて大友宗麟に亡国の危険を警告したのである。日本の神仏との関係は、これまでもキリスト教布教上の第一の問題点であったし、今後もそうであり続けるだろう。しかし、一五八七年七月の時点において、宣教師の行為がこの国の信仰の根幹を揺るがすものであって、従って排除すべきであると言い出さねばならぬ理由は秀吉には何もなかった。それを言うなら、最初から危険は存在していたのだし、にもかかわらず宣教師を好遇して来たのは、そのリスクは無視してよいと彼が考えていた証拠である。いま急に、神国日本がキリスト教に汚染される危険に気づいたというのは、子どもだましの口実というほかあるまい。

天正一五年六月一九日（一五八七年七月二四日）付の追放令は、第一条で「日本は神国たる処、きりしたん国より邪法を授け候儀、はなはだ以て然るべからざる候事」と述べ、第二条では、知行を受けた秀吉の家臣が、領民をキリシタンにして寺社を破壊させることを禁じ、第三条は司祭らが二〇日以内に日本を退去すべきことを告げ、第四条では、ポルトガル船が来航して交易することは一向構わぬとし、第五条は、仏法の妨げをせぬならば、商人以下、キリシタン国からの渡来は自由とする。

このうち第一条は、まさにキリスト教布教に対する原則的拒否を表明したものであり、今後の全国政権の対応の底流となってゆくのであるが、この時点での神国観念はあまり明確なものとは思われない。それよりも実質的に重要なのは第二条で、キリシタン領主が領民をキリシタン化して、寺社を破壊させることを問題視した点である。

実はこの時の追放に関する文書は、別に六月一八日付の朱印状なるものが伝存していて、これは一九日付で翌日コエリュに交付された前記追放令以前に作成され、結局コエリュには交付されなかったものと考えられているが、注目すべきなのは、一般人が志次第にキリシタンになるのは、仏教の「八宗九宗」のどれを信じようが自由であるのと同様に、構わないとされていることである。信長はバテレン追放を迫る仏僧に対して、これまで存在した教派がひとつふえるだけだと答えた。秀吉もその点では信長とおなじなのである。入信が問題なのは、一定の所領を給された給人の場合であって、これは秀吉の許可が要るとする。

つまり問題なのは、領主が単にいったん預かっているに過ぎない領民を、強制的にキリシタン化して寺社破壊を行わせることだというのだ。なぜ問題かというと、それは信長、秀吉に敵対した一向宗の所為とおなじだからだという。信長は一向宗の教義を嫌ったのではなく、各地の領主層が本願寺の坊主たちの指導に従って、教団国家を形成するのを、全国統一の妨げとみなした。秀吉も、イエズス会が諸侯を指導して教会国家を形成しようとするのを、全国統一を妨害する一揆と考えたのである。この文書には宣教師の追放は一言も触れられていない。調子はすこぶる冷静である。まだ右近の拒否にあう前だからだ。神国云々よりも、領主層がイエズス会の指導に従うことが問題なので、秀吉はようやくその危険に気づいた。秀吉のイエズス会に対する態度は双価的だった。彼は宣教師を通じてポルトガルの海軍力を利用したかった。そのため、得意の籠絡的態度でコエリュに接した。しかしその一方、イエズス会指導下のキリシタン大名の実態を知って、愕然たる思いがあった。領民をキリシタン化して寺社を破壊するのは、まさに大友・大村・有馬の所業ではなかったか。これを放置しては支配の根幹が揺らぐ。双価的感情はちょっとした事件で均衡を失う。それが一五八七年七月二四日の夜に起こったのである。

秀吉は領主層の入信には許可が必要とした。ジュスト右近を追放すると同時に、彼はキリシタン諸将に棄教を迫ったらしい。松田毅一は、このときほとんどすべてのキリシタン諸将が、表面上棄教を誓ったと推測している。たしかに、入信したばかりの大友義統が秀吉から棄教を命じられて、即座に応じたということはあった。小西行長も後述するように相当動揺したらしい。だが、有馬晴信や大村喜前にしろ、秀吉から直接棄教を迫られた形跡はない。また、黒田孝高もコエリュの『一五八八年度年報』によれば、「関白殿からキリシタンのことをとやかく言われ」ることはなかった。つまり、棄教を迫るといっても、秀吉には手心があったので、たとえば孝高に迫って拒まれた場合、体面上追放せざるをえず、有能な幕僚を失う結果となることを計算して、あえて彼には手を触れなかったものと思われる。

下地方の教勢拡大、大打撃の畿内・豊後

追放令を受けて、コエリュは全国のイエズス会士に、平戸へ集結するように命じた。長崎はすでに秀吉によって収公される運命にあったからである。モンテイロの船は平戸にいるのだから、日本を去るとすればそこへ集まるしかない。もちろん、おとなしく日本を去る気など、彼にはなかった。平戸へ集まった会士たちは、あくまで日本に残留すること、しかし、関白が激怒せぬよう、居らぬふりを装うこと、この二カ条を議決した。

コエリュは秀吉の怒りが一時的なものなのか、それとも永続的なものなのか、判断がつきかねていた。だから彼はまず、秀吉の身辺の人物に、禁令の緩和をとりなしてくれるよう働きかけた。夫人の北政所と、甥の秀次である。二人とも日頃宣教師たちに好意を示してきたし、この度の依頼にも快く応じた。しかし、この二人に秀吉の意志を左右できるはずがなかった。大坂へ帰った秀吉が北政所に「予はかなり急ぎすぎた」と洩らしたので、彼女はすかさず「外国人司祭たちへの迫害は皆の心証を悪くする」と口を出した。しかし秀吉から

「日本の掟に有害なので、予は結局よいことをしたのだ」と、きっぱり言われると、彼女は口をつぐむしかなかった。

モンテイロの船が一五八八年二月末出航したとき、船には三人の修道士が乗っているだけで、しかも彼らは、マカオで司祭に叙任されてまた日本へ帰る予定だった。追放令にもかかわらず、司祭は一人も日本を去らなかった。彼らは有馬領、大村領、松浦領の生月島《いきつき》・度《たく》島、天草諸島など、キリシタン領主領に分散して活動した。学院《コレジヨ》は千々石、修練院《ノヴィシアド》は有家《ありえ》、神学校《セミナリヨ》は八良尾《はちらお》へ移った。いずれも有馬領内である。教会堂は表向きには門を鎖していたが、宣教師たちは目立たぬように心掛けながら活動をやめなかった。

コエリュによれば、この潜伏期間、有馬領や天草諸島ではかえって教勢が伸びた。というのは、これまで宣教師の人数が足りずに布教が不十分だったのに、このたび十分な人数の働き手が集まったため、隅々まで布教が行き届くようになったからだ。これまでなおざりにされていた教理教育も、改めて徹底されるようになった。一五八九年一月には、日本在住の司祭は三七名、イエズス会士は一一六名に達した。有馬領における布教の深化拡大は、領主晴信の庇護によるところが大きかった。コエリュの伝えるところによると彼は、宣教師を領内にとどめていることを秀吉から咎められたならば、できる限りの申し開きをなし、それでも秀吉が戦さをしかけるのであれば、「わが聖法とイエズス会のバテレン方を擁護すべく、わが命と領地を投げ出すといたそう」と語ったということだ。しかし、なお注目すべきなのは、この期に及んで、天草五人衆のうち二人が入信したことである。大矢野種基は追放令が出た直後、自ら進んで受洗した。その動機は彼が薩軍に属して豊後に出陣中、大友勢に包囲されて死すべきところを、ドン・パウロ志賀親次によって助命されたことにあった。三年前、島津勢の豊後侵入の折、岡城を死守したあの親次である。

種基はジャコベの教名を得た。おくれて栖本《すもと》親高が入信した。本渡・河内浦を領する天草氏は古くからの信者なので、天草五人衆のうち、三人がキリシタンとなった。

一方、畿内・豊後の教会が受けた打撃は深刻だった。イエズス会側の文献は、追放令が出たあと、多くの信者が宣教師のもとに駆けつけて殉教を誓ったと記しているが、たとえそれが事実だとしても、領主が移封されたり棄教した場合、ふつう領民の大多数も棄教するのが当時の習わしだった。たとえばバテレン追放令の二年前の天正一三（一五八五）年、高山右近が高槻から明石に移封されたとき、収公された高槻領の領民は、辺鄙な二、三の村を除いてみな信仰を捨てたといわれる。ただ都地方の古くからの信者は信仰を堅持していた。一五八八年五月、彼らはイエズス会総長に自分たちの信心を披瀝する書状を呈したが、その中には小西如清（行長の兄）、庄林コスメ、伊智地文大夫、池田丹後守教正、三ヶ頼照、日比屋了珪ら、都地方の代表的な信者の名が網羅されている。このうち池田と庄林は信者のまま秀次に召し抱えられ、伊智地は小西の家臣となり信仰を全うするのである。

この書状奉呈を組織したのはオルガンティーノだった。彼は都地方の宣教師がすべて平戸へくだる中、ひとり瀬戸内の室《むろ》（室津）港（現兵庫県たつの市）にとどまって、当時大坂にいた小西行長を呼びよせた。行長はなかなか応じようとせず、やっと出て来たときは「地獄の相を帯びていた」。彼は秀吉の恫喝に屈して、すでに「破門された者」のようになっていたのだ。彼はオルガンティーノを室から追い立てようとさえした。オルガンティーノは言った。「自分は貴殿らの霊魂を救うために、ここに残留したのだ。貴殿がそのことを解せず、自分をかくまうのを拒むならば、私はただちに都か大坂におもむき、街頭に立つつもりである」。これを聴くや、行長は泣いた。そして、居合せたジョルジ弥平次と長時間談合した。行長の心を鎖していた氷は融けた。彼は深い痛悔の念を告白し、関白が再び彼を試みるならば信仰に殉ずると語り、命にかえてオルガンティーノをかくまうと誓った。またジョルジ弥平次を傘下に加え、二〇〇俵を給した。折しも、高山右近、三ヶマンシヨ（頼連）らが到着し、迫害に断乎として立ち向かう一同の情熱が燃え上った。オルガンティーノは行長の所領小豆島にかくまわれることになった。しかし彼は、便々とこの島に籠居していたのではない。姿を変えて京都まで潜行し、さらに近郊の信者を訪ねた。前記、イエズス会総長宛信仰告白状は、剛毅きわまるオルガンティーノの、このような冒険行がもたらした成果だったのである。

追放令が出されたあと、都や大坂の教会堂と修院は閉鎖はされはしたものの、建物自体が破却されたわけではなかった。また、長崎も収公されはしても、乗りこんだ役人の司祭たちへの態度は穏やかで、教会堂を汚《けが》すこともなく、ただ閉鎖されるだけで満足した。

秀吉の心境が和らいだと思われる情報も届いた。彼は小西立佐（行長の父）がキリシタンだと承知しながら、依然として側近で重用していた。あるとき彼は立佐に「バテレンたちはもう立ち去ったか」と尋ねた。立佐が船がまだ出帆しないのでとどまっているだろうと答えると「ロレンソも行くのか」とさらに訊《き》く。立佐が彼の心を計りかねつつ、老齢なので日本に残留するだろうと言うと、秀吉は静かに「そうであろう」と肯いた。彼はこの雄弁で善良な日本人修道士に愛情を抱いていたのだ。またある日、彼は身辺に侍する者たちに、「右近はどうしたか」と尋ねた。消息が知れない以上、どこか無人島にでも行ったのだろうと答えると、「予はそれほどにしろとは言っていない。どこかで生きていたらいいのだ」という言葉が返ってきた。

司祭たちはこういった秀吉の言動を、一時的な怒りが鎮まってきた兆候と受けとった。モンテイロの船が出航する直前、司祭たちとモンテイロが協議して、秀吉に遣使することを決めたのは、ひとつはこのような情報にもとづいていたのかもしれない。使者にはモンテイロの代理としてフランシスコ・ガルセスが選ばれ、通訳として、長崎に住む日本人アントニオ・アグレウが同行することになった。彼らは出航するナウに司祭と修道士をできるだけ乗せるが、とても全員は乗せきれぬので、相当数残留するだろうと、言い訳する手筈だった。

二人は一五八八年四月八日、大坂城で秀吉に会った。用意してきた言い訳を述べると秀吉は、バテレンは一人残さず日本を立ち去らねばならぬ、もし立ち去らねば処刑する。貿易船は歓迎するが、バテレンの教えは日本には合わないと答えた。しかし、表情は冷静であった。アントニオが種々抗弁すると、却って彼に興味を示し、どこの国の生れか、どうやってそんなにポルトガル語に熟達したのかと尋ねた。ガルセスの訪問は逆効果だった。この直後秀吉は、都・堺・大坂の教会堂や修院を引き倒し撤去するように命じた。これがコエリュたちの打診に対する彼の回答であった。彼らははかない希望が無残に打ち砕かれたことを知った。

しかし秀吉は、宣教師がいない振りをすれば、それでよかったのかもしれない。こののち、彼らが肥前・天草地方に潜伏し続けているのを知らぬはずはないのに、秀吉は事態を放置した。まことにフロイスが指摘するように、本当にバテレンたちをみんな船に乗せて出国させたいのであれば、ナウの出航する際に監督官を派遣して、そのように執行させればすむことなのに、秀吉はそのような手段をとろうとしなかった。バテレンをかくまうことはならぬと、有馬や大村を締めつけることもなかった。おかげで有馬領内には八つの司祭館、大村領内には三五の教会堂という隆盛ぶりで、追放令後三年間に、この下《しも》地方（西肥前・天草）だけで三万人の入信者を数えたというのに、秀吉はあい変わらず見ざる聞かざるの態度をとり続けた。

おそらく秀吉は下地方に干渉することによって、マカオとの交易が杜絶するのをおそれたのである。一五八八年八月、ジェロニモ・ペレイラの定航船が長崎へ入るや、彼は立佐に二〇万クルザードをもたせて長崎へ派遣し、生糸九〇〇ピコを先買せしめた。このような措置はポルトガル商人の反発を買い、翌八九年のマカオからの定航船は、長崎を忌避してメキシコへ向かった。マカオとの交易を切望する秀吉にとって、定航船が日本に来ないのは一大事だ。下地方でバテレンたちがいかに頑張っていようとも、表面上いない振りをしてくれることで満足するしかなかったのである。

九州全域に拡がったキリシタン大名領

ひとつには、イエズス会の勢力を西肥前地方におしこめることで、追放令の主要な目的は達したと、秀吉は感じたのかもしれない。彼が真に嫌ったのは、全国の領主層にイエズス会の権威が浸透することだった。九州の一画におしこめてしまえば、それでよしとせねばならぬ。しかも彼自身には、キリシタン個人への嫌悪感や反感はなかったように見受けられる。豊後のドン・パウロ志賀親次が秀吉に見参したときのことだ。彼は大友義統の嫡男義乗《よしのり》に伴って上洛したのだが、義乗のあと重臣の田原親賢が当然のように入室しようとすると、秀吉はそれをとどめて親次を先に招き入れ、豊後防衛戦における彼の勇戦ぶりを口を極めて賞賛した。キリシタンであろうがなかろうが、秀吉はこのような勇者が大好きだった。

九州征服ののち、彼は黒田孝高に豊前の過半を与えた。またその翌年、肥後の南半分を小西行長に給した。さらに、筑後を領した毛利秀包《ひでかね》に、宗麟の娘マセンシアを嫁せしめたが、秀包は彼女に影響されて入信した。日向飫肥《おび》には伊東一族がいる。肥前・天草に封じこめられたイエズス会は、かくして九州全域に羽翼を張るに至った。秀吉がキリシタンの迫害を旨とする者であったのなら、このような諸大名の配置は不用意もいいところだ。バテレン追放はそれ自体が不徹底であったばかりでなく、キリシタンの全面的抑圧を意味するものではなかった。

イエズス会にとって何よりも心強いのは、小西行長が天草を含む肥後南半を領したことだ。本拠というべき有馬領からすれば、まさに目と鼻の先に、強力な防波堤が築かれたようなものだ。行長は結城弥平次、伊智地文大夫、日比屋ビセンテ（了珪の息子）をはじめ、畿内のキリシタン有力者を傘下に加えた。弥平次は矢部の愛藤寺《あいとうじ》城を守り、一万石を給された。だが、肥後に入国した行長を、意外な事件が待ち受けていた。天草五人衆中の最有力者ドン・ジョアン天草久種が、志岐城主志岐諸経（有馬晴信の叔父）と結んで、行長に反抗したのである。事の起りは行長が宇土城の修復のため、彼らに賦役を課したことにある。行長は伊智地文大夫を将として志岐を攻めさせたが、諸経は迎撃して文大夫を敗死させた。かくして行長は、加藤清正の援軍を乞うて諸経を降伏せしめ、続いて本渡城を攻略した。キリシタン武将同士であろうと、事が領主的利害に及べば、このように死闘したことは注目に値する。天草久種はやむなく降ったが、こののち長く行長に対して含むところあり、再来日したヴァリニャーノの仲介によってやっと和解したといわれる。

秀吉・ヴァリニャーノの聚楽第会見

秀吉の「迫害」によって、西九州の一隅に匿れ棲まねばならなかった在日イエズス会士が、渇《かつ》えるものが水を求めるように待望したのは、少年使節を伴ったヴァリニャーノの再来日だった。ヴァリニャーノは帰国途上の少年使節（もはや少年ではなかったが）を伴い、一五八八年七月マカオに着いた。このときすでに彼はインド管区長の地位を後進に譲り、再び巡察師の任に就いていたばかりでなく、秀吉に対するインド副王の使節の資格も帯びていた。彼はマカオで、秀吉が前年バテレン追放令を出したことを初めて知った。彼には少年使節を連れ帰るばかりではなく、追放令を緩和するという重要な任務がつけ加わったわけである。彼がマカオに着いたとき、その年の定航船（ナウ）はすでに出帆していたし、翌八九年のそれは前述したように前年の秀吉による生糸先買に対する反発から長崎を避けてメキシコへ向かったので、ヴァリニャーノ一行は一五九〇年度のナウの出帆までマカオに滞在せねばならなかった。彼らがエンリケ・ダ・コスタのナウに乗って長崎に着いたのは、一五九〇年七月のことである。

有馬晴信、大村喜前を始め使節の縁者たちは長崎まで彼らに会いに来た。しかし、彼らは互いに相手を見分けることができなかった。伊東マンショの母、町上殿《まちのうえ》ははるばる日向から駈けつけながら、わが子がわからなかった。無理もない。八年半の歳月が経っていたのだ。

ヴァリニャーノはこの年の一二月初めに都へ向けて出発した。黒田孝高らから、秀吉が巡察師一行が追放令を緩和するためにやって来たのではないかと疑っているから、同行の司祭を少なくし、俗人のポルトガル人を多くするようにとの忠告を受けていたので、一行は一二名の俗人を含めて二七名になった。つまり、あくまでインド副王の使節だという点を強調したのである。だが、一行は瀬戸内の室港で二カ月半滞在せねばならなかった。彼らに好意的で秀吉にとりなしてくれるはずの浅野長政が、東北地方の反乱鎮圧の任に当って帰京できなかったからである。この年は北条氏征伐が行われ、秀吉は九月に都へ凱旋していた。室滞在には収穫もあった。折から日本の正月で、秀吉に伺候するために上京する諸侯が通りすがりに、巡察師に会いに来たのだ。中でも毛利輝元とは親交を樹立することができた。黒田孝高の長子長政が説教を聴聞して、信仰を深めたのも喜ばしかった。彼は父親からすすめられて入信していたが、教義はろくにわかっていなかったのである。対馬の宗義智も会いに来た。彼はこの直後、都でひそかに受洗することになる。だが、ヴァリニャーノにとって最大の喜びは、大友義統（秀吉にあやかって吉統と改名していた）の回心であったろう。彼は追放令が出ると恐怖して、領内でキリシタン弾圧を行なっていたが、このたび過去の所業を悔悟し、伊東マンショを頼って詫びを入れた。

一方、都の秀吉の疑心は募るばかりだった。副王使節とは偽りで、司祭たちへの宥恕《ゆうじょ》を乞いに来るのだと思いこんだのである。孝高はすでに小田原在陣のとき、ヴァリニャーノの来日について秀吉に取りなして、「汝はまだバテレンのことを言うのか。そのバテレンびいきで、大国をもらいそこねたのに、まだ懲りぬのか」と不興を買い、このたびは表に立つことができなかった。そこで彼は、のちの五奉行の一人の増田長盛に働きかけた。増田の進言で秀吉はやっと巡察師と会う気になった。ただし、司祭追放の件で来るのなら絶対に会わぬ、副王使節として伺候するのなら会うというのだ。やっと室を離れたヴァリニャーノは、大坂で高山右近と会った。右近はこのとき前田利家に預けられていて、はるばる加賀から会いに来たのである。このとき彼は「デウスから受けた最大の恩寵のひとつは、関白の政庁と交わらなくてよくなったことだ」と語ったという。心境の透徹見るべきだろう。

ヴァリニャーノ一行は一五九一年三月三日、折から完成した豪華な聚楽第で秀吉と会見した。入京に当って、その美々しく堂々たる行列は、都人の目を驚かしたと伝えられる。数々の贈物の中でも、アラビア馬は注目の的だったろう。日本の馬は、幕末来日した外国人がポニーと呼んだほど小柄だったからだ。秀吉は一行を歓待した。ヴァリニャーノが司祭追放の件に一言も触れなかったからである。彼は伊東マンショが気に入って、自分に随身せぬかと誘った。マンショは断わるのにひと苦労した。四人の欧州帰りの公子が演奏する音楽にも大いに興味を示した。

ロドリゲス・ツズの活躍

この会見で特記すべきことは、今後日本教会の進展に、良かれ悪しかれ多大の影響を与えることになるイエズス会士が、初めて歴史に登場したことである。その名はジョアン・ロドリゲス。同姓同名のもうひとりの会士（ジョアン・ロドリゲス・ジラン）と区別するために、ロドリゲス・ツズと呼ばれたのは、イエズス会随一の日本語の達者だったからである。ツズは通事《つうず》のなまりである。今回の会見においても通訳を務め、直ちに秀吉のお気に入りとなった。彼は少年の日、おそらく渡航者の召使としてポルトガルからインドへ渡り、一五七七年頃に来日したときは一六歳くらいだった。イエズス会に入り、臼杵の修練院で教育を受けた。それまで学校へ行ったこともなかったらしい。つまり日本で成人したわけで、ポルトガル語より日本語の方が得意だった。

彼が日本教会史上に重要な地位を占めるのは、イエズス会の財務担当者《プロカラドール》を長年務め、秀吉・家康から信任されたからである。長崎貿易の管理者であるとともに、イエズス会を代表して統一政権と折衝する外交官でもあった。しかも、彼は日本語文典の研究家で、『日本大文典』『日本小文典』『日本教会史』の著者として、大きな業績を残した。

ヴァリニャーノ一行は三月末に都を発ち長崎へ帰った。追放令については一言も触れなかったから、事態はもとのままであったが、秀吉の心が著しく和らいだのは大きな収穫だった。しかし彼の身近には、バテレンに対して悪意ある情報を絶えず注ぎこむ者がいたので、彼はふたたび、インド副王の遣使というのはイエズス会が作りあげた芝居ではないかという疑いにとらわれた。そこで、副王の書簡に対する彼の返信は、宣教師が再びこの地に来て布教しようとするならば、ことごとく首をはねるなど、敵意にみちた文言を連ねたものになった。都のオルガンティーノは、このことを知るや、直ちにヴァリニャーノに通知した。そんな国書をインド副王のもとに持って帰るわけにはいかない。彼はオルガンティーノに、全力を尽して返簡の内容を改めるべく努力せよと指令した。

オルガンティーノは京都所司代の前田玄以に働きかけた。玄以は秀吉に対して、「殿下がインド副王使節をニセモノとお疑いなら、真相を知るのは容易でありましょう。先日通訳を務めた修道士が在京しておりますから、呼び出して尋問なさるがよろしい」と説き、かくしてロドリゲス・ツズの出番となったのである。ロドリゲスはヴァリニャーノが正真正銘の副王使節であることを、巧みに説いてついに秀吉を満足させた。秀吉は「インドでは誰もがキリシタンなのか」と問い、ロドリゲスが「信仰は自由で、なりたい者だけがなる」と答えると、非常に満足した様子で、「日本でもそうあるべきだ。予はバテレンの門弟の諸侯が家臣を無理やりにキリシタンにしたので、バテレン追放に踏み切ったのだ」と言い、さらに小声で「下賤の者がキリシタンになるのは一向差し支えない」とつけ加えた。

前田玄以はこの好首尾を受けて、国書書き換えにさらに尽力することをロドリゲスに約束したが、その際痛い釘を一本打った。そのように予の世話になりたければ、関白殿の命に逆らって予に恥をかかすことがあってはならぬ、もしそのようなことがあれば、予は汝らの最大の敵となるだろうというのだ。すなわち玄以は、図に乗って下地方《しも》で公然と活動してはならぬと警告したのである。玄以は機を見て秀吉に、インド副王との親善をお望みなら、国書の内容を変える必要がありましょうと説いた。秀吉は素直に肯き、副王宛書簡はかなり穏当な文面に改められた。さらに秀吉は玄以の進言に従って、人質として一〇人の司祭が長崎に残留することを認めた。新たな迫害が始まりそうな一時の雲行きからすると、思いもかけぬ大成果である。

これは長崎港での一事件によって、マカオとの貿易を維持するためには司祭の存在が必要であることに、秀吉が気づいたためであるかもしれない。この年の八月、定航船が長崎へ入ると、秀吉は鍋島直茂らを遣わして、船載された金《きん》を買占めさせようとしたが、そのような独占行為をポルトガル商人は拒否し、結局イエズス会の仲介によって問題は解決したのである。鍋島らは二〇〇〇の兵を伴い、初めは長崎教会を踏みつぶしかねぬ勢いだったが、交渉のまずさを秀吉に叱責され、教会に対する態度も漸次軟化するに至った。

天草学林の印刷所

このたびの危機に対処するに当ってイエズス会は、学院《コレジヨ》以下の諸施設を目立たぬところへ移転することにした。だが、有馬晴信は領内から諸学校が撤去されることに強く抵抗し、結局、神学校《セミナリヨ》だけは有馬領内の八良尾にとどまることになった。一方、天草久種は諸学校を領内に誘致することに熱心で、修練院《ノヴィシアド》と学院は天草の河内浦に移った。遣欧使節を務めた四公子は一五九一年七月、天草の修練院でイエズス会に入会した。伊東マンショと千々石ミゲルの母は激しく反対したと伝えられる。

この時期のイエズス会について特筆せねばならぬのは、出版事業が開始されたことである。ヴァリニャーノは会内の教育のためにも、また一般信者の教化のためにも、様々なテキストの印刷出版をかねてから計画していた。教化上のテキストの必要は、ザビエル以来自覚されていたことで、ガーゴ、ヴィレラなど数々の司祭がその編纂を試みて来たのであるが、ヴァリニャーノにはそれを系統化して出版する志があった。そのために彼は少年使節を欧州に派遣するに当って、四人の公子のほかに二人の少年を同行せしめた。コンスタンチーノ・ドラードとアグスチーノであって、前者は諫早生れの同宿《どうじゃく》、後者は大村の同宿である。この二人には印刷術、とくに金属活字鋳造を習得する任務が与えられていた。

ヴァリニャーノは再来日に当って、印刷術を習得したこの二人を伴うとともに、活版印刷機を携えていた。かくして一五九一年、有馬領加津佐で、最初のキリシタン版『サントスの御作業《ごさぎょう》の内抜書《うちぬきがき》』が出版されるに至ったのである。これは欧州で行われていた各種聖者伝の抜萃《ばっすい》で、訳者として養方軒パウロとその子洞院ビセンテの名が記されている。養方軒パウロは若狭生まれの医師で、一五六〇年に受洗した。和漢の教養が深く、司祭たちの日本語教師として、また翻訳事業において重要な役割を果した。しかし彼もその子ビセンテも、一五九二年の会士名簿には、日本語以外を解せずとあり、原文から翻訳したわけではない。この『御作業』の場合、すでに諸司祭による訳文が写本として流布しており、彼らはそれに手を加えて、流麗な訳文にしたものと考えられている。

印刷所は翌年天草へ移った。秀吉が朝鮮出兵のため名護屋に本陣を構えたので、その存在が露見するのを怖れて、より僻遠の地に匿したのである。『御作業』はローマ字で表記されたが、天草で出された『どちりいなきりしたん』は、国字活字が用いられた。これは教義問答書で、今日『公教要理』と称されているものに相当する。天草では続いて『ヒデスの導師』『コンテンツス・ムンヂ』が出された。前者はスペインのドミニコ会士グラナダの著書で、高度な教義書、後者はトマス・ア・ケンピスの作とされる有名な『キリストにならいて』である。ジイド『狭き門』のアリサの愛読書であったことを思い出す読者もあろう。『平家物語』や『伊曾保物語』が出版されたことも注目される（いずれもローマ字）。前者は外国人宣教師が日本語と日本史を学ぶためのもので、むろん原作をそのままローマ字化したのではなく、天草学林《コレジヨ》で日本語を教えていた修道士不干斎ハビアンが、問答体で再話したのである。ハビアンは京都の禅僧の出で、一五八三年ごろ一九歳で入信した。こののち『妙貞問答』を著わして教義を宣揚し、さらに転向して『破提宇子《はだいうす》』を著わす問題の人物である。

一五九五年には、天草学林の印刷所では三〇人が働いていたという。だが、その維持には財政的負担が重く、のちのことだが、一五九二年長崎から出港し、一度マカオへ戻ってから一五九八年、三度目に来日したヴァリニャーノは、日本文字による印刷を長崎の後藤宗印に委ねた。宗印は有名なキリシタンで教名トメ、貿易商でもあり、ボルネオ・シャムに船を出している。宗印は出版の利益を手中にするが、何を出版するかはイエズス会の指示に従うものとされた。いわゆるキリシタン版は今日まで二九種目が発見されている。刊行されたのは家康が禁教を命じた一六一四年までで、部数は場合によっては一五〇〇部にのぼっている。キリシタン史研究上の重要文献たるはいうまでもないが、何よりもその独特の文体ゆえに、いまなお人びとの心を搏つに足る。

イエズス会の「武力反抗計画」

ここで、いわゆる「宣教師の軍事計画」なるものに触れておかねばならない。コエリュが一五八五年に、フィリピン・イエズス会宛に、二、三隻の軍船をフィリピン総督が日本へ派遣するよう求めたことは先に述べた。その彼が秀吉のバテレン追放に当って、同様の軍事的対応を計画したのは、極めて自然ななりゆきといってよかろう。

一五八九年二月、彼は有馬領にフロイスなど六名の司祭を召集して協議会を開き、当時マカオにいたヴァリニャーノのもとに使者を派遣して、彼が来日する際二〇〇名の軍隊を伴うべく要請すること、さらに彼から、スペイン国王・インド副王・フィリピン総督に軍事援助を要請してもらうことの二点を議決した。コエリュを含め七名の司祭中、反対はオルガンティーノ一人で、使者にはモーラが選ばれた。マカオでモーラに会ってこの計画を知ったヴァリニャーノは驚愕して、ただちに会総長宛書簡（六月一二日付）で、この計画の危険性を報告し、モーラにもフィリピン渡航を禁止した。だが、ヴァリニャーノが来日後明らかにしえたところによると（一五九〇年一〇月一四日付、会総長宛書簡）、コエリュの策動はこれにとどまるものでなかったのである。コエリュはバテレン追放令が出るや、有馬晴信らキリシタン領主に、結束して秀吉に敵対するように働きかけ、資金と武器の供与を約束し、実際に銃器、弾薬を買い入れた。この計画が晴信・行長の反対で潰れたので、長崎を要塞化する方針に変更し、ヴァリニャーノが連れて来る兵士とともに要塞に立て籠もる考えだったのである。コエリュはモーラをマカオへ派遣するだけでなく、直接フィリピン総督に派兵を要請していた。

ヴァリニャーノが再来日したとき、コエリュはすでにその二カ月前に死亡していた。ヴァリニャーノは彼が集積した武器弾薬を処分し、武力反抗の形跡を消し去るように努めた。このような策動のあったことが秀吉の知るところとなれば、日本イエズス会は即座に破滅の日を迎えるであろうから。ヴァリニャーノは前記書簡で、追放令の発布を誘発する上で、コエリュに責任があったと、縷々述べ立てている。すなわち、大坂城で秀吉と会見したとき、秀吉が九州に派兵するなら、自分が九州のキリシタン領主を糾合して助力せしめようとか、大陸征服の志があるなら大船二隻を提供しようとか、軽率な言辞を吐いて秀吉に疑心を生ぜしめたこと、さらに博多へ大提督のようにフスタ船で乗りこんで、秀吉に見せびらかし、フスタ船を秀吉に献上して彼の疑心を取り除くべきだという、高山右近らの忠告に従わなかったこと、この二点が追放令を自ら招き寄せることになったというのだ。この点でのコエリュ批判は、一切を死んだ人間のせいにするもののような感じがせぬこともないが、ヴァリニャーノなりの事情調査の結果だったろうし、オルガンティーノもまた同様の見解を示していることが注目される。

ヴァリニャーノは自分が第一次巡察を終え四人の少年使節を連れて離日したとき（一五八二年二月）に示した方針に、コエリュが違反したというのだが、この点については、一定の軍事的介入はヴァリニャーノ自身が行ったことであり、長崎の要塞化も彼の指示によるもので、コエリュはただそれに従ったにすぎないとする見解がある。その見解によると、ヴァリニャーノは当時の宣教師一般の例に洩れず、軍事征服による宣教を原則的に肯定していて、ただ日本の場合、それが適切でないとしただけであるという。なるほど、それはそうだろう。一五九九年に至って、彼は「この国を征服するだけの武力を持ちたいと神に祈る」と語ったというし、オルガンティーノも追放令の翌年、秀吉の迫害は国王フェリペ二世が日本に宣戦するに十分な理由を与えると書いている。しかし、そのことと、日本のその時々の状況において、軍事的対応をどのように採るかというのはまったく別問題で、ヴァリニャーノが大前提として軍事征服を否定していなかったということが、コエリュの対応を彼が批判したことと何ら矛盾するものではない。また、彼が第一次巡察時、大村氏有馬氏に援助を行ったのは、やむを得ざる緊急措置であったし、長崎の要塞化を指示したのも、深堀氏の度々の襲撃に備える最低限の防衛措置であった。それはけっして、キリシタン大名の武力を用いて日本の政局に介入する軍事計画ではなかった。

彼は一五八一年に著した『日本イエズス会士礼法指針』において、キリシタン領主に対する軍事援助に対して一定の枠を設けた。すなわち、相手がキリシタン領主であろうと武器を与えてはならぬとする。しかし、これは原則であって、キリスト教の興廃が関わるときは、援助せねばならぬこともある。だが、これには慎重であるべきで、キリシタン領主と敵対する領主をイエズス会の敵と呼んではならない。以上は曖昧な文言のようにも思えるが、よく読むと真意は明らかである。すなわち、キリシタン領主を援助せねばならぬ場合があることを認めた上で、敵側の異教徒領主を、教会の敵と宣言してはならぬというのだ。なぜなら、そのような行為は宗旨に反するからだと言っているのも重要である。

ヴァリニャーノは一五七九年に来日してすぐ、必要に迫られて有馬氏を援助したが（第八章参照）、八一年には、大名間の対立に介入するのは教会の破滅につながる危険な行為だという認識に達していた。コエリュが彼の指針に違反したのは明白である。彼は大村純忠がやむなく龍造寺に屈伏したとき、抗戦を説いていてやまず、ついに純忠と感情の疎隔をきたした。長崎に武器を集積したのも、ヴァリニャーノの指示に従ったものなどとは到底いえない。ヴァリニャーノは深堀氏の襲撃など不安定な軍事状況に対応して、教会領たる長崎を防衛しようとしただけである。ところがコエリュは、天下人たる秀吉に対する武力反抗の拠点として、新たに武器弾薬を買入れ、長崎を要塞化しようとしたのだ。どうしてこれが、ヴァリニャーノの指示に従っただけといえようか。ヴァリニャーノが、彼の方針に従ったにすぎないコエリュに一切の責任を転嫁し、自身の責任を免れたという見解は、コエリュの計画を知った時の彼の危機感を無視するものだ。秀吉に対する武力反抗計画はコエリュひとりのものではなく、フロイス以下五司祭もそれを支持した。だが、事態を収拾するためには、コエリュひとりに責任をしぼるしかなかったのだ。コエリュの策動は『イエズス会年報』でもフロイスの『日本史』でも、真相の語られない秘められた事実であり、イエズス会の活動の性格について、重要な一面を語るものである。

第一三章　サン・フェリーペ号事件

一五九二年五月、かねて揚言していた通り、秀吉は朝鮮に出兵した。イエズス会にとって、キリシタン諸侯に軍役《ぐんやく》がふりかかってきたのも心痛の種だったが、秀吉の本陣が肥前の名護屋に構えられたのが何よりの脅威だった。バテレンが匿れ棲む大村領、有馬領は、名護屋から至近距離にある。彼らは学院を天草へ移し、鳴りをひそめたが、災難は思いもかけぬ方角から襲来した。

フィリピンとの貿易に関わっている長崎商人原田喜右衛門なる人物が、豊臣直領伏見の代官、長谷川宗仁《そうにん》を介して秀吉に、フィリピンは防備手薄なので、威嚇すれば容易に服属させられると進言し、その結果、この年の五月末、喜右衛門の手代、原田孫七郎がマニラでフィリピン総督に、秀吉の威嚇的な国書を手交したのである。困惑した総督はひとまずドミニコ会士のファン・コーポを派遣して、秀吉の真意を探らせることにした。コーポは同年八月名護屋で秀吉と会見したが、この時ソリスというスペイン人商人が、通訳として同伴していた。彼はマカオでポルトガル商人と紛争を起こし財産を差し押さえられていたので、秀吉に、ポルトガル人は他国民の日本渡航を妨げ、財産も没収していると愁訴した。また、今回のインド副王使節はにせ者であり、イエズス会士はキリシタン領主に庇護されて日本に留まっていると、細かく実情をあげて訴えたともいわれる。

コーポもこれを支持した。

激怒した秀吉は寺沢広高を長崎に派遣して教会堂を破壊し、その材木を名護屋へ運ばせた。追放令後各地の教会・修院が破却されていくなかで、信徒の心の支えであり続けた長崎の聖堂と修院がついに破壊されたのは大打撃だった。第二次巡察を終えてヴァリニャーノは一〇月七日、日本を去ってマカオへ向かった。コエリュの後任として、イエズス会日本準管区長に指名されたペドロ・ゴメスは寺沢との友好に努め、その甲斐あって寺沢とイエズス会の関係は次第に好転した。彼はポルトガル船が来航しないことを怖れて、ゴメスとの関係を修復したといわれる。

同様の心配は秀吉にもあった。この頃の秀吉は感情の振幅が大きく、怒るかと思えばすぐに心が和んだ。彼はお気に入りのロドリゲスに、定航船《ナウ》は長崎へ戻ってくるかと質問し、ロドリゲスが戻ってくるでしょうと答えると、子どものようにはしゃいだ。彼は一時の怒りに任せて長崎で強硬措置をとったことを後悔していたのだ。翌一五九三年、ガスパル・ピント・ダ・ロシャの定航船が長崎に入ると、寺沢は定航船の司令官と一人のバテレンが殿下を訪問したがっていますと秀吉に告げた。秀吉は即座に許可し、ロシャ一行は名護屋で彼と会見した。同行したバテレンはフランシスコ・パシオである。秀吉はパシオに「来日したのは今回が初めてか」と声をかけた。司祭と承知しながら丁重にもてなしたのである。パシオは来日してすでに一〇年たっていたが、日本語がわからぬふりをして答えなかった。このあと長崎の教会は秀吉の許可を得て、速やかに再建された。

この一五九三年に生じた悲しむべき事件は、大友吉統（秀吉にあやかって義統を改名）が領国を召し上げられ、毛利輝元に預けられたことである。これはこの年二月小西行長が、明の大軍を支えきれずに平壌から撤退した際、吉統が援護もせずいち早く逃走したのを咎められたのだ。都区、下区と並んで日本イエズス会の三管区の一つに数えられて栄えた豊後教会はこれで完全に崩壊した。

ポルトガル文化の流行と諸大名の入信

だが一般の情況を見ると、追放令下にもかかわらず、社会の雰囲気はむしろキリシタンに好意的だった。まず挙げねばならぬのは、ポルトガル風ないしキリシタン風のファッションの流行である。これはヴァリニャーノ一行の入京をきっかけとして始まったらしい。ロザリオや十字架を首に吊すのが流行となった。そんな恰好で街を歩くだけでなく、秀吉や秀次の前にも現われる。ロザリオや十字架は高値で取り引きされ、やがて京都で模造品が作られるようになった。ポルトガル風の服装もよろこばれた。名護屋は長崎に近いせいもあって、この流行の中心であったようだ。このような流行は庶民ではなく、貴人の間に行われたのである。彼らの間には、主の祈りとか天使祝詞を暗誦する者さえあった。夫人ガラシャの入信を嫌った細川忠興も、印章をローマ字で彫らせている。信仰ではなくファッションだったことは明らかだが、たとえファッションであっても、それを媒《なかだ》ちとして信仰はひろまるのである。秀吉自身バテレンの肉食を咎めながらも、ワインや牛肉を嗜んだ。蒲生氏郷と細川忠興は、小田原城包囲中（一五九〇年）、折から前田利家に伴って参陣していた高山右近を訪ねて旧交を温めたが、右近は二人に牛肉を振舞ったという。ポルトガルの服装や食品が庶民間にもひろまったことは、その分野で日本語化したポルトガル語が多いことでわかる。

右近は前田利家に預けられた当座は冷遇されていたが、やがて利家は秀吉の右近に対する気持ちが和らいだことを知り、高禄を与えて好遇した。秀吉は名護屋に本陣を構えたあと、思い出したように右近を召し出し、優しい言葉をかけて茶席にはべらせた。これで右近は勘気がとけ、もちろん再び用いられることはなかったものの、一応自由の身となったのである。

諸将間でキリシタンへの関心があい変らず強かったことも注目に値する。九二年八月末、秀吉が母親の死の床を見舞うべく名護屋を留守にすると、諸将はほっとして長崎へ定航船見物に出かけたが、その中には会津で一二〇万石の大封を食《は》む蒲生氏郷がいた。入信して七年を経ていた彼は、この時期なお信仰を堅持していて、ヴァリニャーノと会って感激を新たにし、そのうち機を見て領民をキリシタン化するつもりだと語った。また伊賀国の領主筒井定次も、この時長崎を訪れ、巡察師と会ってついに入信するに至った。ヴァリニャーノはこの時期に大身の領主の入信を受け入れるのをためらったが、定次は自分は関白殿のことなど気にしていないと言って、あえて受洗したという。京都でもおなじ動きが見られた。所司代前田玄以の息子は九四年に入信した。細川忠興の弟興元、信長の孫の秀信（三法師）、宇喜多秀家の従兄弟信澄がそれに続いた。

弾圧を誘発したフランシスコ会の布教

オルガンティーノによれば、追放令以来、全国の入信者は四万人にのぼったという。この時期秀吉は、バテレンとその教えが邪悪だとは思わぬ、ただ日本に合

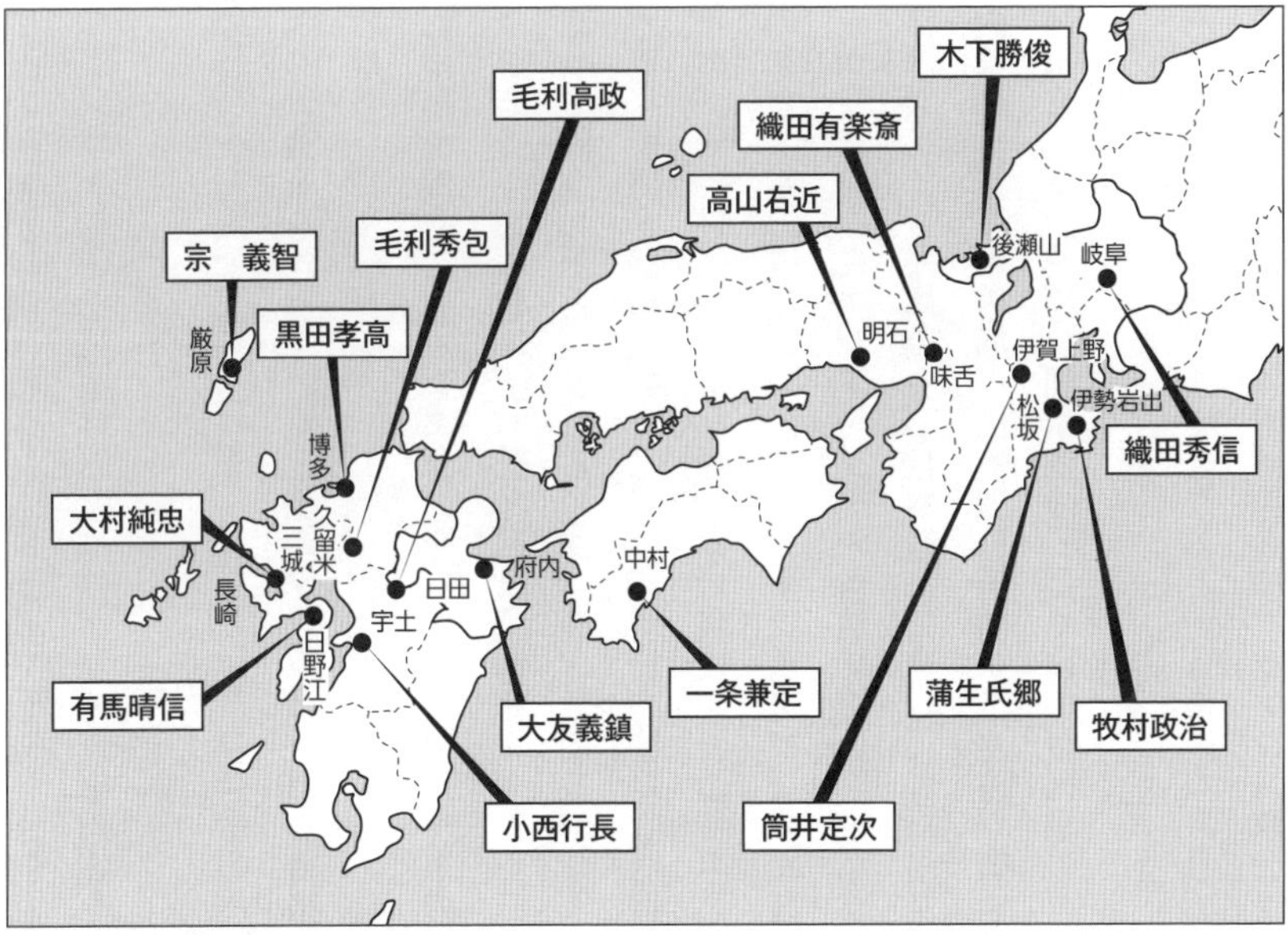

主なキリシタン大名とその居城

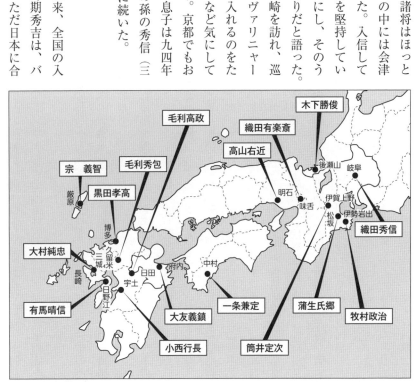

わぬだけだと言うようになっていた。だが、このような情況の緩和が一挙に覆される日が到来した。来朝したフランシスコ会の、都における傍若無人の布教ぶりが、サン・フェリーペ号事件とともに、急転直下迫害を招き寄せたのだ。

フィリピン総督ダスマリニャスは秀吉に対する第二次使節として、一五九三年、フランシスコ会士のペドロ・バウチスタを日本へ送った。このとき三人のフランシスコ会士を伴っていたところを見れば、バウチスタは渡航を好機として、日本で宣教を開始する魂胆だったのだ。

そもそもフランシスコ会、ドミニコ会などフィリピンに根拠を置くスペイン系修道会は、ポルトガル系のイエズス会が日本宣教を独占するのに不満だった。スペインとポルトガルは一五八〇年に共通の王フェリペ二世を戴くことになったが、両国の国民感情はそのためにかえって対立したといわれる。フェリペはトルデシーリャス条約による世界支配の分割に従って、日本をポルトガル支配圏と認めていたし、少年使節を接見した例の教皇グレゴリオ一三世は、一五八五年に勅書を出して、イエズス会以外の修道会が日本で宣教することを禁じた。スペイン系修道会は納得しない。日本開教の功労者のザビエル、トルレス、フェルナンデスは、みんなスペイン人ではないか。一五八六年末にシスト五世は、フランシスコ会にアジア・シナの各地で修道院を開く許可を与えた。これで解釈は曖昧になった。ヴァリニャーノはスペイン系修道会の日本渡来に絶対反対だった。醜い争いが予想されるからだ。しかし、日本イエズス会内部にも、日本の扉を広く他修道会に開く方がよいとする意見があった。スペイン人の会士はフィリピンの同国人宣教師の渡来に同情的で、とくに準管区長のゴメスは彼らに資金援助を与えるほどだった。

バウチスタ一行は名護屋で秀吉に総督書簡を呈上したあと、交渉継続中、人質となるという奇妙な名目で、秀吉から日本居住の許可を得て都にのぼり、長谷川宗仁の邸に逗留するに至った。四人のフランシスコ会士が都に根城を構えることになったのである。そのうちバウチスタは、豊臣秀次に働きかけて土地を獲得し、翌九四年一〇月には彼らの教会堂が竣工して、公然たる布教が開始された。さらに九五年には五〇床を有する病院が開設され、大坂にも会堂が設けられた。九四年には、第三次使節の名を借りて、さらに三名のフランシスコ会士が来日した。

以上のなりゆきは奇怪といわざるをえない。追放令はまだ生きており、だからこそイエズス会士は、いない振りをして活動を続けたのである。バウチスタは秀吉から布教許可を得たと称していたが、そんなことがありえようはずはないし、ロドリゲスは、バウチスタが秀吉に謁見した際立ち会っていて、秀吉が布教はしてはならぬぞと言い渡すのを聞いているのだ。なるほど秀吉は、イエズス会士が潜伏して活動しているのを知りながら黙認していた。おそれいってくれればよかったからである。おそれいりもせず、堂々と都で布教するとなれば、話はまったく別である。バウチスタがこの事情を知らなかったはずがない。

彼がこのように公然と布教活動を行ったのは、逃げ匿れしているイエズス会に強い批判をもっていたからだ。フランシスコ会士は修道服を着用しており、名護屋で和服姿のロドリゲスに会ってショックを受けた。九六年に来日したマルチン・デ・ラ・アセンシオンは書いている。イエズス会士は「着物をきてびくびくしながら歩いており、夜、鍵のかかった部屋だけで信者たちと会っている」。バウチスタはオルガンティーノに協力を求めるようにすすめられたとき、「彼は人前に姿を現わす勇気がなく、姿を隠すばかりなので、相談の相手にはならない」と答えた。いつでも殉教の用意があった勇者オルガンティーノにしてみれば、これは誣告《ぶこく》であるが、彼には正直そう見えたのだろう。フランシスコ会士はまた、イエズス会士が高利貸しにも罪の許しを与えていることや、信者と異教徒の結婚式を司っていることにも批判的だった。ヴァリニャーノの適応方針は彼らの理解の外にあったのである。

フランシスコ会士は公然たる活動が、いつかは秀吉の弾圧を招くことを悟らなかったのだろうか。彼らは通訳の不十分などで、秀吉の意思を理解しそこねていたのかもしれない。しかしまた、彼らは弾圧を覚悟の上だったとも考えられる。殉教は信仰者最大の栄誉であって歓迎すべきものだからだ。ただ、おのれの満足とは別に、自分たちが誘発した弾圧によって、日本のキリスト教界がどうなるかという懸念は、彼らの念頭にはまったく存在しなかったようだ。

スペイン船船員の不用意な発言が秀吉に疑念を抱かせたのか

一五九六年一〇月一九日、マニラからメキシコのアカプルコへ赴くはずのスペイン船サン・フェリーペ号が、台風のために土佐国の浦戸に漂着した。悲劇の幕は切って落とされたのである。サン・フェリーペ号には価格一三〇万ペソにのぼる貨物が積まれていた。日本側の記録にも、上々繻子《しゅす》五万反、唐木綿二六万反、生糸一六万斤等々とあって、これは大変な量である。秀吉は長宗我部元親からこのことを聞くと、積荷を没収することに決め、現地に増田長盛を派遣した。増田は積荷をすべて大坂へ廻漕せしめただけでなく、乗員二三三名の所持金二万五〇〇〇ペソも没収した。これだけでも災難であるのに、一二月八日復命した増田は、秀吉に、浦戸で事情聴取した結果、スペインは宣教師を先兵として送りこんで侵略の足掛りとすることで、今日のような広大な植民地を獲得したことがわかったと告げた。激怒した秀吉は都と大坂の宣教師をことごとく逮捕せよと命じ、改めてバテレン追放令を再公布させた。

オルガンティーノは大坂にいたが、このことを知ると、周りの制止を振り切って翌九日都へ向かった。殉教を決意したのである。だが、宣教師逮捕の命を受けた石田三成は、イエズス会に同情を持っていた。一二日、彼が秀吉にすべてのパードレを逮捕するのかと念を押すと、秀吉は自分が腹を立てているのは、都で布教してこの国を覆そうとしている新来のバテレンどもに対してである、長崎のパードレたちは自分の命に従っており、何も咎めることはないと述べ、オルガンティーノが心配しているだろうから、知らせて安心させてやれとつけ加えた。かくしてイエズス会は弾圧の対象から除外された。逮捕されたのはバウチスタ以下フランシスコ会士六名、イエズス会関係三名、日本人信者一五名、計二四名。長崎へ送られる旅の途中、両修道会がつけた世話人各一名もまた、途中で捕縛されたので、計二六名が翌九七年二月五日、長崎で磔刑に処せられた。三木パウロ修道士など三名のイエズス会関係者が処刑されたのは、名簿作成上の手違いによるものだった。

サン・フェリーペ号事件は、イエズス会とフランシスコ会の間に、消えることのない不和の種を播いた。フランシスコ会側では、在京のイエズス会士あるいはポルトガル人が、スペイン人は海賊で日本の国を奪おうとしていると、秀吉に吹きこんだと主張した。というのは、この時期、日本司教区の司教として赴任したペドロ・マルティンス（イエズス会士）が、通訳ロドリゲスを伴って、伏見城に秀吉を訪うていたからである。会見は一五九六年一一月一六日に行われた。日本に司教が置かれたのは、司祭に叙任されるのに、いちいち司教のいるマカオへ渡らねばならぬ不便さを解消するためだった。

だが、フランシスコ会の主張は、曖昧な伝聞にもとづいているばかりでなく、増田が現地へ出発したのが、マルティンスらの到着以前であることからしても根拠が薄弱である。モルガの『フィリピン諸島誌』（一六〇九年刊）には、サン・フェリーペ号の舵手フランシスコ・デ・サンダが増田に地図を見せて、ペルーやメキシコなどがスペイン領であることを示したところ、増田がどうやって手に入れたかと問うので、「まず修道士たちが入り、宗教を説き、そして軍隊が彼らに続いて入り、それらの王国を服従させた」と、軽率な発言をしたことが、事件の原因になったのだと記されている。モルガは事件当時フィリピンで法官を務めていたスペイン人である。フランシスコ会士ファン・ポブレの証言では、船長フランシスコ・デ・オランディア（モルガのいうサンダと同一人物であるのは疑いを容れない）は、「スペイン人はなぜ航海に司祭を伴うのか」という増田の質問に、「スペイン人が上陸した土地の人びとをキリシタンにしたいと思えば、司祭の力で望みを遂げることができるからだ」と答えたことになっていて、モルガの記すほど露骨な発言をしたのではなさそうだ。だが、これが誤解を招き易い発言であるからこそ、ポブレは「それ以来船長はずっと非難されどおしである」と付言したのである。さらに、同船の舵手ファン・ロウレンソ・デ・シルバは、「スペイン人はどうやってこれらの領土を手に入れたのか」という増田の質問に、身元不明のあるスペイン人が、「植民地を征服する手始めとして、まず宣教師を派遣するのだ」と答えたと証言している。併せ考えると、スペインの強大さを示そうとして、増田の疑惑を招く何らかの発言が、サン・フェリーペ号のスペイン人によってなされたことは確実であるようだ。もちろん、布教が侵略の先兵だというのは、事実認識として正しくない。ペルーであれメキシコであれフィリピンであれ、軍事的侵攻のあとに宣教が続いたのである。だが、軍事的征服と宣教つまり精神的征服が一体不可分の関係にあったことは歴々たる事実で、サン・フェリーペ号のスペイン人はその事実にもとづいて、その意図が何であるにせよ、何らかの発言を行ったのである。

秀吉は増田の誇張された報告のせいで、ありもせぬ侵略の危険性を誤信したのだろうか。そうでないことは、処刑されたフランシスコ会士の一人マルチン・デ・ラ・アセンシオンが書いた手紙によって明らかだ。彼はイエズス会士が国王フェリペに忠節を尽していないことを批判して、次のように書いているのだ。「長崎だけでも神父たちが所有している村々から三万人の信頼するに足るキリシタンを集め、マスケット銃で武装させればいいのです。彼らは神父たちの命令に叛くようなことは決してしませんから、スペイン人と同様信頼することができます。これらのスペイン人とキリシタンは、神の助けとスペインの工業力と軍事力によって日本全国を制圧するにちがいありません」。彼は秀吉に替えて、小西行長を全国の統治者にすることを夢みていたのだった。

宣教師の立場からすれば、秀吉の行為は暴君の気まぐれということになるけれども、一五九七年八月、事件に抗議するためにマニラから派遣されたナバレテ・ファハルドに対する秀吉の返答には、スペイン側には反論しにくいロジックが含まれていた。いわく「彼らは約束を破って法を説き、国内の秩序を紊《みだ》したるが故に、誅したまでの事である。もし貴国において日本人が、貴国の法に背き神道を説くものがあったならば、貴国はいかにこれを処置せんとするや」。

バテレン追放令の再公布と秀吉の死

イエズス会は直接の弾圧は免れたものの、秀吉がバテレン追放令を再公布したため、対応を促された。マルティンス司教はこれ以上秀吉を刺激しないために日本を去ることになり、バウチスタら二六名が処刑された翌月、マカオへ定航船で出航した。この人は非常な癇癪もちで、ヴァリニャーノとも折り合いが悪く、かねてイエズス会内での処遇に不満を抱き、来日する折も日本が気に入らなければ、あるいは日本の教会が自分に服従しなければ、すぐインドへ帰ると公言していたし、日本イエズス会にも関心がなかった。ところが長崎で日本人信者の大歓迎を受けると、ころっと気持ちが変った。この度の離日に当っても、再び日本へ帰ってくると誓い、司教服を置いて行ったほどである。しかしこのあと、インドへ向かう途中病死し、再び日本の土を踏むことはなかった。イエズス会は翌九八年三月、退去令に従う「ほんのお印に」一一名の会士をマカオへ送った。しかし、日本にはまだ一一四名の会士が残っており、そのうち四三名が司祭だった。

この年の九月一八日、秀吉は伏見城で死んだ。死の直前にロドリゲスが会っている。「純絹の蒲団に横臥し、人間とは思えぬばかり全身痩せ衰えていた」彼は、ロドリゲスに近寄るように命じ、「予は貴師に接して少なからず心がなごむ。余命幾ばくもなく、ふたたびまみえることもあるまい」と語り、ロドリゲスのこれまでの労苦をねぎらって様々な褒賞を与えたばかりでなく、まだ六歳の秀頼に引き合わせた。だが、ロドリゲスが魂の救済について語ろうとすると、即座に話題を変えた。秀吉の死は宣教師たちにとって大いなる朗報だった。しかし、彼らはほっと安堵するとともに、何ものかを喪ったような感慨を禁じえなかったようだ。フロイスは彼が日本に平和をもたらしたことを強調し、パシオは「先見の明があり聡明でもあった」と称えた。『日本王国記』の著者で長崎に住む俗人のスペイン人アビラ・ヒロンは言う。「彼はわれわれのいわば父だったから、皆心から悲しんだ。パードレたちを迫害したのを除けば、彼はわれわれに何の害も加えず、それどころかかばってくれた」。

第一四章　家康とイエズス会

ヴァリニャーノが第三回日本巡察のために長崎に上陸したのは、秀吉の死に先立つこと四〇日余りの一五九八年八月五日のことだった。彼はマルティンスに替る新司教、ポルトガル人のイエズス会士ルイス・セルケイラを伴っていた。こののちヴァリニャーノは一六〇三年一月に至るまで、主として長崎に駐留することになる。

秀吉の死は長崎・有馬方面に逼塞するイエズス会に新たな希望を与えた。バテレン追放令は効力を喪うだろう。ヴァリニャーノは、朝鮮からの撤兵を監督するために博多へ来ていた石田三成のもとにロドリゲスを派遣して、次代を担うはずのこの男の意向を打診させた。三成は当分目立たぬようにするがよいと言いつつ、態度は十分好意的だった。

ヴァリニャーノはオルガンティーノを京都に復帰させてよい頃だと判断した。都で公の前に姿を現わしたオルガンティーノは信者たちから大歓迎されたが、これを知った長崎奉行寺沢広高はオルガンティーノの退去を要求し、従わねば報復すると脅すだけではなく、長崎の下僚に指示して、日本人信者の教会出入りを差し停めた。寺沢はこれまでもイエズス会に対して表裏つねなく、心労の種になっていたのである。ヴァリニャーノはトラブルを避けるために、セルケイラ以下一六名のイエズス会士と、三〇余名の神学生を天草へ移すとともに、寺沢の心を解くべく、ロドリゲスを都へ派遣した。ロドリゲスは小西行長などの助力を得て、寺沢の怒りをなだめることに成功したばかりでなく、伏見で家康に会うことができた。宣教師の自由な居住を求めるロドリゲスに対して、家康は「太閤が亡くなったからといって、すぐに追放令を解除するわけにはいかないが、いずれは定住の許可がおりるだろう」と答えた。

これは一五九九年のことだが、実は家康は秀吉の死後まもない前年の一二月、伊勢国に潜伏していたフランシスコ会の宣教師ヘロニモ・デ・ヘスースを伏見城に呼びよせ、スペイン船の浦賀寄港、並びにスペイン人の鉱山技師、パイロット招請の件で、フィリピン総督に斡旋の労をとるように依頼していたのである。ヘスースは一五九四年、フィリピン総督の秀吉に対する返書をもって来日し、その後もバウチスタとともに宣教活動に従事し、バウチスタらが九七年に長崎で処刑されたあとマニラへ追放された。しかし、翌九八年にはルイス・ゴメス（イエズス会の第二代日本準管区長ペドロ・ゴメスとは別人）とともに口之津に上陸、ゴメスはすぐにつかまったが、彼は都をめざし、やがて伊勢に匿われることになったのである。家康はヘスースがフィリピンとの交渉に尽力する代償として、江戸居住と教会の建設を許したので、彼は都の信者を伴って江戸へ赴き、一五九九年五月、新築成った教会堂で初ミサを献じた。その後マニラへ帰ったヘスースは、一六〇一年総督テーリョの書翰を携えて家康のもとに赴いたが、同年一〇月に病死している。

関ヶ原の戦いと英国人アダムズ登場

ヴァリニャーノは一五九九年度年報に、前年二月から九九年一〇月までに、約四万人の新しい信者を得たと書いているが、秀吉の死後、宣教師たちがいくらか活動の自由を得るや、これだけの成果がたちどころに挙がったことは注目に値する。

一六〇〇年の関ヶ原の戦いによって、最も有力なキリシタン大名の小西行長が没落したことは、イエズス会にとって大きな痛手となった。行長だけではない。織田秀信は美濃を喪って高野山に追放され、筑後の毛利秀包も所領を没収された。しかし、有馬晴信と大村喜前が西軍について所領を保全できたのは、不幸中の幸いといわねばならない。何といっても、有馬領・大村領はイエズス会の最後の砦だった。関ヶ原の一戦は著名な日本人キリシタンたちの運命を狂わせた。宇喜多秀家の重臣ジョアン明石掃部《かもん》（全登）は、関ヶ原の戦場で斬り死にを覚悟したところ、かねて友人の黒田長政と出会い、一身を救われて彼の部将となった。一五五六年第三次ミッションで来日したヴィレラによって受洗した古参キリシタン、ジョルジ結城弥平次は行長のもとで矢部の愛藤寺城を預かる身であったが、行長没落後は加藤清正の支配下に入った。清正は当初小西の遺臣たちの信仰に干渉しようとはしなかったが、元来が熱烈な法華の行者である彼は次第にキリシタンの家臣に圧力を強めたので、弥平次は一六〇二年、肥後をあとにして有馬領に移り、知行三〇〇〇石を得て金山（現・雲仙市国見町）城主になった。

数奇を極めたのはかつての豊後国主大友義統である。朝鮮の役での失態を咎められて豊後を召しあげられ、毛利輝元に預けられていた義統は、石田三成が反家康の兵を挙げるや、毛利から四〇〇〇の兵を借りて、旧領を回復すべく豊後に攻め入ったものの、黒田孝高と一戦して脆くも敗れ、捕虜となった。そもそも如水黒田官兵衛孝高は彼にとって、父のような存在だった。薩軍に席巻されて危く領国を喪おうとした時に救援してくれたのも官兵衛だったし、永らく父宗麟に反抗してきた彼を説得して、洗礼を受けさせたのも官兵衛だった。その官兵衛は義統を捕虜にするや、彼が信仰を喪っていることを厳しく責め、彼を神のもとへ立ち帰らせようとした。

この点では官兵衛というのもおかしな人である。智謀湧くがごとく、天下への野心ももちろんあった。彼がこのたび九州で西軍に与《くみ》する諸将を撃破した働きを聞いて、家康は如水め、何を企んだやらと呟いたそうだ。
ところが、キリシタン信仰については処女のように純真だったらしいからおかしい。もっとも彼にも信仰が薄らいだ時期があり、ヴァリニャーノから領内の司祭を召還すると脅されて、平頭して謝ったことがある。とにかく、義統は官兵衛の説諭によって信仰をとり戻した。そして、その後終生変ることがなかった。彼は出羽国の秋田実季に預けられ、実季が常陸国へ転封となると、ともに移ってそこで死んだ。苦行に明け暮れるみごとな信者ぶりだったと伝えられる。もっとも、すべての望みを失った義統としては、ただひたすら信仰にすがるしかなかっただろう。

関ヶ原の戦いの直後、ロドリゲス・ツズは都にのぼって家康と面会した。家康は上機嫌で、都と大坂と長崎の三カ所にイエズス会の会宅を置くことを認めた。翌年にまたロドリゲスが上京すると、家康はロドリゲスを自分の通商代理人に指定した。家康はキリスト教への嫌悪を、貿易を促進したい一心で匿していたのである。へスースにフィリピンとの交易の仲介を依頼したのもその一心からだった。そして、この頃、彼の前に現れたのがウィリアム・アダムズである。

アダムズは英国ケント州の人である。船大工の修業を終えると、方々へ航海し、その間オランダ人とも親しくなった。オランダはスペインに対して独立戦争を戦いつつ、一五九五年に初めてアジア遠征船団を送ったが、九八年出航の第二回遠征隊にアダムズは加わった。船団は五隻で出発したけれど、大西洋、マゼラン海峡を経て、ペルー沿岸から太平洋を横断するときには、他船は引き返したり喪われたりして、残るはアダムズの乗るリーフデ号一隻になっていた。太平洋横断には六カ月かかった。一六〇〇年四月二九日、現大分県臼杵市の佐《さ》志《し》生《う》に漂着したときは、生存者は二四人、そのうちちゃっと立って動けるのは、アダムズをいれて七人にすぎなかった。臼杵城主太田一吉《かずよし》は親切で、生存者を収容し、病人を手当してくれたが、このあとさらに六人が死んだ。

船は大坂に回漕され、アダムズが家康の前に引き出された。家康はアダムズから、オランダ人がスペインと戦争している事情も含め、根掘り葉掘り聞き出した。この間イエズス会士が彼らは海賊であると吹きこんだが、家康は中傷に左右されなかったとアダムズは言っている。アダムズは家康に気に入られ、このあと関東に采地《さいち》を与えられた。つまり側近の家臣となったのである。江戸の日本橋近くに屋敷も与えられた。彼は家康に数学を教えたというが、極東におけるヨーロッパ諸国の角逐についても、有益な情報を与えたことだろう。彼は家康のために、二隻の西洋式帆船を作った。二隻目の一二〇トンの船はその後太平洋を横断している。

スペイン参入とオランダ・イギリス登場

イエズス会のキリスト教伝道と、ポルトガル人による長崎貿易という、これまでの日欧接触の比較的単純な様相は、秀吉から家康へ天下人が交替するにつれて、一七世紀にはいると複雑で錯綜したものに変った。まず第一に、フィリピンに根拠を置くスペインとの交渉が深まり、それにつれて、フランシスコ会、ドミニコ会など、スペイン系修道会が、日本という宣教のマーケットに参入して、イエズス会の独占を打ち破った。これは秀吉の晩年からすでに生じていた事態であるが、家康のスペインとの交易の意欲もあって、いくつかのドラマを生み出す。さらに重要なのは、オランダ・イギリスの登場である。彼らはキリスト教伝道に関心はなく、もっぱら純粋な交易者として舞台に現れたが、ポルトガルの日本貿易独占を打破するばかりではなく、欧州におけるスペイン・ポルトガル（当時両国は共同王権を戴いている）との対立を日本へ持ちこみ、いわゆる鎖国に至る伏線を形づくることになる。第三に、朱印船の形をとった日本人の海外進出が始まる。日本人は倭寇以来、南中国、フィリピンへ姿を現わしていたのだが、朱印船という制度的保証を得ることによって、交易のために、意欲的に南方へ派船するようになり、南洋日本人町の形成も進んだ。

スペインがフィリピン領有を確実にしたのはレガスピ艦隊の派遣によってである。レガスピは一五六五年にセブ島、七〇年にルソン島のそれぞれ要地を征服し、七一年にはマニラを首都と定めて、フィリピン植民地の成立を内外に告知した。従来、ヌエバ・エスパニア（メキシコ）からフィリピンへの航路は往路のみで、帰路は西廻りに世界一周するしかなかった。フィリピンから直接東航してメキシコへ帰ろうとしても、風向きが許さなかったのである。この難問を解決したのはウルダネタである。彼は一五六五年、北緯四二度まで北上し、太平洋を横断してメキシコへ帰還する航路を発見した。北緯四二度といえば、北海道の襟裳岬にあたる。この「ウルダネタの道」の発見によって、アカプルコ・マニラ間のガレオン船航路が確立され、フィリピン植民地の存続は保証されたのである。

スペイン領マニラへの日本人来航

フィリピンには倭寇の流れであろうか、一五四〇年代から日本人が渡航していたといわれる。確実な記録によると、一五七〇年、レガスピの部将がマニラに達したとき、そこには二〇人ばかりの日本人が住んでおり、その一人はパブロと名乗るキリシタンだった。また、一五六七年のレガスピの国王宛報告書には、ルソン島とミンドロ島に、中国人と日本人が毎年交易に来ると記されているし、七二年のマルドナドの報告にも、毎年日本船が両島に来て、銀を金と交換するとある。

的場節子の画期的な研究（『ジパングと日本』）によると、マルコ・ポーロが伝えた産金国としてのツィパング、アラビア地理書の記す黄金島ワクワク島は、けっして日本を指すものではなく、フィリピンのビサヤ諸島やルソン島のことであるという。一六世紀に日本が金を産出した事実はないし、ましてや輸出した事実もない。琉球人がマラッカへもたらした金は、これまで考えられていたように日本産ではなくて、フィリピン産だというのだ。日本人は金や蘇方にひかれてフィリピンに渡航したことになるが、これが朱印船制度の成立以前のことであるのは注目に値する。従来、日本人が積極的に海外交易に乗り出すのは、朱印船以後とされているけれども、見直しが必要だろう。前記したレガスピとマルドナドの二報告は、日本船が毎年渡来すると言っているのだ。

レガスピがマニラ市を定礎してわずか三年後の一五七四年、中国の海賊林鳳（リマホン）が、七〇隻の船を率いてマニラを襲った。彼は中国官憲の追捕を逃れて、防備の手薄なマニラを乗っ取り、おのれの根拠地にしようと企らんだのである。スペイン人たちは力戦奮闘してやっと危機を逃れたが、このとき四〇〇人の手兵を率いてマニラ城を攻撃した林鳳の部将は、シオコと呼ばれる日本人だった。

ルソン島北端のカガヤン河口に、一五八〇年から連年来航した日本人も、半ば商人半ば海賊という倭寇的な性格だったようである。彼らの求めるのはやはり金だったが、注目すべきなのは現地に砦を設けて定住の姿勢を示したことである。フィリピン総督はむろん見過ごしてはおけず、彼らが現地住民に危害を加えるというので、八二年には討伐の艦隊を送った。六隻からなるスペイン艦隊はカガヤン付近で日本船一隻と中国船一隻に遭遇し、激戦の末に二隻を降服させた。つまり日本人は倭寇の型通り中国人と組んでいたのである。このとき二〇〇人の日本人が殺された。カガヤン河口にいたると、さらに六隻の日本船と砦が認められた。日本人首領の名はタイフサと伝えられる。スペイン艦隊は増援を得たうえで彼らを駆逐し、カガヤン地方を完全に支配するにいたった。

一五八四年、マカオ商人の船が平戸へ入港したが、この船にはフィリピンの托鉢修道会員が四人乗っていた。フランシスコ会、アウグスティノ会各二名で、これがスペイン系修道会士の初日本渡来だった。この船はマニラからマカオへ赴く途中、逆風に遭ったとも、故意に針路を平戸へ向けたともいわれている。日本伝道はローマ教皇庁から認められてイエズス会の独占するところだったが、スペイン系修道会はこれに不満で、絶えず日本入国の機会を窺っていた。平戸国主の松浦鎮信《まつらしげのぶ》はマカオ貿易の利を大村氏に奪われて、憤懣やるかたないところだったから、マニラから来た四人の修道士を大歓迎し、翌年彼らが帰国する際には、フィリピン総督宛に書状、ならびに鎧などの進物を託した。

一五八五年には、日本人一一名が乗った船がマニラに着いた。そのうちの一人吉近バルタザルは松浦氏の家臣だった。船には小麦や牛馬が積まれていたというから、交易目的だったに違いないが、注目すべきは長崎居住のキリシタンが、イエズス会日本準管区長コエリュのマニラ在イエズス会士への書簡を携えていたことである。コエリュは異教徒から圧迫されているキリスト教徒の領主たちを救うため、マニラから兵士と大砲、弾薬を送ってほしいと請うている。むろんこの時点では、秀吉の九州平定は起こっていない。彼はまた、宣教師不足を解決するため、マニラの托鉢修道会士の来日を要請している。ヴァリニャーノは日本宣教に他の修道会を関与させれば、救いがたい混乱を招くというので、イエズス会の独占を断乎守りぬくつもりだった。しかし彼のこの方針は、彼自身が任命した日本宣教の責任者によって裏切られつつあったのである。

ヴァリニャーノの要請によって、教皇グレゴリオ一三世は、一五八五年一月小勅書を発して、日本伝道をイエズス会の専管とし、スペイン系宣教師がマニラから日本へ入国することを破門をもって禁じた。この勅令は翌八六年になってマニラに着いた。スペイン系修道会は不平満々ながら、しばらく鳴りをひそめるほかなかった。

八五年の一一名の日本人来航は、マニラ政庁側では平和的目的で来島した最初の日本人と記録されている。つまり倭寇的な侵攻とは異質な、フィリピン政庁を相手とする平和的な交易の途が開かれたのだった。こののち、金と銀の交換という交易の内容も一変して、日本人は米麦、牛馬など食糧をもたらし、金のみならず生糸、鹿皮などを持ち帰るようになった。生糸はむろん中国からもたらされる。日本人は中国への入国を禁じられていたから、マニラでそれを手に入れようとしたのだ。

一五八七年になると、八五年の渡航者吉近バルタザルらを含む四〇名の集団を乗せた平戸船がマニラに来航した。バルタザルは平戸国主の書簡を持参し、松浦鎮信・小西行長がスペイン国王の要請に応えて軍兵を派遣する意志があることを伝えた。ところが、マニラ側の要請で軍兵を送るというこの申し出の裏では、スペインの統治に抵抗する原住民の反乱に加担する謀議が進行していた。この反乱計画は翌八八年に発覚し、その尋問過程で全貌が明らかになったのだが、それによると、八七年に来航した日本船の船長ファン・ガヨが原住民の首領と親交を深め、彼に日本から持ち来った武器を供与して、ともに反乱を企んだというのだった。計画はガヨがスペインとの友好の名目で兵士と武器を持ちこみ、ボルネオ・モルッカ・マレーのイスラム勢力にその武器を渡して、マニラのスペイン人を包囲殲滅するという大がかりなものだった。そのガヨと吉近バルタザルの関係については議論のあるところだが、同一人物である可能性が高い。

バルタザルがこの反乱計画の当事者であるとすれば、松浦鎮信の胸中にはすでにフィリピン征服の野望があったことになる。反乱は計画のみにとどまらず、発覚寸前に、ルソンの原住民首領が日本製の火縄銃をボルネオ王に送り届けていた。反乱成功の折には、日本人を支配者の一員として受けいれる合意までなされていたという。鎮信がどんな野望を抱いたにせよ、八七年には秀吉が九州を平定し、松浦国主がフィリピンに手を伸ばす余地はなくなった。しかし、日本の軍事的脅威は、一五九二年に原田孫七郎がフィリピン総督に、臣従を促す秀吉の書簡をもたらす以前から、フィリピンを覆っていたのだ。八九年にはマニラに渡来した三、四〇名の日本人が、巡礼を装ってマニラ周辺を調査したと、マニラ政庁の記録は伝える。あながち疑心暗鬼とはいえまい。明らかに日本人はマニラへ来たくてたまらなかったのである、それも主人として。秀吉の打上花火のような威嚇も、このようなフィリピンという利権にたかる日本人たちによって煽動されたものだった。その代表が原田喜右衛門と孫七郎である。

ポルトガル定航船を拿捕するオランダ船

秀吉とマニラ政庁との間の交渉は、それに伴うスペイン系修道会員の渡来、サン・フェリーペ号事件、二六聖人の処刑を含め、すでに述べた通りである。天下人にならんとしていた家康がフランシスコ会士へスースを介して、スペイン船の浦賀寄港を求めたことも先に述べたが、この家康の思惑はすんなりとは実現しなかった。ひとつはフィリピン側に依然として対日警戒心があり、また家康自身に宣教師の活動への嫌悪ないし警戒の念があったからである。

フィリピン総督ペドロ・デ・アクーニャは、家康の送った親書に答えた一六〇二年六月の書簡で、関東に一船を派遣し交易実現に努めると伝えるとともに、宣教師の保護を要請した。同年九月、フィリピンからメキシコへ向ったエスピリト・サント号が土佐国清水に漂着し、誤解と紛争の末、銃撃を躱《かわ》しながら脱出するという事件が起こったが、家康はその際、上京した同船の代表に、外国船が暴風を避けて日本の港に入港したとき、船荷を没収されることはなく、積荷の売買を強制されることもないと保証するとともに、外国人の日本居住は自由だが、キリスト教を持ちこむことは固く禁ずる旨の朱印状を与えた。これはアクーニャの宣教師保護要請に対する回答であって、それを知った在日宣教師は大きな衝撃を受けた。家康のキリスト教伝道に対する原則的な態度は、早くもこの時点で明らかになったが、かといって彼はこの原則を現実に貫徹しようとした訳ではなかった。貿易のためには、妥協あるいは見て見ない振りをする用意があった。彼はフィリピンとの交易だけに気をとられていたのではない。長崎のマカオ貿易にも注目していて、そのためにはイエズス会とも妥協するつもりだった。

一六〇三年二月、家康は伏見城でロドリゲス・ツズと村山等安アントニオと会い、長崎奉行寺沢広高を罷免して、等安ら五人の長崎在住商人に同地の統治を委ねる旨を告げた。寺沢のもとで何かと円滑を欠いたマカオ貿易を、キリシタン商人の長崎自治によって促進しようとしたのである。家康はロドリゲスにも長崎統治に関与するように求めた。これはイエズス会の地位を高からしめるものだったが、長崎の政治と貿易に深く関わることによって、こののちロドリゲスは様々な紛争に巻きこまれることになる。

ヴァリニャーノはロドリゲスが上京する直前、一六〇三年一月一五日に、第三次巡察の任を終えて日本を去ったが、イエズス会が政治と貿易に巻きこまれ、他修道会から非難攻撃される現状、さらにはイエズス会内部のスペイン人とポルトガル人の対立など、心痛の種は尽きなかった。彼がマカオで栄光の生涯を終えたのは、一六〇六年一月二〇日のことである。

一六〇四年、ロドリゲスが家康のもとに正月の祝いに罷り出ると、家康はイエズス会に三五〇テール（一テール＝銀一〇匁）を喜捨し、さらに銀五〇〇〇テールを貸与して、返済はいつでもよいと告げた。これは日本イエズス会の年間経費の半分に当たる。彼は前年、四〇万ドゥカードを超える生糸を積んだポルトガル定航船が、マカオ沖でオランダ船に拿捕され、イエズス会と長崎が大打撃を蒙ったことを承知していたのだ。

スペイン・ハプスブルク家の支配のもとにあったネーデルラントでは、一五六八年以来、ホラント州を中心とする北部諸州が反スペイン闘争を続けていたが、一六世紀末には、軍事的才能に富むオラニエ家のマウリッツの指導のもとに、オランダ共和国としての独立を事実上達成していた。そのオランダがアジア貿易に参入したのは、ポルトガルがフェリペ二世のもとにスペインと同君連合を形成し、オランダ船のリスボン入港が不可能となったからである。もともと商業によって立国するオランダにとって、南海物産の入手先を絶たれるのは致命的である。一五九五年に出航したハウトマンの船隊は、翌年ジャワのバンテン港に到着、アジアへの航路を開いた。以後、一六〇一年までに一五船団六五隻がアジアへ向かった。

一六〇二年には乱立する会社を統合してオランダ連合東インド会社が設立された。イギリス東インド会社の設立におくれること二年、しかし資本金はその一〇倍だった。会社は軍隊を保有し、要塞を構え、条約を締結する権利も与えられた。会社はたんに貿易のみをめざしたのではない。アジアにおけるポルトガルの拠点を攻撃することによって、敵手スペインに経済的な打撃を与えるのも、その重要な目的だった。こうしてオランダのアジア進出は、対スペイン・ポルトガルとの戦争の様相を帯びた。オランダ船は操船・火力において優越していたので、ポルトガル船はしばしば拿捕の憂き目に遭うことになった。

イエズス会準管区長パシオの駿府江戸訪問

家康は一六〇六年に伏見城で、日本司教ルイス・セルケイラを引見《いんけん》した。これは寺沢の次の長崎奉行小笠原一庵の斡旋によるもので、一庵は一六〇四年長崎に下ってセルケイラと親交を結び、長崎のポルトガル商人、キリシタン住民に対する司教の権威を認識するところがあり、貿易の円滑化のためにも、司教を家康に紹介する必要を認めたのだという。家康は快くセルケイラを引見した。セルケイラはそののち、家康側近の筆頭本多正純と、京都所司代板倉勝重に会い、両者ともに教会の保護を約束したとイエズス会年報は伝える。

翌一六〇七年には、イエズス会日本準管区長フランシスコ・パシオが駿府に家康を訪ねた。パシオの引見は、セルケイラの家康訪問の際に打診されたらしく、その後本多正純と後藤光次の尽力で実現の運びとなった。後藤庄三郎光次は家康側近の大商人である。パシオはコエリュ、ペドロ・ゴメスにつぐ三代目の日本準管区長である。イエズス会会憲は一年に一回、管区長が管内を視察することを規定しているが、ヴァリニャーノは日本の事情を勘案して、三年に一回巡察すべしと定めていた。しかし実行は困難で、コエリュは一五九〇年に死亡するまで、畿内を巡察したのはただ一度、ゴメスに至っては秀吉の追放令下ということもあり、長崎に定住して、一五九五年に大村を訪問した以外、下《しも》地方の巡察すらほとんど行なわなかった。一六〇〇年、ゴメスの死によって準管区長となったパシオにとって、駿府への旅は懸案の全国巡察の好機でもあったのである。

パシオは駿府で、相好を崩すほど上機嫌の家康に迎えられた。家康はパシオとの対話を通じて、イエズス会の長崎貿易に対する影響力を、改めて認識するところがあったらしい。だがこの好結果の蔭には、本多正純の並々ならぬ尽力があった。引見の当日、家康の子で越前国主の結城秀康の訃報が駿府に届いたが、正純は引見の延期をおそれて越前からの使者を抑え、引見が無事に終ったあと、家康にこのことを報じさせたのである。正純がこのようにパシオのために尽力したのは、彼自身長崎貿易に投資していたからではないかと五野井隆史は推測している。

パシオはこののち江戸へ下って、二年前に家康から将軍職を譲られていた秀忠に謁見した。秀忠は将軍職に就いた一六〇五年、江戸市中に禁教令を出したことがあり、イエズス会との接触もこれが初めてだったが、会見は極めて友好裡になされた。これには本多正純の父正信のとりなしがものを言った。正信は家康から最も信任された謀臣であり、秀忠の後見役であった。パシオは正信をイエズス会の保護者とするべく熱心に説き、正信は日本では従来様々な宗派が信じられてきたのだから、キリシタンもまた受け入れられる余地があろうと答えたとのことだ。正信は若いころ三河一揆に加わって家康に背いたこともある熱心な一向宗信者であるから、本気でイエズス会の保護に当る気があろうはずはない。しかし、ともかくイエズス会は、将軍とその側近に顔をつなぐことだけはできたわけである。

パシオは帰途、京・大坂に四〇日余り滞在して、畿内のイエズス会施設を巡察し、信者を励ました。日本準管区長が家康・秀忠に厚遇されたという情報は、すでに全国を駆けめぐっていた。パシオは大坂で豊臣秀頼と会った。これまで淀君はキリシタンに好意を示さず、禁教令を高札に示したほどだったが、家康・秀忠の厚遇の噂は、淀君と秀頼の養育者片桐且元《かつもと》らにも影響を与え、パシオと秀頼の会見が実現した。高札はただちに撤去された。

パシオが次に立ち寄った広島では、従来イエズス会に好意を示してきた国主福島正則に会うことができなかった。以前、正則が長崎貿易に投資しようとしたのに、パシオが協力を拒んだことがあったのが不快だというのだ。イエズス会への好意といっても、つまりは貿易次第だったのである。この点は実は家康・秀忠とても同様であるのをパシオは自覚していただろうか。小倉では城主細川忠興の大歓迎を受けた。ちょうど愛妻ガラシャの命日が来るところだったのだ。当日はパシオも参列して盛儀が営まれた。次の博多でも黒田長政から厚遇された。よきキリシタンだった官兵衛孝高は一六〇四年に死んでいたが、長政は父と変らぬ保護をパシオに約した。忠興も長政も明らかに、家康・秀忠がパシオを厚遇したことに感銘を受けていたのだ。ついで秋月を訪うたのは、領主黒田直之が同地方のキリシタンの柱石と呼ばれる人物だったからである。柳川でも領主田中吉政の歓迎を受けた。かくしてパシオの五カ月にわたる家康・秀忠訪問行、ならびに各地のイエズス会巡察の旅は終った。費用はざっと四〇〇〇ドゥカード。日本イエズス会の借金はまた膨らんだ。

イエズス会の「インディアン・サマー」

家康が司教セルケイラ、ついでイエズス会準管区長パシオを公式に引見したことは、日本におけるイエズス会の活動を容認したことを意味する。ヴァリニャーノが一五九一年秀吉に謁見できたのは、あくまでインド副王の使節としてであった。八七年の追放令以降、イエズス会の巡察師であれ準管区長であれ、その資格で全国統一政権の首長と会見するのは不可能だった。秀吉の死後も追放令は撤回されていないのである。それがここに来て、明白な変化が生じた。『イエズス会年報』が「日本ではもとの状態を回復したものと見なされる」と言うのも、またマカオ在の会士が総長宛の書信で「イエズス会は現在信長時代同様の状況にある」と述べたのも、その限りでは軽信とはいえない。

家康・秀忠が一六〇五年、江戸におけるフランシスコ会の宣教活動を取り締ったのは、フィリピン政庁への度重なるスペイン船関東寄港の要請にもかかわらず、その年も紀伊国の港へ入ったことへの懲しめであり、翌〇六年スペイン船が浦賀に入ると禁教も緩んだ。家康・秀忠はキリスト教が日本の伝統的神仏からして受け容れがたいという信念を明白に抱いていた。ただこの時点において、家康の関心はポルトガル・スペインとの交易の促進にあった。そのためには、それに伴う宣教師の存在は受忍すべきもの、あるいは利用すべきものだった。だが同時に、彼らが宣教活動をほどほどに自制することも彼の期待のうちにあったといってよい。イエズス会を始めとする各修道会は、このバランスの微妙さを果してよく理解しただろうか。

イエズス会が九州に堅固な根拠を持ち、秀吉の禁教令以前は畿内の一部に地盤を築きえたのは、領主たちを信者としてとりこんだからである。イエズス会はザビエル以来一貫して、領主を教化してその領国をキリシタン化する手法をとり続けてきた。庶民間の布教をなおざりにしたというのではない。豊後では長い間信者は貧民と農民であり、京では流れ者であった。しかしそれは結果であって、イエズス会の政略はあくまで支配層のトップを攻め落とすことにあった。結局、それしか途はなかったのである。支配者を無視して民衆を教化したとしても、支配者から弾圧されれば、反乱を起こすしかない。結果は悲惨だろうし、それ以前にそれはイエズス会のとるところではなかった。しかし、全国統一が完成されず、領主たちが割拠する戦国の情勢下にあっては、たまたまある小領国をキリシタン王国化することができたにせよ、全国統一政権が成立した今日、攻略すべきトップはただ一人しかいない。すなわち家康、家康亡きあとは秀忠である。日本におけるキリシタンの未来は、かかってこの一人の意志にあった。宣教師たちはこの第一人者の意志という綱の上を、みごと渡り切ってみせねばならなかったのだ。

かくて日本イエズス会には、「インディアン・サマー」のような順調な日々が束の間訪れたかに見えたが、その内実は様々な問題を抱えていた。まず、ロドリゲスが長崎の統治に関与したことから、意外ないざこざが持ち上っていた。長崎の町が拡張するにつれ、何かと不便が生じたので、大村喜前は自領の一部を長崎に貸し与えた。しかし、この大村領長崎村に長崎で罪を犯した者が逃げこむなど不都合が生じたので、奉行小笠原一庵は長崎町役人の陳情を受けて、長崎村を長崎町に併合し、大村氏には替地を与えるように家康に進言し、家康はそれを裁可した。激怒した喜前はこのことをロドリゲスの策謀によるものと誤信し、一六〇六年二月、イエズス会の宣教師を領内から全員追放する旨パシオに通告した。セルケイラの説得も、ロドリゲスの弁解も甲斐はなかった。一六〇二年、すでに喜前は日蓮宗に改宗し、家臣たちにも棄教をすすめていた。かの遣欧使節の一人千々石ミゲルもこのとき棄教した。喜前の父純忠以来の大村キリシタン王国はかくして崩壊したのである。イエズス会にとって手痛い損失だったのはいうまでもない。

それでなくても、イエズス会は三つの問題を抱えていた。第一はあいも変らぬ財政上の困難で、会はこのころ約九〇〇名の活動従事者を抱え、その経費は年間一万二〇〇〇ドゥカードを超えていたが、本国からの送金は当てにならず、長崎貿易への参与から得られる利潤も、オランダ船の脅威による定航船の欠航などのために不安定だった。その上、パシオの全国巡察によって、さらに四〇〇〇ドゥカードの臨時支出が加わったのである。第二は日本人会士の養成、日本人の司祭登用の問題であった。キリスト教が日本に根づくためには、日本人の会士・司祭を養成する必要があるのは明白で、ヴァリニャーノは当初からこのことを力説していたが、この時期になってその見通しに暗雲が生じ、ヴァリニャーノ自身、日本人にその適性があるかどうか疑うにいたった。というのは、日本人修道士は表面的にはヨーロッパ人上長に従順であるかに見えても、内心はうかがい知れず、信仰の持続・深化の面でも信頼が置けなかったし、せっかく入会しながら脱会者が絶えなかったからである。彼らに聖職者たる素質があるのだろうか。これはこののちさらに大きな問題になるが、さし当っての第三の問題は、スペイン系托鉢修道会の参入であった。これはイエズス会によって統一的に行われてきた日本宣教を揺がせる大問題だった。

第一五章　マードレ・デ・デウス号爆沈

日本宣教はザビエルの渡来以来、イエズス会の独占するところで、その特権は一五八五年、教皇グレゴリオ一三世がイエズス会士以外の宣教師が渡日するのを禁じたことによって保障されていた。しかし、マニラに本拠を置くスペイン系托鉢修道会は、この禁令をくぐり抜けて日本宣教に参入すべく、あらゆる機会をねらっており、フランシスコ会士が秀吉・家康とフィリピン総督の外交交渉に乗じ、使節として来日して以来、京都・江戸に拠点を築いたことは先述した通りである（第一三章）。

スペイン系修道会がこのように日本に執心したのは、たんなる宣教への情熱によるものではない。ポルトガル・スペインの海外布教は教皇から国王に与えられた布教保護権のもとに行われた。両国国王は一四九四年のトルデシーリャス条約によって分割されたおのおのの支配領域の布教を保護する責任を有するが、そのことは同時に、布教領域を自国の植民地化する権限をも与えられたことになる。そもそもは、トルデシーリャス条約による世界分割というのが途方もないことである。分割されるのはアフリカ、東インド（東南アジア・中国・日本を含む）、西インド（南北アメリカ）である。いずれも多数の独立国家を含む。教皇アレクサンデル六世はこの領域を二分割して、スペイン国王とポルトガル国王に与えた。勝手な話とも誇大妄想ともいえるが、日本も中国も自らのあずかり知らぬところで布教対象と定められ、布教を受けいれぬ場合には暴力的手段で屈従させるべき対象とされたのである。

もちろん、ザビエルにせよヴァリニャーノにせよ、日本宣教に武力を用いようなどとは考えていなかった。というより、日本が武威さかんな国と知って、その不可能を悟っていたのだ。しかし、武力による支配はつねに宣教師たちの頭にあった。その一例として、ペドロ・デ・ラ・クルスの一五九九年二月五日付、長崎発イエズス会総長宛の書簡を見よう。クルスはイエズス会士として一五九〇年に来日したが、国籍はスペインである。クルスはまずスペイン人が日本において、布教・貿易、さらには一歩進めて征服のための基地を設ける必要を説き、その基地を四国、あるいは関東に求めるべきだという。一方、長崎の不安定さを説き、天草の支岐にポルトガル人の基地を置くことをすすめる。小西行長はよろこんで支岐を提供するだろう。マカオは放棄して、支岐をそれに替る布教・貿易の拠点とすべきである。日本に武力を導入して堅固な基地を建設することには反対論があるが、気にしてはならない。反対論の筆頭であるヴァリニャーノさえ、「この国を征服するだけの武力を持ちたいと神に祈るが、それは不可能だ」と洩らしている。フェリペ三世が軍隊を派遣して、前述の二港を確保しようとすれば、諸侯やその家臣はよろこんで協力するだろう。彼らは上級権力に対する隷属性が強く、もっと安定した地位を求めているからだ。悲惨な状態にある百姓がわれわれを歓迎することは明らかだ。クルスはさらに、このような基地獲得の利点として、「機会あり次第行うはずのシナ征服のために非常に適した兵隊を、安く日本から調達できる」点をあげている。このシナ征服論はマニラの宣教師たちが好んで論じる題目だった。

スペイン系修道会の日本進出

布教保護権のもとで行われる宣教に国益の観点が伴うのは当然で、イエズス会がポルトガル国王の保護権のもとにあったのに対して、マニラのスペイン系修道会はスペイン国王の保護権のもとにあった。スペイン・ポルトガルはフェリペ三世（ポルトガル王としてはフィリペ二世）を戴く同君連合の関係にあったものの、フェリペはポルトガルに独立的な地位を与えており、両国の国益は依然として対立していた。マニラのスペイン系修道会は、国益という点でも、イエズス会の日本独占を許せなかった。マニラのドミニコ会は薩摩国主に働きかけて、その懇請を受ける形で、一六〇二年に五名の司祭・修道士を送りこんだ。彼らは甑《こしき》島に定住し、さらに京泊《きょうどまり》（現薩摩川内市）に教会を建てたが、布教の実《じつ》があがらぬうちに、一六〇九年に島津氏から退去を命じられた。彼らは長崎へ移り、代官村山等安の厚意を得て、そこに京泊の教会を移築した。その間、同会のモラーレスは駿府に家康を訪ねている。家康はイエズス会、フランシスコ会、ドミニコ会に全方位外交の姿勢をとったわけである。一六〇二年にはアウグスティノ会士二名が平戸につき、何かの縁故を得て豊後の臼杵と佐伯で布教に従事したが、一六一一年には長崎に進出して教会と修院を建てた。一方、江戸や京・大坂で活動していたフランシスコ会も、一六〇八年頃長崎に教会・修院を建て、一六一二年には準管区長が長崎に居を定めた。このようにしていまや長崎は、イエズス、フランシスコ、ドミニコ、アウグスティノの四修道会の本拠となり、イエズス会とスペイン系修道会の抗争の場となったのである。

スペイン系修道会の日本進出は一五八五年の小勅書に違反する行為であったが、一六〇〇年一二月、教皇クレメンス八世は禁令を緩和して、ポルトガル領域を経由しての日本入国をすべての修道会に許した。ただし、フィリピン・メキシコから直接日本へ入ることは禁じられ、すでにマニラから入国した者は日本から退去すべきことが命じられた。この小勅書は一六〇三年頃長崎に到着した。司教セルケイラはこれにもとづいて、マニラから来日したフランシスコ会士、ドミニコ会士、アウグスティノ会士に退去を促したが、もとより実効をあげることはできなかった。彼らはそれぞれ、関東・薩摩・豊後の領主から布教を許されており、その信任にそむくわけにはゆかぬと主張し、さらに、イエズス会の布教の及ばぬ前記地域の信者を見棄てることを神は許さぬと反論した。セルケイラは、かくなる上は、スペイン国王からフィリピン総督に小勅書の遵守を厳命してもらうしかないと思った。しかし、フェリペ三世の周りにはすでに小勅書廃止の動きが渦巻いていた。

しかも、日本イエズス会内部においても、ディエゴ・デ・メスキータ、アントニオ・フランシスコ・デ・クリターナ、さらに前出のクルスらはスペイン系修道会に同情的で、彼らに退去を迫ることに反対だった。クリターナとクルスはスペイン人である。日本イエズス会は国籍に由来する内部対立を抱えこんでいたのだ。この問題は結局、一六〇八年六月にパウロ五世が小勅書を出すに及んで結着がついた。各修道会は今後、どこを経由しようと日本入国は自由とされた。小勅書の長崎着は一六一一年七月であった。

揺らぎ始めるポルトガルの対日貿易独占

一七世紀初頭はスペイン系修道会が、イエズス会の独占を打ち破って、日本宣教に加わっただけではなく、貿易の面でもオランダ、ついでイギリスが日本市場に参入し、マードレ・デ・デウス号の爆沈によってマカオ・長崎間の交易が杜絶する一方、フィリピン前総督の日本漂着によって、日本・メキシコ間の交易が模索されるなど、日本とヨーロッパの接触が一挙に多面化した時期である。また日本人もこの頃から、朱印船の形で南方に進出し始め、各地に日本人町が形成された。朱印船と南洋日本人町については、のちに一括して述べることにして、ポルトガルによる日本貿易独占が揺らぎゆく経過を、なるべく時系列にそって語りたい。

スペインに対して反乱を起した北ネーデルラント七州は、一六〇九年スペインと一二年間の休戦条約を結んだ。この条約締結によってオランダは国際的に独立国の地位を得た。アジア海域では条約が翌年発効すること にされたので、東インド会社は東南アジア海域で活動していた艦隊に、発効以前にできうる限りポルトガル・スペインに打撃を与え、各地に拠点を築くように命じた。折からマカオを出港したポルトガル定航船を追って、二隻のオランダ船が長崎に着いたのは、一六〇九年七月一日のことである。ポルトガル船は危うく拿捕を免れて、その二日前、長崎へ入港していた。これこそ翌年爆沈するマードレ・デ・デウス号である。オランダ船は翌日平戸へ入港した。長崎の繁昌を嫉視していた松浦氏がこの珍客を大歓迎したのはいうまでもない。

オランダ船が平戸へ入ったのは次のような事情からだ。オランダは一六〇三年、マレー半島東岸のパタニに商館を設けたが、そのことを知った英国人のアダムズは、リーフデ号生き残りのクァケルナクとサントフォールトに家康の通航許可状を持たせてパタニへ送った。両人は松浦氏が仕立てた船で一六〇五年無事にパタニに着き、折からマラッカを攻囲中のオランダのマテリーフ艦隊に家康の許可状を伝えた。マテリーフは翌年南シナ海へ入ったものの日本行の余裕はなく、マカオ付近で出会した平戸の船に、三年以内に平戸を訪うと伝言した。前述の二隻のオランダ船はマードレ・デ・デウス号を拿捕できぬ場合は、平戸へ赴いて通商を開くように指令され、共和国総督マウリッツの国書も携えていた。彼らの使節は松浦氏の仲介によって、八月下旬駿府で家康と会見し、マウリッツへの返書と、「いずれの浦に着岸すといえども、相違あるべからず」という来航免許状を与えられた。

九月二〇日船員会議によって、平戸に商館を開き、ジャック・スペックス以下六名の館員を置くことが決議された。スペックスはこのときまだ二一、二歳の弱冠だったという。商館を開いても、二隻がもたらした商品は生糸・胡椒など少量で、とてもポルトガル船の敵ではなかった。平戸侯は日本では売れ行きの悪い胡椒を一二〇〇グルデンで買い取った。みすみす損をしても、オランダ商館を立ち行かせたかったのだ。二隻のオランダ船はただちに平戸を去ったが、そのうちの一隻はオランダ本国に漆器九箱と陶器九二二七個をもたらした。「これぞ最初の日貨輸入船」と、『十七世紀日蘭交渉史』の著者ナホッドは言う。

この時期、フィリピンからの商船来航は急増していた。一六〇六年には、七、八隻のマニラからのスペイン船が長崎に来航し、大量の生糸をもたらした。長崎駐在のイエズス会司教セルケイラは、これによってマカオ・長崎間の貿易が深刻な打撃を受けることを憂慮し、スペイン政府に働きかけたが、もとより効果は望まれず、一六〇九年には五隻のマニラ船が来航し、生糸の取り引き価格は低下して、マカオからの定航船もマニラ船も十分な利をあげることができぬ始末だった。このようにマニラからのスペイン船が大量の生糸を日本へもたらしたのは、一五八〇年代から中国船がマニラに来航し、一七世紀初頭には年間三、四〇隻にのぼったからである。中国船の目当ては新大陸からマニラにもたらされる銀だった。中国の銀需要は厖大なもので、スペイン領アメリカの産出する銀のかなりが中国に吸いこまれた。もちろん日本の銀も、マニラを通じて中国へ吸収されたわけである。日本はスペイン領アメリカと並ぶ世界有数の銀産出国であった。

マニラのスペイン商人は、銀を対価として入手した生糸を日本へ転売して利を得た。マカオのポルトガル人とまったく同様の手口である。フィリピン政庁が日本貿易に力を入れたのは、日本から輸入する小麦等の食糧と武器類が、植民地を維持する上で欠かせなかったからだ。マニラのスペイン人は生活物資を自給できぬばかりでなく、防衛上も弱体であった。一六〇三年、マニラ在住の中国人（サングレイと呼ばれた）が反乱を起して鎮圧された。当時マニラの中国人人口は八〇〇〇人にのぼっていた。一方マニラ市内で武器をとれるスペイン人は七〇〇にすぎなかった。鎮圧部隊の有力な部分は三〇〇の日本人だった。総督アクーニャは翌年の書簡で、サングレイとの戦いで弾薬が尽きていたところ、日本へ送った船が補給してくれたと感謝している。

ちなみに、日本が中国の生糸を入手するのに、ポルトガル人やスペイン人の仲介を経ねばならなかったのは、むろん明朝が海禁政策を維持し、日本への渡航も日本船の来航も許さなかったからである。しかし、家康が一六一〇年、福建総督宛に貿易を望む書を送ったのをきっかけとして、次第に唐船が長崎に来航するようになり、一六三〇年には三〇万斤の生糸をもたらすようになった。マカオ・長崎貿易はこの面でも危機にさらされるが、それはまだ先の話。

マカオ事件に激怒した家康

二隻のオランダ船に追われているとも知らず、一六〇九年六月二九日に長崎へ着いたマードレ・デ・デウス号に話を戻そう。実は座乗するカピタン・モール、アンドレ・ペッソアは、前年マカオで有馬氏の家臣を殺害したという前歴を抱えていた。

一六〇八年、インドシナの占城《チャンパ》へ交易に赴いた有馬氏の船が、帰航の時期をのがしてマカオで越年した。乗員は遭難してマカオへ来合わせた他の日本人とともに、市街をわがもの顔でのし歩き、ポルトガル人ともめごとを起した。定航船のカピタン・モールはマカオの治安責任者でもあるから、ペッソアは武装して二軒の家にたて籠る日本人に降伏を勧告した。一軒の五〇名は降伏したが、他の一軒の四七名は勧告に応じない。火をかけて、逃れ出る者をことごとく射殺した。降伏した五〇名のうち一人は盗賊として絞首された。

ペッソアはマカオでの一件について、自分の措置の正当さを信じていたが、家康に一応の申し開きをした方がよいと考えた。しかし、長崎奉行長谷川左兵衛藤広が、家康の怒りを招きかねぬのでその件は伏せておくべきだと言うので、それに従って、恒例の使節には、マカオへ日本人が来ることを禁ずるよう請願せよと命じるにとどめた。使節は一六〇九年八月、莫大な贈物を携えて駿府に赴き、家康から、日本人がマカオへ赴いて迷惑をかけるとのことゆえ、マカオ渡航を禁ずる、違反者があれば当地で処断してよろしいという朱印状をえた。

実は、左兵衛はこれを機に、マードレ号が舶載した貨物を、自分の裁量のもとに置くつもりだった。マカオからの定航船は長崎に入港すると、舶載した生糸の目録を自主的に提出し、長崎奉行・日本人商人と、一括販売する価格を交渉・決定する。日本人商人は奉行が各々に割り当てた量の生糸を、定航船に赴いて受け取るのである。ところが左兵衛は今回に限って、マードレ号が入港するやただちに役人を船に送って、すべての商品の目録を作らせようとした。ペッソアは従来の慣行に反するこのような措置を拒否した。要するに左兵衛はポルトガル人が維持して来た取り引き上の自由を否定し、一方的な価格での買い取りを押しつけようとしたのだ。紛争の続く間ペッソアは、マカオの一件で自分をおどして事を有利に運ぼうとする左兵衛の意図に気づき、自ら家康の前に出て弁明しようとした。しかし左兵衛は、家康に一件を知られたら一切は破滅だというし、司教セルケイラもおなじ意見である。ペッソアは思いとどまったが、これが一生の不覚となった。

一方、左兵衛はマカオの一件を家康に暴露するつもりだった。そのために有馬晴信を使った。晴信はマカオから帰った生き残りの家臣から話を聞かされて、当然遺恨を抱いていた。有馬船は家康の依頼で伽羅木を購入する任も帯びていただけに、彼の不快感は強かったのではないか。しかし彼は一方では、イエズス会を通じてポルトガル人と友好関係があった。そういう晴信を左兵衛は煽った。結局、晴信は駿府に罷り出て、マカオ事件を言上した。果して家康は激怒した。彼の怒りはマカオで日本人が殺された点にあったのではなかろう。マニラの日本人は一七世紀初頭には一五〇〇人に達しており、一六〇七年から〇九年にかけて毎年暴動を起こして鎮圧された。総督代理ロドリゴ・デ・ビベロは、〇八年に二〇〇人の日本人を強制送還し、その旨幕府へ通告したが、家康は「悪逆をなす輩は、呂宋《るそん》法度の如く、成敗致さるべき也」と返書している。家康はマードレ号の使節がこの事件を自分に報告しなかったことを怒ったのだ。ポルトガル人は事件を隠匿したと信じた。ペッソアが家康のもとに赴いて釈明していたら、マニラの先例からして、彼は激怒することはなかったろう。ペッソアがそうしようとしたのを阻んだのは、長谷川左兵衛のたくらみだった。彼は家康を怒らせることで、マードレ号に圧力をかけ、マカオ貿易の主導権を握ろうとした。彼はすでにマードレ号の生糸以外の貨物を低価格で一括購入することに成功していた。

有馬船は占城《チャンパ》国主へ家康の書簡と贈物を伝達した帰路、マカオで事件を起こしたのである。このことも家康の頭にはあっただろう。彼は晴信に、ペッソアを訊問した上で適当に処断せよと命じた。晴信は有馬領へ帰り、兵を率いて一六一〇年一月一日長崎に現れた。晴信が左兵衛と計ってペッソアを召喚すると、ペッソアは身の危険を感じてそれに応じず、ただちに上陸中の船員を呼び戻して出航の準備にかかった。左兵衛から上陸中のポルトガル人の禁足令が出ていたので、マードレ号に帰り戻れた船員は五〇人にすぎなかったが、ペッソアは出航を決断した。ポルトガル商人は陸にとり残された。

生糸を積載したまま沈没

折悪しく風向きが悪くて、マードレ号の出港は手間取った。有馬勢の攻撃は六日から始まったが、小舟でマードレ号をとり囲んで攻撃しても、高い舷側から打ち出される大砲や小銃に悩まされて犠牲者がふえるばかりである。ついに舟に楼を組み上げて、その上から射撃を加えたが、それでもマードレ号は屈しなかった。九日になって意外な結末を迎えた。マードレ号乗員が敵に投げようとした焼弾が床に落ち、火薬に引火して火災が生じ、たちまち帆が燃え上ったのである。帆を失った船は日本人に占拠されるほかはない。ペッソアはとっさに決断し、火薬庫に点火するよう命じた。マードレ号は轟音とともに沈没した。ペッソアは若くして軍務にたずさわり、武功を重ねたポルトガル人である。その果断な最期はイベリア武士の名を辱めなかった。晴信はマードレ号を逃したら自決するしかないと覚悟していたといわれるが、多くの部下を失い心たのしまなかった。

陸上ではイエズス会の司祭たちがマードレ号の脱出を祈ったのに対して、日本人修道士はその爆沈を歓呼した。

イエズス会日本準管区長パシオは事件二カ月後の書簡で、家康はマニラ貿易に頼ることができたために、マードレ号を奪うよう指令したのだと指摘するとともに、この事件でイエズス会は三万ドゥカードを損失したと述べた。マードレ号積載の生糸はまだ揚陸されておらず、海中に沈んだ。その量三〇万斤と伝えられる。これは当時の日本の年間生糸輸入量に相当する。

長谷川左兵衛はこの際、家康とイエズス会の仲介を果し、長崎貿易に深く関与してきたロドリゲス・ツズを追放しようと企んだ。その相棒となったのが長崎代官村山等安である。等安はイエズス会により受洗し、その力を背景に代官となったのに、その後スペイン系修道会に乗り替え、イエズス会に露骨な敵意を示すようになった。彼がロドリゲスを憎んだのは、生糸取り引き上の利害の対立のほか、彼の妻がロドリゲスと密通したからだという説がある。イエズス会士ディアスの書簡によれば、ロドリゲスは「しばしば彼女の着物の中に手を入れて乳房にさわった」という。『通辞ロドリゲス』の著者M・クーパーは、この件については司教セルケイラがロドリゲスの潔白を証言しており、事実とは考えられぬと主張する。ともかくロドリゲスはマードレ号爆沈の二カ月後、左兵衛の意を受けてマカオへ去った。

オルガンティーノはイエズス会が長崎貿易に深く関与することを憂慮し、その旨ローマの本部に警告していたが、ロドリゲスが離日する一年前に逝去した。日本人をこよなく愛し、また日本人から愛された古強者だった。

第一六章　太平洋を越えて

フィリピン臨時総督ロドリゴ・デ・ビベロは任を終えて、メキシコ（ヌエバ・エスパニア）へ帰るべくサン・フランシスコ号に乗り、僚船二隻とマニラを発ったが、悪天候に悩まされ、一六〇九年九月三〇日に、上総国岩和田付近で船は座礁して沈没し、乗員三五〇のうち三〇〇が救われた。

大多喜城主本多忠朝は彼らを厚遇し、ひと月以上扶養した。ロドリゴ・デ・ビベロは江戸へ赴いて将軍秀忠に謁し、一〇月二九日には駿府で大御所家康にまみえた。彼は遭難者として御礼を言上したのだから、それで事は終ったようなものだが、家康から望むところがあれば何なりと申せと言われたものだから、俄かにスペインの外交使節のような気分になり、本多正純を通じて三カ条の要望を提出した。第一条は日本在住の修道会員の厚遇を求め、第二条はスペイン・ポルトガル国王フェリペ三世との友好を願うもので、これは問題なく承認された。問題は第三条で、ロドリゴ・デ・ビベロは二カ月前にオランダ使節が駿府で家康から通商を許されたことを聞知したに違いなく、彼らはフェリペ三世への反逆者であり、かつ海賊であるから日本から追放してほしいと要望した。家康は、オランダ人とはすでに約束したので、今年中に追放はむずかしい、しかし彼らについての忠告は参考になったと答えた。もとより彼はオランダと関係を絶つつもりなど、毛頭なかった。

ロドリゴ・デ・ビベロの野心

　家康はさらに、ロドリゴ・デ・ビベロがメキシコへ帰る船を提供してもよいともちかけ、メキシコから銀鉱発掘の技師五〇人を送るよう望んだ。ロドリゴ・デ・ビベロは即答を避け、いっしょにマニラを出たサンタ・アナ号が、やはり遭難して豊後の臼杵に入港しているから、まずそれを訪ねた上でのことにしたいと答えた。家康が手頃な船があると言ったのは、アダムズに伊豆で建造させた一二〇トンの船のことである。

　ロドリゴがわざわざ豊後まで行ったのは、サンタ・アナ号でメキシコへ帰るつもりであったからに違いない。しかし、家康の意を受けて、メキシコ・日本間の通商を開くという課題を放り出すわけにはいかなかった。そこで都に立ち寄った際、日本・スペイン協定の案文（一二月二七日付）を作成し、フランシスコ会の神父ルイス・ソテロに託して駿府へ持参させた。ロドリゴ・デ・ビベロがソテロとどこで、どのようにして知り合ったか謎であるが、のちに希にみる策士であることが判明するソテロの才腕を、この場合見こんだことは確かだ。

　この協定案は先にロドリゴ・デ・ビベロが駿府で提示した三カ条のほかに、関東でスペイン人に一港を与え、そこを長崎のように基地化するのを許すこと、スペイン船に糧食・資材を提供すべきこと、商品には関税を課さず一括買い上げを強制しないこと、鉱夫を派遣して銀山を開発した場合、スペイン国王の取り分を四分の一とすることなどを含んでいる。ソテロは翌一六一〇年一月家康と会見、協定文を受け取った。それによると、スペイン側案文のうちオランダ人追放の項はもちろん、銀山開発の件にも全く触れていない。メキシコ船の自由な入港と家屋・地所の購入を認め、糧食・資材の提供、交易に際し強制を課さぬことを約しただけであった。ロドリゴ・デ・ビベロはスペイン人鉱夫のために、鉱山にスペインの司祭・役人の駐在を求めていた。家康はこの点に危惧を抱いたのだろう。

ロドリゴ・デ・ビベロは一月の初めに臼杵に着き、やがて長崎からの知らせでマードレ号の爆沈を知った。彼は結局サンタ・アナ号に乗らなかった。船が老朽化して安全でなく、また家康と交渉中の案件もあったので乗らぬことにしたと彼は言うが、五月一七日に出航した同船は無事にメキシコへ安着しているのであるし、交渉中だからというのなら、そもそも臼杵くんだりへ来ることもなかった。理由は全く別なところにあった。彼は幕府がソテロを使節として、例のアダムズの船に乗せてメキシコへ送ろうとしていることを知ったのである。彼はあくまで自分の手でメキシコ・日本間の通商を樹立するつもりだった。ところがソテロは彼を押しのけて、その功を自分のものにしようとしている。彼は早速家康に手紙を書き（三月八日付）、その船には自分が乗ってゆかねば、メキシコ政庁への取りなしがうまくゆかぬだろう、四月二〇日頃までには駿府へ戻るから待ってほしいと懇願した。家康の側近後藤庄三郎が、ソテロは乗船せぬことになったと返事しているのを見れば、彼はソテロの排除も要請したらしい。

それでも彼の駿府帰還は遅れた。その事情は今となっては知る由もないが、五月三日付で彼はフェリペ三世宛に注目すべき書簡を書いた。彼はメキシコ・日本間の定期航路開設に反対者がいることを承知していて、その利点を力説した。マニラからメキシコへ通う船が遭難し易いのは、長い船旅のために大量の食糧を積むことで積載過剰になるからだ。日本に寄港すれば、旅程が二分され大量の食糧を積みこむ必要がなくなる。また、日本から見返りの交易品がないというが、日本人は銀で支払うからかえって得ではないか、等々。だが、何より驚かされるのは露骨な領土的野心である。彼は日本に魅せられてしまった。江戸では街の繁昌と清潔さ、城の内部の美麗さに心奪われ、東海道を往けば松並木が日蔭を作る道路のみごとさに感銘を受け、旅の利便、物価の廉さを実感し、小都会が連続して荒野の見られぬことに感心し、都では神社・仏閣の美しさに酔った。フェリペ三世を戴き、キリスト教が行われるなら、この国に住みたいとさえ思った。

さて、この国をスペイン王への贈り物とする件であるが、武力征服の見こみはない。この国は武力が充実しているからである。「主が開いて下さった聖福音の宣教という方法」でこの国民を陛下に奉仕させるしかない。この国にはいま三〇万のクリスチャンがいる。この国の国王は選挙で選ばれる。クリスチャンが増加して、陛下のもとで慈恵にあずかれると知れば、陛下を国王として迎えるだろう。鉱山ごとに宣教師を置くことを要求したのはそのためだ。彼らはこの国を陛下に進呈するために働くだろう。日本国王が相続でなく選挙で選ばれるというのは、信長・秀吉・家康と三代続いた簒奪を指しているのだろう。ともあれ、宣教師を植民化の尖兵とするというのは、日本人の杞憂ではなく、事実、スペイン人・ポルトガル人の間に広く抱かれた発想だった。

ロドリゴ・デ・ビベロはフランシスコ会上長のムニョスを正使として、ブエナ・ベントゥーラ号（アダムズが作った船）に乗じ、田中勝介以下二三人の日本人商人を伴って八月一日浦賀を出港した。

メキシコ・日本間に通商を開こうとするロドリゴ・デ・ビベロの試みには、スペイン人の間に根強い反対があった。サン・フランシスコ号の船長だったファン・デ・セビーコスは、ロドリゴ・デ・ビベロが日本人に同号の五〇万ペソに当る積荷を強奪されたにもかかわらず、不利な状況の中で通商協定を結ぼうとしたと非難したし、マニラのスペイン人たちも、日本とメキシコの交易はマニラを荒廃させ、さらには目下のところ航海に不慣れな日本人が、メキシコとの往復で航海に習熟すれば、マニラは重大な脅威にさらされると抗議した。

当時のヌエバ・エスパニア（メキシコ）副王はロドリゴ・デ・ビベロの叔父であったので、日本商人を歓迎し、極力ロドリゴ・デ・ビベロのために図るところがあったが、通商関係の樹立となれば本国政府の意向をきかねばならない。家康の使者とされたアロンソ・ムニョス神父は一六一一年末になってスペイン宮廷に現われ、家康との協定の受諾を国王に要請した。しかし、枢機会議は容易に動かなかった。フィリピンから反対意見が届いていたのだ。一六一二年に日本で禁教令が発せられると事はうやむやになり、ムニョスは宮廷で立往生した。

長崎マカオ貿易の復活

一方マカオでは、マードレ・デ・デウス号爆沈事件によってパニックが生じた。長崎貿易が杜絶したのでは、マカオは生きてゆくことができない。早急に関係修復を図らねばならぬが、意外にも救いは日本側からもたらされた。事件の翌一六一一年三月二四日付のメスキータによる長崎発イエズス会総長宛の書簡は、幕府筋からイエズス会に対して、マカオへパードレを派遣して関係修復の意を伝えてほしいとの依頼があり、司祭ルイ・バレトがその任に就いたと述べている。長崎・マカオ貿易再開を強く望んだのは日本側だった。

インド副王の使者ヌノ・デ・ソトマヨルは鹿児島を経て駿府に至り、八月八日家康に謁した。長崎入港を避けたのは、前年の記憶がまだ生々しかったからだろう。家康はソトマヨルの莫大な進物を嘉納したものの、交渉は難航した。ソトマヨルがマードレ号の賠償を要求したからである。同年一一月付のイエズス会士の書簡には、「合意に至らなかった」と記されている。ソトマヨルの帰国後、幕府要人から長崎の司教セルケイラのもとに、最初の船便でこれをマカオへ届けてくれと、朱印状を送ってきた。「五和より使者到来、黒船来朝を欲すの由、異議あるべからざるなり、売買法度以下、前規の如く相違なかるべきものなり」というのだ。この朱印状は一六一二年三月マカオへもたらされた。この年のモンスーン期に、二年ぶりにマカオ定航船が長崎に入った。使節ネレッテは家康を訪ね、従来通りの通商を保証する朱印状を交付された。マカオ・長崎交易はかくして復活した。何といってもマカオは、生糸の安定的供給者としての地位をまだ保っていたのである。

オランダ船の出撃基地・平戸

平戸オランダ商館は設置以来オランダ船の入港もなく、商売の実績がない。スペイン人、ポルトガル人から着せられる海賊の汚名を、若き館長スペックスは振り払うべく必死だった。彼は商品を仕入れるために、朱印船でパタニへ行き、一六一一年の初めブラック号というヤハト船（小型の帆船）で平戸へ帰った。

八月には献上品を持って駿府の家康を訪ねる。この直前ソトマヨルの謁見が行われ、ヌエバ・エスパニアの使節ビスカイノも前月に謁見を果していたが、両者には無言で接した家康はスペックスに対しては、オランダ兵はモルッカにどれだけいるか、オランダ人はボルネオで貿易しているか、すぐれた香木はどこで産するのか等々、質問して倦まなかった。スペックスの退出に当って、本多正純と後藤庄三郎はこのように家康が親しく談ずるのは希なことだ、ソトマヨルもビスカイノも大殿から一言も聞くことなく去ったと告げた。スペックスが持参できた進物は貧弱なものにすぎなかったが、それを一見した家康は通訳を務めたアダムズに「オランダ人は手工業と戦争にかけては達人だな」と洩らした。

オランダ船がポルトガル船、スペイン船を相手に、南シナ海の海上覇権を握りつつあることを家康は知っていたのだ。東南アジア史家永積昭によれば「オランダ船はポルトガル船より小さくて軽く、従って船足が速く、しかもその割に大きな大砲を積み、とくに遠距離での海戦に長じていた」。ただし、スペイン艦隊はいささか手強だったらしい。マニラ在留艦隊は一六〇〇年と一六一〇年の二度にわたり、来襲したオランダ艦隊を撃破している。

スペックスがパタニからもたらした象牙一五〇〇本は、まったく売れ残ってしまった。オランダ人はまだ日本での商売の仕方がよくわからなかったのだ。一六一二年八月には待望のオランダ船が平戸に入った。しかし積荷は丁字・肉荳蔻《にくずく》など香辛料で占められて、日本が欲する生糸は一箱も積まれていなかった。商人頭ヘンドリク・ブローワー（のちの第二代平戸オランダ商館長、バタヴィアのオランダ東インド会社総督）は一〇月駿府で家康に謁し、総督マウリッツの国書を呈した。国書は「イエズス会士らの並々ならぬ老獪さは、宗教的神聖と見せかけて、大王の優れたる国を宗教の改変とともに漸次、軋轢《あつれき》・党争さらに内乱に導いてその目的を遂げんとするもので、彼らの来航するや必ずこの方法による」と述べていた。家康の返書はまったくその点には触れていない。家康は生糸の輸入に関して、オランダはまだポルトガルの替りを果せないと考えていた。家康はブローワーに浦賀を視察させた。商館をこの地に移してほしかったのだ。ブローワーは浦賀が平戸よりはるかに便利だと認めた。しかし、移転を決断できなかった。平戸にはすでに二二室をもつ商館と長さ一九メートル幅一三メートルの倉庫が建設されていた。

平戸商館は交易よりもむしろ、ポルトガル船を捕獲する出撃基地として、また日本人要員を東南アジアのオランダ拠点へ送り出す基地として機能した。スペインとの休戦条約はアジアでは無視された。オランダ船はポルトガル船を襲い、その積荷を平戸へもたらした。一六一五年の日本への輸出五万七〇〇〇グルデン中、一万五〇〇〇グルデンはポルトガル船からの掠奪品だった。一六一七年には二隻の中国船から、八万三〇〇〇グルデンに余る貨物を掠奪した。一六一二年に平戸へ入ったオランダ船は、職人・水夫からなる六八名の日本人をジャワ島の基地バンテンへ連れ帰った。日本人はすぐれた力量をもち、手当はわずかですみ、米と塩魚を宛がえばよい、彼らはいつでも十分に手にはいるし、将軍も送り出すのを許していると、ブローワーは述べている。

フランシスコ会の「怪僧」ソテロ

スペイン・ポルトガルの航海者の間には、日本の東方海上に金銀の溢れた島があるという噂が広まっていた。ヌエバ・エスパニア（メキシコ）では、この金銀島探索のために船を出そうという気運が高まり、探検家セバスティアン・ビスカイノが司令官に指名されたが、この際ロドリゴ・デ・ビベロ送還の件につき、日本政府に答礼する任にも当たらせることになった。ロドリゴ・デ・ビベロに伴って来た田中勝介以下の日本商人を送り返す必要もあった。田中たちはアダムズにより日本で建造されたブエナ・ベントゥーラ号でやって来たのだから、送還にもその船を使えばよさそうなものなのに、メキシコ政庁はそれを買い上げ、ビスカイノと田中たちのためには、サン・フランシスコ号という船を用意した。おそらく日本船籍の船が太平洋横断に継続的に用いられることを危懼《きぐ》したのだろう。日本人に航海技術を学ばせたくないのだ。ビスカイノにはブエナ・ベントゥーラ号の買上げ代金と、ロドリゴ・デ・ビベロが家康から借りた金をとどける任もあった。

サン・フランシスコ号は一六一一年三月出帆、六月浦賀に入った。ビスカイノは早速将軍秀忠を訪問。ロドリゴ・デ・ビベロ同様江戸城の豪華に感銘を受けたが、謁見に当たってはひと揉めした。恒例の礼式を卑屈として拒んだのだ。ロドリゴ・デ・ビベロは遭難から救助されたひけ目があったが、自分は大国イスパニアの大使だというわけだ。何とか折り合いがついたが、この頭の高さはこののち彼が嫌われるもとになったらしい。次いで駿府に家康を訪ね、スペイン船寄港のために沿岸を測量すること、帰航のために船を一隻建造すること、滞在費に充てるため舶来した商品を自由に販売すること、以上三件を願い出て許された。だがビスカイノはここでも頑張った。オランダ人は謀反人かつ海賊だから追放してもらいたい、返事をもらうまでここから動かないとまで言い張った。秀忠が江戸滞在の費用を出してくれたのに、家康が一銭も出そうとしないのに腹を立て、報告書では家康をケチと罵った。秀忠が父の吝嗇《りんしょく》ぶりを恥じていた、などと勝手な想像までしている。不思議なことに、ビスカイノはロドリゴ・デ・ビベロ同様秀忠に好感を持った。彼はキリシタンの保護者だとさえ思いこんだ。秀忠は父以上にキリシタンを嫌っていたというのに。

彼は日本で船を新造せよと指令されていたが、浦賀に帰ってみて、その見こみがないことがわかった。建造費が思ったより高いし、持参した織物が高級品で買い手がつかず、資金調達のメドが立たない。ところが秀忠から、自分が船を新造してやろうという申し出があった。事情は不明だが、おそらくメキシコとの通商を強く欲してのことと解される。ビスカイノは沿岸測量のために仙台へ発った。藩主伊達政宗とはすでに交りがあった。最初に江戸入りした際、浅草のフランシスコ会教会を訪れる途中、折しも帰国途上の政宗と出会い、交際が始まったのだ。仙台には一一月八日に到着、厚遇されて沿岸測量を滞りなく行なうことができた。仙台以北の沖合いは、マニラから北上したガレオン船が、針路を東へ転じる地点で、沿岸に測量ずみの良港が得られれば何かと好都合なのだ。良港はいくつも見つかった。

一六一二年一月、浦賀へ帰るとイギリス人とオランダ人が家康にビスカイノの悪口を言ったと聞かされた。測量は侵略の前触れだ、欧州諸国ではそんなことは容易に許さないと吹きこんだばかりか、家康には内緒にしていた金銀島探索の目的まで暴露したという。家康は侵略なんぞこわくない、金銀島を見つけるのはむずかしかろうと答えたとのことだ。オランダ人とは前年八月に家康に謁したスペックスで、イギリス人とはアダムズのことだろう。ビスカイノは関西へ向い、大坂方面の測量を担当した航海士と堺で会い、測量図を完成して、一部ずつ秀忠と家康に献呈した。この図の完成には日本人絵師の協力があった。

江戸へ帰ると、メキシコ副王の国書に対する家康の返書を渡された。国交と通商をよろこぶとしながら、日本は神仏の国ゆえ、キリスト教の宣布は無用と釘を刺している。家康はすでに、岡本大八事件（後述）に端を発する禁教令を幕府領に発しており、浅草のフランシスコ会教会もとりこわされていた。秀忠が約束した船が建造地の伊東から浦賀に回送され、艤装中だったが、ビスカイノの見るところ船体が大きすぎて、果して航海にたえるか疑わしい。彼はかなり傷んだサン・フランシスコ号で金銀島探索の使命を果すしかないと決意し、九月一六日に浦賀を出た。だが、航海は完全に失敗した。もともとありもしない島が見つかる道理がない。しかも嵐に翻弄され、船員は反乱を起す一歩手前という有様。ほうほうの体で浦賀に帰港したのが一一月七日。

秀忠が作らせた船が、浦賀港外で座礁したことをそのとき知った。ビスカイノはサン・セバスティアン号と呼んでいるが、とにかくこの船は、商品を積んでメキシコへ行くつもりだったのである。しかも、例の怪僧ソテロが乗りこんでいた。ソテロがどういう経緯で幕府に取り入ったのかわからない。ロドリゴの場合同様、ビスカイノをさておいて、自分を使節ないし通訳として売りこんだのだろう。秀忠もビスカイノを放り出して、独力でメキシコへ派船しようとしたのだ。貿易への意欲は衰えていなかったのである。

サン・フランシスコ号はもはや航海にたえない。ビスカイノは修理のための金策に奔走したが、家康への嘆願も無視され、遂に病床に臥す身となった。そこに伊達政宗の救いの手がのびた。政宗は一六一三年二月に出府した。ビスカイノとソテロはすぐ政宗を訪ねたに違いない。政宗はすでに伊達藩で船を建造し、メキシコへ派遣する決断を下していた。彼がそのように決断したのは、幕府の対メキシコ通商の意欲を承知した上で、伊達藩領に通商ルートを経由させ、交易の利に与《あずか》ろうとしたからだろう。サン・セバスティアン号の失敗のあとでは、幕府も伊達藩が船を作ってくれるとあれば、否応はなかったはずだ。この件については、政宗は駿府で家康と十分協議を遂げたことと推測される。政宗の派船計画が幕府と協議の上であったのは、四月に船奉行向井将監忠勝支配下の船大工が仙台入りしたことで明らかだ。ところが七月にソテロが逮捕された。浅草に新たに教会堂を設けたのを幕吏に知られたのだ。政宗は手を廻して、翌月ソテロを釈放してもらった。この時点で、ソテロはメキシコ派船に欠くべからざる人物として、自分を政宗にしっかり印象づけていた。

政宗は当初、メキシコとの通商のため派船するつもりで、それ以上のことを考えてはいなかった。ところが造船が進んだ段階で、ソテロがスペイン国王とローマ教皇への使節を派遣すべきだと言い出した。そうしないなら自分は手を引くし、乗船しないというのだ。彼は日本司教がイエズス会に独占されているのが不満で、伊達領内にフランシスコ会の地盤を築き、自分が日本司教になるつもりだった。そのためには、政宗の使節をローマまで導かねばならない。政宗は当惑したに違いないが、結局ソテロの強請を受けいれた。その後駿府まで行っているから、この件について家康の諒承もとりつけたと思われる。前年の禁教令は幕府領に留まるものだったから、仙台に宣教師を置くことはできる。しかし、自領をフランシスコ会の地盤とさせるほど肩入れせねばならぬ義理は、政宗には毛頭なかった。ただ、ソテロの要請を飲まねばメキシコ派船はうまく行かぬと信じたらしい。そこが怪僧ソテロの手腕である。

空回りに終った支倉常長のローマ派遣

メキシコへの使節にはすでに二人の家臣が選んであった。この二人はもともと浦賀港外で座礁したサン・セバスティアン号に乗ってメキシコへ行くはずだった。当然今回の新造船に使節として乗りこむわけだが、彼らはメキシコまで行くだけである。ローマまで行く使節には別人を宛てねばならない。そこで政宗はスペイン国王並びにローマ教皇への使節に支倉常長を選んだ。常長は伊達藩家臣団では中級に属するが、若い頃から政宗に信任されて伝令や使者を務め、朝鮮にも従軍している。しかし、その後父が何かの不始末で切腹を仰せつけられ、常長も所領を没収された。政宗がこういういわく付きの常長を復権させ登用したのには二説ある。松田毅一は使い棄てにしたのだと説き、五野井隆史は名誉回復の機会を与えたのだと説く。

もともと政宗はローマ遣使についてはソテロに任せきりで、スペイン国王・教皇などへの書簡も全部彼の好きなように書かせた。領民をすべてキリシタンにしたいので、フランシスコ会の「おうせるはんしや」のバテレン衆を送ってほしいとか、「大きなる司」すなわち司祭をきめてくれとかの文言は、ソテロが勝手に書いたのに違いない。「おうせるはんしや」とはフランシスコ会の原始会別派のことで、松田毅一が言うように、政宗がそんな一派の存在を知っていたはずがない。しかも冒頭、「パウロ（教皇パウロ五世）様の御足」を政宗

「謹しみて吸い奉り申上候」とあるに至っては、日本キリシタンの教皇宛上申書の定型文言で、政宗自身の言葉であるはずもなかろう。政宗はただメキシコ貿易の利に与りたかったのだが、それにしてもソテロの言いなりになったのは、ローマ教皇に遣使することが彼の虚栄心を唆《そそ》ったからかもしれぬ。彼は「奥州の屋形」とソテロに称されている。伊達藩は奥州の大藩ではあるが、奥州の支配者ではない。この僭称に彼は気分が悪くはなかったのではないか。

新造船サン・ファン・バウティスタ号は一六一三年一〇月二八日、牡鹿郡月ノ浦を出帆した。支倉常長以下伊達藩士一二名、幕府船奉行向井将監家来一〇名、サン・フランシスコ号の生き残り四〇名、それに日本人商人らを併せ総勢一八〇名が乗船した。ソテロが司令官で、ビスカイノは単なる乗客にされてしまった。アカプルコには一六一四年一月二八日に着いた。

一四〇人もの日本人に押しかけられて、メキシコ政庁は当惑した。上陸した彼らは長航海の憂さ晴らしなのか、早速現地人と揉め事を起こす。日本人から刀剣を取りあげ、現地に日本人優待の指令を出して、やっと平静に復した。持参した商品の販売も許した。バウティスタ号は同年四月に出帆するまで、三カ月アカプルコに留まることになる。帰国の際は大量の各種織物を日本にもたらした。

メキシコ政庁はソテロと支倉常長の扱いにも苦慮した。どういう資格の使節なのか、目的は何か、どうもはっきりしないのである。伊達領に宣教師を招きたいというが、バウティスタ号がアカプルコへ入った数日後に、家康が全国を対象とする本格的な禁教令を発布したことは、やがてメキシコにも伝わった。不平満々のビスカイノも一行の内幕を暴露した。ともかくにも、常長ら二〇名ばかりの日本人をスペインに送ることにした。

一六一五年一月になって、常長はやっとフェリペ三世に謁見することができた。その直後、フェリペ三世立ち会いのもとに受洗した。謁見の際彼は「奥州の王は私にその分国と王冠を陛下に差し出し、友誼と奉仕を捧げることを命じられた」と述べたと記録されている。むろん通訳たるソテロの作りごとで、自分がこんな申し出をスペイン国王にしたことになったと知れば、政宗は仰天したことだろう。

フェリペ三世は先に家康の国書を預かったムニョス神父の要請を受けて、メキシコから日本への定期派船をいったんは認める気になったが、その後日本でキリシタン迫害が始まったのを知って、それを取り消した。しかし、ムニョスのもたらした家康の国書には返事しなければならぬ。フェリペ三世はフランシスコ会の司祭ディエゴ・デ・サンタ・カタリーナを使節に任じ、差し障りのない返書と贈物を持たせた。カタリーナは日本へ帰るバウティスタ号に乗って、一六一五年八月日本へ着いたが、幕府から相手にされず、贈物も受理されぬまま監禁された。

常長はローマへ向かった。スペインのインディアス顧問会議は常長のローマ行に反対したが、フェリペ三世はわざわざ来たのだからと、彼のローマ行を許した。ローマではそれなりの歓迎を受け、教皇パウロ五世に謁見した。だがスペインに帰ると、もはや空気は冷たかった。常長が幕府の意向と逆の申し出をしていることは明らかだったし、政宗が近く日本の支配者になるというソテロの宣伝を信じる者はいなかった。結局、常長とソテロはメキシコへ帰り、カタリーナを送り返して来たバウティスタ号に、一六一八年四月乗船した。しかし、バウティスタ号の向かう先は日本でなくマニラだった。常長はマニラを経て、一六二〇年九月仙台へ帰り着いた。七年間の長旅で、その間情勢は変っていた。政宗は常長帰国の直後、領内に禁教を布告した。もっとも取り締りはゆるやかだったという。政宗は常長が棄教した上でしか会おうとしなかった。イエズス会年報は彼が結局棄教したと伝えている。棄教しなかったという説もあるが、ともかく彼は翌々年に死んだ。いわゆる慶長使節の演出家ソテロは、一六二二年マニラから日本へ潜入し、ただちに捕まって一六二四年に処刑された。

第一七章　英国商館とアダムズ

カタリーナ使節が追い返された一六一八年四月の時点で、日本とスペインとの関係は実質的に断絶した。メキシコとの通商を望んだ家康は、豊臣家を滅亡させて安堵したかのように、一六一六年六月に世を去っていた。その家康も全国禁教令を布いたとき、すでにメキシコ通商に熱意を失っていたはずである。布教に執着するカトリック国にあえて友好を求めずとも、布教抜きで商売だけしてくれるオランダ・イギリスがすでに登場していたのだ。

英国は一六一三年に日本市場に参入した。司令官ジョン・セーリスが乗ったクローヴ号が平戸へ入ったのはその年の六月一一日である。ただし日付に関していえば、他の欧州諸国が一五八二年以来、教皇グレゴリオ一三世が定めたグレゴリオ暦を使用したのに、英国は一七五二年までユリウス暦を用いたので、この頃の英人の記録はすべて、他の欧州人の記録より一〇日遅れの日付になっていることに注意しておこう。

英国では日本と通商しようとする意向は早くから存在した。一六世紀の後半、英国の航海者たちはいわゆる北東航路、ロシアの北を抜けてアジアへ至る航路を見出そうと必死だったが、一五八〇年に派遣されたジャックマンとペットの船隊は、北シナに到達したあと機会を得て日本へ渡航せよと指令されていた。北東航路が挫折し、ついでカナダの北を廻る北西航路の試みも潰えたのち、アジアへ至るには結局喜望峰廻りの航路によるしかなかった。一六〇四年に出航したエドワード・マイケルボーンの船隊は、中国はむろんのこと日本へ渡航する特許状を得ていたが、スマトラ島を経てマレー半島沿いに北上する途中、パタニ沖で日本船と死闘を演じ、航海長ジョン・デイヴィスが戦死した。デイヴィスは北西航路開拓以来の名高い航海者である。気落ちしたマイケルボーンはそのまま帰国の途についた。英国側は日本人海賊と記録しているけれども、これは南方交易に従事していた日本商人の船だろう。当時の商船が武装していて、必要とあれば海賊行為を働いたのは、日・中・欧を問わぬ常態だった。マイケルボーンの船隊自身、それまで数々の掠奪行為を行っていた。

「未知の同朋への手紙」

英国東インド会社は、一六一〇年に出航させたアンソニー・ヒッポンの船隊に、日本在留のウィリアム・アダムズ宛の手紙を託していたが、ヒッポンは結局日本へ至らず、当時英国商館が設けられていたジャワ島西部のバンタムまで行って帰航した。アダムズが日本にいるという情報は早くからオランダに伝わっていて、英人はオランダ経由でそれを知ったのである。アダムズは家康から信任され、三浦半島の逸見に二二〇石の領地を賜り、江戸日本橋の近くに屋敷も与えられていた。れっきとした幕臣となっていたのだ。日本人妻がおり、二人の子も得ていた。一漂流者としては希な好運というべきだが、むろん望郷の思いはあった。オランダ船が平戸へ入港し、代表が家康に謁したのは一六〇九年のことだが、アダムズはそのことに関知していない。彼がオランダ人と関係したのは、一六一一年オランダ商館長スペックスが家康を訪うたときで、これはスペックスから事前に手紙で助力を乞われたのである。その年の一〇月二二日付で、アダムズは「未知の同朋への手紙」の名で知られる有名な書簡を書いた。

手紙は「予は其の名は知らざれども、英国商人数人ジャバ島に在ることを聞きたれば、此の機会を利用して、尊敬すべき未見の会社員に一書を呈す」に始まり、日本へ漂流するに至った経緯、家康の殊遇、日本の国情を述べている。ジャワ島のバンタムに英人がいることはむろんスペックスから聞いたのである。文中アダムズが「内政はよく整い、おそらく世界中でこの国ほど正しい政治の行われている国はない」と述べているのは注目に値する。アダムズの手紙はオランダ船によってバンタムの英国商館に届いた。同商館員スポールディングの返書は翌一六一二年にアダムズのもとに届き、彼は一六一三年一月一二日付でスポールディングに手紙を書いた。それによると、ヒッポン船隊に託された東インド会社総裁のアダムズ宛書簡は、おそらくオランダ船によってだろうが、彼のもとに届いていた。アダムズは英国人と通信しようとする試みが、しばしばオランダ人によって妨げられたと訴えている。

とにかくアダムズは東インド会社総裁の彼宛書簡によって、会社が日本に派船しようとしていることを知った。従って、スポールディング宛書簡は、家康にこのことを告げて大層よろこばれたことをまず述べた上で、日本の市場状況、オランダ人の商売の仕方を詳報し、派船するなら平戸ではなく東部に来航すべきだという重要な提言を行なっている。なぜなら東部は国王（秀忠）・皇帝（家康）の朝廷の所在地で、平戸はそこから遠く離れすぎているからだ。江戸の近くには良港があり、自分がすでに測量ずみだという。浦賀のことである。アダムズはまた文中で、日本人の信仰について、仏教各派が共存し、「他を説き伏せようとはせず、各人ともその良心の命ずるままに従っている」と述べているが、この観察は、日本人は信仰に寛容で、一家のうちでさえ各人信じる宗派が違うと、イエズス会士が報じていることを想起させて興味深い。

アダムズとセーリスの不和

さて英東インド会社の第八回航海司令官ジョン・セーリスは、率いた三隻のうち二隻はバンタムから帰航させ、クローヴ号に座乗して一六一三年一月一四日、日本へ向けてバンタムを出た。浦賀に来いというアダムズの地図まで添えた手紙が書かれた二日のちのことで、手紙はセーリスと行き違いになってしまった。先に述べた通り、平戸到着は六月一一日。その日のうちに松浦鎮信《しげのぶ》と隆信が来船し、歓迎の辞を述べた。鎮信はこのときすでに藩主の座を孫の隆信に譲っていたが（嫡子久信は若死）、実権はまだ彼の手のうちにあった。オランダ商館長ブローワーもやってきた（在任一六一三〜一四。この年スペックスと交替）が、セーリスは「王と予らの間に何が起ったかを知らんがため」だと思った。翌日にはおびただしい日本人が英船を見物にやってきて、クローヴ号の乗員は甲板に出ることもできぬほどだった。セーリスが身分ある数名の婦人を自室に招くと、彼女らは壁にかかったヴィーナスの画像を見て跪いた。マリア像だと思ったのだ。彼女らは自分たちはキリシタンだと、セーリスに囁いた。鎮信も女連れでやってきた。女たちは楽器をかき鳴らして唱った。セーリスの連れてきた通訳は日本生まれで、鎮信が語ることをマレー語でセーリスに伝えたというのも、当時の実情を語っている。

セーリスは会社から、日本ではアダムズの力を借りよと指令されていたので、入港直後アダムズ宛に、平戸へ至急来てくれるよう依頼する手紙を書いた。手紙は平戸藩の使者に託されたが、行き違いがあってアダムズの許に届くのが遅れ、彼が平戸に着いたのはやっと七月二九日、セーリスは五〇日近くも待たされたのである。セーリスはこの間、平戸の両王（鎮信と隆信）や重臣と親交を重ねた。手厚い贈物をしたのはいうまでもない。老王（鎮信）はセーリスが気に入ったらしくてたびたび訪問し、その都度女芸人たちを伴った。彼女らは島から島へとめぐって芝居を打つのだが、むろん売春もする。セーリスは日本では高位の者が、この種の婦女を身辺にはべらせることを、何ら恥としないことを知った。

七月二五日はジェームズ一世の即位記念日だったので、クローヴ号は祝砲を放った。セーリスが老王を訪ねると、立派な甲冑をとり出し、これは朝鮮の戦役で着用したので愛着があるのだが、今日の記念のためにと言ってセーリスに与えた。殊遇というべきだろう。鎮信の対英貿易への期待、もって知るべしだ。彼がキャンバス地の布を注文し、それを上衣に仕立てて肌にじかに着たというのもおもしろい。セーリスは老齢の貴人が、こんな粗い布をじかに着用するのに驚いた。鎮信は余りぎれもハンカチにして毎日使用したとのことである。

平戸にはもちろんオランダ商館があり、館長ヘンドリク・ブローワーは新たな競争相手の出現に神経をとがらせていた。セーリスは協調を望んでブローワーに、双方が所持する織物の価格を協定し、それ以下で売らぬことにしようと申し入れたが断わられた。ブローワーは翌日、手持ちの織物を大幅に値引きして方々へ送り出した。英国織物が市場へ出る前に先手を打ったのだ。早くも苛烈な商戦が始まったのである。

おもしろいことに、松浦家の当主隆信は、セーリスにひいきしたようだ。ブローワーが江戸へ行こうとしていることを知って、セーリスはこれを阻止してくれるよう隆信に頼んだ。ブローワーがアダムズの西下を妨げるのではないかと惧れたのである。隆信はこの乞いを容れて、早速船止めの触れを出した。松浦家はブローワーとうまく行っておらず、そのためセーリスに肩入れしたのかも知れない。だが先廻りして言えば、松浦家と英国商館の蜜月も長続きしたわけではない。平戸藩主は幕閣に対しては商館の保護者であると同時に、商館に贈物や融資を強要する厄介な相手だった。のちに商館長リチャード・コックスは長崎と平戸の利点を比較して、長崎では奉行一人に贈物すればよいが、平戸では藩主のほかにその親族や重臣に贈物せねばならず、しかも彼らは絶えず借金を申し込み、返済はしないとぼやくことになる。オランダ商館、イギリス商館双方とも、平戸藩当局とのいざこざを免れなかった。

異郷で一三年を過したアダムズの、待望した同国人との出会いは、いささかの感激も含まぬ冷やかなものだった。セーリスとアダムズは最初から肌が合わなかったらしい。セーリスはアダムズが日本人になり切っているように感じたし、自分たち同国人よりオランダ人の方に親愛感をもっているのではないかと疑った。一方アダムズはセーリスが傲慢で、自分が日本でかちえている地位に敬意を払おうとしないと思った。アダムズは母国に強い郷愁を感じてはいても、何よりも家康に信任された幕臣であり、彼の要請のもとにオランダやスペインの使節の応接に関わって来た。日本に漂着したのもオランダ船に乗ってのことだったし、オランダ使節が家康に謁するとき、当然のこととして周旋の労もとって来た。いまさらセーリスから、どっちの味方かなどと猜疑されるいわれはない。ビスカイノの船から脱走したスペイン人の相談に乗るのも、自分の義務のうちだ。母国のために一肌脱ぐ熱意はもちろんあるが、お前はいったい何国人だといわんばかりのセーリスの目つきは煩わしく心外の極みであったろう。

しかし、ともかく二人は家康のいる駿府まで旅をともにすることになった。むろん通商特許状を得るためである。駿府に着いたのは九月六日だった。セーリスは家康に手ずから英国国王の国書を手渡したと航海記に書いているが、それは嘘である。アダムズの記すところに拠ると、本多正純がセーリスから国書を受けとって家康へ渡したのである。それは当時の慣例であるが、事前にその作法を聞かされたセーリスは、家康に直接捧呈できぬのなら謁見せずに帰るとゴネた。もちろんそんな虚勢が通るはずもなく、セーリスも作法に従わざるを得なかった。細かいことのようだが、アダムズはそういうセーリスにも厭気がさしたのではなかったか。

英国国王の書翰はアダムズによって邦文に訳され、家康の返翰もまた彼によって英文に訳されたが、前者が謙遜な口調に書き改められ、後者もまたへりくだった調子に書き改められているのは、その方が双方によいとアダムズが考えたからに違いない。一九世紀のフランス人外交官で日本史家のレオン・パジェスは『日本切支丹宗門史』にその訳文を掲げ、家康がこんな屈従的な返翰を書くはずがなく、偽文書であると断じた。アダムズ訳文は半ば創作と言ってよく、セーリス『日本渡航記』の訳者村川堅固は「かくて日英間最初の国交は、家康とジェームズ一世と双方ともに歪曲修飾せられた訳文の国書に満足することによって開始せられたのである」と皮肉たっぷりに記している。

セーリスは家康に勧められて江戸に将軍秀忠を訪ね、ついでに浦賀を視察した。良港で江戸に近く、「平戸を棄てて浦賀を選ぶべきだ」と彼は思った。懸案の通商特許状は駿府に帰って受けとった。アダムズの訳文は原文にある条項が欠けたり、ない条項がはいっていたり、村川によれば「まったく滅茶苦茶なもの」であるが、漢文まじりの候文をアダムズが読めたはずはなく、日本人の説明を受けて訳文を作ったのだろうし、その際、英国側の請願書の条項が混入するのも避けられなかった。いずれにせよ、特許状は日本のどの港に入港してもよろしく、居住も自由で「諸役」は免じられるというのだから、セーリスは満足して当然だった。英人が法を犯した場合「イギリスの大将」に処置を任せるという、いわゆる領事裁判権も、邦文の朱印状には明記されている。これはオランダ、ポルトガル、スペインにも認められていた特権だった。主権を侵害する治外法権などという観念は当時の日本人の頭にはなかった。厄介な事は向うに押しつけておけばよい、という程度の考えだったのだ。

アダムズともども平戸へ帰ったセーリスは、一一月二六日商務員会議を開いて、商館を平戸に残すことを決議し、リチャード・コックスを館長、他に七名の英人を館員に選んだ。うち一人はアダムズである。

彼は駿府においてすでに家康に暇《いとま》乞いをしていた。所領の朱印状を差し出して故国へ出発したいと願うや、家康はじっとアダムズの顔をみつめて、「それほどに帰りたいのか」と問うた。「帰りたくてたまらないのです」と答えると、「無理に引きとめることもなるまい」と言って、これまでの労をねぎらった。アダムズが朱印状を差し出したのは、致仕とともに所領を返還する意志表示だったが、所領はそのまま息子のジョゼフに安堵された。妻と二人の子の生活は保障され、アダムズが心置きなく帰国する条件は調ったのである。クローヴ号にはすでにアダムズの船室も用意されていた。だが彼は乗船せずに、英国平戸商館と契約した。彼はのちに「私はクローヴ号で国に帰りたかったが、司令官（セーリス）が無礼の振舞いをしたので考えを変えた」と手紙に書いている。しかし、商館との契約が切れたあとでも、英船はたびたび入港しているのに帰国しようとせず、遂に日本で生を終えた。いろいろ憶測はできるが、それを書いても詮ない気がする。日本はすでに彼の第二の故郷となっていたと言うしかあるまい。

商館との契約条件についても、セーリスとの間にひと悶着あった。アダムズがこれまでオランダ人から受けていた報酬からして、年給一二〇ポンドを最低額としたのに対して、セーリスの提示は八〇ポンドだった。結局一〇〇ポンドで折り合ったが、両者には悪感情だけが残った。契約期限は二年間である。セーリスは日本を去るに当ってコックスに、アダムズという男はオランダやスペイン側に寝返るかも知れず、よくよく用心すべき人物だと注意した。

コックスが日記に記した「日本気質《ニフォン・カタンゲ》」

クローヴ号は一二月五日平戸を出航、帰国の途についたが、新たに一五名の日本人船員が乗りこんでいた。というのは、クローヴ号がバンタム出航以来、一四名の船員が死亡、七名が脱走したので、欠員を補充せねばならなかったのだ。この脱走事件は当時のイギリス船員の気風を示して興味深いので、脱線の気味はあるが略述しておこう。

セーリスが駿府への旅に出たあと、留守を預かるコックスは、船員たちが勝手に上陸して娼家に泊るのに手を焼いた。しかも彼らは積荷を盗んで女郎に支払うのだ。船長メルシャムが娼家から彼らを連れ戻すや、娼家の主人は今後自分の店に捜索に来れば殺してやると息巻いた。コックスが松浦隆信に訴え、日没後英国船員を家に入れてはならぬと布告してもらうと、船員たちは市中で飲むのを許されぬのなら野外で飲むまでだと言い放つ。一〇月二日、ついに七名が小舟で脱走した。「向う側の島」の料理屋で騒いでいるというので探しに行くと、それは別の三人だった。翌日七人は「二リーグを隔てる不毛の島」にいるとわかった。コックスは松浦の両王に頼んで、兵を派遣して連れ戻してもらおうとしたが、彼らは長崎へ逃げ、船では犬のように扱われたと不平を述べ立てた。結局彼らはポルトガル人とスペイン人のもとへ投じて、マカオとフィリピンへ去った。セーリスは旅から帰ってその事実を知ったが、残った船員も手に負える連中ではなかった。一一月九日、二人の船員が「終夜野宿して」格闘し、「一人は生命も危」かった。そのほかにも、二組が決闘のため上陸しかけていた。セーリスは鎮信に、今後英人が上陸して争うならば斬罪に処すと厳命してもらった。

一五名の日本人の補充はそういう次第で必要となった。彼らはクローヴ号でイギリスまで行き、一六一五年にエクスペディション号で帰国し、その際賃金について揉め事を起した。何しろ初めてイギリスを見た日本人である。旅行記を残していればどれ程おもしろかったことだろう。人間の経験にはこのように、記録もされず埋もれてしまった事柄の方がずっと多い。セーリスは帰国したのち、私貿易を営んでいたのを会社から咎められた。また春画を大量に持ち帰っていて、東インド会社の役員会はそれを取りあげて焼却した。幕末、西洋人は日本に春画が溢れているのに一驚したが、早くも当時から横行していたわけである。

それにしても、セーリスは日記に平戸を棄てて浦賀を選ぶべきだと書いたのに、なぜ平戸に商館を置いたのだろう。『鎖国と国境の成立』の著者武田万里子は東南アジアへの派船、中国との貿易に便利という利点のほかに、「輸入品の販売、輸出品・日常品の調達について、長崎・平戸と京坂をむすぶルートがすでにできていて、江戸方面であらたに開拓するより、それを利用するほうが有利であると判断したのが第一であろう」と言う。ブロードクロスという厚手の毛織物は英国船のもたらす主要商品だが、販路は京坂だった。輸出品についても、蒔絵は京都であつらえられたし、銅は大坂の宿主が、鉄や釘は備後・鞆《とも》の宿主が調達した。宿主とは日本人の代理店である。英国商館は江戸にウィッカム、大坂にイートンを駐在させた。

平戸の「老王」松浦鎮信は一六一四年七月に死去した。この人は平戸が火事に見舞われたとき、馬を駆って英国商館に乗りつけ、「一切の物を倉庫に入れ、入口を塗り塞げ。そうすれば危険はない」と教えてくれたように、心から英国人に親切を示した。それとともに彼はしばしば肉料理をねだった。「葱と蕪菁《かぶ》とを入れたイギリス牛肉」がほしいとか、「胡椒をかけたイギリスの牛肉と、蕪大根及び葱と煮た豚肉二片」がほしいと言ってくる。あるときは、オランダ商館で昼食をとるから、おまえもワインを一本提げて相伴しにこいとコックスに言ってきた。出席してみると、オランダ商館長ブローワーは席には着かず、テーブルで肉を切っている。そのうちひざまずいて、鎮信とその連れに酒をついだ。鎮信らが帰ったあとで、どうして席につかずひざまずいて酌をしたりするのかとただすと、それがこの国の習わしだ、王自身、客を招く場合にはおなじように振舞うだろうと、ブローワーは答えた。

コックスはこののち日記に「ニフォン・カタンゲ」（日本気質《かたぎ》）という言葉を書きつけることになる。これは日本人が交誼をたしかめあうために、絶えず贈物を交換する習慣を指している。コックスもむろんこのニフォン・カタンゲに従わねばならなかったが、なかなか煩わしいことであった。

イギリス商館員の「愚痴」

クローヴ号のもたらした積荷は何とか販路を見出した。家康は大砲四門、火薬一〇樽、鉛六〇〇棹を買いあげてくれた。アダムズの尽力があったのはいうまでもないが、家康はむろん大坂城攻めを考えていた。大坂冬の陣で淀君の胆を冷やしたのは、おそらくこの大砲である。

東インド会社は対日貿易を開始したものの、有効な戦略をもっていなかった。日本は銀の産地だというので、インドで売れ残った英国産の雑貨や、ジャワ島に設けた基地バンタムで集めた南洋物産を持ちこめば、容易に銀が得られると思っていた。東インド会社は本国から銀を持ち出すばかりで、世論の攻撃を受けていたので、銀がうなっている日本で商売すれば、胡椒・肉荳蔲など本国へ持ち帰る南洋物産と交換すべき銀を入手できると踏んでいた。ところが、日本へ来てみると、日本人は英国産の雑貨や胡椒など欲していないことがわかった。彼らが欲しがっているのは生糸と絹織物、それに鹿皮と蘇木である。鹿皮は羽織・袴・足袋などに武士が好んで用いる。一種の軍需品と言っていい。蘇木は染料として需《もと》められた。鹿皮と蘇木の産地はインドシナやシャムである。生糸・絹織物はポルトガル人のように中国大陸に基地をもたぬ以上、これもインドシナに来航する中国船から手に入れるしかない。

だからインドシナ方面に船を出して、そういった日本で売れる商品を入手する必要がある。セーリスは先見の明があって、日本を去る際インドシナに派船すべきことをコックスに指示していた。また対馬に商館員を置いて、朝鮮との交易を開くようにも指示した。この方策はセイヤーズが対馬へ派遣されて、とうてい見込みなしとわかった。一方インドシナには一六一四年の春、日本向け商品を仕入れるべく、ピーコックとカルワルデンが中国船に便乗して派遣されたが、現地でトラブルが生じ、ピーコックは殺されカルワルデンは行方不明、携えた資金も失われた。

コックスは二〇〇トンばかりの和船を購入、シー・アドヴェンチャー号と名づけ、アダムズを船長として、シャムへ向わせた。一六一四年一二月に出航した同船は暴風雨に遭遇して航行不能に陥り、ようやく琉球の那覇港へ入った。船体の修理に手間どるあいだ日本人船員が反抗を始め、アダムズの苦労は尽きない。那覇滞在中に、大坂城の落人が首里城へ入り、彼は豊臣氏の滅亡を知った。大坂城に明石掃部（ドン・ジョアン）以下キリシタンが多数籠城し、六人の宣教師もいた。その一人は長崎の代官村山等安の三男で、落城の際斬られたが、残るイエズス会士二名、アウグスティノ会士一名、フランシスコ会士二名は無事脱出した。アダムズにはむろん彼らへの同情などない。日記に「皇帝が勝利を収めたという報知に接して大いに喜んだ」と記している。彼はモンスーンの時期を失い、結局平戸へ帰ったのは、一六一五年六月のことである。

そもそもはバンタムを出る英船が、インドシナやシャムで日本向け商品を仕入れて、平戸へ来航すればよろしいので、そうすればコックスやアダムズがいらぬ苦労をすることはなかった。しかし、東インド会社は東アジアの事情にうとく、従って効率的な総合企画力も欠け、第一インドシナ・シャムで商品を仕入れようにも、手がかりすら持たなかった。その方面はすでに日本の朱印船の商圏に入っていた。平戸イギリス商館は朱印船の開いた交易圏に参入する形をとらざるをえなかったのだ。一六一五年一二月、アダムズは再びシー・アドヴエンチャー号を指揮してシャムを目指し、翌年一月メナム河口に着いた。取り引きは順調で、首都アユタヤに住む日本人の首領城井久右衛門の協力も得られた。買い入れた蘇木二三万七〇〇〇斤、鹿皮三七〇〇〇枚はシー・アドヴェンチャー号には積み切れず、折から来航していた長崎商人の船と唐人船に分載した。アダムズが平戸へ帰ったのはその年の七月である。

このようなアダムズの奮闘にもかかわらず、平戸商館の展望は明るくはなかった。一六一五年八月には英船ホジアンダー号が平戸へ着いたが、あい変らず日本では売れそうもないものばかり積んで来た。長崎貿易におけるポルトガルの地位は強固だし、おなじ平戸での先輩オランダにはいつもしてやられる。イギリスがまともに商売しようとしているのに、オランダはこの時期海賊商売、すなわちポルトガル船と中国船の拿捕・掠奪に精を出していた。ジャカルタの東インド会社がその方針なのである。特にマカオからの定航船を捕えるよう、平戸のオランダ商館長に指令した。生糸を満載しているから、それを狙った。一六一五年一〇月に書いた手紙で、英商館員ウィッカムが愚痴ったのも無理はなかった。「近来オランダ人は当地においてわれらのみならず、諸外国人より優勢なり。これ近来、多数のジャンク船を捕え、支那人より盗み取りし生糸、琥珀織、繻珍、天鵞絨《びろうど》及び支那陶器巨額なるを以て、正当に商品を得たる者は、何人《なんぴと》も利益を得る能はざる相場にて、之を売る為なり」。

オランダ人は海賊行為が発覚するのをおそれて、中国人船員を孤島に置き去りにしたこともあったという。しかし幕府はポルトガル船掠奪は黙認した。一六一五年の夏、オランダ船ヤカトラ号が、五島列島西南の女島付近で、ポルトガルのジャンク船を拿捕したとき、オランダ商館長が松浦隆信を介して家康の意向を打診したところ、ポルトガル船が朱印状を持っていないのなら幕府はまったくこの事に関知しないとのことだった。朱印状云々はこの船が占城《チャンパ》から来たからであろう。朱印状の権威が侵されない限り、外国船同士の紛争には関わらぬというのだ。家康は日本が海外での紛争に巻きこまれるのを徹底的に嫌った。この姿勢が幕末まで継承されたことは、徳川政権の性格を考える上で大事なことのひとつである。

家康は元和二（一六一六）年四月に死去した。その年の八月（邦暦）には京坂での取り引きを禁じ、交易を平戸・長崎に制限する法令が出た。アダムズは何とかこれを撤回させるべく江戸の「宮廷」で頑張ってみたが、相手にされなかった。家康から特に信任された彼も、秀忠の新政権の下ではただの一外国人にすぎなかった。貿易制限令はキリスト教の伝播を嫌う秀忠の意思から出たことだったが、イギリス商館にとって打撃とはならなかった。主力商品の鉛はあい変らず家康と同じように将軍秀忠が買い上げてくれた。武田万里子はこれを交易地制限の見かえり措置とする。貿易に打撃を与えるのは秀忠の本意ではなかった。

第一八章　朱印船南へ

一六〇一年に家康は初めて、海外に渡航する日本船に朱印状を与えるようになり、それを得た船は朱印船と呼ばれる。それから一六三五年に日本人の海外渡航が禁じられるまで、合計三五六通の朱印状が発給され、日本船の南海進出は全盛時代を迎えた。むろんそれ以前に日本船が渡航しなかったのではない。すでに述べたように、フィリピンには一五七〇年代から渡航しており、一五九〇年代には一〇〇〇人の日本人がマニラに居住していた。交趾《コーチ》シナには早くも一五七七年に日本船が現れた記録があるし、カンボジアにも一五九〇年代に日本船の姿が見られる。シャムに現れたのもおなじく九〇年代のようである。

一五九七年六月、フィレンツェ出身のカルレッティ父子が、商売のために長崎へ来たが、一〇カ月の滞在ののちマカオへ渡るのに利用したのは日本船だった。その年はマカオから定航船が来なかったので、マカオ行きの和船に乗ったわけだが、船長はポルトガル人を父とする長崎在住の混血児、船員はむろん日本人。彼らは航海中乗客のポルトガル商人たちと喧嘩になり、幸い同乗のイエズス会神父がなだめて事なきをえた。この船が遠洋航海に向かぬ構造で脆弱なものであることを、カルレッティは詳しく述べている。

秀吉、家康の朱印状発行と日本船の航海技術改良

一六〇〇年一二月、ノールトの率いるオランダ艦隊は、フィリピン近海で一一〇トンばかりのジャンク型日本船を捕えたが、船底は平底で網代《あじろ》帆を装着していた。当時の日本の航洋船はこのような危なっかしいものだったらしい。一五八四年一月、司祭ロレンソ・メシアは手紙に「一般に日本人はいずれの国へも通航せず。これ絶えざる台風のゆえなり」と書き、ヴァリニャーノも『日本諸事要録』（一五八三年）で「日本は他のキリスト教徒との交渉からまったく隔離された島であり、彼らは外国を見る為に自国を出ようとも思わぬ」と述べたが、一六世紀末から一七世紀初頭に至ると、日本ジャンク船は南洋のいたるところに姿を現し始めたのである。

一六世紀の大倭寇の終熄後、このように日本人が再び海を渡り始めた原因については、日本近世対外交渉史家、岩生《いわお》成一の『新版朱印船貿易史の研究』が全国統一政権の出現による国内の安定と、それによる産業の発達や需要の拡大、特に銀山の開発による銀貨幣の増加、朝鮮出兵による軍需増大、海外知識の普及、造船と航海術の進歩等々、網羅的に挙げているところであるが、要するに、年々増加する生糸・絹織物への需要を満たす上で、その供給を外国船に仰ぐだけでなく、自ら船を出して獲得の途を拓こうとするのは自然の流れであったろう。世界有数の銀産国になっていたのだから、資金は潤沢に存在した。生糸貿易の莫大な利益を外国商人に独占させておく理由はないのだ。幸い明国が厳重な海禁策を緩め、一五六七年に南海への出航を許して以来、中国船は生糸・絹をはじめとする物産をフィリピン、インドシナの各地にもたらすようになった。日本への渡航は禁じられ、日本船もまた中国渡航は拒否されていたが、フィリピンや交趾《コーチ》シナへ行けば、生糸を積んだ中国船と出会い貿易ができる。一五九〇年代から日本船が南洋へしきりと姿を現したのはそのためだった。

海外に渡航する日本船に、身元を保証する朱印状を初めて与えたのは秀吉である。彼は一五九六年加藤清正がフィリピンに船を派遣したとき渡航朱印状を発給している。これはそれまでの交渉の中でフィリピン側から、

来航日本船が秀吉の印のある渡航許可状を所持すべきことを要望されたのを受けた措置だった。つまり朱印状は、当該日本船が海賊でなく正規の商船であることを証明するものだったのだ。このような渡航証明書の発給を家康は関ヶ原合戦の翌年に制度化した。いわゆる朱印船が携えた朱印状は、その船が日本船籍の商船であり、幕府の承認を受けた平和な商行為に従事するものであることを証明し、併せて海上及び渡航先での安全を保障しようとするものだった。むろん後者については、渡航先や海洋を支配する西洋船、特に海賊行為の常習者オランダ船が、これを通行証として承認することが必要である。

家康は一五九九年から一六〇七年にかけて、フィリピン、安南、カンボジア、パタニ（現マレー半島のタイ南部）、シャムなどの国王に二四通の書簡を送り、朱印状を持った船だけを通商相手として信認してほしいと要望している。倭寇によって被害を受けた各地で、スムーズな取り引きが成立するための措置であった。海上での効力については、オランダ・イギリスともに尊重するところで、朱印状を所持する日本船の通行を妨げたり、捕獲したりすることはなかった。オランダ艦隊が一六一八年マニラを封鎖したときも、朱印船は封鎖線を越えて堂々と入港することを得た。日本での通商を維持しようと望む限り、英蘭両国が朱印状を尊重せざるを得なかったのは当然である。当時、朱印状に類する海上通行証は各地で発行されていた。インド洋でポルトガルが発行したカルタスについては先に述べたが（第二章）、明国は海禁緩和ののち、南洋へ渡航する中国船に文引と称する渡航証明書を支給している。そのような素地のもとで朱印状も国際的に承認されたのである。

初めは遠洋航海に不向きだった日本船もその後改良された。最盛期の朱印船はミスツィス造りの船と呼ばれた。『和船』などの著書がある海事史家、石井謙治によれば、「ミスツィス」とはポルトガル語の「メスティーソ」の訛音《かおん》だという。「メスティーソ」とはポルトガル人とインディオの間に生まれた混血児の意である。朱印船は中国ジャンクとポルトガルのガレオンの折衷様式なのでその名が生じた。石井によってその特徴を述べると、帆装はジャンク式の網代帆だが、船首にスプリット・セールを装着し、後檣《こうしょう》に三角帆《ラテン・セール》を張る点で、ガレオン系帆装をとり入れている。船体は中国式ジャンクだが、船尾構造や舵にガレオンの技術を採用し、カラック型とおなじく船首に異様な大船首楼を設けている。

中国文献によると、もともと日本船は平底で「浪を砕くこと能はず」、順風でしか航行できなかったが、倭寇が福建沿海の「奸民」から船を買い、それを真似て船底を重ね貼りして尖らせるに至って、それまで一カ月もかかって中国へ来ていたのが、数日で来るようになったという。つまり日本人はまず中国ジャンク船に学び、さらにポルトガル船に学んだのだ。石井によると朱印船は大型は五〇〇トン前後、むろんずっと小さいのもあった。建造地は長崎・薩摩などと言われているが、シャムで造った例もある。シャム船はミスツィス造りによく似ていた。

南洋日本人町の形成

慶長九（一六〇四）年から寛永一二（一六三五）年まで、三二年間に幕府が発給した朱印状は三五六通で、渡航先を見ると、今日のヴェトナムに当る交趾《コーチ》・東京《トンキン》・安南《アンナン》・順化《ソンハ》・占城《チャンパ》が併せて一三〇通、それにシャム五六通、カンボジア四四通、インドシナ方面を漠然と指す西洋一八通を加えると、二四八通がインドシナ向けであることが注目される。あと

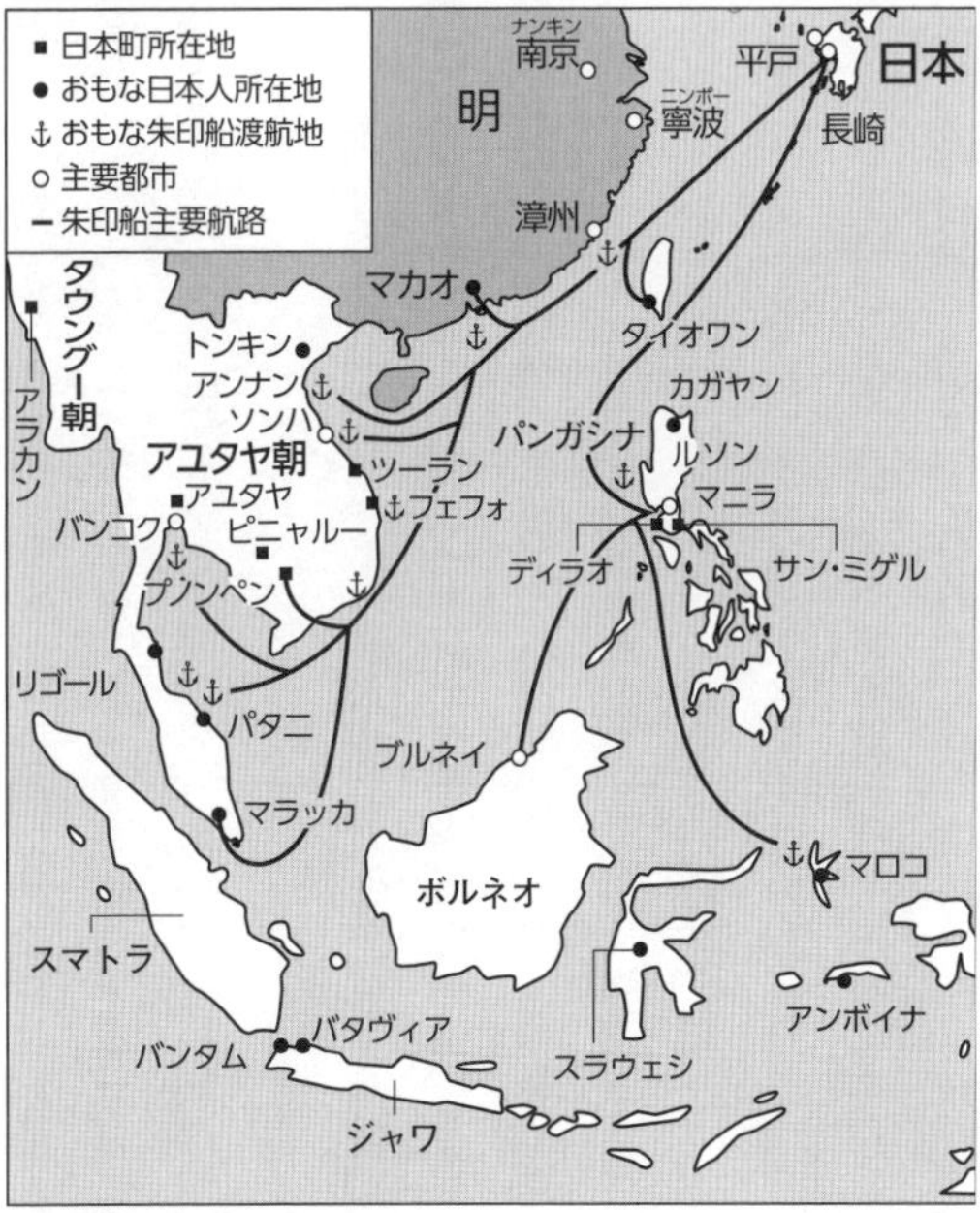

朱印船渡航地と日本人町所在地

のまとまった渡航先はフィリピンと台湾で、前者が五四通、後者は三六通となる。朱印船は銀を豊富に携えていたので、各地で有利な取り引きを行なうことができた。もちろん、生糸・鹿皮・蘇木等を輸入する一方、武具・工芸品等も輸出したが、輸出の主力はあくまで銀であって、これは当時日本が世界有数の銀産出国だったからこそである。

しかし、朱印船がインドシナにおいて優位を確保できたのは、各地に日本人町が形成されていて、現地の事情をよく知った日本人が市場を支配すべく努めたおかげだった。朱印船がインドシナへ集中したのは、そもそもは中国船との出会い貿易で生糸を入手しようとしたからだが、東京・交趾などは品質のすぐれた生糸の産地であり、その港町に住みついた日本人は、朱印船のために生糸の生産過程まで支配した。たとえば交趾シナでは、現地在住の日本人が村々の養蚕農家を廻り、前貸金を渡して事前に生糸を買い占めていた。

オランダはのちに日本人の海外渡航が禁じられるまで、インドシナ沿岸の全域で劣勢を強いられた。一六三三年、バタヴィアの東インド政庁から交趾に派遣されたカロンは、日本人がすべてを買い尽してしまうので、オランダがここで競争しようとしても何も得られないだろうという話を聞かされたし、一六二三年には、平戸のオランダ商館長カンプスは「交趾シナについて言えば、同地では会社にとって施すところはほとんどない。本年シナ船四隻来航し、一隻の日本船がシナ船のもたらした物をことごとく買い占めてしまった」とバタヴィアに報じた。事情はシャムについてもおなじで、首都アユタヤでは鹿皮購入をめぐって、オランダ人は日本人と激しく争ったが、勝ち目は乏しかった。一六二四年、バタヴィアの東インド総督カルペンティールが本社に報じたところによると、アユタヤの日本人はオランダ船の来航の先手を打って、鹿皮一六万枚と蘇木二〇万斤を非常な廉価で買い占め、ジャンク船で日本へ送ったので、オランダ船は不良皮を八〇〇〇枚足らず入手できただけだった。鹿皮は傷みやすい商品で、加工にも輸送にも注意が必要だが、朱印船はアユタヤ在住の日本人に、鹿皮を剝いできれいに裁断し束ねるという作業を依頼していた。アユタヤのオランダ商館員ハウトマンによると「これは非常に骨の折れる仕事で、シャム人にはほとんどできない」。鹿皮は一束でも濡れると、他の皮も全部駄目になる。そこで日本人は波がかからぬよう、細心の注意を払っているというのも、おなじハウトマンの観察である。

朱印船の他の主要渡航地についていうと、フィリピンのマニラは来航する中国船から生糸を得る出会い貿易の拠点として重要であった。フィリピンの産物としては鹿皮、蘇木、金が求められた。一方、朱印船の輸出品中で異彩を放つのは小麦粉と塩漬け肉である。孤立した植民都市マニラの食糧供給は朱印船に頼るところが少なくなかった。朱印船が台湾へ向かったのも、やはり中国船と生糸の取り引きをするためだった。だが、一六二四年にオランダが、台湾西岸のタイオワン（現台南市安平）港を占拠してからは、オランダ東インド会社と朱印船の間には、後述するように重大な紛争が生じることになる。オランダのタイオワン港占拠はマカオ攻略失敗の副産物だった。一六二二年マカオを襲って撃退されたオランダ艦隊は澎湖島を占拠、中国当局から抗議されて台湾へ移ったのである。

アユタヤの日本人町と山田長政

いわゆる南洋日本人町については、岩生成一の古典的な分析（『南洋日本町の研究』）があって、それによると、江戸時代初期からいわゆる鎖国に至るまで、海外へ出た日本人の延べ人員総数は一〇万人を下らず、うち七〇〇〇ないし一万人が南洋に定住したのではないかという。そのうち日本人だけが特定の地域に集住した場合が、いわゆる南洋日本人町であり、フィリピンのマニラ市東南郊のディラオとサン・ミゲル、交趾のフェフォとツーラン、カンボジアのピニャールーとプノンペン、シャムのアユタヤの名が数えられる。アユタヤに日本人町が形成されたのは一七世紀の初頭らしく、一六一一年には新王即位に当って、禁衛隊に属する二、三〇〇名の日本人兵士が反乱を起こした記録がある。有名な山田長政が仕えたのはこの新王プラ・インタラツィヤ、通称ソンタムである。

長政はもともと沼津城主大久保忠佐に仕える駕籠かきだったといわれ、シャムに渡ってアユタヤ日本人町の頭人にまで出世した。ということは、朱印船と連携しながら日本・シャム貿易に従事する貿易家であったわけだが、同時に彼は日本人からなる五、六〇〇名の部隊を指揮して国王に仕える軍人でもあった。当時日本人の勇武は周囲に鳴り響いており、ポルトガルやオランダの傭兵になる者も多かった一方、シャムやカンボジアでは、在住日本人がそのまま傭兵として国王に奉仕した。長政はソンタム王のもとで、最高の官位であるオーヤにまで昇進した。ソンタム王が一六二八年一二月に死ぬと、長政は王位継承の争いに巻きこまれた。当時シャムの王朝は王が死ぬとその弟が王位を継ぐ習わしだったが、ソンタム王は長子に継がせたくて、その遺志をいとこのシー・ウォラウォンと長政に託した。ウォラウォンは端倪すべからざる策謀家でソンタムの長子を即位させ、弟の親王を謀殺しようと計った。長政はことごとにウォラウォンの詭計に協力したばかりか、親王が兵を挙げると戦場でこれを謀りごとにかけ、敗れた親王は死刑に処せられた。ウォラウォンは早々と新王と対立し、新王を殺してさらにその子を即位させた。彼の目的は自ら王位に就くことにあったが、そのためには長政を遠ざける必要があった。長政は父から子への王位継承の信奉者だったのだ。彼は属領リゴールの王として体よく追い払われ、ウォラウォンの王位簒奪の報を聞いた後毒殺された。一六三〇年のことである。

アユタヤの日本人町は焼き払われたが、すぐに復興した。朱印船が健在な限り南洋日本人の生命力は失われなかった。一六〇四年から三九年までの輸入額を見ると、朱印船によるものは二九万八〇〇〇貫に達し、ポルトガル船、中国船、オランダ船による輸入額を抜いて、第一位を記録していたのだ。

第一九章　家康、禁教に踏み切る

話が前後するが、幕府は一六一二年にキリスト教禁圧に踏み切った。これはクローヴ号が来朝し、イギリス平戸商館が設けられる前年である。

禁圧のきっかけは有名な岡本大八事件にあった。大八は家康の寵臣本多正純の家臣であるが、有馬晴信に、マードレ・デ・デウス号焼き打ちの功によって、今は鍋島領となっている有馬の旧領が返還されるように斡旋しようともちかけ、多大の金品を受け取っていた。約束が実現されぬのにじれた晴信は、一六一一年一一月、自ら駿府に上って、事の進み具合を確かめようとした。嗣子の直純とその妻国姫も同行したが、宣教師側の文献は、直純が父を隠居に追いこむために、この件で幕府に讒訴するつもりだったと伝えている。国姫は家康の曾孫に当り、直純は一六一〇年に正室を離別して彼女を迎えていた。晴信と大八の揉め事は家康の法廷で審理され、大八は金品詐取のかどで、一六一二年四月に火刑に処せられたが、晴信の身も無事にはすまなかった。マードレ・デ・デウス号事件の際叱責されたのを怨んで、長崎奉行長谷川左兵衛を謀殺しようとしたと大八から告発されたのに対して、晴信は申し開きができず、領国を召し上げられ、甲斐に流罪された挙句、同年六月五日斬首されたのである。

家康の警戒心を呼び起こした岡本大八事件

晴信の身分からすれば当然切腹すべきであり、彼の屋敷を兵一五〇を率いて包囲した板倉重宗（京都所司代勝重の長男）が伝達したのも切腹の上意であった。しかし、自殺はカトリック教会の厳禁するところである。晴信は家臣の一人に自分を斬首するように命じ、併せて家臣たちに、上使の士卒と戦って斬り死にすることと殉死することを禁じた。彼は野心多き人であったが、一生の最期に臨んではひたすら清澄な心境で、若き日に入信した異国の教えに従うことを望んだらしい。彼は家臣たちにこれまでの誤ちの許しを乞い、盃を交わしたのちに落ち着いて首を斬らせた。ときに四六歳。夫人ジュスタは中山大納言の娘で篤信を以て聞こえたが、気丈に一部始終を見届けた。遺体はその日のうちに埋葬され、その際、斬首に当った家臣とジュスタは、神父たちの唱える祈禱の声をたしかに耳にしたと伝えられる。

家康はこの事件がもつ重大な含意に気づかずにはいなかった。大八がパウロという教名を持つキリシタンであり、おなじキリシタンのよしみで晴信と私交を深めていたことは、彼の警戒心を呼び起した。ただちに駿府家臣団の取り調べが行われ、キリシタンと判明した者のうち棄教を肯《がえ》んじなかった原主水以下一四名の家臣、三名の奥女中が追放された。奥女中のジュリアは朝鮮人だった。家康はかねて庶民がキリスト教に入信するのは差し支えないが、主持ちの武士の入信は禁じて来た。自分の膝もとで棄教を拒む一四名の家臣が出たのはショックであったろう。彼は前年ビスカイノが沿岸測量を行ったとき、欧州ではかかる行為は侵略の前触れと解されると、アダムズから警告されていた。そのことも当然念頭に浮かんだはずである。大八処刑の当日四月二一日に駿府・江戸・京都など天領における禁教を発令したのは、直臣のうちに不屈なキリシタンを見出した彼の怒りの大きさを物語っている。

緩かった一六一二年の禁教令

禁令は当然教会堂の破却を伴う。だが京都においては、許可なしに建てられたフランシスコ会の修道院とイエズス会の上京にあったレジデンシア（布教のための出張所）が取り払われたものの、イエズス会の下京のカーサ（宣教の中心地に置かれる布教本部）と教会は存続が認められた。所司代板倉勝重はフランシスコ会には無許可を理由に退去を求めたものの、以前家康が滞在許可を与えていたイエズス会には、自由にとどまって集会を開いてもよろしいと伝えた。勝重はもともとキリシタンに寛容であったが、そもそもはこの年の禁令自体がそれほど徹底を期すものではなかったからこそ、彼も穏和な処置にとどめることができたのだろう。伏見・大坂・堺においても、教会施設はまったく安泰だった。大坂の教会はとくに豊臣秀頼に保護されていた。

幕府は九月一日に至って禁令五カ条を発し、禁制が大名領においても行われることを求めたが、肥後など従来から迫害が行われていたところを別にすれば、新たに迫害の嵐が吹き荒れたのは有馬領にとどまった。博多にはイエズス会の司祭二名、修道士一名、伝道士三名が住んでいたが、領主黒田長政は彼等を追放したり教会を破却したりするつもりはまったくなかった。ただ幕命に従うふりは一応せねばならず、形だけ家臣に棄教を求めるにとどめた。彼は司祭に手紙で次のように伝えた。「予は領内で禁教を行うよう求められているが、父上はキリシタンとして亡くなったのであり、霊魂をデウスに委ねるために教会を建てたのだから、領内でキリスト教を禁じたくないし、侍でない者には良心の自由を残しておく。ただ将軍の命である以上、家臣には禁教を申し渡さないわけにはいかない。すでに一四名が従ったが、それ以外信者が多数いることは承知している」。長政は教会に信者名簿を提出するよう求めたが、断わられるとあえてそれ以上追及することはなかった。

加賀・越中・能登の大守前田利長にも次のような話が残されている。幕府の禁教令が伝わると、利長は領内で封地を与えている高山右近に、せめて表向きだけでも信仰を否認してくれるよう、重臣横山長知をして説かせようとした。だが横山は「右近は大閤の命にさえさからって所領を棄てた者である。今更そのようなことを承知するはずがない」と言って命を承けなかった。利長も横山の言に理を認めて、右近に転向を迫るのを断念した。

「聖遺物」獲得のため集まった二万の群衆

イエズス会が記録したこの年の受洗者は四五〇〇名にのぼる。これを前年の五〇二〇名とくらべれば、一六一二年の禁教令が日本キリスト教界にさほどの打撃を与えるものでなかったことが首肯されよう。有馬領でキリシタン迫害が行われたのは、襲封を認められた直純が、幕府に忠誠を示さねばならなかったからだ。彼は領内に一人もキリシタンを残さぬと家康に約束したという。彼は幼少時に受洗していて、教名をミゲルと言ったが、自ら浄土宗に改宗した上で、家臣・領民に棄教を迫った。だが棄教したものは少なく、信者の大部分は激しく抵抗した。直純は改宗を拒否した家臣を看過するか、山野に追放するしかなかった。信者たちは追放された者に食物を届けた。直純はついに処刑という手段に訴えたが、その数はわずか三名にとどまった。気弱にも彼は司祭に手紙を送って、内心はまだキリシタンだなどと述べていたのだ。

一六一三年にはいると有馬直純は、父晴信とその夫人ジュスタの遺児二人を殺し、金山城主ジョルジ結城弥平次を追放した。ジョルジはヴィレラに洗礼を授けられた古参キリシタンであり、小西行長・加藤清正によって重用された武将でもあるから、直純にもそれなりの遠慮があったが、領内の改宗が遅々として進まぬ現状では、何か実績を示す必要があった。ジョルジは余生を長崎で過し、信仰を全うしたと伝えられる。

長崎奉行長谷川左兵衛は駿府へ上る旅の途中から、直純に書を送って、貴殿自身がキリシタンゆえに領内の邪教を根絶できないでいると噂されている、家康君にこのことを申し上げぬわけにはゆかぬと脅した。慄え上った直純は家臣中の重立ったキリシタン八名を呼び出し、涙ながらに懇願した。「わが領地も名誉も汝らの手中にある。余に愛情があれば、たとえ一日でも一刻でも、あの仏僧の前でキリシタンでないことを示し、その後は思うようにせよ。それによって汝らは同信の友にもよいことをすることになる。なぜなら余はそれだけで満足し、他の信徒には手をつけないからである。どうか領内の平和のために、わずかの間でよいから棄教を表明してくれ」。直純は何と、一日のうちに三度キリストを否んだとされる使徒ペトロの例さえ、引き合いに出した。「あの仏僧」というのは、領民の改宗のため関東から送りこまれていた浄土宗の高僧幡随意《ばんずいい》のことで、彼は一向に説教の甲斐がないのに呆れて「仏の魔界といわれしはこの国の人心のことならん。長年異国の外道に教化されしことなれば、いかほど説教しても、急には仏道にはいるまじ」と、帰心に駆られていたのである。

八名のうち五名は直純の涙ながらの懇願に屈した。しかしアドリアノ高橋主水、レオン林田助右衛門、レオン武富勘右衛門の三名は頑として説得を受けつけず、直純は遂に三名を処刑する決断を下さざるをえなかった。

一〇月七日が処刑の日と決まると、三日前から大群衆が集まり始め、やがてその数は二万に達した。有馬領のキリシタンは、前年以来司祭の指導の下に信心会《コンフラリア》（信徒が集まり信仰の維持や社会活動に従事する組合）を組織し週二回集まって、棄教せず殉難に赴くこと、そのため相互に援けあうことを誓っていたのである。二万の群衆は抗議するために集まったのではない。殉教という最高の恩寵に与った同信の友を祝福すべく集まったのである。もちろんわれわれは、宣教師の書き残した記録によるしかなく、彼らの思考の枠組について当時の農民信徒にかぶせた記述をそのまま受けとるべきではない。しかし、彼らが群がり寄った最大の目的が、刑死者から聖遺物を獲得することにあったのは、彼らの刑場における行動からして明白である。

当日日野江城前に設けられた刑場に曳き出されたのは、前記三名とその家族五名で、信心会から贈られた白い晴着を着ていた。藩権力は二万の群衆を怖れて、処刑をキリシタンの祝祭と化そうとする信徒たちの企図をそのまま認めるしかなかった。彼らは殉難者の前に跪ずいて祝詞を述べ、記念のために聖遺物を乞うた。彼らは殉難者の衣服を切り取るために、鋏や小刀を携えていたのだ。レオン勘右衛門は小高い所に立って群衆を見下ろし、「ここにおいて有馬のキリシタンの信仰がいかなるものか、御身らは知られるであろう」と高らかに叫んだといわれる。火刑が執行された。レオン助右衛門の一二歳の子どもジャコウベは、自分を縛っていた縄が焼けてしまったので母親の方に歩み寄り、イエズス様マリア様と三度呼んで母の足許に倒れた。

群衆は火傷するのもかまわず、刑場になだれ入って、まだ燃えている遺体の火を消し、聖遺物として持ち去った。レオン助右衛門の二〇歳の娘マグダレイナから両手が持ち去られ、身体は上津浦《こうつうら》（天草上島北岸）のキリシタンに奪われた。二万の群衆の中には天草から来たものもいたのだ。殉教者たちが縛られていた柱は木片から灰に至るまで分配された。遺物は箱に収められて長崎へ送られた。上津浦からもマグダレイナの遺体が長崎に返され、そのすべては長崎の教会に安置されて、司教セルケイラによって祝福され、華々しく記念の行列が組まれた。勝利者が誰であったか、明らかといわねばならない。直純に説得された五名の家臣も、告解して教会に復帰することを望んだ。

宣教師国外追放令と大久保忠隣の迫害

かくして家康の禁教令は、焦点の有馬領においてすら不徹底にとどまったのである。一六一三年の降誕祭を各地のキリシタンは無事に祝うことができた。イエズス会の『年報』はこの年の受洗者を四三五八名と記録している。だが暗雲は近づいていた。日野江城前の刑場での信徒の振舞いは、やがて家康の耳に届き、嫌悪の念をそそり立てることになる。

一六一三年一月二八日、家康は改めて全国を対象とする禁教令を発し、宣教師の国外追放を命じた。その四日後には金地院崇伝の書いた「伴天連追放文」が将軍秀忠の名のもとに布告された。イエズス会の年報によると、この指令は二月一一日に京都へ届いた。すでに長谷川左兵衛と後藤庄三郎から、家康の怒りが報知され、前年一二月には京都信者の名簿提出が所司代板倉勝重から求められていたので、雲行きがおかしくなって来たのはわかっていたが、宣教師の追放に至ろうとは。しかし、これも秀吉の先例がある。京都にはイエズス会の司祭八名、修道士六名、同宿《どうじゅく》二〇名がいた。会では司祭三名、修道士三名、同宿六名のみを申告し、残りは大坂や京都近くの村に潜伏させた。申告した司祭以下一六名が京都を発ったのは二月二二日である。大坂では同地のみならず堺や金沢から追放された宣教師たち、さらには前々年の禁教令以来潜伏していたフランシスコ会士も加わって、七隻の船で長崎へ向かうことになった。長崎に着いたのは三月一一日だった。

第一次の禁教令の際は、領国内の宣教師を庇っていた福島・黒田・前田らの親キリシタン大名も、今度ばかりは、江戸からの指令に頬被りをきめこむわけにはいかなかった。福島正則は広島の修院長に書簡を送り、「貴殿らの追放を悲しむ。将軍の命ゆえ致しかたないが、然るべき時にはパードレ方のことを想い出すであろう」と述べた。前田利長も遂に高山右近を追放した。所司代板倉勝重はこの段になってもまだ信者に同情を持っており、イエズス会が実数七〇〇〇の在京信者のうち四〇〇〇名の名簿を提出したのに対して、一六〇〇名を記載するにとどめた。しかし、追放令の総奉行大久保忠隣《ただちか》が京都へ乗りこむと状況は一変した。

大久保忠隣は相州小田原の城主、将軍秀忠付きの筆頭年寄にして大久保一族の総帥である。京都における追放令施行の責任者としては大物すぎる観があるが、実はこの任命には裏があった。忠隣は家康の信任する本多正信・正純父子と対立関係にあった。忠隣の一族で、一時は家康側近として威権を張った佐渡奉行大久保長安はすでに前年、死没とともに私曲が暴かれて遺産は没収、子息たちは切腹させられていた。本多父子は忠隣の処分について家康の承認をとりつけ、彼を京都へ派遣したあと失脚せしめたのである。

従って忠隣の京都駐在は短期間であったが、その間京都のイエズス会施設はすべて破壊され、名簿に登録された一六〇〇の信者は厳しい迫害にさらされた。それまで所司代板倉のもとでも、彼らは棄教を迫られていた。しかしそれは、親族や近所の者から、表面だけでも棄教せよと寄ってたかって説得され、承知しないと罵られるという程度にとどまっていた。親族が勝手にこの者は転びましたと所司代に届けて、名簿からその名を削除してもらい、あとで本人が私は転んでおりませぬと役所へ駆けこむという騒ぎもあった。

しかし忠隣は、棄教を肯んじぬ信者を俵に詰めて街中を曳き廻し、河原にさらすという非情な手段に訴えた。それでも転ぼうとせぬ七一名（京都四七、大坂二四）は津軽氏の所領奥州外ヶ浜へ追放された。彼らは津軽侯から「慈愛をもって迎えられた」と『年報』は記している。その他の信者はどうなったのだろうか。『当代記』には「伴天連の門派者ども、京大坂にこれ在る分、この間大方ころぶ」とある。流された七一名以外は表面上棄教したのだろうか。忠隣の迫害は彼自身が改易に処せられたので、一〇日ほどしか続かなかったという。あとはまた穏和な板倉勝重のもとでうやむやにされたのかも知れない。それにしてもこの度の京方面の迫害は、京都七〇〇〇の信者のうち、名簿に登録された一六〇〇にしか関わらず、迫害の結果が一人も死者を出さなかったのは特筆すべきである。

家康を激語させた長崎聖行列

長崎では日本司教セルケイラが二月二〇日（一説では一六日）に死去していた。一五九八年来日以来、何かと苦労の多かったこの六二歳の老人が、追放令を耳にすることなく世を去ったのは、せめての幸せであったろう。追放された宣教師たちと高山一族が長崎に着くと、長崎の信徒間には贖罪への熱烈な思いが燃え上がった。

最初の聖行列は五月九日の夜行われ、続いて一二日は諸聖人天主堂から三〇〇〇人の行列が出た。ある者は十字架をかつぎ、ある者は棒でわが身を縛り、石を負う者、俵や鎖を身に巻きつけた者、たがいに鞭で打ち合う者、すべてが迫害に屈せず信仰に身を捧げる覚悟を示していた。これは司祭たちの助言なしに、全く教区民の自発的行動として始まったのである。一四日には七つの行列が行われ、その後いくつかの行列に続いて、二九日にはイエズス会の大行列が出、これで一応聖行列の狂熱は終熄したようである。この行列ではイエズス会管区長ヴァレンティン・カルヴァーリョが聖体を奉持した。カルヴァーリョはパシオに替って一六一一年、管区長に就任した。つけ加えると、イエズス会日本準管区は同年に、インドと並ぶ管区に昇格していたのである。

この聖行列に長崎代官村山等安が家族連れで参加していたのは注目される。等安はイエズス会宣教師によって受洗し、イエズス会の力を背景に代官の地位を得たのであるが、その後ドミニコ会に乗り替えイエズス会と敵対するに至った。『日本王国記』の著者ヒロンによると、彼は各所に妾を囲い、その一人が若い男と浮気をしたというので、その若者のみならず親族十数名を殺した。また、婢《はしため》に手をつけようとして妻と対立し、妻に味方して息子たちは武器をとって彼と争ったという。とにかくキリスト信者の所業ではなかった。ところが追放令が出ると、彼はにわかに眼がさめたように、囲っていた女たちに手切金を渡して去らせ、妻や息子たちと和解し、家産を整理して、五月九日、ドミニコ会の聖行列に、重い十字架を背負って参加したのである。

この長崎聖行列の話は家康の耳にも届いた。『日本殉教録』の著者で、追放されるまで京都イエズス会の上長を務めていたペドロ・モレホンによると、家康は刀に手を掛け「もう少し近ければ、自分で行って痛めつけてやるものを」と激語したといわれる。彼は禁令の実行を督励させるべく旗本で伏見城番山口直友を長崎へ派遣した。ちょうどこの頃、マカオからポルトガル船が長崎に入港した。家康が追放令発布ののちも、「貿易は続いているか」と側近に尋ねたという噂を聞いたカルヴァーリョは、贈物を持って駿府へ赴き、家康の感情を和らげるよう船長に説いた。結局、何人かのポルトガル人が使節として駿府を訪うたが、家康は「追放は実行せねばならない。大閤の時代の追放令が実効を伴わなかったのは、長崎に教会が残っていたためだ」と取り付く島もなかった。

教会分裂《シスマ》と「大追放」

長崎に集められた宣教師たちは、長崎奉行長谷川左兵衛に退去をせっつかれながら、教会堂の破却に備えて貴重な備品や、堂内に埋葬された遺骨を移すなど多忙を極めたが、その一方、激烈な修道会間の勢力争いが始まった。

セルケイラが死ぬと、その直後にイエズス会日本管区長カルヴァーリョが司教代理に選ばれた。選出したのは七人の教区司祭である。だが、この経過についてスペイン系托鉢修道会の不満が昂まり、フランシスコ会の遣外管区長ディエゴ・デ・チンチョンが一〇月九日、教区司祭たちに選挙を無効とし、司教代理を選び直すよう要請した。それを受けて一〇月二一日、教区司祭たちはカルヴァーリョを罷免し、替りにフランシスコ会のペドロ・バウティスタを司教代理に選出した。

むろんカルヴァーリョ側、すなわちイエズス会はこれを認めない。一〇月二一日の決定の際も、七人の教区司祭中、二人がイエズス会側に立ってこれに反対したのである。ここに教会分裂（シスマ）が現実のものとなった。カルヴァーリョは一一月マカオへ去り、チンチョンも同月マニラへ退去、バウティスタも一六一六年には日本を去ったので、日本司教の地位は争うに足るものではなくなったけれども、シスマの現実は残り、その後イエズス会とスペイン系修道会は、禁教令の下、勢力争いに血道をあげることになる。長崎に集められた宣教師たちが追放される直前に、このような分裂が生じたことはまさに、教派対立の深刻さを語って余りある。

司教区の下には小教区があり、その司牧を担当するのが教区司祭である。セルケイラは着任以来、日本人司祭の養成なしに日本キリスト教界の未来はないという信念の下に、イエズス会司祭に日本人を叙任して来たが、その一方で、日本人を教区司祭に育てるため、一六〇一年長崎に教区神学校《セミナリヨ》を開設した。開設時生徒は八人、二人が日欧混血児、残りは日本人だった。みなセミナリヨの卒業生である。生徒のうち一六〇四年に、村山等安の息子ミゲルが教区司祭に叙任、一六〇五年には等安のもう一人の息子フランシスコを含む三人が叙任され、翌年さらに三人が受任して教区司祭は計七人となった。このうち四人が創設された四つの小教区の担当となり、残り三人は司教館に住んで各地の教会へ出かけた。教区神学校は使命を了えて一六一四年に閉鎖された。

教区司祭の多くは代官村山等安の影響下にあった。長崎は内町と外町に分れ、前者は高木・高島・後藤・町田の四人の町年寄に支配され、後者は代官村山等安の管轄下にあった。等安は早くからイエズス会と敵対し、スペイン系托鉢修道会の後援者となったが、内町の町年寄四人はイエズス会の傘下にあった。四教区のうち三つは外町に設けられ、教会堂の建立や聖職禄の設定等で村山等安の援助を受けていたから、教区司祭たちはイエズス会のセルケイラ司教によって叙任されたにもかかわらず、圧倒的に等安の影響下にあった。カルヴァーリョ司教代理の拒否に端を発するシスマにおいて、等安の果した役割は少からざるものがあったはずだ。

一六一四年一一月上旬、宣教師たちは福田港から四隻の船に分乗して、マカオ、マニラ、シャムへ向かった。宣教師九六名、それに日本人同宿、高山右近・内藤如安の一族である。カルヴァーリョは出帆後、洋上ではしけに乗り移り日本に潜伏するつもりだったが、結局機会を失いマカオへ着いた。高山・内藤一族はマニラに着いて歓待されたものの、右近は航海中健康を損い、翌一六一五年二月死去した。もちろん各修道会は、潜伏して伝道を続けるべく宣教師を日本に残していた。イエズス会二六名、フランシスコ会六名、ドミニコ会七名、アウグスティノ会一名である。

長崎教会堂破却と高来キリシタン迫害

宣教師たちが日本を去ると、山口直友は空になった天主堂の破却にとりかかった。併せて一一の教会堂が根こそぎ破壊された。直友が「キリシタンを迫害する者には神罰が降《くだ》るといわれているのに、何も起らない。キリシタンどもの神は何をしているのかな」と嘲弄したところ、サン・フランシスコ天主堂取り壊しにかかっていた大村藩の一隊が倒壊した建物の下敷きになって、多数の死者が出たとはヒロンの伝えるところである。

長崎の教会堂を破却し終えると、長谷川左兵衛は一一月一七日、山口直友とともに旧有馬領に赴き、当時長崎と並んで最も強固な信徒団の壊滅にとりかかった。有馬直純は八月に日向国延岡へ転封されて、旧有馬領は左兵衛の管轄のもと天領となっていた。『イエズス会年報』はこの転封は、キリシタン領民の改宗拒否に手を焼いて、直純自身が望んだと記している。『当代記』には「左衛門佐（直純）国替セラレ、相移ル処《ところ》ニ、家中ノ者一人モ之ニ随ハズ、伴天連ノ宗派タルニヨルナリ」とあるが、「一人モ」というのは誇張に違いないとしても、相当数の家臣が信仰ゆえに、主従の縁を切って旧領、当時の呼名では高来《たかき》に留まったのである。

左兵衛たちは有馬ついで口之津で峻烈な迫害を開始した。主だった信徒に棄教を迫り、拒絶すると拷問を加え、鼻を削ぎ指を切り、妻女は遊廓におとすと脅した。一一月二五日に彼らが長崎へ去るまで、有馬で二〇名、口之津で二二名が殉教した。だがこの迫害で注目すべきなのは、左兵衛が有馬・口之津以外の地は見逃したことである。担当の役人が「もう信者はいない」と報告するのを、嘘と知りつつ看過した。また棄教を肯んじない者に惨酷な刑罰を加えながら、釈放した例も多い。彼はこの地の信徒団を一気に壊滅させることは不可能と悟っていたのだろう。にもかかわらず、直純の不徹底をしばしば家康に訴えていた以上、一度は迫害の大鉈を振るってみせねばならなかったのだ。左兵衛たちのこの度の高来手入れには、肥前・薩摩の兵も加勢していたが、島原・三会《みえ》方面を担当した薩摩勢は、モレホンによれば、前もってキリシタンに秘かに知らせを送り、自分たちの到着前に身を匿して嵐の過ぎ去るのを待てと命じた。「彼らは武士としての誇りをもっていて、武器をもたない人々を殺傷することや、戦争・決闘以外に血を流すことは卑しいと考えていた」。

左兵衛たちは一一月二五日には長崎に帰着したとあるから、高来（島原半島北部）の迫害は一週間にすぎなかった。ヒロンによると、長崎帰着後、左兵衛、山口直友、薩摩の奉行などが会議を開いて、長崎の信者に手をつけるか否かで大激論を交したという。ヒロンは長崎に住むスペイン人商人で、聖行列や聖堂破壊の詳しく生々しい記録は、すべて実見によるものだったから、この記述も確かな情報にもとづいているに違いない。激論の結果、長崎のキリシタンには手をつけぬことになった。左兵衛は手をつけたら、潜伏中の司祭や修道士が救助に出現すると怖れたのだとヒロンは言う。左兵衛はパードレたちが乗船せずに潜伏していることをよく知りながら、あえてそれを看過して来たのだというのが彼の推測である。なるほど、追放されたはずのバテレンたちがまだ長崎周辺に残っていたとなれば、左兵衛の一大失態となるだろう。

考えてみれば、左兵衛もなかなか複雑なところのある人物である。イエズス会文献では、絶えず信仰の凶悪な敵とされながら、司教セルケイラとは親交があり、イエズス会と家康の間を取りもち、英国商館員コックスの日記では、ポルトガル商人の利益代表ときめつけられている。

大坂方勝利を願うキリシタン

しかし、いずれにせよ、長崎キリシタンに手をつける時機ではなかった。大坂にたな曳いていた戦雲は遂に動いた。家康が豊臣秀頼に戦端を開き、いわゆる大坂冬の陣が開始されたのである。追放されて行き場のなかった多数のキリシタン武士が秀頼方について籠城した。代表例は宇喜多秀家の重臣であったジョアン明石掃部で、高山右近の家臣も多数加わっていたといわれる。城中には救世主や聖ヤコブを描いた旗六旒が飜っていた。のみならず、城内にはイエズス会司祭二名、フランシスコ会司祭二名、アウグスティノ会司祭一名がいた。彼らはむろん信者たちに聖務を施すために城に籠ったのである。

戦闘は一時休戦ののち翌一六一五年五月再開され（いわゆる夏の陣）、六月三日落城の日を迎えた。イエズス会司祭バルタサル・デ・トルレスはこの時大坂の街中にある明石掃部宅にいた。徳川勢が市街に侵入し、掃部の母と息女が輿に乗って城内へ移ったのち、トルレスは同宿ミゲルと信者ホアンとともに炎に包まれた邸を脱出した。至る所に死骸が散乱し、抜身の刀や槍をひっ提げた兵士が溢れていた。やがて遭遇した兵士たちにミゲルは斬殺された。トルレスは衣服を奪われ、丸裸にされた。老人で外国人と見たゆえに助命されたのだろうと彼は考えた。ホアンが襤褸《ぼろ》に等しい着物を見つけて来てくれたので、それを着て逃げ道を探した。トルレスは「内府と子息が私の姿を見たと思われる」と書いている。だとすれば彼は家康の本陣の前を通ったのだ。家康はむろん彼を宣教師と認めただろう。にもかかわらず、逮捕もさせなかったのである。寸断された屍や重傷者の間を二里も歩いた。「パードレ」と呼びかけ、「よくも逃げて来られたものだ」と感心する徳川方の侍もいた。頸に刀が触れ、胸元に槍をつきつけられるような目に何度も遭いながら、彼はホアンに導びかれて、夜半やっと泉州和泉城下に着き、そこの信者宅に匿まわれた。

おなじくイエズス会司祭ファン・バブティスタ・ポーロも大坂の街中に潜伏していたが、トルレスとおなじような目に遭って伊達政宗の前に引き出された。政宗はキリシタンは保護できぬと言って彼を抛《ほう》り出した。幸い蜂須賀家の武将が衣服と食物を恵んでくれ、ようやく広島の大守福島正則の重臣佃又右衛門の陣営に辿りついて保護されたのである。正則が一貫してキリシタンに好意的だったことは先に述べた。だがのちには彼も領内のキリシタン取り締りを強化せざるを得ず、佃又右衛門を明石掃部の次子を匿まったかどで火刑に処すことになる。村山等安の三男フランシスコは大坂城に籠って戦死したと諸書に書かれている。だがパジェスの『日本切支丹宗門史』によると、彼は俗間司祭として大坂市内で働くうちに、「襲撃の際一刀の下に斬首せられ」たのであり、戦闘死したわけではなかった。

大坂の役は宣教師と信者たちに、束の間の息継ぎを与えた。彼らに対する監視と迫害が一時的に緩んだからである。彼らの多くは秀頼方の勝利を願い、また信じた。だが京都イエズス会の上長モレホンのように、秀頼は熱心な仏教信者で、彼が勝ったとしても格別いいことはあるまいと考える者もいた。それよりも、追放令に従わずに日本に残留する宣教師が多数存在するという事実が、この度の戦争で暴露されてしまったことの方が彼には心配だった。

家康はなぜキリシタンを危険視したか

一六一四年の全国禁教令は、秀吉の不徹底な宣教師追放令と違って、結果的には日本キリスト教界を絶滅に導いたのであるから、その発令の動機と意図については、これまで様ざまに論議されてきた。直接的な原因としてはまず、家康が信徒の狂信的な振舞いに嫌悪感を抱いたことがあげられる。一六一三年、有馬領で信者が火刑に処せられたとき、群衆が聖遺物として争って遺体を求めた一件が家康に報じられ、彼の激怒を買ったことは先に書いたが、同年には、京都で違法に銀を入手したキリシタンが処刑されたとき、刑場に多数の信者が集まって祈るという事件があり、幕閣に邪教という印象を与えた。崇伝が起草した禁教令の文言に「刑人有るを見れば、すなわち欣びすなわち奔《はし》り、自ら拝し自ら礼し、是を以て宗の本懐となす。邪法に非ずして何ぞや。実に神敵仏敵也」とあって、信者の熱狂的な振舞いが家康と幕府要人に与えた衝撃のほどが察せられる。

また近く、豊臣秀頼の大坂方と開戦が予想され、大坂方にキリシタン武士が与力することを怖れた家康が、禁教令を発動して事前に手を打ったのだという説も広く唱えられている。だが煎じつめると、家康はキリスト教が日本の国柄に合わず、国家の秩序と安寧に害をなすと初めから信じていて、その信念が紆余曲折の末、一六一四年に至って確定したと見るのが妥当だろう。

家康は秀吉のバテレン追放令を踏襲し、治世の当初から日本を神仏の国として、キリスト教を拒否する姿勢を示していた。しかしその一方、通辞ロドリゲスを寵愛してイエズス会に金を貸与するのみならず、司教セルケイラ、イエズス会日本準管区長パシオを引見して、あたかも宣教師の活動を容認するかに見えた。長崎の統治も外町は代官村山等安、内町は高木ら町年寄、いずれもキリシタンに任せた。このようなぶれは彼の南蛮貿易への並々ならぬ執着によって説明されるのが普通である。つまり彼はポルトガル・スペインとの交易を維持するためには、宣教師の活動を一定限度で容認するしかなかった。彼には海外情勢への正確な認識があり、太平洋を越えてスペイン領メキシコと通商する展望まで抱いていた。アダムズやロドリゲス・ツズに好意を寄せたのも、彼らが海外へ向かう知識の窓口だったからだ。西洋諸国が交易と布教を切り離してくれたら、少なくとも宣教を抑制してくれたら、ある程度のキリスト教界の存在を黙認する用意は彼にはあった。

だが、このような家康の黙認は、一七世紀最初の一〇年間を、日本キリスト教界最大の隆盛期たらしめ、信者は三七万人に達した。この勢力が大坂城の豊臣氏と結びつくなら、容易ならざる脅威となるのは明白である。しかも家康には、そういう当面の憂慮のほかに、もっと根本的なキリシタンへの疑念があり、交易に布教を絡ませるのを断念しないスペイン・ポルトガルへの焦立ちも加わって、ついに全面的禁教へ踏み切るに至ったのだと考えられる。その疑念とは、キリスト教は日本の統治理念とはあまりに異質で、しかも強烈な侵略性を持つのではないかというものであったろう。崇伝起草の禁教令に「みだりに邪法を弘めて正宗を惑わし、もって域中の政号を改めて己が有となさんと欲す」というのがそれである。

「政号」というのは政体、国柄といった意味だろう。「己が有となさんと欲す」と言っても、家康はカトリック諸国による直接的な侵略を怖れたのではない。日本は当時極東における軍事大国であって、そのことは家康の自負であるのみならず、軍事的征服による日本のキリスト教化をしばしば夢みつつ、その不可能を嘆いた宣教師たちが認めた事実でもあった。

家康はポルトガル・スペインの侵略性も、宣教師たちの役割もよく承知していたが、現実の武力侵略はまったく怖れていなかった。彼が怖れたのはいわば文化的侵略であって、キリスト教が日本を乗っ取るのではないかと懸念したのだ。なぜそれは怖るべきであるのか。宣教師たちがもたらそうとしていたキリスト教は、カウンター宗教改革によって一新されたカトリック信仰であって、人間が猿でも馬牛でもないゆえんはカトリック的信仰にあずかることにあり、それゆえその信仰に目ざめぬ人間は人間ですらないという強烈な世界普遍主義を特色としていた。だからこそ宣教師たちは、迫害によって一命をおとしても、この真理を世界中の人々に伝えようとした。人間はカトリック信仰によってのみ人間たりうるのだから、人間以外の存在に堕ちている非キリスト教の諸民族を何としても救わねばならぬ。しかも、カトリック信仰はローマ教皇を頂点とする階層組織であるから、それを世界に普及するのは世界をローマ教皇への忠誠によって一元化することを意味する。家康はこのような世界一元化のダイナミクスを、日本における宣教活動のうちに認めて、嫌悪しかつ怖れたのではなかったか。

もちろん、宣教師たちは彼ら自身がフェリペ三世の臣下であったから、現世の国家権力、つまりは君主への忠誠義務は尊重していた。彼らは日本の領主たちに、家臣はキリシタンになることによって最もよき家臣になると説いて、安心させようとした。だが、ぎりぎりのところになると、キリシタンの窮極的な忠誠は神とその代理人たる教皇に帰着する。つまり君主への服従という現世的価値は、神への服従という非現世的価値によって結局は否定されるのだ。家康はむろんこのことをよく承知して、許せないことと感じていたはずだ。家康が日本は神仏の国というとき、もっと広い意味で、キリスト教という頑固な一神教との違い、コスモロジーから自然観・人間観に至る違いを意識していたことは想像に難くない。しかし、そのような推測に頼らずとも、国家の組織原則にとってキリシタン信仰が危険だという一点で、禁教令の根本動機は尽されている。

宣教師たちも誤たずそのことを認めていた。ジョアン・ロドリゲス・ジラン（ロドリゲス・ツズとは別人）は一六一四年一二月二三日付のイエズス会総長宛の手紙で、禁教の理由を「レザン・デ・エスタード」すなわち国家理性の発動としている。国家理性とはマキャヴェリ以来形成された観念で、主権国家がおのれの国益を至高のものとして追求する権利、つまりは国益本位の国家行動を指す。家康の禁教を国家理性の表われと解したイエズス会士はジラン以外にもいる。何が起こったのか、当人たちは承知していたのだ。

第二〇章　マカオの日本人同宿

マカオへ追放されたイエズス会宣教師と日本人同宿たちは、マカオでたいしてすることもなく、にわかにふくれ上ったイエズス会関係者をどう扶養するかという問題もあって、鬱屈した日々を送らざるをえなかった。秀吉の先例もあることだし、やがて禁令も緩むのではないかという期待も、日を経るに従って薄れる一方、そうした閉塞感はついに西洋人司祭と日本人同宿の紛争をもたらすに至った。

これはひとつには、日本管区長カルヴァーリョの人柄の問題が絡まっていた。同僚の宣教師たちがイエズス会総会長に訴えた数々の書簡によると、彼は同僚たちとともに事を計るのを好まず、独断専行を常とし、同僚たちのやる気を喪わせた。そればかりではなく、居室は常に果物や菓子やワインで一杯で、その飲食の娯しみへの慎しみのなさは同僚の顰蹙を買った。眠る時にはイルマン（修道士）に「ヴィオラを弾きながら眠りを誘う歌を裏声で歌わせた」。しかもプロクラドール（会計係）に一〇〇〇クルザードの自己資産を預けて、利殖を計ったといわれる。また彼は、司教セルケイラと日本の領主の前で席次を争い、司教と絶交状態にあった。

一六世紀中頃に来日したコスメ・デ・トルレスやヴィレラの時代と異なり、イエズス会士の精神的弛緩ぶりも極まった観があるが、なお悪いのは彼が日本人を嫌い、日本の風俗、生活にもなじもうとしなかったことである。さらに、一六一四年の追放に際して意気沮喪し、追放令を緩和する対策を何ひとつとらず、日本イエズス会の積弊を矯正するためにはむしろ追放されたほうがよいといった言辞を吐いて同僚の不信を持たれた。彼が日本宣教に情熱を喪っていると見た宣教師は多い。ルセナは一六一六年総会長補佐宛の書簡で「われわれがパードレ・ヴァレンティン・カルヴァーリョに我慢しているのも、六年に及んでいる」と記している。

追放時、カルヴァーリョは五三名の同宿をマカオへ伴った。同宿というのは、前述した通り（第五章他）、西洋人宣教師を補佐した非会員日本人の説教者・伝道者、およびイエズス会の学校に在学する神学生をいう。彼らが日本宣教上に果した役割は決定的に重要で、彼らなしに宣教は事実上不可能だったといってよい。イエズス会が毎年年報でその数を誇示する受洗者たちも、まず同宿が目的地へ赴いて説教を行い、改宗の下地を作ったあとで、外国人宣教師が乗りこんで授洗するのが常だった。イエズス会の司祭たちで日本語に熟達したのはごく一部にすぎず、この面からして同宿の存在は不可欠だったのである。

マカオの日本人の動揺

マカオには、ヴァリニャーノが一五九四年に設立したコレジオがあった。彼はこの学院を日本人司祭の養成の場とするつもりで、日本人はもともと司祭たるべき資質を持たぬとする強力な反対論を抑えこんで設立に持ちこんだのである。司祭候補者である日本人イルマンに霊的な自覚が不足していること、日本人特有の傲慢さから上長に従わず分裂に走り勝ちであることを認めた上で、だからこそ日本人司祭候補を母国の伝統的環境から切り離し、ポルトガル人の生活環境のなかで教育する必要があると、ヴァリニャーノは考えたのだった。

マカオコレジオにおける日本人司祭養成計画は、当初一定の成果を挙げた。一五九五年には三人、翌九六年には二人の日本人学生がコレジオへ送られ、そのうちセバスティアン木村、ルイスにあばらの二人が一六〇一年九月、長崎で日本人として初めてイエズス会司祭に叙任されたのである。次いで一六〇八年に司祭叙階の栄に浴したのは伊東マンショ、中浦ジュリアン、原マルティノの少年使節トリオで、伊東と中浦もマカオコレジオで学業を終えていた。少年使節の残り一人、千々石ミゲルが早く棄教したことはすでに述べた。

マカオまで宣教師に同行した五三名の同宿には、二八人のセミナリヨ生徒が含まれていて、当然彼らの学業継続が問題となった。イエズス会は彼らをマカオコレジヨに収容し、コレジヨ内にセミナリヨを新設して学業を続けさせることにした。だが、改めてセミナリオ生徒となった者も含めて、同宿の間には不満や不安が溜る一方だった。これはカルヴァーリョの日本人嫌いがマカオ退去以来ますます昂じ、それに応じて同宿たちも彼を嫌うという関係が固定してしまったからであるが、それだけではなく、同宿がイエズス会に加入してイルマンとなり、やがては司祭に叙階されるという希望がまったく断たれたからでもあった。

イエズス会はこの頃、日本人の司祭叙階はもちろん、入会自体を厳しく制限するようになっていた。イエズス会総会長は一六一五年、日本人の入会と叙階については慎重であるべきで、本部の承認を受けて行うように、日本管区長に指示した。これはもちろん、在日の会士たちが総会長宛の書簡で、日本人を安易に入会させることの弊害や、日本人の司祭たる資質の欠如などを述べ立てていたことを受けての措置である。日本人に対するこのような否定的悲観的な見解は、一五七〇年代に日本イエズス会の上長を務めたカブラルの堅持したところで、ヴァリニャーノはそのカブラルの任を解いてまで、日本人聖職者養成の方針を貫こうとしたが、その後も在日イエズス会士の中では、日本人不信の声は絶えることがなく、むしろこの方が多数派であった。カブラルによると、日本人は性来傲慢で人の上に立とうとする野望が強く、しかも陰険で心中を隠す術にたけている。従って彼らを入会させると、分派を作ってヨーロッパ人会士を追い出すに違いない、彼らを教育して会士や司祭に育てようとするのは弊害が大きく、むしろ同宿にとどめて置くほうが貢献度が大きいというのであった。

ヴァリニャーノとともに一五七九年来日したロレンソ・メシアは、五カ月しかたたぬうちに、カブラルそっくりの意見を述べ立てている。

マカオ追放後も、このような見解が有力だったことは、カルロ・スピノラが一六一七年三月の書簡で、「永年の経験により、日本人は修道士にすら向いておらず、まして司祭になるのは不向きだということが判っている」と言い、さらに日本人にラテン語などの知識を与えると、それを鼻にかけて西洋人司祭に仕えるのを嫌がるようになる実情を指摘し、「日本人司祭の数がふえると、必ず管区に対して反抗し、われわれを追い出すようになるだろう」と警告している一事でも明らかである。スピノラは同書簡で、カルヴァーリョが日本人イルマンや同宿に望むだけの学習をさせなかったので、希望を失った者たちが騒ぎを起したと言っている。まさに問題はそこにあった。

マカオセミナリヨの日本人学生は、当初は二八名であったものが、セミナリヨ上長のフランシスコ・ピレスによれば、一六一七年一〇月には七名になっていた。同宿全体を見ても当初の五三名が同年には一七名にまで減少し、翌一八年には一〇名を残すのみとなった。明らかに大量の解雇・除籍が行われたのである。具体的な経過は不明なところが多いが、ピレスによると、カルヴァーリョがマカオ生れの学生たちに哲学の講義を約束し、その際日本人の学生を排除するため、彼らを帰国させようとしたところから騒動が起こった。折から巡察師に任じられたフランシスコ・ヴィエイラがマカオへ着いたが（一六一六年六月）、同宿たちは彼に不満を訴え、彼も善処を約したという。だがヴィエイラには、問題を解決する見識も器量もなかった。同宿たちはやがて、彼の約束が口先だけであるのに失望した。彼らはあるいは帰国し、あるいはマニラへやられた。カルヴァーリョは日本宣教に熱意を失うかわりに、インドシナ方面への布教に執着していたから、その方面に送られた者もいたかも知れない。こうしてマカオを逐《お》われたのは同宿だけではない。何人かの日本人イルマンもこの時解雇もしくは除籍された。

トマス荒木が日本人イルマンに語ったこと

このようにマカオの日本人の動揺が極まった時に登場したのが、かのトマス荒木である。荒木は日本キリシタン史上異色の人物といってよい。彼は生地も生年もわからない。一六一三年にイエズス会司祭コンファロニエリが京都から出した手紙に「先年ピエトロ・アントニオ・アラキという若者が自分の意志で日本からローマへ行った」とあるので、生れは畿内であるのかも知れない。「身分低い生れで、母親は自分の労働で自らを養っていた」。能力が足りずにセミナリヨに入れなかったか、入っても修学を終えられなかったのだろうとコンファロニエリは言う。荒木の生涯を紹介した高瀬弘一郎の言う通り（「転び伴天連トマス・アラキについて」）、のちにローマのセミナリヨを出た荒木の能力が低かったはずはない。おそらく身分の低さと貧しさから、セミナリヨへの道を閉ざされたのだろう。とにかくどういう伝手《つて》を得てのことか、マニラからメキシコを経てローマへ行き、ローマのセミナリヨで六年間学んで、一六一〇年頃司祭に叙任された。といっても修道司祭ではなく、教区司祭（俗間司祭）で、彼が学んだローマセミナリヨはイエズス会士が教師を務め、また彼を可愛がってくれたというベラルミノ枢機卿もイエズス会士であるが、彼自身イエズス会に入った形跡はない。彼が帰国すべくマカオへ現われたのは一六一五年八月であった。彼はマカオで日本人イルマンたちに「自分はマドリードにいた時、日本征服を企てるよう托鉢修道士たちが国王に働きかけたこと」を知ったと語ったという。さらにまた、インドからヨーロッパへ行って、教区司祭になるがよいと彼らに説いたともいう。「アラキがマカオで日本人同宿に対し、イエズス会を去って教区司祭になるよう勧めたというのも、イエズス会にいたのでは冷遇されるだけで昇進が望めない、といったような思惑からだけではなく、より根本的な問題として、このように植民列強と結びついてその国家事業の一環として布教をすすめてきた修道会に対する疑問から出たことと言うべきだと思う」と高瀬弘一郎は言う。まさに至当の言であろう。しかしまた荒木には、日本人による日本人のための教会という理想があったのかも知れない。イエズス会宣教師は日本人の資質についていろいろと苦情を言うが、要するにそれは、日本人はヨーロッパ人が主導する日本宣教の従順な手足であってほしいという願望と、日本教会がイエズス会から独立するのではないかという恐怖にもとづいている。

日本人司祭を養成すると言っても、彼らを日本宣教の中核とする気はなかった。彼らはカーサではなく、レジデンシアに配属すべきものと考えられていた。カーサとは長崎・京都・府内等々、宣教の中心地に置かれる布教本部であり、レジデンシアは田舎に置かれる出張所である。いわば支店長どまりで、支社長にすらなる機会はなかった。荒木は修道会の中でこのような従属的立場にとどまることを、日本人自身の教会という見地から拒否したのであろう。それが教区司祭への途を選ばせたと言えないか。

このような働きかけはイエズス会にとって恐怖だった。日本人同宿から不満を訴えられた巡察師ヴィエイラは一六一八年一月の書簡で、マカオの日本人イルマン・同宿に、ローマへ行って教区司祭になろうとする機運が生じていることを述べ、彼らは教会分裂と異端に走るつもりだから、彼らがローマに現われた時には決して援助しないように、総会長補佐に要請している。一六一八年三月のフランシスコ・パチェコ（一六二一～二五年に日本管区長となる）の書簡は、「アラキの説得により、何人かの同宿が動揺して（イエズス会を）去り、インドに行った。一、二名の者はヨーロッパにまで行った。そこで教区司祭になろうと志してのことであった」と伝えている。

インドへ向かった同宿とは、岐部ペトロ、小西マンショ、ミゲル・ミノエスの三人で、出発は一六一七年末か、一八年初め頃だった。このうち岐部はパレスチナを経てローマに着いた。彼は聖地エルサレムを初めて訪れた日本人とされている。小西とミノエスがたどったコースはわからないが、いずれも無事にローマに着いている。

岐部は豊後国岐部の武士の家に生れ、父は岐部ロマノと称して同地の指導的なキリシタンだった。有馬のセミナリヨに学び、同宿としてマカオへ渡った。小西はドイツ人のイエズス会宣教師でキリシタン史家のH・チースリクによって、宗義智に嫁いだあと離婚された小西行長の長女マリアの遺児と推定されている。ミノエスはおそらく美濃国の出身ゆえにそう呼ばれたのだろうというほか、前歴はまったくわからない。この三人は荒木とは違って、ローマのイエズス会を頼り、同会に入って聖アンドレア修練院で訓練を受けた。修練院に入ったのは岐部が一六二〇年、ミノエスが二一年、小西が二三年である。司祭に叙階されたのは岐部が一六二〇年、ミノエスが二六年、小西が二七年。いずれもイエズス会所属の修道司祭として叙階されたわけで、修道会に属さない教区司祭への途を歩めと勧めた荒木に従ったのではない。だが日本イエズス会からすれば、彼らが意に添わぬ存在だったことに変りはない。しかし、ローマのイエズス会本部は、ヴィエイラの要請を無視して彼らを会に受け入れ、立派に司祭に仕立てあげた。それだけの能力のある三人だったのだろう。修練を終えた三人の目指すのが日本であったことは言うまでもない。ミノエスは一六二八年にリスボンで客死したが、残る二人は散々苦労しながら何とか帰国し、最も激しい迫害期に活動して殉教を遂げた。まだ先の話である。

第二一章　禁教令下の諸相

一六一四年一月、全国禁教令が布かれても、いきなり厳しい迫害が始まったわけではなかった。禁教の実施を荷う役人たちは、できうる限り穏便な措置を心掛けたようで、一般の空気もキリシタンに同情的だった。京都のイエズス会の上長を務めていたモレホンの『続日本殉教録』では、信者を苛酷な運命から救おうとした役人や非信者たちの努力を数々伝えている。

家康のお膝元駿府でキリシタンの名簿が作成されたとき、奉行の彦坂九兵衛は「情深く穏やかな人であり、このような苛酷な手段を正しいと思わなかったので」、名簿に登録する人数をできるだけ少数にとどめるよう、部下に命じた。しかし、信者たちは信仰の強さを競うかのように争って名乗り出た。九兵衛は登録者の多さに怒ったが、そのうち考えを改めるか身を隠すかするものと期待して、訊問・投獄を一日延しにした。いつまでもそうする訳にもいかず、九兵衛は三月二七日、登録者全員を呼び出した。しかし彼は、登録者の隣人や親戚・友人らに、外見上棄教したふりをするよう説得せよと、事前に秘密指令を出していたのである。もちろん登録者たちはそれを拒む。そうすると九兵衛は牢が一杯だという理由で、彼らの大部分を親戚や隣人に預け、家康への申訳けとして、ファン道寿ら五人を牢入りさせるにとどめた。それも彼らが逃亡するのを期待して、牢に送る途中縛りもしなかったというのだから、九兵衛の姿勢は徹底していた。その後、さらに三名が牢入りし、併せて八名が七カ月の囚獄生活を送ったが、その間彼らは二六名の囚人を牢中で受洗させてしまった。

その事実を知った家康は大いに怒り、キリシタンの名誉とする十字架上の死を与えず、代りに彼らの額に烙印を捺し、手指を切断し脚の腱を切って野外に遺棄せよと命じた。武装兵がこの命を執行する間、九兵衛は立ち会うこともせず、家来たちにも執行に関与させなかった。受刑した六人のうち二名が死んだが、残りは同地のキリシタン仲間から手厚い看護を受け、うち三人は一六一六年には長崎に到着して熱烈に歓迎された。注目すべきなのは六名の受刑者がみな駿河の生れではなく、大坂、奥州、長崎などからやって来た人間だということである。これは一六一四年、京・大坂から奥州へ追放された七一名についても言えることで、都市における信者層は地つきの者は少なく、ほとんど外からの流入者であった。

ファン兵左衛門は毛利氏の家臣だったが、主を捨てて駿府に赴き、家康の家臣に仕えた。イエズス会修道士の説教によって妻とともに受洗したのはこの頃である。一六一二年第一次禁教令が出ると、兵左衛門の主人は何とか棄教させようと言葉を尽したが、兵左衛門が肯んじないので、知行を召しあげて追放した。兵左衛門は伏見へ行って、ここで一六一四年の全国禁教令と遭遇し、夫婦ともども信者仲間とともに俵に籠められて、橋の上に晒された。翌日、奉行の家臣が二人来て縄をとき、棄教の件は何も口にせず家へ帰らせた。翌朝町内の長老がやって来て祝詞を述べ、どの仏教の宗派に登録するかと尋ねる。兵左衛門は自分が知らぬうちに棄教したことにされているのを知って驚き、自分は棄教していない、もう一度縛って橋の上へ連れて行けと言い立ててやまなかった。長老からそのことを知らされた前記の奉行の家来たちは伏見を立ち去るよう、兵左衛門にすすめた。夫妻は伏見を去ってふた月程過したが、兵左衛門の心はどうしても落着かず、奉行所へ行って棄教した覚えのないことを申し立てた。二人の家臣はその問題について話すことはないと言って、兵左衛門を追い出した。しかし彼は翌日また奉行所を訪ねて同じ申し立てを繰返した。奉行は遂に立腹して彼とその妻を投獄し、結局兵左衛門は斬首された。しかし妻は女であるというので釈放された。

要するに伏見奉行はどういう事情からかわからないが、何とか兵左衛門を見逃したかったのだ。それなのに、本人がどうしてもそうするように強情を張るので仕方なく処刑した。これに似た事例は少なくない。禁教を実施する役人たちは、自分たちの業務に心すすまない場合が多かったようである。筑後の柳河では一六一六年一〇月にキリシタンは棄教せねば重罪に処す旨布告され、ルイス惣太郎は捕えられて残酷な拷問を受けたが、結局棄教しないので釈放された。しかも拷問の前に、入れ替り立ち替り、いろんな人物が棄教するように説得を試みている。つまり何とか惣太郎を救いたかったのである。ルイスと同囚のキリシタンは、短刀を振りかざした兄弟から、「お前が棄教しないおかげで俺たちはみんな殺される。お前の冷酷な態度を見るよりも、母・兄弟を殺して私も死んだ方がましだ」と罵られた。それでもこの男の心は動かず、結局釈放されている。

豊後のある村の村長の嫁はキリシタンだった。村長はこの嫁を可愛いがっていたが、信仰をかくすように望んだ。彼女はむろん聞き入れず、そのうち病いにかかって死んだ。村長は仏教徒だったが、この嫁のために領主の命で没収していた聖具を取り出し、キリシタンを招いて葬い、墓に十字架を置いた。のみならず、彼は近所に隠れていたパードレを呼んで供養し、そのときのパードレの態度にうたれて、村の登録されたキリシタンの保護者となった。

以上、数々の挿話で、モレホンは立場上、異教徒でさえキリシタンの振舞いの崇高さにうたれたと言いたいのだが、少なくとも禁教後しばらくは、迫害されるキリシタンへの同情が、役人から民衆に至るまで広く見られたことは事実としてよかろう。長崎は禁教令ののちもキリシタンの町であり続けた。信者たちはわが家の奥まったところに祭壇を設けて、告解や聖体拝領を行ない、「異教徒たちが破壊したいくつかの教会の代りに、各町内に沢山の教会ができた」ようなものだった。迫害によって在所を逐《お》われた者たちが各地から流入し、ミサに与りたくて町をぐるぐる歩き廻る。するとどこかで寄り合いが開かれていて、名も問わず受け入れてくれる。こういった信仰のいとなみを支えたのが、パードレたちが作っておいた信心会《コンフラリア》だった。残留した宣教師もこういった組織によって、しっかりと匿まわれていた。モレホンは幕府からじきじき派遣された奉行山口直友がキリシタンに好意的だったのが幸いしたという。直友は宣教師追放後の長崎キリシタンが、恭順に祈りを捧げるだけであるのを見て心を和らげた。宣教師たちが仇敵とみなした長谷川左兵衛は、家康の妾だった妹お夏の方が失寵したあと、失意のうちに一六一七年京都で死んだ。

宣教師潜伏の地・大村領

大御所家康が一六一六年六月に死ぬと、将軍秀忠はその年の九月、改めてキリシタン禁制を諸大名に通達し、併せて西洋諸国との交易を長崎・平戸の二港に限った。翌一七年正月、大村純頼が秀忠に拝謁した際、秀忠は追放したはずの宣教師が多数潜伏していることをなじった。純頼は幼少時洗礼を受け、長年大村領の司牧に携わり高徳の聞え高かったルセナ司祭に愛育されたので、もとよりすでに棄教していたものの、潜伏宣教師の摘発に殊更な熱意は持たなかった。しかし、秀忠の勘気に触れぬためには、一応実績を示す必要がある。かといって、まじめにやり過ぎて、ぞろぞろ宣教師が出てくるというのも困る。何人か捕縛してお茶を濁したいというのが本音だった。純頼は家臣を長崎に派遣して宣教師を探索させた。このとき長崎を中心に潜伏していた宣教師はイエズス会だけで三四人いた。一六一四年一一月に追放されたあと、翌一五年にはコーロス、パチェコなどのちに日本管区長になる重要人物を含めて四名、一六年にはさらに四名のイエズス会士が再入国していたのだ。

長崎では宣教師はよく匿まわれていて、探索の網にかからなかったが、意外なところから獲物があった。フランシスコ会の司祭ペドロ・デ・ラ・アスンシオンは、ある棄教者が改悛して告解を望んでいると聞いて諫早を訪ねたところ、実はこれは罠で、待ち構えた役人に捕えられた。一六一七年四月一五日のことである。ついで四月二二日、五島を巡回中のイエズス会司祭ジョアン・バウティスタが役人に捕えられた。バウティスタにはレオン田中という同宿がついていて、役人は彼を逮捕するつもりはなかったが、レオンはしつこく同行すると言い立てて、ついにバウティスタとともに、大村の獄に投ぜられた。獄中には先に捕えられたアスンシオンがいて、三人は抱き合って歓びにひたった。むろん殉教の覚悟だったのである。バウティスタは六、七歳のころから、日本へ行って殉教者になりたいと夢みていたといわれる。日本へ来たのは一六〇九年だった。

大村純頼は何も喜び勇んで宣教師を狩り立てたのではない。所領を喪いたくないから、しぶしぶ二人の宣教師を捕えた。従って江戸から指令が届くまで、二人の司祭は獄中で好遇され、ミサを立てることも許された。責任者の奉行リノ朝永次郎兵衛は棄教したキリシタンだったが、獄中の二人の姿に感動して、次第にむかしの信仰が戻るのを感じていた。江戸から指図が届いて、二人の司祭は五月二二日斬首された。純頼はこれで将軍への申し訳が立ったとほっとした。これ以上の流血を彼は望んではいなかったのだ。ところが、二人の殉教者の墓へ詣でるキリシタンの群は日々に増えた。大村領だけでなく長崎を含む遠くから、陸続と人びとはやって来た。参詣を禁じ、舟や宿を貸してはならぬと命じても無効だった。第一、彼の叔母マリーナが涙を流しながら墓に詣った。大村純忠の娘である彼女は信仰を堅持し、キリシタンの公然たる保護者だったのである。

長崎ではドミニコ会の司祭アロンソ・ナバレテが、大村へ行って信者を励ますべき時が来たと思った。彼は決意を親友のアウグスティノ会司祭エルナンド・デ・サン・ホセに告げ、賛同を得た。二人が五月二五日長崎を発つと信者たちがあとに従って、その数は二〇〇〇に達した。大村領の長与港へ着くと、二人の司祭は変装用の俗服を捨てて聖服を着用し、定めどおり剃髪した。これを放置しておくわけには行かない。しかたなく純頼は五月二九日に兵を派して二人を捕えた。隊長は「将軍の命により、わが主君は心を痛めつつわれらを派遣した」と口上を述べ、二人の司祭は背教の罪を問う純頼宛の手紙を隊長に託した。

六月一日、二人の司祭と、これまで殺されずにいたレオン田中は鷹島という小島へ連行されて首を斬られた。レオンは近江国の生まれ、幼くして仏僧となったが、京都の教会で洗礼を受け、司祭たちとともに長崎へ追放され、そのままとどまって同宿としての務めを果し続けた。当時のイエズス会士たちは日本人イルマンの無能・不忠実を罵るとともに、同宿の有能と忠実を高く評価した。同宿なしに日本宣教は不可能だった。レオンはそういう日本人同宿の一人として死に就いたのである。

大村の役人たちは三人の斬首に先立って、先に処刑した二人の司祭の遺体を収めた棺を掘り出し、その棺に新たに処刑した二人の司祭の遺体を封じこめて、海に投棄した。遺体が聖遺物として崇められるのを予防したのである。しかし長崎の信者たちは、海底から棺を引き揚げるべく、網や鉤をたずさえ、舟に乗って出発した。悪天候のせいもあって、彼らの懸命の努力も酬いられなかった。後日になって、棺が海面に浮かびあがり、船に拾われて長崎に届けられた。

大村領にはなお数名の宣教師が潜入して活動していた。フランシスコ会のアポリナリオ・フランコ司祭は七月七日に、ドミニコ会のトマス・デ・エスピリト・サント司祭は同月二四日頃逮捕され、十数名の日本人信徒とともに、鈴田の牢に投獄された。しかし当座は、奉行リノ朝永の配慮によって、扱いはゆるやかだった。

長谷川左兵衛のあと、長崎奉行職に就いたのは甥の長谷川権六（藤正）だった。彼のもとに、長崎のキリシタン、ガスパル彦次郎とアンドレス吉田を捕えて死罪にせよという指令が江戸から届いた。八月末のことである。ガスパルはナバレテ司祭を、アンドレスはサン・ホセ司祭を、それぞれ宿主としてかくまった罪を問われた。権六はキリシタン迫害にそれほど積極的ではなかったといわれる。おまけに八〇〇名を越す信者たちが、二人を収容した牢獄を昼夜取り巻いて、聖遺物をねらっているのには嫌気がさした。権六は仕方なく、秘かに二人を高鉾島に連れ出し首を斬らせた。一〇月一日のことである。

大村純頼は折から上京中の将軍秀忠に会って事態を報告した。帰国してみると叔母のマリーナが、彼の妹たちをキリシタンにしてしまっている。彼女はナバレテらの処刑の際、これ以上パードレを殺すなら、自分も刑場で死ぬと、純頼をおどしていた。おまけに奉行のリノ朝永は、完全にキリシタンに立ち帰っている。純頼は一一月四日にリノを斬殺させた。

この年には、ほかに筑前、筑後、津軽などで迫害が見られた。それでもイエズス会による新たな授洗者は、成人だけで八〇〇を数えた。

禁教下の長崎

一六一七年二月、幕府は長崎住民に対して、宣教師を宿泊させることを禁じた。もちろんこの禁令によって、長崎キリシタンが宣教師をかくまうことをやめた訳ではないが、彼らが心理的重圧を感じたことは否定できない。この時期には、長崎住民はキリシタンであること自体はまだ咎められていなかった。一六一六年九月発令のいわゆる「元和二年の禁令」において、下々《しもじも》百姓に至るまでキリシタンたることを禁じると謳われていたにもかかわらず、また他領においては、事実キリシタン住民を棄教させるべく迫害が行われた例が少なくないのに、長崎においては、キリシタンたること自体で処罰されることはなかった。そうした迫害を長崎で行えば、収拾のつかぬ事態となることは明らかであったからだ。

こうした長崎におけるキリシタン信仰の見逃しは、ドミニコ会士コリャードの徴集した『ろさりお組中連判書』によれば、一六二二年にもなお続いていた。同文書には「長崎中は出家衆のみ御法度《ごはっと》にて、宗門にはさしてお構いこれなく候」とあり、宣教師のみ禁制で、信者自体は黙認されていたことを伝えている。そのことは逆に、幕府が宣教師の一掃をいかに重要視していたか、明示するものといえる。宿泊先さえなければ、宣教師を長崎から一掃するのは易々たるものだ。従って、宣教師宿泊禁止は、幕府にとって是が非でも貫徹すべき目標であって、その重圧は長崎キリシタンの上にひしひしとのしかかったことだろう。

このような情勢のもとで、長崎キリシタンの間には、日本人司祭のほうがうまく変装できるという理由で、マカオの日本人司祭を呼び返し、西洋人司祭を撤退させようとする動きが始まったと、イエズス会のカルロ・スピノラの書簡は伝える（一六一七年三月一五日付）。日本に残留するイエズス会の最高責任者たる副管区長ジェロニモ・ロドリゲス（管区長カルヴァーリョの離日につき、在任一六一五〜一七）の記述はもっと具体的である。一六一七年三月二六日付の書簡によれば、長崎内町の四人の町年寄と各町内の頭人《とうにん》は審議会を開き、「国王が彼らのことを問題にするのは、彼らがキリスト教徒だからではなく、パードレたちを泊めたからだとわかって、次のような結論を出した。即ち、この住民の利益のために、われわれが日本を去ることと、われわれがナウ船で帰ることが良いと。それゆえ、彼らはたびたび私に伝言を送ってきた」。長崎は内町と外町に分れ、外町が代官村山等安の治めるところで、スペイン系修道会が優勢であるのに対して、内町はイエズス会系統のキリシタンである四人の町年寄の支配地だった。その四人の町年寄から、町内の議決として西洋人司祭のマカオ退去を求められたのは、イエズス会にとって深刻な問題でなくして何であろう。

この宣教師退去要求には、前年のマカオにおける日本人イルマン・同宿の排除がもたらした、長崎キリシタンの感情悪化も関わっていたはずだ。イエズス会は内町町年寄たちの要望に応える形で、副管区長ジェロニモ・ロドリゲスと、前年来日したばかりの司祭アントニオ・デ・ソウザをマカオへ帰還させた。だが、ルセナの一六一七年一〇月の書簡によれば、重立った日本人キリシタンは、新任の管区長マテウス・デ・コーロス（在任一六一七～二一、二六～三二）に対し、マカオの巡察師ヴィエイラとカルヴァーリョ宛に、日本人キリシタンを非難した手紙を送った二人の有力なパードレがいる、その名を明らかにしてイエズス会から追放せよと要求した。ルセナはこういった揉めごとは一切、カルヴァーリョの日本人に対する不適切な対応がもたらしたのだと思った。

それでも長崎において、宣教師はうまくかくまわれていたし、ある者はポルトガル商人の恰好で、またある者は日本風に結髪して着物を着、帯刀した姿で、安心して町を出歩くことができた。一六一八年八月マニラから日本に潜入したディエゴ・デ・サン・フランシスコによれば、長崎には九人の宣教師がいて、俗人の姿で白昼町を出歩くことができた。長崎奉行所はなぜか宣教師探索に積極的でなかったのだ。

ところが一六一八年一二月一三日の夜、奉行所は初めて家宅捜索に踏み切り、スピノラほか三名のパードレを逮捕し、大村の獄へ送った。スピノラはイエズス会の財政係で、すぐれた天文学者でもあった。コーロスの同年一〇月の書簡によれば、スピノラらの逮捕以前から、追及は厳しくなっていたらしく、ましてやその後は潜伏はますます困難となった。コーロスは翌一九年九月には、半月と同じ場所には居られないと、窮状を訴えている。コーロスによれば、スピノラはポルトガル人の家にかくれていて、危険が迫っているので他所へ移るよう、周りからしばしば警告されていたのにぐずぐずして捕った。スピノラが動こうとしなかったのは、その家の主婦が作る料理に執着したからだとコーロスは言う。彼は日本の食事に馴れることができず、日本人の家に寄宿するのも嫌っていた。

巡察師ヴィエイラは、スピノラ逮捕の夜、司祭クリストヴァン・フェレイラ（のちに棄教して沢野忠庵となる）とすぐ隣りの家にいた。彼は一六一八年八月にマカオから来日した。巡察師としてそうすべく訓令を受けたからだが、来日しても殆ど日本人と会おうとせず、商人に変装してポルトガル人宅に滞在しただけだった。一方長崎キリシタンも彼に冷淡で、ヴィエイラが乗って来た船で引き返すようコーロスに要求した。スピノラ逮捕の夜、彼はすぐその家を立ち退き、その後小舟に乗って数十日を海上で過した。彼が何事もなし遂げずに日本を去ったのは一六一九年一一月のことである。

禁教令下の長崎で、宣教師たちが極めて緊迫した日々を送ったことはいうまでもないが、一方では信じがたいような弛緩した話も伝わっている。一六一六年二月のコーロス書簡の言うところでは、潜伏中の日本人イルマンは、主の顕現の日にミサを立てるというのに、前夜おそくまで囲碁に興じて、翌朝コーロスが祈りを始めてもまだいびきをかいていた。コーロスはまた一六一九年、司祭セバスティアン・ヴィエイラ（巡察師とは別人）のこれも信じがたい行状を伝えている。彼は二人の修道女のいる家へしばしば泊りに行ったので、遂に家に落首が貼られた。それには裸で抱き合う男女の姿が描かれ、「お前たちが下げている数珠《コンタス》は犯す罪の数を数えるためか」という文句が書き添えられていた。セバスティアンは一六一三年度イエズス会年報の筆者、会の主要メンバーの一人だ。これも禁教下長崎の一断面だったのだ。

村山等安に代って末次平蔵が長崎代官に就任

長崎において宣教師追捕が激化したのは、末次平蔵政直が代官に就任してからで、彼の提供した情報によって、長谷川権六はスピノラらを捕縛できたのだという。平蔵はイエズス会系のキリシタンで、朱印船貿易家として富を積んだ。村山等安の姻戚だったのに、等安が平蔵の父興善から借りた銀一五貫目を返済しようとしないのを怒って、一六一六年江戸へ赴き数々の非行をあげて等安を告発した。川島元次郎の『朱印船貿易史』によれば、等安の支配する長崎外町は「刻々人家櫛比《しっぴ》の巷と変ぜしも、彼（等安）は之に対して地子銀を徴し、村々には年貢を出さしめ、己は運上銀僅に二十五貫目を上納するのみ、差益は皆彼の懐に入り、幾程もなく金銀山の如き身上とな」ったという。平蔵は等安を蹴落して、外町代官といううま味のある地位に就きたかったのだ。

平蔵が並べ立てた訴因は、等安が支配地からの収入の大半を私していること（自分が替ってその地位に就けば倍以上の運上銀を納める）、宣教師たちをかくまったこと、女の問題で一五、六人を殺したこと等、多岐にわたったが、等安は各条みごとに申し開きをして、このままでは平蔵の敗訴に終るかと思われた。しかし、等安が教区司祭たる息子フランシスコに人員・武器弾薬を持たせて大坂城へ送り、フランシスコはそこで死んだという訴因については、有効な申し開きをすることができず、等安は一六一八年二月に代官を罷免され、翌一九年一一月斬首された。このフランシスコの一件は、等安に娘を殺されたうらみから、村山家の料理人が平蔵に密告に及んだという。

イエズス会側はスペイン系修道会の後援者等安が失脚し、イエズス会系の信者平蔵が代官の地位に就いたのを歓迎した。しかし代官平蔵は一六一八年一一月頃、長崎に着いたときすでに棄教していた。平蔵が長谷川権六とともに宣教師追捕に乗り出し、スピノラ逮捕というお手柄を挙げると、長崎の空気は一変した。権六がイエズス会系の内町町年寄高木作右衛門を棄教させたのもこの頃である。

トマス荒木は一六一五年に帰国した。教区司祭としてどのような活動を行なったか明らかでないが、村山等安の息子たちと交わりがあって、彼らに「キリストの法は真実であるとしても、これを日本で広めようとするパードレたちの意図は、日本を自分たちの国王に従わせようというものである」と、変らぬ持論を述べたという。だとすると彼は、イエズス会にもスペイン系修道会にも属さぬ独自な立場から伝道を行なったはずで、その具体的なありかたが記録されていないのは残念というほかあるまい。荒木は一六一九年八月に捕えられ、いったんは脱走したものの、数日後ローマセミナリヨの服を身につけて奉行所へ出頭した。このローマセミナリヨの服を着用したことについて、高瀬弘一郎は、在日修道会とは関わりのない聖職者という自覚と、ローマ留学の誇りを示すものと解している。彼は大村の牢へ送られ、わずか二〇日ばかり居て棄教した。

イエズス会側文献は、子どもでさえ殉教したのに、拷問もされぬのに棄教したとして彼を嘲笑する。しかし、日本布教のありかたに根本的な疑念をもっていた以上、在日外国人宣教師を根絶しようとする長崎奉行所に協力するのは、彼にとって自然な成り行きだった。大村の牢ではスピノラ以下外国人宣教師が頑張っていた。彼らに囲まれて、荒木は異邦人の思いを強めたのではないか。荒木は長崎奉行長谷川権六に重用され、貴重な知識・情報を提供し、宣教師摘発の先頭に立った。背教者としての彼の悪名は確立した。しかし三〇年後、一四人の信徒の処刑に立ち会った際、彼はにわかに激情にかられて、判決が不当であり、刑の執行者は永遠の罰を受けると叫び出した。彼は狂人とみなされ、獄中で死んだという。没年は一六四六年、あるいは四九年ともいわれる。

所司代板倉勝重と京都大殉教

一六一九年には京都でも五二人の信徒が火刑に処せられた。同年七月に将軍秀忠が入京したとき、京都の牢には六三名のキリシタンが囚われていた。キリスト降誕祭を祝ったのを密告されて次々と捕われたもので、大部分がだいうす（デウスのこと）町の住人だった。所司代板倉勝重は以前からキリシタンに同情的で、この度も見逃そうとしたが、息子の重宗がその危険を警告したので遂に決断したといわれる。入京後秀忠は、京都にかくも多くのキリシタンがいることを知って激怒し、囚禁中の信者を処刑するように勝重に厳命した。かくして五二名が一〇月二日、六条河原で火刑に処せられた（六三名の入獄者中三名は釈放、八名は病死）。勝重はいやいやながら命令を執行したわけだが、処刑者の苦痛が短くすむように薪を特に増量し、これに四〇金を費したという。処刑者中、もともとの京の住人は一四名で、ほかは他国の出身だった。五野井隆史によれば、元来京都のキリシタンは京都生まれは少なく、他国からの流入者が大多数だった。これはもとからの町衆は町ごとに共同体的結束が強く、京都の場合、日蓮宗に帰依していたからである、京都のみならず、堺、府内、博多等、都市ではすべておなじ状況だった。

一六一九年の京都での大殉教は、信者のみの処刑で、宣教師は一人も犠牲になっていない。将軍の観念ではすでに、日本国中一人のキリシタンもいてはならぬのである。ただしこの段階では、これはまだ将軍の観念にとどまっていて、現実には信者であっても見逃される場合が多かった。

スペイン人宣教師が捕縛された平山船

長崎では潜伏宣教師の追及が本格化するにつれて、一六二〇年一月には長谷川権六の命で、長崎郊外に残存していた教会と、ミゼリコルディア（慈悲組）付属の教会、さらには貧者の家や癩療院など、一切の教会諸施設が破壊された。また同月には長崎市中に、宣教師の所在を密告した者に銀三〇枚を与えると布告された。この褒賞制度はかなりの効果を発揮したという。このように述べると、権六はいかにも峻厳な迫害者の印象を与えるが、チースリクによると「彼ができるだけ流血を避けようとし、公式の告発があった時だけキリシタンを厳しく扱ったことを認めねばならない。しばしば該当者にひそかに警告を洩らして、逃亡の機会を与えたことさえもあった」。権六は潜伏中のアウグスティノ会司祭ペドロ・デ・ズニガが貴族の出であり人柄も優れているのに好意を抱き、秘かに呼び寄せて日本を立退くよう勧告した。ズニガはそれに従って一六一九年マニラへ去ったが、翌年心ならずも日本へ再入国することになる。平山常陳《じょうちん》事件の種は蒔かれたのである。

ズニガ神父が司牧していた日本のキリシタンは、神父宛にとり残された自分たちの窮状を訴え、宣教師の派遣を懇請した。フィリピンのアウグスティノ会は、ズニガを再入国させることを決めた。ズニガは長崎で知れ渡っている自分は、着いてもすぐ捕縛されるだろうと難色を示したが、信徒たちが安全を保証したので、やむなく日本行を引き受け、ルイス・フローレス神父も同行することになった。折しもマニラで交易に従事していた平山常陳が、店をたたんで帰国しようとしていた。常陳は堺生まれのキリシタンで、ズニガとフローレスは常陳が仕立てた船に乗り込むことができた。

一六二〇年七月、平山船は台湾海域で英船エリザベスに捕えられた。英蘭両国は一六一九年防御同盟を結び、それぞれ五隻の船を出して平戸に根拠を置く一艦隊を組織し、マカオから来るポルトガル船、およびマニラへ向かう中国船を捕獲することにした。平山船はマニラ向けの中国船を監視する英船にひっかかったのである。平山船は日本人の船であるから、捕獲の対象にはならない。しかし、臨検した英人は船底の鹿皮の下に隠れていたズニガとフローレスを発見した。宣教師であることは明らかである。エリザベス号は折柄出会ったオランダ船に平山船を託し、オランダ船に曳かれて平山船は八月四日平戸へ入港した。英蘭側の関心は、平山船の拿捕が正当と認められるか否かにあった。正当ならば平山船とその貨物は英蘭側の収得するところとなる。逆に不当となれば無駄働きをしたばかりか、海賊行為として咎められかねない。そして正当か否かは、船中にいた二人のスペイン人が宣教師か否かにかかっている。

英蘭側は別に幕府の宣教師取締りの熱心な手先たろうとしたわけではない。ただ平山船拿捕を正当化するには、二人が宣教師だと立証する必要があった。ズニガとフローレスは平戸のオランダ商館に監禁され、激しい拷問を加えられた。しかし二人は宣教師であることを頑として否認し続けた。

翌二一年になって幕閣はこの事件を審議し、取調べを長谷川権六と松浦隆信に一任する決定を下した（七月一一日)。しかし、隆信が英蘭商館の後援者であるのに対して、権六は平山側の味方と目されていた。一一月六日には松浦隆信の面前に、長谷川権六、英蘭両商館長、ズニガとフローレス、平山常陳が呼び集められ審理が開始された。英蘭側が用意した証人のポルトガル人ラヴェレスは、ズニガが長崎のアルバロ・ムノイスの家でミサを行っているのを見たと証言した。ズニガとフローレスはあくまで自分たちは商人だと言い張った。

興味深いのは英国商館長コックスがこの日の日記に、隆信と権六が何の判決も下さずに英蘭商館長に退出を命じ、もっと証人がほしいと望んだと記していることである。さらにその四日後には次のように記すに至った。「権六殿は皇帝の宮廷に報告して、我々とオランダ人たちとは悪意からこれらのスペイン人がパードレであると告訴しているが、自分は彼らがさようなものではないことを知っており、自分の一命にかけても事情がその通りである旨を立証するつもりでいる、と述べたが、しかし今では、我々の提出した証拠が事柄のありのままを示しており、否定され得ないことを知ったので、彼はどうしてよいか判らずに、彼のなし得る凡《あら》ゆる術策や計略を弄して時日の遷延を図り、彼のとり得る手段によってこれを無に帰せしめんとしているのだ、とのことである」。

権六はズニガと面識があるどころか、彼にすすめて日本を出国させたのは権六本人だったのである。それなのに彼もズニガも、取調べの場で一面識もないように装わねばならなかった。むろん彼は、ズニガをかつてのがした一件が露見するのをおそれたであろう。しかしこの長崎奉行が単なる幕閣の走狗ではなく、宣教師に対する独自の裁量を持ち、それを押し通そうとする図太さを持った人物だったこともまた、否定できぬ事実だった。コックスは一一月一七日の日記に「権六殿はキリスト教徒ではないかと疑われている由である」と記した。

だがズニガとフローレスは結局宣教師と認定され、訴訟は英蘭商館側の勝利に終わった。近世対外交渉史家の永積洋子はトマス荒木が権六を説得して、抵抗をやめさせたと推測している。一六二二年八月一九日、長崎において、ズニガ、フローレス、常陳の三人は火刑、平山船の船員一二名は斬首に処せられた。

元和の大殉教

大村の鈴田の牢にはスピノラ神父以下、多い時は三〇名に及ぶ囚人が収容されていた。牢はスピノラが「鳥籠」と呼んだほどの狭さで、ひとり宛わずかな空間しかなかった。それでも信者たちが聖餅、葡萄酒、蠟燭などを持ちこんでくれるので、ほとんど毎日ミサを立てることができ、牢はだんだん修道院に似て来た。日本人として最初に修道司祭に任じられたセバスティアン木村が、潜伏していた家の朝鮮人下女に売られて捕縛されたのは、一六二一年六月二九日のことだった。彼女は賞金に目がくらんだのである。木村はただちに鈴田の牢に送られた。セバスティアンは、ザビエルが平戸に滞在したとき入信させた武士の曾孫だった。司祭となったあとは天草などで布教に当り、逮捕された時は長崎で働いていた。鈴田の牢にいた三三名の囚人中、スピノラ、木村、ドミニコ会のフランシスコ・デ・モラレスなど二五人が長崎へ移され、長崎の牢にいた同宿や宿主など三〇人と併せて、西坂の刑場で処刑されたのは一六二二年九月一〇日である。刑場は三万の群衆に取り巻かれた。火刑二五、斬首三〇、いわゆる元和の大殉教である。奉行権六はこのような処刑が行われる時は、いつも口実を設けて臨席を避けていたが、この日も遂に刑場に現われなかった。

一六二三年以降、宣教師の潜伏・潜入を不可能ならしめるべく、様ざまな禁令が出された。長崎市内に居住する外国人はその男の子も含めて追放、商用で渡来するポルトガル人の宿泊を非キリシタンの家に限った。また日本人キリシタンの海外渡航、日本船のマニラ渡航も禁じた。来航するポルトガル船は乗船者名簿の提出を義務づけられ、登録者以外の乗下船を禁じられた。さらに長崎住民は海陸一里以上の遠出もできなくなった。これらの禁令が効果的だったのは、一六二三年から一六二八年の五年間、宣教師の密入国が皆無だったことからも明らかである。一六二三年二月二五日付のトルレス書簡は言う。日本には二三人のイエズス会司祭がいるが、三分の一は老齢で、「ほぼ一〇年にわたる迫害の連続で、疲れ果てている」。

在日修道会間の抗争

一六一四年、宣教師がマカオへ退去する直前に起った教会分裂《シスマ》の影響は尾を曳き、その後激化した迫害の下でも、イエズス会とスペイン系托鉢修道会の抗争はやむことなく、信者の取りあいにまで至った。一六一七年、イエズス会日本管区長コーロスは、東北から九州にかけて一五カ国七五カ所のキリシタンから、スペイン宮廷のポルトガル管区代表宛の証言文書を徴集した。文書によって文言の違いはあるが、主眼は一六一四年の禁教令にもかかわらず、多くのイエズス会司祭が残留し、苦難を忍びつつ信者間を廻って聖務を執行していることを証言するにあった。イエズス会以外の宗派の、「御出家」が一人も来訪しなかった、あるいは来訪してもほんのわずかの間だったと証言している例が少なくないことが注目され、さらに「へるせきさん」（迫害）が起った際、コンパニア・パードレ（イエズス会）司祭に「御油断」があったような風聞があるが、そういうことはいささかもない、と付け足している例がいくつか見られるのは、この証言作成の動機がいずれにあったか、示唆するものといえる。

　松田毅一はコーロス徴集文書について次のように要約している。「キリシタン大追放令以後、在日イエズス会士は迫害下日本人信徒を見捨て、その行為により躓きを与えたというような非難が、当時フランシスコ会修道士から流布していた。コーロスはそれらの言が事実無根であることをイスパニア政庁のイエズス会ポルトガル管区代表部に知らせる必要を痛感し、イエズス会士が活動している日本各地のキリシタン集団の指導者達をして、在日イエズス会が彼らの司牧に敢然挺身していること、他の修道会士は殆んど全く布教に従事していないこと等を証言せしめることにしたのであった」。

一方、ドミニコ会士ディエゴ・コリャードは一六二一年から二二年にかけて、イエズス会が他宗派の布教活動を意図的に妨害していることを立証する文書・証言を徴集した。彼は一六二二年末に離日したあと、スペイン国王やスペインのインド顧問会議宛にイエズス会を非難する報告書を出しているから、日本で徴集された証言もおなじ筋に提出されたのだろう。コリャード徴集文書には、まず二通りのイエズス会系信心会《コンフラリア》の規約が含まれている。第一の「さんたまりあの御組」の規約には、この組に入ろうとする者は他の門派に入ってはならぬ、すでに入っている者はそれを脱けねばならぬとあり、第二の「世須々のれいからす」には、第七条「いずれの伴天連御来儀有というとも組親のゆるしなくして参会する事あるべからず」、第八条「伴天連ぞう羅ゆるしなくして、何れの伴天連の御前にてなりとも御授けをうくべからざる事」とある。いずれも、イエズス会以外の宗派と関係を持たぬことを誓わせており、コリャードとしてはこの二文書をもって、イエズス会が他宗派を排除しようとしていることを立証したつもりだろう。第一文書の該当箇所は、原文では「これたがいのあそい其双妨げになるべき事共を除くべきためなり」と続いているのに、それを削除しているのも、彼の意図をよく示している。文中「伴天連ぞう羅」とあるのは、この組の創立者イエズス会司祭ジョヴァンニ・バティスタ・ゾーラのことである。

コリャード文書の本体は、一六二一年から翌年にかけて作成された島原、三会、長崎、大村の「ロザリオの組」の組員の証言から成っている。その趣旨は、長崎・大村の場合のように、ドミニコ会の宣教師が、一六一四年の迫害開始以来、他宗派（というよりイエズス会）以上に、熱烈かつ献身的に信者たちの間を廻って信仰の維持に努めており、その証拠に投獄された宣教師もドミニコ会士が際立って多いこと、特にドミニコ会士は貧富のへだてなく信者を訪れる点でも特筆されるべきことを証言しているものもある。

しかし、文書の大部分をなす島原・三会・千々岩の場合、証言の要点は、イエズス会宣教師が傘下の信者に対して、ドミニコ会との関わりを持つことを禁止し、それに違反したものに対して告解を拒否するなど様ざまなおどしをかけていることを暴露することにあった。島原・三会・千々岩など旧有馬領では、一六一四年の迫害以来、イエズス会系の信者たちは指導してくれる司祭もなく、棄教の暗闇に沈んでいたが、そこにドミニコ会の司祭が現われて人びとを励まし、「ろざりおの組」を作って信仰へ立ち帰らせてくれた。ドミニコ会士はその後定期的に巡回し、告解を聴いたり婚姻を司ったり、日常的に彼らの信仰生活を導くようになった。その実情を知ったイエズス会宣教師は怒った。この方面の担当は前記イエズス会のゾーラ司祭であって、文書は「伴天連ぞうら様より、ろざりよの御組中に御恨みござ候よし」と表現している。ゾーラとロザリオ組のいざこざは一六二〇年頃に始まったらしい。

ゾーラはこの方面の信者が「古《いにし》へよりこんぱニや（イエズス会）のとり立ての子」であることを強調し、「びすぽ（司教）の御意」を押し立てつつ、「ひとかたならずこんぱニやのばてれに随《したが》はずして叶はざる儀」を説き、他会派の宣教師を迎え入れぬこと、他会派の宣教師より告解、婚姻その他サクラメントを授からぬことを誓え、もし違反すれば大罪に当り、イエズス会は、今後一切面倒は見ないと申し渡した。しかし、ロザリオ組の面々は、おそれいりましたと承服はしなかった。「でうすも御一躰、ひいです（信仰）も何国にもひとつ、でうすの御法もひとつにてござ候によって」、どの「住持」を選ぶか問答するのはわれわれ俗人には似合わぬことで、「何《いず》れの御門派のばてれ衆も、御一体のでうすの御名代として、二つとなきえけれしや（教会）のまことの御法を御ひろめならせ候こと、いささかもうたがひなき候と納得致し候間」、どの門派の御出家なりともおいでになれば歓迎するし、サクラメントも受ける、「きりしたん衆二つわかれ候てある事一段めいわく」と言い切ったのである。

カテリーナという女性の証言によると、ロザリオ組を抜けるよう彼女を説得しに来たのは、かの日本人初の修道司祭セバスティアン木村であって、彼女が拒むと、彼は「イエズス会は施物を与えるが、他の会は施物を求める」など、ほかにも口にしにくいような悪口を吐いたという。証言時の「三年ほど前」というから、一六二〇年前後のことで、このあと二二年に木村が殉教を遂げたのは前記した通りである。温良誠実と評された木村の「宣教」の一部はこのようなことに費された。

ドミニコ会側のコリャード徴集文書、イエズス会側のコーロス徴集文書とも、日本人信者が在日修道会の抗争に利用された例と解される場合が多い。しかし、コーロス文書についてはそう言えるとしても、コリャード徴集文書の場合、イエズス会対スペイン系修道会の抗争に巻きこまれつつも、日本人信者として主体的な判断を下そうとする努力が、ありありと看取される。もちろん、イエズス会士の他宗派排除の実情を証言することで、ドミニコ会の主張を利するものであることは明らかだが、単にそれだけではなく、信者としてこの抗争にいかに処すべきか、悩みかつ考えた形跡は歴然としている。その意味で日本人キリシタンの良識を示すものとなっている。

司祭ナバロに示された松倉重政の寛容

年々禁教が厳しく、宣教師の活動が困難になるなかで、例外というべき地域がふたつあった。島原半島と東北地方である。

一六一四年有馬直純が日向に転封になったあと、島原半島は公領たること約二年を経て、一六一六年松倉重政に与えられた。松倉氏は大和国の豪族で、重政は家康に仕えて軍功を積み、島原四万三〇〇〇石の主となった。人となり豪快淡泊、家臣を遇すること厚く、日常極めて質素だったといわれる。入部するや有馬氏の居城日野江城を破却し、新たに島原城を築いた。日野江周辺がキリシタンの巣窟であるのを嫌ったからだろう。だが居城を北へ移転したことで、半島南部での宣教はより自由になった。

重政は就封以来、領内の宣教師とキリシタンに対して、見て見ぬ振りの態度をとり続けた。一六一九年の書簡でコーロスは、重政が「キリスト教徒の百姓が逃亡しないようパードレたちを見逃している」と記した。重政が宣教師を黙認したのは、マカオとの貿易を望んだからだともいわれるが、コーロスの言うように領民への配慮が大きかったものと思われる。『イエズス会一六二〇年度年報』は有馬地方について言う。「当地の大名はキリシタン宗門を嫌悪していないだけではなく、むしろ道理にかなった宗門だと認めている。彼は信徒たちが周到な注意を払って、累《るい》を己が身に及ぼすようなことを起さない限り、己が意のままに生活することを許している」。また『一六二一年度年報』は「有馬でのキリシタン事情は順調に進んでおり、我らイエズス会士五名がこの地に滞在している。個人の家に作られた礼拝堂は非常に多く、キリシタンは週に一度そこに会合する」と伝えている。

巡察師ヴィエイラは一六一九年一一月に離日するまで、松倉領の加津佐で安穏に暮らすことができた。彼は食道楽で長崎から雛鳥と鶏を取り寄せた。従僕によると、彼は食事ごとに鶏を一羽食べた。デザートの梨は芯に穴をあけ砂糖を詰めて焼かせた。コーロスが卒中で倒れたので、管区長の任は一六二一年九月、フランシスコ・パチェコに移ったが、コーロスもパチェコもずっと松倉領に身を潜めていた。加津佐、口之津は特に安全な土地だった。

重政の寛容はイエズス会司祭ペトロ・パウロ・ナバロへの処置において際立っていた。有馬の院長《レイトル》を務めていたナバロは、一六二一年暮、加津佐にいる管区長パチェコを訪れ「全般にわたる告解」をしたあと、八良尾《はちらお》でイエズス会独特の「霊操」を修行し、降誕祭を祝うべく夜道を有馬へ向かう途中、松倉の家臣と出会った。

彼は怪しんでナバロを捕えようとしたが、思い返したように、「私を連れて行け」と言い張るナバロを突き放した。ナバロはその夜異教徒の家に泊り、二〇日間滞在した。自分を連行せよと求めたのは、かねて殉教の志が深かったからだ。重政はこの出来事に当惑した。将軍に領内には宣教師はいないと請け合ったばかりだったのである。やがて噂が広まったので、ナバロを島原城に呼び寄せぬわけにはいかなかった。ナバロは大村の牢へ送られるのを望んだが、重政はアンデレ孫右衛門という信者の家に彼を預けた。この家には御堂があって毎日ミサを捧げることができたし、自由に出入りするキリシタンに秘蹟を授けることもできた。ゾーラ司祭さえ二度訪ねて来てナバロの告解を受けた。

重政はナバロのもとに小姓をやって、果物を贈るとともに次のように伝言した。「あなたを召捕っておくのは不本意だし、領内に一〇人以上のバテレンがいることもその住所も知っている。できるなら目をつぶっていたいのだが、どうも知らぬ顔もできぬ。公儀の達しがマカオ送還であればと望んでいる」。

そのうち重政はナバロを城中に招いて、親しく言葉を交わした。「事ここに至ったのは気の毒の限り」といたわりつつ、彼は日頃の疑問をナバロに問うた。そのひとつ、日本にいれば迫害されるとわかっているのに、なぜ本国で随意に暮さぬのかという問に答えるのはやさしかった。ナバロは昂然と、自分は日本で三六年間イエズスの道を説いて六二歳になった。日本でイエズスのために死ぬのが本望であると語った。だが、宣教師が日本に来たのは国を奪うためだという肝要な論点に至ると、ナバロも答に苦心した。重政は「それが将軍様の心配なされるところで、わしが悩むのもその点にある」と言い、フィリピンの例を持ち出す。ナバロはイタリア人であるから、フィリピンについては「他国のことで複雑な事情がある」と言い逃れ、マカオ、マラッカ、交趾《コーチ》、ゴアなどでポルトガル人が現地の王侯と親交を続けていることを述べたうえ、コンスタンティヌス大帝のローマ帝国でキリスト教会が栄えた例まで持ち出した。「君らのデウスが将軍家を教えに引き入れるなら、日本中が上《かみ》にならうだろう」と重政が答えたというのは、いかにも日本人らしいお愛想である。ナバロが退出する時、重政は中庭まで送り、両手と額が地に着くほど深く礼をしたという。

一六二二年一一月一日、ナバロと二人の日本人同宿、孫右衛門の息子の四人に火刑の宣告が下り、即日刑が執行された。三人の日本人はナバロからイエズス会のイルマン(修道士)に叙せられていた。重政はナバロを殺したくなかったが、江戸からの指令はいかんともしがたかった。ナバロが「願わくば殿も信仰にはいられて天上でお目にかかりたい」と言うと重政は泣いた。

家光親政で強化された禁教

ナバロの刑死のあと、松倉領ではそれ以上の迫害もなく、キリシタンにとって平穏な日々が続いた。管区長パチェコは口之津に居住し、前管区長コーロスも復帰して深江を本拠として活動した。事態が急変したのは一六二五年になってからである。この年参勤した折、将軍家光からキリシタン取締りの手ぬるさを厳しく叱責された重政は、一転して苛酷な迫害に乗り出したのである。一二月一九日、パチェコは口之津の潜伏先を急襲され、ゾーラも同月二二日に島原で捕えられた。このとき重政はなお参勤中で、逮捕を指揮したのは家老の多賀主水だった。翌二六年、一六一九年以来長崎にとどまって活動していたイエズス会司祭バルタサル・デ・トルレスが逮捕された。パチェコ、ゾーラ、トルレスが火刑に処せられたのは一六二六年六月二〇日である。コーロスは病後の不自由な体で再び日本管区長に就任した。長谷川権六は一六二六年長崎奉行の任を解かれた。彼はそのことをよろこんだと『日本切支丹宗門史』のレオン・パジェスは記す。後任の水野河内守守信は長崎住民に対して棄教令を出し、棄教を拒んだ町年寄の町田宗加と後藤宗印は長崎から追放された。

松倉領での迫害は、一六二七年から三一年にかけてが最も激しかった。種々の拷問が用いられ、なかでも雲仙岳での熱湯責めの惨虐さはよく知られている通りだ。ナバロの告別の辞に言うべき言葉もなく涙を流した重政が、一転して非情な迫害者となったのは、優に一篇の精神的ドラマたりうるが、その実相は文献の語るところではない。

だが、雲仙での熱湯責めの愛用者は、一六二九年に水野のあとを継いで長崎奉行となった竹中采女正重義であった。彼は歴代の長崎奉行中最も残酷な迫害者だったといわれる。ただし、彼も含めて禁教令の実施者たちは、いたずらに惨虐を好んで宣教師や信者を拷問したのではない。キリシタンを手っ取り早く根絶したいのなら、宣教師であれ信者であれ、見つけ次第殺せばよいのだ。殺さずに棄教させようとしたからこそ拷問という手段に訴え、相手の頑強さに比例して、拷問の残酷さもエスカレートしたのである。役人たちは信者や宣教師を苦しませて楽しんだわけではない。何としてでも棄教させたかったのであって、ここに当時の「迫害」の特異性がある。殺さずに棄教させようとしたのは、住民の場合、彼らが貴重な労働力だったからだろう。キリシタン故に住民を皆殺しにしたのでは、武士権力の存立の余地はない。宣教師の場合、殺して殉教の栄光を得させるよりも、棄教させた方が効果はずっと大きい。パードレすら教えを棄てたとあれば、信者の志気が沮喪するのは必定である。

棄教させるための拷問で、最も効果的だったのが穴吊りの刑である。穴を掘ってその上に柱を組み立て、体をさかさまに吊り下げる。血の逆流をおそくするために全身を縄で縛る。苦痛を長びかせようというのだ。穴を板で塞いで中を真暗にする。この拷問法が採用されたのは一六三三年といわれる。

この年は大御所秀忠が死に、家光が親政を始めた翌年で、最初の鎖国令と言われる長崎奉行宛の奉書が出され、禁教も一段と強化された。宣教師二〇名が逮捕され、一六名が殺されている。クリストヴァン・フェレイラもこのとき捕えられた一人である。彼はイエズス会日本管区長代理を務めていた。パチェコが刑死したのち、コーロスが再び管区長になっていたが、病み衰えて任にたえず、一六三二年フェレイラが代理に就いた。彼は穴吊しにかけられ、数時間で転んだといわれる。その後名を沢野忠庵と改め、幕府の手先きとなった。もちろん穴吊しにたえて殉教した者も少なくない。ジュリアン中浦は四日も責苦にたえて絶命した。かつての遣欧少年使節はこのとき六五歳になっていた。コーロスはこの年一〇月、波佐見で衰弱して死んだ。

禁教令下、東の間活況を呈した教域に、東北地方が挙げられることは先に述べた。この地方の布教は、フランシスコ会士ルイス・ソテロが、伊達政宗に招かれて仙台に滞在したことに端を発している。彼は一八〇〇の信者を得たというが、その一人に仙台領見分《みわけ》（現奥州市水沢区福原）の領主後藤寿庵がいた。その後政宗が幕府の方針を受けて禁教に転じても、寿庵は信仰を堅持していた。寿庵は政宗に従って大坂冬の陣に従軍し、戦いが終わったあとイエズス会士ジェロニモ・デ・アンジェリスと出会った。アンジェリスは伏見や駿府で布教に従事したのち、冬の陣当時は秀頼方の明石掃部《かもん》の陣中にいた。明石は言うまでもなく著名なキリシタン武将である。寿庵はアンジェリスとは旧知で、彼を自分の領地に連れて帰った。見分領は全村キリシタンだった。アンジェリスはそこを根拠として、東北一帯から北海道まで足を伸ばすことになる。

キリシタン史家チースリクは禁教令後「南日本・中国・近畿地方の多数の切支丹は、自分の意志から故郷を離れ、財産を捨てて、北日本へ逃れた。武士階級の中には、佐竹侯や津軽侯に仕えたものもあり、百姓になったもの、鉄鉱山、あるいは銀山へ入ったものもあった」と言う。アンジェリスが見分に入ったのは一六一五年だったが、一六一七年には新たにディオゴ・カルヴァーリョが着任したので、翌一八年には念願の蝦夷《えぞ》地を訪れることができた。一六一九年には、アンジェリスは米沢から越後・佐渡・越前・能登へ赴き、カルヴァーリョは仙北・秋田・津軽を巡回している。このうち特記すべきはむろん蝦夷地行である。

アンジェリスは一六一八年と一六二一年、二度蝦夷を訪れている。カルヴァーリョも一六二〇年と一六二二年、おなじく二回同地へ渡っている。アンジェリスの二回の旅については、それぞれ彼自身の書簡の形の報告記が現存し、カルヴァーリョの旅は第一回についてのみ、書簡が残されている。いずれも蝦夷地について書かれた最も早い実見談であり、キリシタン史の枠を越えた価値を持っているが、いまは布教に関することのみに限ろう。アンジェリスの渡島はすぐに領主松前公広《きんひろ》の知るところとなった。公広は「パードレの松前へ見えることは大事もない。何故なら天下がパードレを日本から追放したけれども、松前は日本ではない」と語った。アンジェリスは松前に一〇日間滞在し、信者の告解を受けたが、その数は一五人を超えなかった。アンジェリスはそれでも構わなかった。蝦夷地それ自体に地理的文化的な興味があったからだ。

アンジェリスは商人の振りをして渡島したけれど、正体は見破られていた。蝦夷地に禁令はまだ行われていなかったのだ。だが翌々年カルヴァーリョが渡ったときは、通行証の下付が厳しくなり、「鉱山採掘に行く金掘の名義で乗船」せねばならなかった。当時蝦夷地はゴールドラッシュで、渡航者が数万にのぼっていた。カルヴァーリョは船中、誰にも外国人だと見破られなかったと言っている。松前に着くと、松前公広が住民がキリシタンになることを禁じたことを知った。松前はやはり日本だったのである。彼は松前で一週間信者の告解を聴いたのち、内陸の方へ一日路程の金山へ赴き、新しく出来た藁屋ばかりの集落で一週間、告解を受け洗礼を授けた。金山の信者たちが入れ替り立ち替りやって来たと彼は言っている。帰途は津軽に追放された京・大坂の信者たちを訪ねた。彼らが狂喜したことは言うまでもない。彼はまた加賀藩から追放された武士たちも訪ねている。

アンジェリスの第二回報告には旅自体の記述はない。彼はその後江戸へ派遣され、一六二三年、岡本大八事件後、旗本でありながら棄教を拒んで放逐された原主水らとともに捕えられて火刑に処された。カルヴァーリョは翌二四年、青葉城下で水責めにされて死んだ。見分の信者団もこのとき壊滅した。

第二二章　海賊から商人へ

平戸のイギリス商館には、一六一七年八月アドヴァイス号が入って以来、一隻も英船の来港を見なかったが、翌一八年八月アテンダンス号が、意外にもオランダの捕獲船となって入港した。従来、英船はまるで馬につくあぶのようにオランダ船のあとをついて廻ると評されており、オランダのあとを追って香料諸島に進出、一六一六年にバンダ諸島のひとつを占領するや英蘭間の緊張が高まり、両国の船は出会い次第砲火を交えるようになった。一七年に対英強硬論者のクーンがバタヴィアの東インド総督となると、香料諸島に姿を現わす英船を捕獲し始めた。アテンダンスは一八年に捕獲された二隻のうちの一隻だった。

平戸のイギリス商館長コックスは激怒し、オランダの「海賊行為」を訴えるべく、急遽江戸へ上った。幕府への陳情はコックスの依頼を受けたアダムズが当った。しかし幕閣はコックスの告訴状をまともに検討せず、コックスの日記には一〇月二二日から、一一月一八日空しく江戸を発つまで、「アダムズがわれわれの事務処理をしてもらうため終日宮廷にいたが、何事も仕遂げなかった」という趣旨の記述が一四回繰り返されている。後日コックスがイギリス東インド会社へ書いた手紙によれば、結局彼は日本の領外で起こった事件について将軍は介入するつもりがないと軽く突き放されたのである。

　翌一六一九年一〇月には、アテンダンスのほかに捕獲した英船スワン号を含む七隻のオランダ船が入港した。拿捕された英船から脱走した三人の水夫がイギリス商館に逃げこむと、オランダ商館長スペックス（二度目の就任、一六一四〜二一）は返還を要求し、平戸街中での争闘事件の挙句、激昂した五、六〇〇人のオランダ水夫がイギリス商館を襲撃する騒ぎとなった。コックスは日本人が味方してくれたので、この襲撃を防ぎ抜くことができたと言っている。この騒ぎは結局、松浦隆信が仲介にはいって、スペックスとコックスから証文を取ることで収まったが、収まらぬのはコックスの怒りである。彼は前年の失敗にもこりず、当時京都滞在中の将軍秀忠にオランダ人の不法を訴え出た。幕閣は松浦隆信に一件の処置を委ねた。しかし結果は、コックスが日記に書いているようにうやむやに終った。平戸侯はこの騒ぎで英人は一人も殺されていない、殺されたのはわが家臣一人のみである、それを自分が赦す以上、何を求めるところがあるのかと言い放ったとのことだ。アダムズは病床にあってコックスの京都行に同行できず、翌二〇年五月平戸で永眠した。

　オランダはアジアの果てで、いつまでも英国といがみ合う訳には行かなかった。オランダがスペイン・ポルトガル両国と結んだ一二年間の休戦期間がようやく切れようとしていたのだ。両国に加えて英国まで敵に廻ってはかなわない。かくして一六一九年、英蘭両国は防御同盟条約を結び、その知らせは翌二〇年七月イギリス平戸商館に届いた。同条約は東南アジア海域における両国東インド会社の協調、特に香料諸島における香料の買入れについて協定するもので、これに対してオランダ東インド総督ヤン・ピーテルスゾン・クーン（在任一六一八〜二三、二七〜二九）は、折角イギリス勢力をインドネシア・香料諸島から追い出し、ジャカルタにバタヴィア城を築いて地盤を築きつつあるのに、頽勢に赴きつつあるイギリスをわざわざ呼びこむものと激怒し、ことごとに協定の実行を妨げたといわれる。

　しかし日本に関していえば、この条約にもとづく防御会議が、両国同数の船を出し合って一〇隻の防御艦隊を組織し、マカオから長崎へ向かうポルトガル船を拿捕し、併せてマニラへ往復する中国船を拿捕すべしと決議したことが重要であった。前者は日本へ向う、後者はメキシコ・アカプルコへ向う中国産絹糸の道を絶とうというのだった。前章で述べた平山常陳の船が英船に捕獲されたのは、この防御艦隊の日本渡航中の出来事だった。防御艦隊は一六二一年一月、マニラ方面へ出動し中国船六隻を捕えたが、両商館への分配はそれぞれ三万レアルにみたなかった。一六二一年一一月から翌二二年七月にわたる第二回出動においては八隻を捕え、おのおの二〇万レアルの分配金を得た。

台湾に築かれたオランダ生糸貿易の拠点

ポルトガル・スペイン側はこれを海賊行為として幕府へ出訴し、オランダ・イギリス側もこれに応じて弁明するところがあった。その結果一六二一年九月、幕府は平山常陳船事件を踏まえて五カ条の禁令を出した。これによって外国船によって日本人を海外に送り出すこと、武器・軍需品を輸出することが禁じられた。しかし「海賊行為」については、日本近海での掠奪は禁じられたが、領海外での英蘭船の行為はこれまで通り、日本政府の関知するところにあらずとされたのである。この禁令はオランダ平戸商館にとって重大な意味を持った。商館は設立以来対日貿易によって利益を得るよりも、東南アジアにおけるオランダ植民地防衛のための、戦闘員ないし物資調達場所、さらに掠奪によって得た中国産生糸・絹織物を本国へ送る中継基地としての意義のほうが大きかったのだ。貿易に関しては、インドシナで入手した絹を輸入していたが、ポルトガルによるマカオからの絹輸入とは比較にもならなかった。

東インド会社全般の兵站基地としての機能が果たせないとなれば、オランダ平戸商館の生き残る途は中国の絹を入手するしかない。一六二二年六月、ライエルセン指揮のオランダ艦隊はマカオ占拠を企み、八〇〇の兵を上陸させたが、戦死者一三六、負傷者一二六にのぼって、空しく退却せざるを得なかった。ライエルセンは指令通り澎湖島へしりぞき基地を設けようとしたが、中国側の激しい抗議を受けたので、後任のソンクは一六二四年、台湾へ移って、台南地方のタイオワン湾内の島に城を築き始め、やがてゼーランディアと称する城砦が竣工した。ゼーランディアには対岸の福州から生糸・絹織物を積んだ中国船が来航し、遂に日本銀輸出の対価としての日本向け貨物を獲得する途が開けた。その結果、一六二五年度からオランダの対日輸出入は急増し、輸入では生糸が主要商品の地位を占めるに至った。要するにオランダ人は「海賊」から商人に化けつつあったのだ。

もちろんポルトガルも手をこまねいてはいなかった。オランダ船はマカオを出航する長崎行きのナウをつねにねらっていたので、マカオでは、速度の出ない一隻の大型ナウに大量の貨物を積載するのをやめて、もっと小型で速度の出る帆船ガレオタ（三〇〇トン前後の大きさ）を数隻就航させることにした。『ポルトガル海上帝国』の著者ボクサーによればこれは一六一八年以後の変化だという。オランダ船のポルトガル船攻撃が激化したのは、その前年一六一七年からだった。

イギリス平戸商館の閉鎖

二年前に組織された平戸を母港とする英蘭防御艦隊は一六二二年八月解散した。ライエルセンのマカオ攻撃など、バタヴィアのオランダ東インド会社は、イギリスを置き去りにして単独行動に踏み切っており、同盟の実は失われていた。

イギリス平戸商館は防御艦隊の獲物で束の間賑わったものの、本体であるべき貿易活動は相変わらず不振を極めた。イギリスが日本貿易に定着するには、日本の海外需要の中心をなす生糸・絹織物を中国から入手するしかない。生糸・絹織物はインドシナからも入手でき、平戸商館が同方面へ度々派船したのは前述した通りだが、結局日本の朱印船に対抗できなかった。商館長コックスは平戸在住の中国人李旦《りたん》に依頼して、中国へのルートを拓こうとした。しかし李旦は商人とはいうものの実態は海賊でもあり、コックスは彼に六六〇〇余テール（両）の無駄金を注ぎこむ結果に終わった。当時イギリス東インド会社の東南アジア方面の司令部は、英蘭同盟の結果、オランダの拠点ジャワ島のバタヴィア城内に置かれていたが、一六二三年五月、すでに一万ポンドの損失を計上していた平戸商館の引き揚げを決議、コックスに通告した。実はコックスは前年すでにバタヴィアへ召還されており、この度は召還に応じないのを厳責されたのである。

一六二三年一二月、コックス以下館員はブル号に乗り組んで平戸を去った。開設以来およそ一〇年の苦闘を経ての敗退だったが、コックスは再開の希望を失わず、将軍の貿易免許状と商館倉庫の保管を平戸侯に依頼していた。しかし、イギリス東インド会社が再び日本貿易を開こうと派船したのは五〇年後の一六七三年。幕府はむろん英船を追い返した。

この年一六二三年三月、モルッカ諸島の南にあるアンボイナ島で重大事件が発生していた。同島にはオランダの要塞が築かれており、その中に英国商館が設置されていたが、オランダ守備隊の一日本兵の挙動不審が発端となり、オランダ側は日本人一〇名、イギリス商館長などの英人を拷問にかけ、彼らが結託して要塞占拠を企んだとの自白を引き出し、英人一〇名、日本人九名を斬首した。オランダ側はこの事件を秘密に付して来たものの、事実は次第に洩れ、イギリス国内では「アンボイナの虐殺」として喧伝されて、両国間の外交問題となるに至った。イギリスはその後ジャワ島のバンタムを根拠地として勢力を保とうとしたが、結局オランダに圧倒されて、一七世紀後半にはジャワ島から撤退し、インド経営に専念することとなる。

オランダ、東シナ海交易での日本船閉め出しを図る

さて、タイオワンにゼーランディア城を構えたオランダにとって、頭が痛いのが来航する日本船であった。そもそも台湾には、オランダが進出する以前から、鹿皮などを求めて日本船が来航していたが、タイオワンに生糸・絹織物を積んだ中国船が集まるようになると、日本船もまた交易を求めてタイオワンに入港し始めた。一六二四年には数隻の日本船が来航したが、この年中国商人がもたらした商品は少なく、日本船は鹿皮一万八〇〇〇枚を得たものの、肝心の生糸・絹織物はごくわずかしか入手できず、半分の船荷で日本へ帰った。日本人側にはオランダ人に交易を妨害されたと感じる向きもあった。オランダ側とすれば、タイオワンは中国物産を入手するために開港したのである。それはオランダ東インド会社が、東シナ海における活動の本態を海上での掠奪から正規の交易に転換するために必須なプロセスだった。それなのに、横合いから日本船が現われて、中国物産を持って行ったのではかなわない。何とか日本船を閉め出さねばならなかった。

一六二五年、長崎代官末次平蔵政直の持ち船二隻が、七万ドゥカードの資金を携えてタイオワンに入港し、この度は無事中国船との交易をとげた。タイオワン初代長官ソンク（在任一六二四～二五）は築港費用を名目として、末次船の積荷に一〇％の輸出税を課した。末次船側は朱印状を得ていること、日本ではオランダ船に関税を課していないことをあげてこれを拒否した。日本でオランダ船が関税を免れているという点については、オランダ側では、平戸藩主・長崎奉行・幕府の閣僚・将軍へ莫大な贈り物を毎年行っており、それが関税に匹敵するという見解だったが、問題は理屈の当否ではない。要するに日本船の来航を妨げるプレッシャーとしての関税だった。ソンクは有無を言わせず、関税相当分の一五ピコ（一ピコ＝一〇〇斤）の生糸を没収した。

平蔵は怒ってこの件を閣老に訴えた。一六二六年、京都に滞在中の家光に恒例の参府を行ったオランダ商館員クラーメルの記録によると、二条城の謁見の間に、平戸藩主松浦隆信がオランダ人の献上品を運ばせると、

松平正綱、永井尚政、井上正就が来て、タイオワンにおける平蔵とソンクの紛争が解決するまで、謁見は差し止められているはずだとなじった。この三人は大御所秀忠付きの年寄で、実は末次船に投資していたのだ。松浦隆信は家光付き筆頭年寄で、当時権勢並ぶ者のなかった土井利勝の了承を受けていることを盾にとってこの場を切り抜けた。しかし、クラーメルが離京するに当って、通辞が挨拶に登城すると、土井利勝と酒井忠世（秀忠付き筆頭年寄）から、「オランダ人が日本に留りたいのなら、不平を唱える者たちが自分たちに訴えることがないように、朱印状を持った日本人を厚遇せよとオランダ人に告げよ」と言い渡された。オランダ人に好意的な土井も、末次平蔵と結ぶ閣僚一派を考慮に入れねばならなかったのだ。

この一六二六年には、またタイオワンで新たな紛争の種が播かれていた。この年入港した末次船と京都商人平野藤次郎の船は、三〇万ドゥカードという巨額の資金を携えていた。これはタイオワンに輸入される中国商品の全部を購入するに足る金額だと、『十七世紀日蘭交渉史』の著者ナホッドは言う。両船は一〇〇〇ピコ以上の生糸購入の契約を中国人と結んだ。一〇〇〇ピコといえば一〇万斤である。当時日本国内の生糸需要は三〇万斤ないし四〇万斤というから、この数量の大きさが知られよう。ただし当時の取り引きの慣習として、代金は前渡しで、不足分の現物は中国から届くのを待つのである。だが、当時海賊鄭芝龍《ていしりゅう》がその海域で猛威を振るっていたので、補充の貨物が届かない。末次船の船長浜田弥兵衛はタイオワン第二代長官デ・ウィット（在任一六二五〜二七）に二隻のジャンクを借り受け、オランダ船の護衛つきで中国に残り荷を引き取りに行きたいと申し出た。デ・ウィットはこれを拒否、やむなく二隻の日本船はタイオワンで越年した。

冷遇されたタイオワン長官ノイツの釈明使節団

オランダ東インド会社のバタヴィア政庁では、タイオワンでの紛争が、日本におけるオランダの地位に悪影響を及ぼすのを憂慮して、日本に使節を派遣することにした。任に当たったのはタイオワン第三代長官ピーテル・ノイツ（在任一六二七〜二九）だが、デ・ウィット後任の彼はアジアに赴任してまだふた月余りにしかならず、日本については経験も知識も皆無だった。ノイツに与えられた任務は、タイオワンでの紛争について釈明するとともに、紛争の原因をとり除くために、台湾渡航朱印状の発給をせめて数年なりと取り止めるよう請願することだった。ところが、ノイツ一行が一六二七年八月平戸に入港した数日後、末次船の船長浜田弥兵衛が台湾原住民を率いて長崎に到着したという、驚くべき知らせが彼らの耳に届いた。

ノイツはタイオワン出発前に、東インド総督の指令に従って、留守を預かるデ・ウィットに、中国に残されている日本船購入の商品をオランダ船で取り寄せ、越年した日本船にそれを積ませて無関税で出港させるよう指示しておいたのだが、デ・ウィットはそれを実行しなかった。昨年からじらされ続けた浜田弥兵衛は、ついに中国の残り荷に見切りをつけ、その代わり報復措置として、タイオワン近郊の集落新港（現嘉義県）から、十数人の住民を甘言をもって連れ出して帰航したのである。弥兵衛のうしろにはむろん末次平蔵がいる。平戸では、平蔵が原住民を将軍に拝謁させて、オランダ人から蒙った虐待を訴えさせようとしているという噂がもっぱらだった。ノイツが参府の途上京都から、平戸商館長ナイエンローデ（第五代、在任一六二三〜三二）へ送った手紙によると、ノイツは平蔵の意図が、原住民の口から将軍に台湾の宗主権を奉呈させることにあると、すでに見抜いていた。

ノイツ一行は一〇月一日に江戸へ入った。幕閣との仲介は恒例によって平戸侯松浦隆信が当たる。ノイツは東インド総督から将軍への親書を伝達し、将軍に謁見して前記の釈明と請願を行うことを望んだが、意外にも幕閣は、このバタヴィア総督とはそもそも何者であるかをまず究明しようとした。バタヴィアとか総督とか聞いたこともない、自分たちはこれまで、使節も献上品もオランダから来るものとばかり思っていたというのだ。

総督は国王の血族なのか、それとも臣下にすぎないのか、しつこく問い質された。ノイツらは総督はオランダ国王と同等の権威を持ち、その権威はシナ、シャム、ジャワ、ムガルらの国王・皇帝も認めるところだと釈明したが、幕閣側は総督とは結局国王の使用人ではないかという、甚だもっともな疑念を捨てなかった。幕閣からすれば、ノイツが将軍と対等の国王の使節なら受け容れるが、国王のたんなる臣下が将軍に親書を寄せること自体が無礼で、使節の謁見も許されぬという理屈なのである。ノイツ一行は結局四〇日ばかり滞在することになるのだが、その間この資格問題は、彼らがうんざりし絶望するほど何度も蒸し返された。折柄幕閣は権威を確立するために、国内のみならず国際的にも儀礼の制度化を急いでいた時でもあり、資格問題はゆるがせにできなかったのだが、ノイツらは無意味ないやがらせと受けとり、その背後には末次平蔵の工作があると確信していた。

ノイツは最初の質疑の時から、台湾原住民連れ出しへの不満を述べ、最高権威による裁定を要求した。台湾の主権はオランダにあり、臣下たる彼らはわれわれの同意なしに国外へ出られないというのだ。平戸侯はもちろん閣僚たちも、たんなる親善大使と思っていたノイツが、親書捧呈以外にこんな問題を持ち出すのに困惑し、不快に感じた。平戸侯はノイツに、親善の御礼以外にどんな問題も持ち出してはならぬと忠告し、その旨文書にして署名を求めた。ノイツは散々渋ったが、そうせぬと謁見は成就しないというのでついに署名した。台湾原住民どころか、朱印船の来航阻止すら陳情の余地はなくなったのだ。ノイツは日本の慣習を知らぬ上に傲慢で、そのため交渉に失敗したと、のちにバタヴィアで非難されたが、彼は独断で行動したのではなく、この署名も含めて事あるごとに、副使ムイゼル、商館員カロンなど一行の幹部と協議して議決に従っている。

ノイツらは平戸侯松浦隆信は幕閣に影響力を持たぬと考えて、年寄の中で最も地位の高い土井利勝と酒井忠世に接近しようと試みた。だが両人とも愛想は示しつつも、平戸侯を頼って辛抱することだと言うだけだった。

そのうちやっと、将軍との謁見が許されることになったと、平戸侯を通じて知らされた。しかし、何だかだと口実としか思われぬ言い訳が続いて、謁見は実現せず、しかもその間資格問題がまたもや蒸し返される。ノイツはここは一切理屈の通らぬ地獄だと思った。交渉を打ち切って帰国したかったが、そんな非礼は許されぬと滞在を強要された。

一一月五日、商館員カロンが土井利勝宅に呼ばれ、土井本人から、ノイツがオランダ国王の使節と信じられぬから帰国せよ、それもできるなら本日中に江戸から退去せよと申し渡された。ノイツは八日に江戸を発ち、残ったムイゼルらの一行も二日後にあとを追った。ムイゼルらが二二日京都に着くと、平蔵が新港の住民を連れてこの地に在り、住民は天然痘にかかって二人が死亡し、残りも病床に就いていることを知った。ムイゼルは二五日大坂へ向かったが、同日早朝平蔵一行も江戸へ発ったとのことだった。このあと新港の住民は江戸城で将軍に謁見はしたものの、一人が縁に上がることを許されただけで、残りは庭にとどまった。賜物も与えられたが、将軍の保護の下にはいりたいという、平蔵の唆《そそのか》しによる申し出は一顧だにされなかった。幕閣はオランダと事を構えて、台湾を領有するようなつもりはまったくなかった。住民たちは全員疱瘡の跡をとどめていて、こんな見苦しい者たちを二度と連れて来るなと閣僚から平蔵に申し渡されたという噂だった。

海外進出に消極的な江戸幕府

台湾占領は平蔵のみならず松倉重政も企てたところである。だが幕閣は海外進出の企図などまったく持たなかった。かえって、海外で紛争を起こして幕府の権威が損われるのを怖れていた。将軍・閣僚の関心は国内における幕府の権威の樹立に集中していた。幕府が朝鮮と琉球との間に「日本型華夷秩序」を構築したのも、東アジアの一角に威を張ろうとしたのではなく、あくまで国内向けに幕府の「御威光」を輝かそうとする装飾にすぎなかった。このように海外での紛争をできるだけ回避する徳川政権の姿勢は、いわゆる「奉書船」制度の創設にもはっきりと見てとれる。

奉書船制度とは、海外渡航船に対して、従来の朱印状のほかに、長崎奉行宛の老中奉書の受領を義務づけたものであるが、奉書を受けた長崎奉行は渡航者の朱印状を預かり、代りに渡航許可書を支給する。眼目は渡航船に朱印状を携行させぬことにあった。この制度は一六三一年に新設されたが、そのきっかけは一六二八年、シャムのアユタヤで、長崎の町年寄高木作右衛門の朱印船が、スペイン艦隊によって撃沈されたことにあった。これは四年前にアユタヤでスペイン船がシャム側から撃沈されたことへの報復で、高木船は巻き添えを喰ったのである。幕府はポルトガルがスペインと同君連合の関係にあることを知っていたので、マカオとの貿易を一六三〇年まで断絶し、恐慌をきたしたマカオは使節を送って嘆願し、やっと貿易再開を許された。

幕府がこの件で重視したのは朱印状の権威が侵されたことである。それはとりも直さず将軍の権威の侵害にほかならない。それに対する幕府の対応が奉書船制度の開設、すなわち渡航船に朱印状を携行させぬことだったのは、実に興味深い。なるほど携行せねば、将軍の威光が傷つけられることもない訳だ。それにしても何と平和主義的な対応であることだろう。海外で武力を行使せねばならぬ事態は絶対に避けたいのだ。

第二三章　タイオワン事件の顛末

タイオワンへ帰還したノイツはむろん怒りと怨恨にみちていた。翌一六二八年五月、末次平蔵の船二隻が入港するに及び、彼の対応が意趣返しの念にみちていたとしても不思議はない。もっとも彼は事前に第五代平戸商館長ナイエンローデから、平蔵船が十分に武装しているのを警告されていた。

ノイツはまず日本人の上陸を禁止し、交渉に来た船長浜田弥兵衛を抑留、日本船を点検して武器を取りあげたのみならず、この船で帰航した新港住民を投獄し、将軍からの下賜品も没収した。日本船は交易のために中国船と接触することを禁じられた上、中国に残っている例の生糸を取りに行きたいと願っても拒まれ、それなら帰国したいと主張しても出航を禁じられた。しかもノイツは弥兵衛らと交渉する際、床に座っている日本人に対してひとり椅子に座り、しばしば足を組んで肘掛けの上にあげることが多く、弥兵衛らは頭上で足を振り廻されるのを、忍びがたい侮辱と感じた。

弥兵衛の人質になったノイツ

六月二九日、長期の抑留に我慢の切れた弥兵衛は十数名の部下を率いて、ノイツの私室を訪問、重ねて出航の許可を求めた。ノイツが拒否すると、彼は突然跳びかかってノイツのあご髭をつかみ、短刀をのどに擬した。ノイツはたちまち通訳のフランソワ・カロンとともに縛りあげられた。ノイツ邸に居合わせた商館員ムイゼルらは窓や戸口から危く脱出し、日本人とオランダ兵の衝突が起こって、双方数人の死者が出た。ムイゼルは堡塁に兵を集め、日本人側に対して射撃を開始させた。ヴェランダに登ってノイツの部屋をのぞきこむと、ノイツは「射撃をやめさせろ。じゃないと殺される」と絶叫する。ムイゼルは仕方なくその指示に従った。

やがてノイツ邸に集まって来た日本人は一五〇人に達し、原住民や中国人の力を借りて要塞を攻撃するという噂が立った。ムイゼルは評議会を招集し、長官の引き渡しを日本人に要求し、万一長官及び同時に捕えられた長官の子息ラウレンスに危害が加えられたなら、日本人を一人も生きて返さないと通告することに決まった。しかし、ノイツの許に派遣された使いは、「今のところ敵意を示さず明朝まで待て。必ずよい協定が結ばれるだろう」というノイツの返事をもたらした。あくる日三〇日になると、さらにノイツから評議会宛に手紙が届いた。互いに人質を交換して、日本人の帰航を保証した上で、長官を釈放するというのである。

七月一日、日本人側は中国に残した生糸二〇〇ピコを要求、さらに投獄された新港住民の釈放と下賜品の返還を求めた。評議会は彼らの意図を疑い、日本人全員を射殺して長官を救出する作戦を練り始めたが、それを知ってあわてたノイツは、早まったことをしてくれるなと懇願してきた。二日になると、ノイツから日本人の要求書（カロンによる訳文）が届けられた。それによると、オランダ人人質五名を日本船に乗せ、同数の日本人人質をオランダ船に乗せて日本へ出航する。日本に着けば人質は解放されるとあり、また前日になされた生糸と新港住民についての要求も明記されていた。この要求書は翌三日の評議会で承認された。オランダ側の最も同意しがたいのは、例の二〇〇ピコの生糸の引き渡しだったが、日本人側はさらに以前初代長官ソンクにより徴収された一五ピコの関税まで返還を要求していた。しかし平戸商館が東インド会社の第一級の商館であることを思えば、日本貿易を失うよりも、ここは忍耐のしどころだと、評議会は決断を下した。七月四日、協定が正式に双方の間で結ばれた。紛争発生後、六日目だった。約束の生糸は現物と、不足分は貨幣、それも二割の利子付きで支払われた。

日本有利の人質交換協定

七月一一日、日本人人質を乗せたオランダ船エラスムス号と、オランダ人人質を乗せた日本船三隻（当初来航した二隻と、オランダ側が貸与したジャンク船）が出港した。オランダ人人質はムイゼル、ハーへ、ハルトマン、ムールクール、それにノイツの子息ラウレンス。日本人人質は末次平蔵の甥、弥兵衛の子息など同じく五人。ノイツ本人は釈放されてタイオワンに残った。

この人質交換協定は、のちにオランダ側で問題になったように、一方的に日本に有利だった。日本人側がオランダ人の人質を取ったのは、むろんノイツを釈放したあと、自分たちが安全に出港するためである。もし人質を取らねば、ノイツを釈放した途端、皆殺しになりかねない。その代り日本側も人質を出したというものの、これは日本に着けば自由の身だから、形だけの人質である。一方、オランダ人は日本に着けば釈放すると約束はされたが、それが実行される保証はない。そこはオランダ側も考えていて、日本人人質を乗せたエラスムス号を途中離脱させて、平戸へ行かせるつもりだった。オランダ人人質が釈放されるまで、平戸商館に日本人人質を抑留するつもりだったのだ。しかしエラスムス号は遂に離脱できず、日本船ともども七月二五日、長崎に入港した。結局、日本に着いたら釈放するという約束は反古《ほご》にされ、ムイゼルら人質五人、それにエラスムス号の乗員四〇名余りは長崎で厳重に監禁される羽目に陥ったのである。

ムイゼル以下、オランダの囚われびとたちは長崎代官末次平蔵のもとで、厳しい監禁生活を送ることになった。長崎奉行水野守信はこの件に関与せず、一切平蔵に任せきりである。平蔵はタイオワンのオランダ人が朱印状の権威を犯して日本人を抑留したこと、新港住民を投獄し、将軍の下賜品を取りあげたことを非難し、弁明があれば江戸の閣老に取り次ぐという。自分たちは弥兵衛らの帰船の安全のためにやって来ただけで、そんなことを議論する任務は受けていないと言っても、一切無効である。長崎の町にはキリシタン迫害の嵐が吹き荒れていた。監禁されて六日目、八月一日の日記にムイゼルは、信者は四日までに棄教を申し出よ、以降捕えられた者はすべて火あぶりに処すという布告が出され、信者たちは「家・財産等すべてを捨てて逃げ、町には人影もなくなり、非常な荒廃を呈している」と記している。

ムイゼルらの宿舎は厳しい監視下にあったが、彼は番人を買収し、やっと平戸のナイエンローデと連絡がついた。彼の手紙では平戸商館も人の出入りが禁止され、一切の取り引きは停止、入港したオランダ船も積み荷もおろせず抑留されているという。やりとりが重ねられるうちに、ナイエンローデはタイオワンでのノイツの対応を非難し、ムイゼルの援助要請にも一向応えず、ムイゼルはこれではかえって気が滅入るだけと、やがて交信を打ち切ってしまった。実はナイエンローデはこの頃精神も身体も病んでいたのである。松浦隆信とその家臣たちの、借金を含む様ざまな要求にうまく対応できず、彼らと深刻な不和に陥っていた。それに加えて彼自身、狭量で猜疑心の強い性格だった。

平蔵はタイオワンのゼーランディア城を日本に譲渡せよ、そうすればオランダ人にも平戸におけるのと同様、タイオワンでの自由な通商を許そうと条件をつり上げた。これは幕府の意向でもあるという。ムイゼルはタイオワンはオランダの主権のもとにあり、そんな不法な要求を飲む権限も意志も自分にはないと抵抗した。九月八日には、二人の日本人宣教師を含む一二人のキリシタンが焼き殺された。その三日後には、エラスムス号の乗員の半数が大村へ送られ、次いで残り半分は島原に預けられた。一〇月二一日になると、ムイゼル以下五人の人質と通訳カロンも大村送りとなった。平蔵が事件処理のために江戸へ上るから、いまの宿舎では不用心だというのである。ムイゼルは釈放の見こみもなく、結局は首をはねられる運命かも知れず鬱々たるものがあった。しかしプロテスタントとはいえ、さすがにキリスト信徒である。一切を神意にゆだねる覚悟はすでにあった。

不発だったヤンセン特使の日本巡遣

タイオワン事件に対して、バタヴィアの東インド総督クーンが対策を講じたのは翌一六二九年になってからである。彼は対応のまずさを批判されたノイツのタイオワン長官職を剝奪し、代りにプットマンを宛て、ついで事件の解決のため、バタヴィアからウィレム・ヤンセンを特使として日本へ派遣した。ヤンセンは九月四日に平戸へ到着したが、平戸侯の口添えにもかかわらず江戸行きを禁じられ、事態を打開する糸口すらつかめなかった。しかし、翌一六三〇年二月になって平蔵側が動いた。

平蔵はタイオワンを日本の領有とすべく閣老たちに働きかけ、そのため莫大な贈賄を行なったといわれる。その結果、日本側の要求書をヤンセンに持たせて、バタヴィアへ送り返すという方針が閣議できまった。ヤンセンとムイゼルは長崎に呼び出され、平蔵の代理人からその旨を言い渡された。彼らはタイオワンの主権放棄を求める文書、平蔵と平戸侯のバタヴィア総督宛の手紙を伝達することに抵抗したが、閣老の命令とある以上従わざるをえなかった。ヤンセン、通訳カロン、それに人質の一人ハーへを乗せたオランダ船は一六三〇年三月一三日、平戸を出港した。だが、この時彼らが携行した平蔵と平戸侯の総督宛の手紙には、タイオワンは日本領だという主張は一行も書かれてはいなかった。両者とも、ゼーランディア城を破壊すること、すなわちオランダ人がタイオワンを立ち去ることのみ求めており、そのあとはオランダ船も日本船も自由に同地に来航して対中国交易を行なうものとしている。そもそも日本側の不満は、タイオワンで中国船から生糸などを購入しようとしても、ことごとくオランダ側から妨害され、中国船との直接取り引きが出来ぬことにあった。オランダ人が退去すれば、それが自由にできることになる。

平蔵はかねがねムイゼルに、兵を送ってタイオワンを占領するのは易々たるものだと豪語していた。だが閣老は平蔵のタイオワン占領策に、けっして同意を与えなかった。ヤンセンたちがバタヴィアへ発つ直前、ナイエンローデは閣老の最有力者土井利勝が、タイオワンは自分のものだという平蔵の言に、不快感を示したと伝えている。海外紛争を極力避けようとする将軍・閣僚の意向からして、これは当然のことである。ただ彼らはノイツによって、将軍の権威が侵されたことを重視していた。ゼーランディア城を取り壊せくらいの脅しは、かけておいて損はないと踏んだものか。

ヤンセンらがバタヴィアに着いたとき、ジャワ島植民地経営に大功のあったクーンはすでに死亡し、総督はスペックスに替った。初代・第三代の平戸商館長を務めた日本通である。彼はヤンセンを再び日本へ送り出す際に、周到な指示を与えた。また閣老宛の返書においても、主張すべき点は断乎と主張しながら、文末で「すべての機会に日本皇帝自身の封臣として全力を尽して奉仕する」ことを誓った。ヤンセンには、日本貿易の停止で蒙った損害を取り戻すためなら、「日本人は偉大で、オランダ人は卑小だ」とさせておけ、しかし、どうにも忍耐できぬ事態になれば平戸から撤退せよ、ただしその際にも、将来再び友好を開く道はあけておくようにと指示した。

ヤンセンの日本再訪と末次平蔵の死

ヤンセンは一六三〇年一〇月、再び日本の地を踏んだ。ただちに江戸行きを許可されたが、大坂に六二日間とどめ置かれ、江戸へはいれたのは翌一六三一年三月になってからだった。ヤンセンが日本を留守にしていた間、彼らにとって重大な事件が起こっていた。末次平蔵政直が一六三〇年七月五日に死んだのである。この天敵というべき人物の死について、オランダ側は天罰によって狂い死にしたと記録している。あるいは、不利な証拠を握られた幕閣の有力者によって暗殺されたとも書いている。いずれにせよ、オランダ人を窮地に陥れてきた張本人はもういない。厚い雲に割れ目ができて、青空が見え始めた。

ヤンセンが江戸に来てみると、雰囲気はがらりと変っていて、ゼーランディア城を破壊せよなどと言う者は誰もいなかった。閣老たちは平蔵から賄いされただけでなく、彼の船に投資して利を得ていたから、彼の主張に引きずられた形だったが、平蔵亡きいま、かつての彼との関わりを揉み消そうとしているようだった。

五月五日、ヤンセンは平戸侯松浦隆信に招かれ、彼との間に固い信頼関係を築いた。隆信は事件はすでに片づいたも同然で、駿河大納言忠長（家光の弟）の乱心の一件があって、幕閣はオランダ人の処置どころではなく、回答がとどこおっているだけだから、安心していてよろしいと保証した。ヤンセンはこのころ健康を害していて、この日もやっと出かけることができた程だったが、隆信のいたわりには真情がこもっていた。彼はヤンセンの人物がよほど気に入ったらしく、「二、三年日本にとどめて置きたいと思うがどうか」と尋ねた。隆信は「ナイエンローデは江戸を去るそうだが」とも訊いているので、つまりは、できればヤンセンに商館長を継いでほしかったのである。ちなみにヤンセンの病いはその後も長引き、翌年四月熱海に湯治に出かけて、やっと快方へ向かった。

五月二一日、ヤンセンは嶋田利正宅で開かれた閣老会議に呼ばれた。彼の日記によれば、出席した閣老は当時の実力者土井利勝、酒井忠世、酒井忠勝を含む一一名で、他に平戸侯隆信、長崎奉行竹中采女正もいた。このころはまだ老中・若年寄の区別はできていない。嶋田は江戸南町奉行だが年寄、すなわちヤンセンのいう

「閣老」の一人で、オランダ人の強力な支持者だった。土井は、ヤンセンが「既往を許して、抑留者を釈放してほしい」と求めると、「オランダ人を脅して驚かせてやろうとしたのだ」と答えた。「脅しはすでにすんだ」という口調がうかがわれる。松浦隆信は「オランダ人は将軍を尊敬する点で間違いを犯しておらず、タイオワンで起ったのは平蔵とノイツの個人的な争いだ」と弁護し、嶋田も「彼らを釈放すべきだ」と繰返して主張した。しかしヤンセンによると、土井は「そこまでの決心はつかない様に見えた」。結局、「平蔵の息子が追っつけ江戸へ来るので、彼の話を聞いてから結論を出そう」という、土井の発言でこの日はお開きになった。爾後の経過を見れば明らかなように、問題解決の筋道はこの日つけられたのである。

二代目末次平蔵茂貞（二代目平蔵の名は従来茂房とされて来たが、二〇〇一年刊の永積洋子『朱印船』で茂貞と訂正された。茂房は三代目）は七月になって土井利勝に呼ばれ、タイオワン事件について問い糺された。茂貞は父とオランダ人との争いについて自分はまったく知らない、従ってこの件について要求することはないと答えた。これでオランダ人釈放の障害は事実上すべて取り払われた。

八月にはバタヴィアから、自由市民の船ペルール号が平戸に着いた。総督スペックスは東インド会社に属さぬ船なら、日本側も受け入れるだろうと考えたのである。この策は当った。大御所秀忠は病いが篤かったので、土井利勝は将軍家光に相談した。家光はこの船が会社に関係がないことをすぐ理解し、「この件を父に話す必要はない。取り引きさせ出帆させよ」と命じた。これは朗報だった。だがオランダ人釈放の件は、最終的に秀忠の承認が必要なのに、それがなかなかおりない。一二月になって平戸侯から聞いたところでは、秀忠の病気のため滞っているのだが、ひとつには、以前平蔵にひきずられてオランダに厳しい対応をした閣老たちが、いまさら秀忠に寛大な処置を上申するのは、秀忠の心証を害しかねないとためらっているのだという。

年が明けて一六三二年三月一四日、ヤンセンは秀忠が死んだという報を得た。だが、オランダ人の一件は将軍家光親政のもとでも、それ以上進展しなかった。土井は秀忠付筆頭年寄として権勢を振るったが、家光からそれほど寵を得ておらず、かなり遠慮があって、一件を話し出せずにいるのだと、ヤンセンは平戸侯から聞いた。土井、酒井忠世と並ぶ実力者の酒井忠勝は、五月五日カロンが陳情に行くと、「貴下たちはスペイン人か」と尋ね、ヤンセン一行が去年三月から江戸にいると聞いて驚き、自分は忘れてしまったので、もう一度事件について説明してくれと頼む始末だった。すなわち一件は土井の手中にあったのである。一方家光はのちにヤンセンの聞いたところでは、この一件についてよく承知していたが、閣老たちが彼らをどう扱うか見てやろうという気持ちで、口出ししなかったのだという。家光はこの頃健康を害し、一時は危篤とさえ伝えられた。飲酒など不摂生がたたったのだ。一件の処理が遅れたのは彼の病臥のせいもあった。

決め手になったノイツの日本送致

事態は九月にはいって急転回した。一切の地位を剝奪されたノイツがバタヴィアから、自由市民船ワールモント号によって平戸へ送られて来たのである。実は「ノイツを差し出すわけにはいかぬか」という話は、勘定方年寄伊丹康勝や竹中采女正からヤンセンに持ちかけられていた。だが総督スペックスはそんなことは知らず、事件解決の決め手として、自分の決断でノイツを日本に差し出したのだ。まことにみごとな読み筋であった。

一〇月二日の閣老会議で、ノイツの到着を知った土井は「これはよい。よい決定が下されるだろう」と言った。しかしその時、土井の表情は悪魔のように苦々しかったとヤンセンは記録している。一一月二日ヤンセンは閣老会議に呼ばれ、将軍がノイツの送致をオランダ人の「家臣としての誠意」の表われと認め、抑留されているオランダ人とオランダ船が日本から出発することを許すという命令を下したと告げられた。二〇〇余人のオランダ人は釈放され、四隻の船の抑留もとかれ、平戸商館は機能を回復した。

使命を果たしたヤンセンは翌一六三三年一月、日本を去った。心身ともに正常でなかったナイエンローデはその月のうちに平戸で死んだ。また抑留者中死亡した者も少なからず、ほんの子どもだったというラウレンス・ノイツは一六三〇年に、ムイゼルは一六三二年に死んだ。永積洋子はヤンセンの成功の理由として、平戸侯を信頼してよい関係を保ったことと、将軍の家臣として奉公の姿勢を示したことの二点を挙げている。ノイツが来日時失敗したのは、他の大官に頼ろうとして平戸侯の怒りを買ったせいもあった。奉公の姿勢については、ポルトガル人が閉め出されて日本貿易を独占できる見通しを前にしては、それくらいの屈辱は忍ぶに値しただろうと永積は言う。まさにその通りであろう。

ノイツは平戸の民家に監禁されたが、商館員の出入りは自由で、本人は家具や衣服を商館の勘定で買い放題、ついに商館側は贅沢禁止を彼に申し渡さねばならなかった。息子ラウレンスを死なせたというのに、向こう意気は衰えなかったのだ。

新商館長クーケバッケルが直面した課題

ナイエンローデの死のあと、サンテンが一時代りを務めたが（第六代、一六三三年の短期間）九月、ニコラス・クーケバッケルが新商館長として着任した。（第七代、一六三三〜三八）まるまる四年以上停止していた対日貿易が再開されたというものの、平戸商館はまだ難しい問題をいくつも抱えていた。クーケバッケルは日本通のカロンとともに困難と取り組むことになる。まず平戸侯隆信との関係があった。抑留解除の功績を自負する隆信はその見返りを求めて、借金その他の要求を加重し、クーケバッケルはその対応に苦しんだ。さらに「パンカド」適用とオランダ船出帆時期という、オランダ側が最も不満とするふたつの問題の解決に腐心せねばならなかった。

「パンカド」とはポルトガル船に適用されて来た輸入生糸の一括購入制で、価格もその際きめられる。当初オランダ船のもたらす生糸はその適用を免れていた。というのは二〇年代の前半は数千斤にすぎず、タイオワンで中国生糸入手の筋道のついた後半でも三万斤程度で、ポルトガル船が例年もたらす一〇万ないし二五万斤に対して、問題にならぬ量だったからである。ところが貿易再開後、オランダ船の船載する生糸は急増し、一六三四年は六万四五三〇斤、三五年は倍増して一三万二〇三九斤にのぼった。オランダ船船載の生糸にもパンカドが適用されることになったのは一六三四年からである。オランダ側は安値で生糸を一括して買上げられてしまうのに大不満だった。彼らは初代館長スペックスが家康から、日本国中どこでも自由に取り引きしてよろしいという特許状を得ていたから、不満はなおさらである。

クーケバッケルは任期中、上府するたびにパンカド免除を出願したが、それが容れられることはなかった。それでも、『十七世紀日蘭交渉史』の著者ナホッドによると、一六三五年パンカドの下でもなお、商館はトータルの交易で一〇〇%の純益を計上していたのだ。オランダの生糸輸入はその後連年一〇万斤台を維持し、一六四〇年には二二万九〇〇〇斤余という、幕末に至る商館史上最高額を達成する。日本の年間生糸需要は当時、二〇万ないし四〇万斤といわれるから、それをほぼ一手に引き受けうる供給能力である。

「オランダ船はポルトガル船が出帆してから二〇日後に出帆すべし」と、幕府から令達されたのは一六三三年である。オランダ側はこれにも不満で、何とか撤回してもらおうと努めた。なぜなら帰帆期の二〇日の遅れは航海の困難につながり、場合によってはバタヴィアまで行き着けず、タイオワンで越年せねばならなかったからだ。一六三四年一一月、クーケバッケルはこの件について、二代目末次平蔵茂貞の助言を受けた。茂貞は父とうって変って、オランダ人に好意的だった。非常に商才のある実力者で、落ち目のポルトガル人に替るオランダ人の将来性をちゃんと見抜いていたのだ。茂貞はオランダ人がマカオから来たガレオタ船を捕獲しないという誓約書を提出すれば、出帆時日の制限は解除されるだろうと言う。だがクーケバッケルは「それはできない」と断わった。翌日彼が長崎奉行を訪ねると、平蔵もそこにいて、おなじことをまた二人から勧められた。ガレオタ船がマカオへ運ぶのは大部分が日本人の資本であり、オランダ人がそれを捕獲すれば日本人が非常な困難に陥り、それは結局、最後の一ペニングまでオランダ人が弁償させられるだろう、だから襲わぬと誓約せよというのだ。クーケバッケルはそれは自分の権限外のことだし、また仮に誓ったとしても、オランダとポルトガルは交戦中であるから、ほかのオランダ船がガレオタ船と出会って捕獲することがありうると答えた。

日本人の外国船への投資にはふたつの形態があった。ひとつは「委託貿易」で、領主などの委託を受けて銀を預かり、マカオで生糸など指定の品を買付けて来るもので、これはイエズス会がキリシタン領主の委託を受けたことに始まり、この頃は幕府の大官もこの形でポルトガル船に投資し、オランダ商館長も大官の銀を預かるよう、平戸侯から勧められていた。一六三五年、幕府は日本人の海外渡航と海外在住者の帰国を禁止した。その主たる目的は宣教師の潜入を防止することにあったが、従来の朱印船貿易家はそのためポルトガル船による委託貿易に向かった。二代目平蔵はその代表的な例で、渡航禁止以前の一六三三年にも一万テール(両)、翌三四年には五千テールをポルトガル船に託送して生糸を購入している。

外国船への投資のもうひとつの形は「レスポンデンシア」と呼ばれる高利の金銭貸借で、これは委託貿易とは違って金の運用は指定せず、マカオへ帰るポルトガル商人に貸与し、再来航時に元利を償還させる。船が海難に遭った時は貸借関係は消滅するので、金利は二割五分から四割に及ぶ。

話はさかのぼるが、一六二六年長崎奉行は禁教の一策として、棄教しようとしない市民の海外投資を没収しようとしたことがあり、当時その対象は二三万クルザードにのぼった。むろんそのうちには日本船への投資も含まれてはいたが、大部分はポルトガル船への投資だったろうという。平蔵と長崎奉行がクーケバッケルに、マカオ船を捕獲せぬよう忠告したのには、これだけの根拠があった。一六三五年、マカオ商人の対日負債は六〇万クルザードに達していた。オランダ側は自由出航を何度となく繰り返し請願したが、一六三九年ポルトガル人が最終的に追放されるまで、聞き届けられることはなかった。

幕閣のポルトガル憎悪

閣老や長崎奉行など幕府の大官は、必ずしもオランダびいきではなかったが、ポルトガルへの敵意という点ではオランダ人と一致するものがあった。彼らのポルトガル憎悪はひとえに、厳重な禁令にもかかわらず、執拗に宣教師を送りこんで来る点にあった。実はスペイン・ポルトガル同君連合の側では、この点では自粛につとめ、マニラ政庁は宣教師の渡日を禁止していたのだったが、何しろ各修道会は日本で殉教するのを最高の名誉と心得ていたから、一片の法令で宣教師の渡日を禁じても効き目はなかった。幕府の役人たちはキリシタンが憎くて焼き殺したのではない。棄教させることこそ眼目で、そのために拷問し、それでも駄目なら焚殺した。殺されても捨てぬ狂信を吹きこんだのは誰か。憎悪はひたすら元凶たる宣教師へ向かった。

一六三七年九月、琉球でつかまった四人のドミニコ会士が長崎に連行されて来た。ちょうど長崎にいたカロンによれば、奉行に訊問された彼らは、「禁令を十分承知した上でやって来た、皇帝の意志より神の意志が上である、迫害が厳しいほど、われわれの宣教の意欲は燃え上がるのだ」等々と答え、立腹した奉行は絶句したという。クーケバッケルは同様な話を、一六三七年一〇月のこととして伝えている。伊予に漂着したイタリア人宣教師は訊問に答えて、自分は万の身体を持ちたい、ひとつの身体を殺されても、残った生命で日本全国をキリスト教にせずにはおかぬと述べ、これまた役人は激怒のあまり絶句した。宣教師たちの使命感は幕吏には理解を超えた執念、邪念とさえ感じられたのだろう。平戸侯は一六三五年にクーケバッケルに対して、「皇帝や閣老はポルトガル人を憎んでいる、なぜなら宣教師を連れて来るのをやめないので、多数の罪のない人の血が流されるからだ」と語っている。

宣教師のために要らざる血を流さねばならぬという観念は、幕府大官の口からもしばしば聞かれることになる。一六三九年、当時キリシタン取締りの責任者になっていた旗本の井上政重は同年オランダ商館長となったカロンに対して、「多年の間彼等のために、罪もなしに死んだ多数の日本人と、同数のポルトガル人を十字架にかけてやりたい」と激語した。「罪もなしに死んだ」といっても、殺したのは井上ら為政者なのだが、彼らとしては、キリスト教を信じるほかには何の犯罪も犯していない人びとを、殺さねばならなかったのは本意ではなく、その本意でもないことをやむなくさせたのは、あくまでスペイン・ポルトガルの強引な宣教活動のせいだと言いたいのだった。

マカオ・マニラ占領をオランダに促がす空気

彼らが宣教師を送りこむ基地となっているマカオとマニラを、オランダ人が奪取することを望んだのに不思議はない。すでに一六三五年四月に、クーケバッケルは松浦隆信や長崎奉行神尾元勝《かんおもとかつ》から、「オランダのマカオ占領計画はどの程度進行しているのか、マカオを奪取したのちオランダ人はカントンから生糸を順調に調達しうるのか」と尋ねられていた。幕府年寄の一人牧野信成《まきののぶしげ》は平戸侯宅でカロンに「この計画には土井利勝も期待をかけ、そうなればどんなによいことかと言っている」と告げた。しかし将軍家光は、牧野によればなお慎重とのことだった。家光はオランダ人がポルトガル人に替るような生糸供給能力を持っているかどうか、疑っているというのだ。八月一日の平戸侯からの通信によると、家光は年寄たちに「オランダ人にマカオの攻撃を許して、それが失敗した場合、私は自ら兵を出して彼らを援けねばならなくなる。そんな窮地に立ちたくない」と言い渡した。つまり彼は幕府がオランダ人のマカオ占領を認可し、あと押しすることをはっきり拒んだのである。

幕吏の一部には、マカオどころかマニラ占領を、オランダ人に促がす空気もあった。商館員カロンが一六三七年九月、長崎で奉行に会ったとき、奉行は「オランダ人はなぜマニラを取らないのか。また、なぜ台湾島の基隆《キールン》を取らないのか」となじった。台湾北部にある基隆にはオランダに対抗して、スペイン人が砦を構えていた。長崎奉行とオランダ人の関係は、パンカド適用などをめぐって円滑ではなかったから、この詰問にはいやがらせの気味がいくらかあったかも知れない。それにしても、潜入する宣教師の基地であるマニラをオランダ人が占拠してくれれば、もっけの幸いという訳だった。

オランダ人はむろん、ライヴァルのポルトガル人を蹴落そうと終始策動した。だが日本側は、それに易々と乗せられていたのではない。一六三二年、イエズス会日本管区長代理の任にあったセバスティアン・ヴィエイラは、他の一〇名の宣教師とともに、マニラから中国船に乗じて日本へ潜入したが、三三年大坂の手前の船中で逮捕され、三四年江戸で処刑された。以前長崎で修道女との醜聞を取り沙汰されたこの六三歳の神父は、穴吊りされてなお転ばず、遂に生きながら焼かれたのである。ヴィエイラの殉教を知ったマカオでは、一二日間祝祭がくりひろげられた。この有様をゴアのインド副王へ報じたマカオ総督の書簡が、オランダ船によって捕獲されたポルトガル船中で発見され、バタヴィア総督ブローワー（一六一二年一〇月駿府で家康に謁し、一六一三年から一四年まで平戸のオランダ商館長を務めたあのブローワーである）はこの書簡をポルトガル追い落しの材料とすべく、平戸商館へ送った。

書簡は一六三六年九月、商館長クーケバッケルから平戸侯に披露された。一見した松浦隆信は事もなげに言い捨てた。彼らが刑死者を賛美して祝うことはとっくに承知している。その遺骨が聖物として崇敬されるのもよく知っている。「この文書は決して新しい報告ではないし、これによってポルトガルが今まで以上に憎まれるようには出来ない」。将軍はこのことをよくご存知なので、今更のように言上しても、オランダ人のためにはならぬだろう。「憎っくき奴め」と逆上すると思ったら、この冷静さである。ブローワーの思惑ははずれた。

日光の銅製大灯架とノイツ釈放

一六三六年、ノイツの幽閉は五年目にはいっている。オランダ側は事あるごとにノイツの釈放を願い出たが、色よい返事はない。ただ閣老酒井忠勝は、その件について将軍に働きかけることを約束してくれた。閣老中の実力者土井利勝がノイツ釈放反対の音頭取りらしかった。五月三日恒例の拝謁日に、カロンは銅製の大灯架を献上した。これはその前から平戸侯の屋敷に展示され、評判になっていたものである。家光は大いに気に入り、これを日光の霊廟に飾るよう命じた。彼はこのあと日光に墓参し、墓所に掲げられた大灯架を見るやオランダ人のことを思い出して、近侍する酒井忠勝に彼らはどうしているかと尋ねた。「上様はすでに先月彼らの江戸出立を許されました」と答えると、家光は「彼らに銀二〇〇枚を贈れ」と命じた。この時とばかり忠勝はノイツの釈放について言上し、家光は直ちにこれを許可した。この知らせがオランダ平戸商館に着いたのは七月五日のことで、クーケバッケルはその日の日記に、家光の許可がおりたのは六月四日だったと記している。

釈放されたノイツがバダヴィアへ帰還したのは、一六三六年一二月である。彼は会社に与えた損害のかどですでに平戸に送られてきた翌年の三三年に起訴されており、帰還した彼を待っていたのは法廷だった。彼は一切の役職を剝奪され、巨額の負債をしょわされて母国へ帰った。平戸侯隆信は一六三七年七月に死んだ。オランダ人にとって心強い庇護者だったが、一方商館に一万両もの借金を残した。あとを嗣いだ松浦鎮信（鎮信〈第一七章〉と同名の曾孫）は、変らぬ友誼をオランダ人に誓ってくれた。

第二四章　島原・天草蜂起す

寛永一四（一六三七）年一〇月、島原半島の松倉領で、突如として旧キリシタンが蜂起し、即座に天草がそれに呼応して、果ては原城に籠った二万余の一揆勢を、一二万の幕府軍が包囲して殲滅するという、日本史上空前絶後の出来事が生じた。

この事件についての論考は少なくはなく、特に最近では神田千里『島原の乱』という好著も出て、かなり解明が進んでいる。しかしそれでもなお、解明しきれない謎が残る。それは史料の残存状況のせいもある。関係史料は乏しいわけではない。天草在住の史家鶴田倉造編『原史料で綴る天草島原の乱』は、一二〇〇ページに及ぶ大冊である。しかもこの史料集には、『原城紀事』『耶蘇天誅記』といった後世の編纂物は、ごく一部を除いて含まれていない。そういった編纂物を収める林銑吉『島原半島史・中巻』の史料部分は九三三ページに及ぶ。

しかし鶴田のいう「原史料」といえども、その大部分は島原藩・唐津藩・熊本藩・佐賀藩・久留米藩など、鎮圧者側の証言であり、一揆の当事者たる百姓側の証言は、投降者として名高い山田右衛門作《えもさく》の口上書あるのみと言ってよい。しかも鎮圧者側の証言にしても、事件勃発直後の現地証言は熊本藩士の道家七郎右衛門、島原藩士の安藤半助など少数にとどまり、よく引用される林小左衛門、佐野弥七左衛門（ともに島原藩士）の覚書は、前者は三〇年前のことで忘れたことも多いと本人が断わっており、後者は寛文九（一六六九）年の日付をもち、これも三〇年以上も前のことの回想なのである。島原町の別当（町役人）杢左衛門の覚書も、本人が当時杢左衛門を名乗っていたのは父で、自分は伝十郎と称していたと言うからには、かなり後年になっての回想であるのは明白だ。

むろん、熊本藩・佐賀藩・久留米藩などには、乱が始まった時点での記録はある。しかしこれは外から観望した記録、あるいは伝聞した情報で、実際現地を見た報告ではない。乱が勃発した時点で現地の状況を記録したものは意外に少ないのだ。それでも反乱が始まってからのことは一応よく記録されている。問題は一揆がいかにして始まったか、その前後の事情が、数々の証言にもかかわらず、依然として解明しがたい謎を含んでいることにある。従ってこの一揆を納得できるように叙述するには、筆者側の視座と想像力が必要となる。しかしまず何よりも、この辺までは確かだという事実の推移について述べよう。一揆の正体を論じるのはそのあとである。なおこの事件については、史料の関係上邦暦を用いることを断わっておく。

旧有馬領で立ち上った蜂起

島原での事件の発端は、一〇月二四日夜、島原城から派遣された役人が北有馬村の三吉、南有馬村の角内ら一五名を捕えて城中へ留置したことにあった。当日逮捕に向った役人衆の一人林小左衛門（使番二三〇石）は二四日の暮れ時、家老に呼び出され、「有馬村百姓ども鬼利支丹になり返えり候て無作法の由《よし》……中にも角内・三吉と申す者は本尊をかけ候て村中を集め候由にて候あいだ、とらえからめ参り候え」と命じられた。彼の手記によると、船で侍一一人足軽二〇人が出向き、同夜三吉・角内ら一五人を捕え、翌二五日朝に島原城に帰着、逮捕者を城中に留置した。逮捕時には何の騒ぎも起こっていない。

佐野弥七左衛門（物頭四〇〇石）によると、このときまで有馬村ではすでに三〇〇〇人がキリシタンに立ち帰り、役人が三吉宅、角内宅に踏みこんでみると、村人たちが「木戸口までひざつめに居並」んで、「吉利支丹の法」をとり行なっていたそうだ。ただし佐野は現場を見たわけではない。林が「本尊」と言っている画像の出どころは、別当杢左衛門は「御法度《ごはっと》の刻隠し置」いたものだと言い、佐野は三吉と角内が大矢野島へ行き、天草四郎から授けられたのだと言う。

蜂起は翌二五日に起こった。佐野によると、有馬村原尾という所にキリシタンが大勢集まり、「昨日召捕られ候角内・三吉ははや天上いたし自由自在の身となり候を拝むとて、旗を立て法を執り行い候由、代官林兵左衛門聞き付け、取りあえず馳せ参じ候ところ」、部下もろとも群衆に殺害された。これをきっかけに、有馬の一揆衆は村々に触れ状をもって、代官などの役人、僧侶、神官をことごとく打ち殺せと勧告し、口之津町、加津佐村、小浜村で代官らが殺される事態となった。佐野は「その外出家社人、または行きがかりの旅人まで切り殺し、あるいは張り付けに掛け、あるいは土に埋め足ばかり出し置き、あるいは逆馬にのせ、旗をささせて村々を引き廻し、切り捨て」たと記している。

佐野はいささか文飾の過ぎる人だが、杢左衛門も島原町から有馬へ「瓦積みに参り居り候船頭水主《かこ》五人討ち殺し申し候」と言っており、旧キリシタンの狂気に紛《まが》う激情がたった一日で解き放たれ燃えさかったことは明らかである。三吉・角内らが城中で死刑に処せられたのは、二七日朝のことなのだが、一揆衆が彼らははや殺されたものと信じたのも無理はあるまい。

二五日付で「村々庄屋衆」に送られた「佐志木作右衛門廻状」なる文書が伝存しているが、その文面は「急《きっ》度《と》申し遣し候。当村の代官林兵左衛門デウス様へ御敵対申し候あいだ、今日当所にて打殺し申し候。かねが天人より御中候事もこの大事にて候。いずれもはや思《おぼ》し召し立ち候て、村々代官始めゼンチョ（異教徒）ども一人残らず討ち取りなさるべく候。日本国中のズイソ（審判）この時に候」とある。この文書で問題なのは作右衛門に並んで山善左衛門の署名があることだ。山田右衛門作の口述書に、天草の千束島に二〇年前から住みついていた五人の浪人が、乱の前年から不思議な少年が天下ったと宣伝し始めたとあるが、その一人が山善右衛門なのである。廻状の署名者山善左衛門はこれと同一人であるまいか。だとすれば、島原の反徒と天草の反徒は、有馬村の事件勃発以前から、連携が進んでいたことになる。さらに廻文のいう「天人」が天草四郎のことだとなると、その結合はさらに計画性を帯びる。

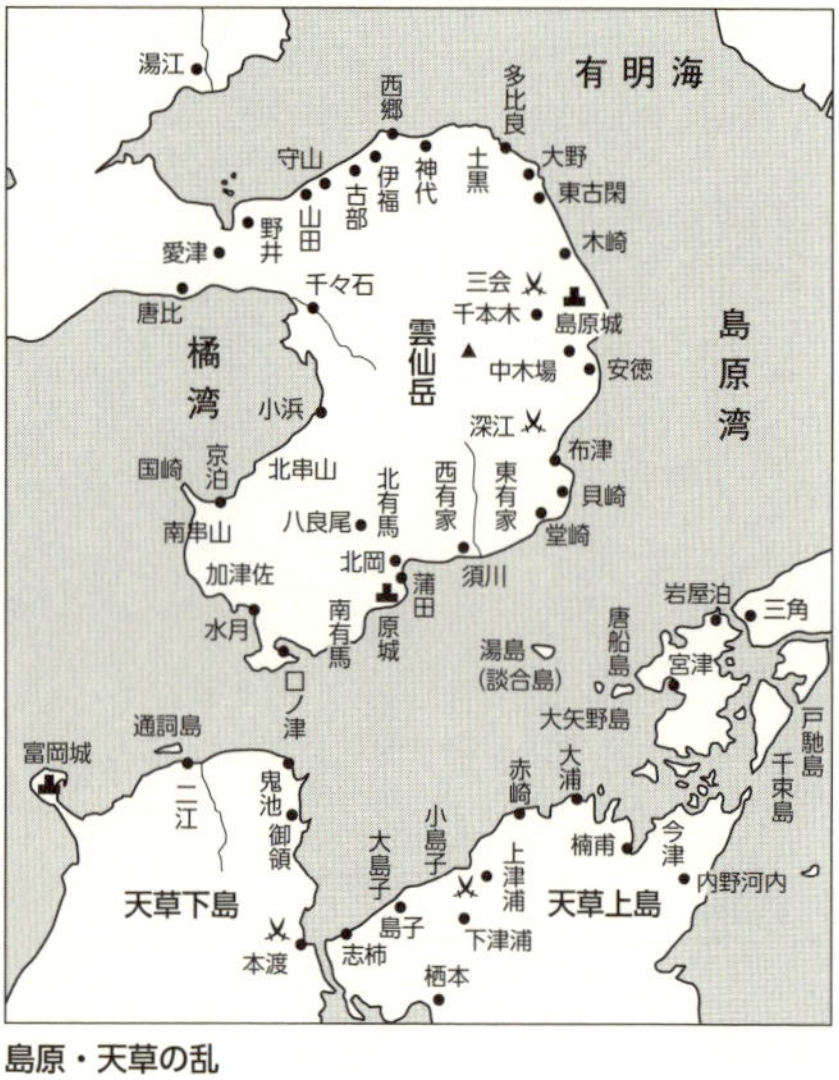

島原・天草の乱

一方「かづさじゅわん廻状」と称する文書が伝存する。「天草四郎という、天人天下りなられ」、「きりしたんになり申さぬものは……でうす様より、左の御足にてインヘルノ（地獄）へ御ふみこみ」になるので、早々と改心せよという趣旨で、日付は蜂起前の一〇月一五日。加津佐村の寿庵とは何者かわからず、偽文書の疑いもあるが、そうだとしても偽作がなされたこと自体、有馬村の蜂起が四郎の巨きな影の下に起ったことを暗示しているのではなかろうか。

廻状の署名者佐志木作右衛門については諸説あるものの、北有馬村浦河内の富農というのが、状況からして正しいようだ。彼は傷んだキリストの画像を隠匿していたが、それが一夜にして表装も新しくなったという奇蹟譚を吹聴し、村人が集まって崇敬するに至った。キリシタン立ち帰りの起点は、三吉・角内だけではなかったのだ。各書に記されているこの奇蹟譚について、『高来郡一揆之記』なる筆者不明の記録は、実は作右衛門自身が新たに表装し直しておいて、まるでおのずから新たになったかのように驚いてみせたのだという。代官林兵左衛門が殺害されたのも、作右衛門宅へ赴いてこの画像をひき破ったからだと、いくつかの記録に述べられている。だとすると、林代官殺害の直後出された各村庄屋宛の触れ状に、差出人として作右衛門の名が書かれている理由が納得できる。島原藩士安藤半助によると、この触れ状は西は口之津・加津佐・南串山・小浜・千々岩、北は有家・布津・深江・安徳・中木場に届けられた。半助の手記は原城落城の直後に書かれ、信憑性が高い。

起点が有馬村だったのは確かだとしても、一通の触れ状によって、島原城以南の「南目《みなみめ》」と称される一帯が一夜にして騒乱状態となり、役人・僧侶・神官が殺害され、村人たちもキリシタンに立ち帰るよう強要されるに至ったのには、下地というものがなければなるまい。諸書によると兆しは六月ごろからあったというが、その実相はさだかではない。天草上島と島原半島の間にある湯島で、天草四郎の一党と島原の有志とが会合を重ね、そのためにこの島は談合島と呼ばれるようになったというが、こういう話は、四郎が家光が死去したと誤信して天下をねらったという、明白な作り話とまじって後世の編纂物で語られ、にわかには信じがたい。

一〇月中旬、口之津に出向いた役人が、収穫の季節なのに遊山がましく男女が大勢出歩いているのはなぜかと、村役たちに問い糾したところ、尊い神が天草からみえたというので、その御座所を尋ね廻っているのです、たぶん狐に憑かれたのでしょうと答えたというのは信ずべき記録である。村役たちの中には右衛門作の名がある。これは後の原城からの投降者山田右衛門作に違いない。彼は口之津在の南蛮絵師だった。村役たちはとぼけてみせた訳で、二五日の蜂起前、口之津はキリシタン立ち帰りで沸き立っていたのだ。島原はキリシタン領主の有馬晴信の旧領で、かつてはキリシタン王国といってよく、特に南目は全村キリシタンだった。禁教の徹底とともに、キリシタンは殺されるか、あるいは転んだ。南目の百姓たちはすべて棄教した旧キリシタンだったが、なぜこの期に及んで信仰に立ち帰らねばならなかったのか。寛永一一（一六三四）年以来、連年の凶作、島原藩による極度の収奪によって、彼らが追いつめられていたのは確かだ。とくに寛永一四年の秋は、それまでの未進米の納入を厳しく迫られたという。かつて心ならずも棄てさせられた信仰が、にわかに縋るべき命綱に見えたのか。

一揆軍の島原城包囲

ここでは島原城へ派遣された熊本藩士道家七郎右衛門の報告書を紹介するにとどめよう。彼は一揆が島原城の囲みを解いた時点でこの報告を書いている。「敵より申し候は、是は人間の態《わざ》にてはなく、日本人の知る事にて之《これ》なく候。やがて天火をおろしやきはらい申すべき由」。「四郎殿と申して一七、八の人天上より御降り候が、此中《このごろ》切支丹の葬らいを仕らず候につき、死人ども浮び申さず候、天竺よりもことのほか御逆鱗にて候、やがて迎えを下さり候あいだ、忝《かたじけな》く存じ候えと申し触れ候」。「この事去年よりの催しの由申し候。当年などは麦をも作り申さず、やがて死に申し候由申し居り候」。「城へかかり候事、無性に死にさえ仕り候えばよく候と申してかかり候」。

この引用には一揆の性格を論じる上での重要な示唆が含まれているが、いまは立ち帰りは去年からの動きだとある点に注意したい。そういえば熊本前藩主細川忠興は藩主忠利に、前年（寛永一三年）八月の時点で、「寺沢・松倉家中何事ならんや。大勢走り候由、いづれも若衆にて候」と書き送っていた。寺沢家中とは天草、松倉家中とは島原であるのはいうまでもない。

代官殺害の報を受けた島原藩は、その夜のうちに家老岡本新兵衛の率いる鎮圧隊を、大小二〇艘の船に乗せて有馬へ派遣した。有馬まで海上五里ある。有馬沖に達するまでに、沿岸の布津・堂崎・深江・有家の村々で火の手があがり、海上はさながら満月のごとく明かるかった。寺社に放火したのである。「然れども召仕いの下人ならびに船頭水主《かこ》に至るまで、元来みな吉利支丹にて候えば、さのみ動転仕まつらず、結句得たり顔の気色に相見え候」と佐野弥七左衛門は言う。有馬沖に着くと、北有馬の代官本間九郎左衛門の乗った小舟と出会った。彼は身の危険を感じ、脱れんとして浜まで来たところ、天草から絵像を拝みに来た者どもの乗り棄てた小舟があったのを幸い、これを漕ぎ出して岡本らの船と出会ったのである。つまりこの夜の騒動にはすでに天草の百姓も加わっていたのだ。

本間の話では、先方では鉄砲八〇〇挺を揃えて待ち構えているという。安藤半助手記によると、岡本勢は「常の切支丹と心得」、縛り縄などのほか大した武具も用意していなかった。これでは上陸して鎮圧など、思いも寄らない。岡本は島原へ引き返して、城の守りを堅めるのが先決と決断した。島原町に着くと、町中「万燈のごとく松明《たいまつ》を出」していたので、「敵とも味方とも見分けられず」（林手記）とまどったが、藩士や町役人がかけ廻っているのに出会い、町内から人質を取って三の丸に入れてあるので、反乱の心配はないと聞かされた。

翌二六日早朝、岡本新兵衛は侍二〇〇を率いて深江村へ向かった。残って城を守った侍は六〇名。島原城に使いした佐賀藩士によると、島原藩には五〇〇の侍がいたが、そのうち二〇〇は藩主松倉勝家が引き連れて上府中で、国許には三〇〇しか残っていなかったという。深江村へ向かったのは、すでに城方へ帰順していた安徳村から、反徒深江に在りと聞いたからだ。

『有馬古老物語』によれば、深江に遣わされた安徳村の庄屋が「前の庄屋が炙《あぶ》り籠に乗せられ指十本切られて、死刑に処せられたとき、みな降参したではないか」と説得にかかると、深江村の庄屋は「それは前のこと。いまは四郎様のおっしゃることがありがたく、たとえどんなことになろうと、その義にそむくことはできない」と答えたという。

深江村へ進入した討伐隊は足軽を加え五〇〇人だった。待ち構える一揆勢と鉄砲を撃ち合って、激しい戦闘になったが、佐野が足軽たちにあまり戦意がなかったと書いているのは注目すべきだろう。それでも、さすがに戦闘専業者たる侍どもは勇戦し、結局二度の合戦に打ち勝って、首級を五〇挙げたとも、八五取ったとも記録されている。討伐隊側の死者は数名にすぎなかった。

だが、岡本新兵衛は島原城へ引き揚げを命じた。討伐隊は本来なら有馬まで進んで、一揆の本拠をくつがえすべきだった。しかし深江で一戦してみて、これ以上深入りすることに、岡本は危険を感じたのだ。『島原藩日帳』の言うところでは、兵は「草臥《くたびれ》」ていた。このままとどまって逆襲されれば、折角の勝利がふいになりかねない。岡本の判断は正しかった。討伐隊が城中に引き揚げると、増強された一揆勢はそのあとを追いすがるようにして、その日のうちに島原町に進入し、まず寺院に火をかけ、町並みを焼き払って城攻めにかかったのである。深江での敗報が布津村に届くと、仇をとらんとすぐさま村々に触れ知らせ、人数を催して岡本隊を追撃したと諸書は説く。

この際、城方についた安徳村の百姓は「牛馬に荷をつけ子供らを抱きかかえ、島原の城に逃げこみ、島原町の住民も残らず城へ逃げ入った」（「別当杢左衛門覚書」）。このように戦闘の際、住民の避難所となるのが近世城廓の機能のひとつだったことは、近年の研究で強調されている。安徳村の住民はそのままでいたら、一揆勢に皆殺しにされていただろう。異教徒は改宗せぬ限り殺すと、彼らはすでに宣言していたのだ。

一揆勢が島原城に攻めかかったのは、この日の申《さる》の上刻とも中刻とも言われているから午後三時ないし四時で、大手門で激戦となった。一揆勢は門扉をまさかりで二尺ほど打ち破ったが、城方は却ってその破れ目から鉄砲を放つことができ、一三七人殺したとか、八四人討ち取ったとか記録されている。放火した家屋が燃え盛り、その熱風に一揆側がひるんだともいう。しかし戦闘は夜の一〇時頃まで続き、彼らが引き揚げたのは夜中の一二時だった。大手門前の死骸には四人の女が含まれており、二人はコンタス（数珠）を首にかけていた。

翌一〇月二七日、一揆勢は城から近くの村々にたむろして気勢をあげたが、攻め寄せる気配はなかった。そもそも彼らは岡本隊を捕捉しようとして島原町へ進入したのであって、勢いを駆って城攻めにかかったものの、計画的に城を奪取しようとしたのではなかった。危険はむしろ城中にあった。味方すると称して城中にはいった百姓たちの中には、城中に火を放って一揆に呼応しようと企む者たちがいた。三会村の庄屋源左衛門一族三〇人が城中にいるのを見て、ある坊主は驚ろいた。彼らは数日前に彼の寺へ来て、今日よりキリシタンに立ち帰ったと宣言した者たちだったのだ。岡本新兵衛が糾問すると、彼らは「しゃっはらはっと立ち上り」、「あら口惜しや。事顕れ候」と長太刀を取りに行くべく走り出し、ことごとく殺された。この日二〇〇人ばかりが誅殺されたと記録は伝える。

熊本藩家老が二九日付で江戸へ出した書状によると、一揆勢は城から三、四里ほど引き取っているが、再度攻められたら危いとある。この時点で彼らはそれぞれ在所に引き揚げており、島原城奪取の計画はなかったようだ。むろん反乱を起こした以上、あとはどうするか様々に思議されたはずだが、史料は黙して語らない。ただ二八日、久留米藩士が偵察のため口之津に上陸したときの話が残っている。彼は上陸するとたちまち群衆に取り巻かれ、危うく殺されるところだった。「口之津より天草までの間、所々《しょしょ》残らずキリシタンに罷《まか》り成り候あいだ、天草へ相越し候なるまじく」と言われて、彼はすごすごと久留米へ帰った。

天草でも一〇月二七日には、各所でキリシタンへの立ち帰り現象が生じていた。天草は唐津藩主寺沢堅高《かたたか》の所領で、下島の富岡城に三宅藤兵衛を置いて支配させていたが、その三宅が二九日の日付で熊本藩三家老宛に、一昨日より大矢野島外小村二、三カ所でキリシタンへの立ち帰りが生じたと書状で知らせている。三〇日には大矢野の岩屋泊という所から、七三人の男女が熊本藩領三角《みすみ》へ逃げて来た。彼らは真宗門徒で、まわりの村々からキリシタンになれと迫られて逃亡したのである。だが、天草の実状が明らかになったのは、大矢野の大庄屋渡辺小左衛門が捕えられてからである。小左衛門と彼の妹婿小兵衛ら六人は三〇日、宇土半島の郡浦に上陸したとたん、キリシタンと見破られて逮捕された。小左衛門は宇土の江部村に住む天草四郎の母と姉妹を、大矢野の四郎のもとへ引き取るべく潜入したのだった。彼は弟が四郎の姉の婿という関係にあり、彼を捕えた熊本藩の役人は「キリシタン二千の大将分」だと報告している。

「天使の出現」が引き起した立ち帰り

さて、ここで天草四郎という、日本史上最大の謎の人物のひとりについて述べねばならぬことになった。彼について信用すべき史料は基本的には三つしかない。渡辺小左衛門の口述書、小左衛門逮捕に続いて捕えられた四郎の母の口述書、さらには、原城陥落時に投降した山田右衛門作の口述書である。あとは風聞にすぎない。

小左衛門の最初の口上は、「益田甚兵衛・四郎の親子が天草でキリシタンを弘《ひろ》めているかとのお尋ねだが、左様なことはいささかもなく、四郎はただ今肥前瘡《ひぜんがさ》（疥癬）を患《わず》らって、蔵々島というところで療養しております」というにとどまる。肝心なことは口をつぐんで語らなかったのである。そのうち、「日頃奇特なる人と思われており、島原からも噂を聞いて訪ねて来た者はいる」、とだけ洩らした。翌年一月二五日、すなわち原城落城のひと月前の口述でも、四郎が天草へ渡ったのは一〇月一〇日ごろだとか、父の甚兵衛と自分が「そろそろ奉公したらどうか」ともちかけたのに、四郎が「十五六の内は我身自由に仕り候こと、まかりならず候あいだ、時分を以て奉公仕るべく候」と答えたので、まったく合点できなかったとか、肝心なことは何も言っていない。

母の供述は四郎の履歴にふれている。歳は一六、九つのときから手習・学問をした。学問のためにたびたび長崎を訪れたことがある。京・大坂へは行ったことがない。大矢野へ渡ったのは九月三〇日である。父益田甚兵衛が小西行長の旧臣だったとは小左衛門の証言するところ。家族はほかに二四、五の姉と七つの妹がいた。

天使としての四郎の出現について、最も明白な証言を行っているのは、山田右衛門作である。投降後になされた「口上」によれば、この度の一揆の起こりは、大矢野千束島に住む五人の浪人がこの年の六月ごろから、次のような事を言い触らしたことにあるという。

天草上島の上津浦に住んでいたバテレンが追放になる前に予言をした。当年より二六年目に善人一人世に現われるだろう。「そのおさなき子、習わざるに諸学をきわめ、天にしるしあらわるべし。木に饅頭なり、野山に白旗を立て、諸人の頭にクルスを立て、東西に雲の焼くる事あるべし。野も山も草も木も焼け」云々。今年はまさにその二六年目で、天草に大矢野四郎という一六歳の少年がいるが、バテレンの書き遺した予言書と照らし合わせると、「かの書物に少しもたがわず候あいだ、さては天使にて候わん、少しも疑いなし」。五人はそのように言いひろめて四郎を「たっとませ」たというのである。さらに彼らは一〇月一五日に「天地の動き候ほどの不思議なる事出来《しゅったい》すべし」と宣伝したが、その通り一五日に島原でキリシタン立ち帰りが生じ、代官・僧侶が殺害されたと右衛門作は言う。

右衛門作は有馬の旧臣で、おそらくイエズス会の学校で油絵を習得したのだろうが、住居は島原口之津で、千束島の五人の浪人の暗躍については、伝聞したことを語ったにすぎない。しかし、その証言からすれば、島原でのキリシタン立ち帰りと蜂起の根元は、やはり天草における四郎という天使の出現にあったことになる。

なお、大矢野には一六二五年頃まで、バテレンが滞在、司牧していた。

四郎をして「天使」と思わしめたのはどんな資質だったのだろうか。彼は「天より鳩を招き寄せ、手の上にて卵を生ませ、それを割りて吉利支丹の経文を取り出《いだ》し見せ」たという。また、湯島まで海上を歩み渡ってみせたともいう。伝えているのは例の別当杢左衛門で、信じるに足りぬ噂話なのは言うまでもない。しかし、西洋中・近世の千年王国運動の歴史では、しばしば少年が現われて群衆を動かしている。しかも奇蹟は近世に至っても日常的に生じた。かのジャンヌ・ダルクの例を引かずとも、四郎の示す何らかの霊性が、天草の農民に予言された天使と受け取られたのは、別に怪しむべき話ではない。彼はそれこそ奇蹟ととれる事もやってのけたのだろう。

四郎が旧小西家の浪人たちが作り出した傀儡だという説はむかしからある。そういう面もあったかも知れない。だがこの少年に際立って特異な霊性が備わっていなければ、キリシタンの世を恢復すべく天から遣わされた使いと、万単位の農民が思いこむはずはない。そういう霊性とは具体的にどういうものだったか、一切は闇の中である。だがそれなしには、浪人どもがお御輿《みこし》として担ぐことも不可能だったろう。一八世紀にヴォルガ流域で大農民反乱を惹き起したエメリヤン・プガチョフはピョートル三世を僭称したが、彼の側近の仲間はみな彼の正体を知っていた。知りつつ、プガチョフのカリスマを信じた。

天草キリシタン一揆と本渡合戦

渡辺小左衛門の口上によると、天草で一揆が起ったのは一〇月二七、八日で、小左衛門自身が大矢野の百姓四、五〇人を率いて、栖本の代官石原太郎左衛門宅に赴き、島原で不思議なことが生じたので、キリシタンに立ち帰ると宣言したという。熊本藩の調書だから、大矢野の浄土宗の寺は百姓が火をつけたのではなく自然発火だなどと言い訳しているが、上津浦、下津浦、須子《すじ》、赤崎で寺や神社が焼け、村々にクルスを立てたことを認めており、天草のうち三角の瀬戸から本渡の瀬戸まで、大方キリシタンになったと語っている。宇土町の博《ばく》労《ろう》平作と十兵衛という者たちが、一〇月二一日から一一月五日まで、馬の買い付けに天草上島へ渡ったが、彼らの話では上津浦には七八〇人のキリシタンがおり、うち一五〇人の男子が武装していた。武装と言っても、鉄砲八、弓二、槍二、あとは包丁を竹先に取りつけたり、竹の先をとがらせたのを持っているだけだった。しかし、死を少しもいとう様子はなく、たとえ死んでも生き返ると信じていた。また八代城を預り天草の情勢に注意していた細川立允《りゅういん》（熊本藩主忠利の弟）が、一〇月三〇日に熊本藩三家老へ出した手紙によると、富岡城代三宅藤兵衛に飛脚を立てたところ、上島の須子村で五〇人ほどの武装した百姓たちに距《はば》まれ、「藤兵衛と申すは昔の事、今はデウスの御代にて候あいだ、中々通し間敷《まじ》く候」、島原の様子を知らぬのか、たとえここを通れても次の村で通すわけがない、命が助かっただけでもありがたいと思えと追い帰された。

三宅藤兵衛が一一月二日、熊本藩三家老に報じたところでは、キリシタンに立ち帰ったのは大矢野で四〇〇、上津浦で三〇〇、その外四、五カ村で二〇〇、この二〇〇は上津浦に集まっているとのことだった。上島西岸の上津浦は天草キリシタンの中心地になっていたことがわかる。

唐津藩は天草の情勢を憂えて将兵を富岡に増派したが、この援軍は一一月一〇日富岡に着いた。三宅藤兵衛は早速討伐軍を繰り出し、先兵は上島の大島子《おおしまご》に達してキリシタン勢と戦闘にはいった。一方、右衛門作の口上によると、四郎は大矢野島宮津に、七〇〇ばかりのキリシタンとたて籠っていたが、島原からの招きで大江村に渡り、島原勢と談合して、まず長崎を攻める方針を立てたという。その際島原勢の使者が宮津で、四郎に対して彼を大将と頼んで「宗門を取り立て申すべし」と申し込み、四郎が承諾して、今後は自分の下知に従えと言ったとあるのは注目すべきだろう。ところが上津浦から、三宅藤兵衛が軍勢を率いて押し寄せて来たので加勢してくれと急報があったので、長崎攻めはあと廻しとなり、四郎は一五〇〇の島原勢を率いて救援に向かったと右衛門作は言う。

上津浦に集まった天草のキリシタン百姓は、島原勢の救援を受けて、一一月一四日富岡勢と戦ってこれを敗走させた。いわゆる本渡合戦である。三宅藤兵衛は戦死し、逃げ帰った唐津藩兵は富岡城にたて籠った。久留米のある町人がちょうど本渡に滞在していて、四郎が船から上陸した時の様子を記録している。「四郎出立《いでたち》は、常の着る物の上に白き綾を着、裁着《たつつけ》（旅行用の袴《はかま》）を着、かしらには苧《からむし》をもって三つ組みにして当て緒をつけ、のど下にて留め、額にちいさき十字を立て申し、御幣を持ちて惣勢下知仕り候」。四郎は舟を降りると馬に乗り、家老格らしい馬上の者二人を従えていたとある。

蜂起勢、富岡城攻略失敗

本渡合戦に敗れた唐津藩兵は富岡城に籠った。城は天草下島の西北隅に突き出た小半島の突端にある。一揆勢は一一月一八日、半島の付け根の志岐に陣取った。ここはかつて布教が行われ、教会もあったところである。一揆勢は本渡で討ち取った三宅藤兵衛以下五人の侍の首を獄門に掛けた。この五人は「吉利支丹に敵対し背き奉」ったので誅罰するというのだ。「敵対」とは三宅が軍勢を率いて討伐に乗り出したことを指すに違いないが、三宅はまた合戦の前に、本渡で六名のキリシタンを処刑していた。それも土に埋めるという惨虐な殺しかたである。三宅らの梟首《きょうしゅ》にはその復讐の意味もあったかも知れない。彼らはその前、下島東岸の御領村を焼き打ちし、舟で海上に逃れ出た村民に「キリシタンになるなら組に入れてやろう。さもなくば討ち果す」と迫った。村民は仕方なく改宗に同意したというが、同様な事例はほかにも多かったはずで、この一揆の性格に重要な光を当てている。

城に籠った唐津藩兵は六、七〇〇だったという。城攻めは一九日早朝から始まった。城方には大火矢・鉄砲も備わり、火薬・食糧の蓄えも十分だった。激戦のうちに日が暮れると、翌二〇日、さらに二一日は攻め寄せることはなく、城から見おろしたところでは、城攻めの道具造りに大童の様子。二二日にはまた未明から攻め寄せ、終日攻防が続いた。だが、城は遂に陥ちなかった。もともと近世城廓というものは、二日や三日攻めたからといって陥ちるものではない。そのことは信長や秀吉の全国制覇の過程で、度々実証されてきたことである。城廓を陥とすには長期間の攻囲が必要だった。一揆勢には三〇〇の鉄砲があったという情報もある。だが鉄砲を撃ったとしても、頑丈な城壁や城門がどうにかなるものではない。攻城具もなく、長期の攻囲もできかねる一揆勢に城攻めが無理なのは、すでに島原城攻めによって明らかであった。

城中には並河太左衛門という侍がいた。『武功の次第』と銘打った覚書で散々手前味噌を並べている男であるが、「日本は神国にて候えば異朝の宗門にいかでかやぶられ申すべきや。神力を以て追っつけ運を開き申すべし」と言い聞かせ、味方を感奮させたという。例の自慢話とはいえ、一揆の性格についての重要な証言といわねばならない。百姓どもにいかでか破らるべきやとは言っていないのである。

二三日、一揆勢はにわかに囲みを解いて姿を消した。「二三日の晩までに船と陸を退散仕り候ゆえ、城中運を開き安堵仕り候」と並河は言う。熊本藩葦北郡奉行が天草からの知らせとして報告したところでは、「志岐城の様子、貴理《きり》したん石火矢大筒にて痛み、その上玉薬これなきに付きて、島原より渡り申し候吉利支丹は島原へ二三日に引取り申し候。上津浦・大矢野より参り候もその時引取り申し由」ということだった。山田右衛門作は「二の丸まで押しこみ候ども、乗取《のっと》り申す儀は罷《まか》りならず引取り申し候」と述べている。攻略はむずかしいと見定めて、ひとまず根拠地へ引き揚げたのである。葦北郡奉行の報告に、その際志岐から本渡までの村方の者どもが「裏返《うらがえ》」って追討ちしたので、「きりしたん大勢相果て候」とあるのは注目すべきだ。一揆が支配した村々は御領村の例に見るように、強制的にキリシタンにされたのだが、一揆が退くと同時に反キリシタンの牙を剝いた。

　山田右衛門作の供述では、四郎は島原勢とともに口之津へ渡り、そこで松倉勝家が江戸から帰って島原城に入り、その上佐賀藩の先手が島原半島の西口にあたる唐比《からこ》まで来ていると知って驚き、原城に籠もる方針を立てた。勝家が島原城に着いたのは一二月二日である。熊本藩は一二月二日、大矢野島波多村へ百姓を偵察に出したが、のぼり旗を立て大声でわめき立てても反応はなく、そのうちやっと出て来た者はわずか二人。その話では、大矢野のキリシタンは二五日から一日にかけて残らず島原へ引越した、自分たちは同行したくなくて山へ逃げこんだという。天草キリシタンは原城に籠もる覚悟をきめたのである。

鈍かった幕府の対応

　一揆勃発当初、幕府・各藩の対応はすべて後手に廻った。島原城が襲われた翌日、一〇月二七日には多賀・岡本・田中の島原藩三家老から連名で、熊本・佐賀両藩の家老に救援要請がなされた。当地の百姓どもにわかにキリシタンに立ち帰り、五、六〇〇〇人の一揆が城下まで押し寄せた、「隣国の儀にござ候あいだ、早速御加勢なさるべく頼み存じ奉り候」というのである。両藩の家老は直ちに返書しているが、いずれも公儀の制禁があるので兵は出せないというのであった。制禁というのはいうまでもなく、何事があろうとも幕府の指示を待たず隣国に兵を出してはならぬという、「武家諸法度」の規定を指す。それでも熊本（細川）、佐賀（鍋島）の両藩は出来る限りのことはしている。両藩とも藩主は不在だったが、家老たちは江戸の藩主と密接な連絡をとり、熊本藩は天草対岸の自領の警備を強化し、佐賀藩は島原藩との国境いの神代《こうじろ》に五六〇〇の兵を集めた。

　当時豊後の府内に幕府の目付が二人駐在していた。助けにかけつけたくてじりじりしている両藩は、この目付たちにもお伺いを立てた。ところが彼らは、非行のせいで府内藩に預けられていた松平忠直（夫人は二代将軍秀忠の娘）を監視するのが役目で、こうした非常事態に際会して断を下すような権限も能力も持たなかった。一〇月三〇日付の目付衆の返書は言う。「とかく江戸より御下知ござあるべく候あいだ、そのうち彼《かの》ものども何とぞ静められ申し候様の手立てあるまじく候や」。こんな返事をもらっても仕方はない。

島原キリシタン蜂起の知らせは一一月九日幕府に届いたとされる。熊本藩三家老が第一報を江戸藩邸宛にしたためた日付が一〇月二八日だから、幕閣の知るところになったのが九日というのも順当だろう。幕閣は上使として板倉重昌、石谷《いしがや》十蔵貞清を派遣することにし、併せて島原藩主松倉勝家に帰国して鎮圧に当たるよう命じた。また老中土井利勝は佐賀藩主鍋島勝茂と唐津藩主寺沢堅高に、島原藩の手にあまるようなら加勢するよう指示した。すでに一〇月末には天草でも一揆が始まっていたのだが、そのことはまだ知られていない。板倉重昌は京都所司代として令名高かった勝重の子で、兄重宗は現京都所司代である。だが所領一万二〇〇〇石に満たず、のちにこのような小身者を上使とした処置を云々されることになる。要するに幕府には地方の小反乱程度の認識しかなかった。将軍家光は九州の各藩が「武家諸法度」を厳守したことに満足の様子だったという。

一揆勢、「原の城」に籠城

山田右衛門作の供述に従うと、談合の結果「原の城」に籠城ときまり、「一二月一日より村々飯米残らず古城へはこび入れ、その上口之津へこれある長門守蔵米五千石ほど取り入れ」た。長門守とは松倉勝家のことである。四郎は三日に城へはいった。四日五日に島原キリシタンはすべて入城、数日のうちに城の普請と小屋の設営を終った。九日には天草から二七〇〇人が到着、彼らが乗って来た舟、さらに大江の浜にあった舟を打ち壊し、「城の塀裏がこい」にした。城中に籠った人数は合計三万七〇〇〇人である。

以上の供述についてはいくつか問題がある。山田右衛門作は天草勢の到着を九日としているが、二日に大矢野島波多村へ偵察にやられた熊本藩の百姓は、前記したように大矢野・上津浦のキリシタンは一日までにすべて島原へ移ったと報告している。だが、これは右衛門作が正しいようだ。というのは例の並河太左衛門が、九日に富岡勢が大島子まで「押し出し」たところ、敵は前夜上津浦を「明け退」いたあとだったと記しているからだ。このとき、舟に乗り遅れ山林に隠れていた者一〇〇名余を捕えたという。また七日に天草上島へ進攻した細川立允（藩主忠利の弟）の記録にも「九日の四時分《よつじぶん》きりしたんども悉《ことごと》く船にて落ち申し候」とある。四時《よつどき》とは午前九時すぎ、別の記録には九日の暁と記したものもある。大矢野島波多村が無人状態だったのは、住民が上津浦に集結したからで、島原へ渡ったのはあくまで九日早朝だったのである。

次に籠城の人数である。三万七〇〇〇という数字は定説化して来たが、九州大学の中村質《ただし》は諸史料を再検討し、二万数千人を実数としている（『近世長崎貿易史の研究』一六五ページ）。

島原藩士佐野弥七左衛門は『覚書』の中に、「この原の城の名、古来所の者春の城と申候えども、上使御下次の後原の城といずれも申候ゆえ、所の者も原の城と申し候」と記し、以来この記述を踏襲する人が多い。しかし、誤解してはならない。原は九州ではハルと読む（田原《たばる》坂はその一例）。原城はむかしから原城で、江戸からやって来た上使一行は、それを現地音のハルとは読まずハラと読んだので、現地人もそれに従うようになった、というだけのことだ。春の城が原の城に変った訳ではない。『天草時貞』の著者岡田章雄は原城を「もと日野江城といって、有馬氏の代々居城としていたところ」と言うが（『天草時貞』吉川弘文館）、これはむろん誤りで、有馬晴信が本拠を日野江城から移すつもりで築き始めたのが原城である。松倉重政が入部し島原城を築いて本拠とするに及んで、一国一城令によって廃城とされた。だが全く廃墟になっていたのではなく、かなり遺構もあったのが実情だった。それに一方は海に面する断崖、三方は沼や谷になっていて、舟板をめぐらした構えであっても、それなりに攻めるには厄介な要害だったのは、その後の攻防の示すところだ。

第二五章　原城の攻防

板倉重昌は一二月四日に島原へ着いた。翌日出した軍令には一揆勢からの投降者や、手向いせぬ女子どもは殺すなとある。彼の手許には島原（松倉）藩兵と佐賀（鍋島）藩兵があり、一〇日には一応原城を包囲した。天草勢が入城したのが九日だったから、わずか一日の差だったのである。一八日頃には柳川（立花）勢、久留米（有馬）勢が到着し、二〇日払暁から第一回の攻撃が行われた。上使板倉の計画では、三の丸塀際まで立花勢が押し出し、城兵を引きつけている間に、鍋島勢に出城の松山を攻略させるつもりだった。松山は天草勢の守るところで、天草丸とも呼ばれた。松倉勢・有馬勢は後詰に廻った。しかし、この第一回攻撃はみごとに失敗した。

立花勢が向かった三の丸の前には堀が切られていて、立往生した軍兵に銃撃や投石が集中し、死傷者続出の有様。天草丸を攻めた鍋島勢も、一画を占拠したかと思う束の間追い落とされ、これも損害多大。後詰の松倉・有馬勢が声をあげて気勢を励まそうとしても、声が揃わず、城内から嘲笑う声が聞える始末。そのうち松倉勢が対峙する城塀に男が登って、「日頃やれ年貢だ何だと、水牢やらで責めつけた勢いはどうした。その勢いで攻めて来いよ。少しは目に物見せてくれるぞ」と罵った。

一揆勢は男は鉄砲を撃ち石を投げ、女は石を運んだと、征討軍の一人が記録している。有馬藩の覚えによると、死傷者は立花藩兵三〇〇余、鍋島藩兵二七〇余にのぼった。その二日後城中より矢文あり、「我々国郡を望み利欲のため反逆を企しにあらず。ただ此宗門を踏みつぶし給わんとの事ゆえ、やむ事を得ずして防戦する」という趣旨が述べてあったと、『徳川実紀』は伝える。

城中の様子は追々、落人の口からわかるようになった。上津浦出身の一七、八の男は二四日夜、薪拾いに出て来たところをつかまったのだが、同夜有馬藩陣営で捕われた六二歳の老爺は、キリシタンにならねば打ち殺されるので余儀なく入城したが、やっと監視の目をくぐって逃げ出して来た。彼には妻と二人の息子がいるが、この三人はキリシタンなので、城中に残したという。本人は真言宗門徒だった。彼らの口上によると、城中に籠もるは一万四、五〇〇〇、鉄砲は五〇〇挺。薪・火薬は乏しい。食糧はいまのところ一日四合もらうが、保《も》って精々二月一杯くらいか。塀の内側に堀を設け、小屋掛けしている。大将四郎は髪が赤く、二の丸まで出て来たのを一、二度この目で見た。四郎は本丸の内に寺を建て、そこで勤行をしている。四郎の代りに城中を廻るのは、四郎の父益田甚兵衛、絵師の山田右衛門作、有馬旧臣の芦塚忠右衛門などで、「持ち口をよくかためる者は天上へゆき、さもなくば地獄に落ちる」と触れ廻っている。

幕府は一一月二七日、上使としてさらに松平信綱（老中）と戸田氏鉄《うじかね》（美濃大垣藩主）を派遣することを決定し、二人は一二月二八日に小倉に着いた。岡田章雄の説によると、彼らの任務は乱が平定されたのちの処置をとることにあり、自分らが着く頃は原城は当然陥ちているものと考えていた。だが、信綱が大坂で大砲数門と砲術家の鈴木三郎九郎を一行に加えたところを見ると、戦況のきびしさはすでに彼らに聞えていたらしい。

原城包囲軍は二〇日の城攻めの失敗後、築山を盛り櫓を築くなど、いわゆる「仕寄り」に余念がなかった。板倉重昌は二九日に諸藩の家老を招集して、総攻撃の可否を諮問し、仕寄りが不十分でその機ではないという大方の意見に同意した。ところがその翌朝、家老たちは再び呼び集められ、重昌から明日元旦に総攻撃を行なうと告げられたのである。反論の余地のない下知であった。何が板倉重昌をかくも性急に決意させたのか、うがったような説もないでもないが、結局のところ、松平らの新上使の到着前に城を攻め陥したかったのであろう。諸藩はしぶしぶ命令を受領し、当然行動の足並は乱れた。寛永一五（一六三八）年一月一日の原城総攻撃は最初から不運な星のもとにあった。

上使・板倉重昌の討ち死に

戦場に抜け駆けはつきものである。攻撃は石火矢が三発放たれるのを合図に、夜明けに開始されるはずであったが、まだ暗いうちに鍋島勢が攻撃を始めてすぐに撃退され、それを見た有馬勢が続いたものの、これもまた敗退、そこでやっと石火矢の合図があって、松倉勢の出動となったが、これも反撃されて総崩れに終った。立花勢は浜辺の大手門から敵が打って出た場合の備えとして配置されていて、攻撃には参加していない。

板倉重昌は諸藩兵の不甲斐なさにじれて、手勢を率いて塀際まで出撃し、采配を振るって攻撃続行を促したが、誰も応ずる者がいない。自ら塀に手をかけてよじ登ろうとするところを狙撃されて死んだ。傍らの副使石谷十蔵（貞清）も傷を負った。現場にいた石丸七兵衛という男は、板倉は惣下知をする立場で自ら城へ「御懸り」なさることはなかったのだが、「右の衆おくれを取り控え居り候ゆえ、懸り候えと釆をお振り候えども、一切下知を聞き申されず候をご覧候て、腹を立て御懸り候ゆえ」討ち死にする羽目になったと記している。

石丸は一揆勢の防戦ぶりについて、「近々と寄り申し候ても鉄砲を打ち申し候。塀近々と寄り申す時石を打ち、砂を炒《い》り候て懸け、灰をかけ、塀に手を掛け申す時、なた長刀どす物にて切り、中々珍らしき有様」と記す。松倉藩の例の林小左衛門によると「茅はらなどを大にたばね、火をつけて投げ出し候に、外にてはぱっと解けて足もとみな火となり候ゆえ、味方崩れ立ち候て、止所《とめど》もなくなり候」という具合だった。石丸によると「塀も損ね申さず候、城中の者は少しも果て申すまじき体にてござ候」という次第で、「今の分に候わば、寄せ衆をばみな打ち殺し申すべしと見え申し候。九州の人数ばかりにては攻め申す事なるまじくと、いずれも申す事に候」というのが彼の正直な報告だった。当日、寄せ手の死傷者は三八〇〇余人にのぼったのである。

敗報が江戸に届いたとき、将軍家光は自ら城攻めに加わって戦死した重昌について、「いのしし武者とやらんに、方《かた》なく懸りに懸り候て、相果てられ候事、沙汰のかぎりとて、御腹立ち」だったという。幕閣は在府中だった細川忠利、鍋島勝茂、有馬豊氏、立花宗茂の四藩主に、有馬陣に赴くよう命じ、併せて福岡藩主黒田忠之にも出陣を指令した。細川藩兵、黒田藩兵の到着によって、包囲軍は一〇万に達した。上使松平信綱は長期包囲の方針を固め、陣屋を築き井楼《せいろう》を建てて圧力を強め、糧道を断つ策に出た。そのために尨大な資材を集めねばならなかった。そもそも秀吉の天下統一の過程から、戦争は一大土木工事の様相を呈する段階にはいっていたのだが、原城攻囲はその究極の姿を示したと言ってよい。井楼は上から城中に鉄砲を撃ちかけるためのものだが、同時に城中偵察の役目も果した。井楼でもよく見えないというので、細川藩では頂上に箱をしつらえた帆柱を立て、箱の中から城中を観察させることまで試みた。

信綱が大坂から連れて来た砲術家鈴木三郎九郎重成は、一月七日に「大坂衆」にあて手紙を書いている。この人は三河以来の旗本鈴木家の三男で、兄は『二人比丘尼』など仮名草子作者として名高い特異な禅僧鈴木正三《しょうさん》である。重成は乱後天草の代官に任ぜられ、兄正三を招いて、ともに人心の安定につとめ、天草四万二〇〇〇石の石高を二万一〇〇〇石に半減するよう、幕閣に繰り返し上申したが容れられず、乱後一五年を経た承応二年、身に替えて宿願を遂げるべく江戸の自邸で自刃した。二代目代官になった重成の養子重辰（正三の子）も、重成の遺志を継いで石高半減に努力し、重成自刃から七年目に幕閣はやっと半減を認めた。現在天草本渡に建つ鈴木神社は、重成・重辰・正三を祭神としている。

さて、その重成が砲術師として見た城中の有様といえば、「塀のかけ様、高さ九尺（約二・七ｍ）あまり、内には竹を当て、その次に土俵にて五尺（約一・五ｍ）ばかり築《つ》き立て、走り歩き様に土手のごとくに仕り、武者走りを致し」、「いかにも丈夫に普請仕り居り申す体」に見えた。本丸には古い石垣がそのまま残り、棟高い家が二つ見える。これは寺であって、四郎が勤行をしている。落人の話では、城中の者が四郎を崇《あが》めること、「六条の門跡より上」で、「下々の者は頭《かしら》を上げ見申すこともまかりならず、おそれ候由」。二の丸三の丸にも、すき間なく小屋が掛けてある。また塀の内側には七、八尺の深さに穴を掘り、そこにも詰めているらしい。小屋の中にも穴を掘り、鉄砲の用心をしているとのことだ。弱っている様子は見えない。鉄砲を撃つのはこちらから押し寄せた時ばかりで、ふだんは撃たない。火薬を大切にしているのだと思われる。一日の総攻撃の時は「女どもまで襷《たすき》をかけ、クルスを額に当て、鉢巻をいたし、石飛礫《いしつぶて》を雨の降るほど打ち申し候について、寄せ衆しらみ、引き申し候」。重成の報告には百姓どもへの侮蔑や憎悪はない。むしろ、けなげな者どもよという感嘆の口調さえうかがえる。この先、天草の百姓のために腹を切る素地はすでに出来ていたのだ。

細川藩の堀江勘兵衛が同藩家老へ出した書簡も、同様な城中の様子を伝えている。「城の躰《てい》見事に囲《かこ》い申し候。本丸・二の丸・三の丸の出城、ならびに南の山尾崎まで立て置き候昇《のぼり》・家数城中の明地もこれなく立ち申し候。殊のほか大きなる家どもも大分あい見え申し候。惣かわら、塀さまを切り、塀裏に走り矢倉を仕り、その上を徒党どもかけ廻り申し候。腰より上ばかり見え申し候」。兵粮《ひょうろう》や火薬が尽きてしまうような手立てをしない限り、うまくは行かない、「むざと乗りこまれ申す処そうにはござなく候」と言っているのも注目される。しかし、籠城方にも心配がなかったのではない。細川立允の家老志方半兵衛は一月八日付の書簡中に、「元日の合戦に城の内石尽き申し候や、この一両日城の内より、五十、百、二百人ほど裸かになり海手へ出、石を城へ運び申し候所を、船手より石火矢・大筒にて打ち申し候えども、卒度《そっと》も怖《お》じ申さず候」と述べている。船手とは、細川藩が原城沖に配置していた軍船のことである。

矢文の応酬とオランダ船からの砲撃

一月一〇日、松平信綱は寄手各藩から計三〇名の射手を出させ、矢文を城中に射こませた。文面は「わざわざ一翰申し遣わし候。今度古城に楯籠り、敵を成す条いわれなし。併せて天下に恨みこれあり候や。また長門（松倉勝家）に一分の恨これありや。その恨一通にてこれあらば、いか様とも望みを叶《かな》え」ようと書き出し、「和談を遂げて下城」するなら、それぞれの家へ帰って耕作することを許そうし、当座の飯米として二〇〇〇石を与え、年貢は今後定免三つ成、諸公役はのちのちまで免除すると、いいことずくめを並べ立て、「偽りはあるべからざる也」と結ぶ。もちろん本気で和議を申し出ているのではない。籠城衆のうちに動揺を生じさせ、結束を乱そうというのだ。これに対する返書は一三日、これも矢文の形で攻囲軍に届いた。この矢文の文面は各種伝わっているが、天野四郎という署名のある一文など文飾甚しく、一見して偽作の疑いが濃い。

しかし、熊本藩の堀江勘兵衛が同藩家老長岡監物に宛てた一四日付書簡によると、その内容は「上様への申し分もござなく候。松倉殿への申し分もござなく候。宗門の儀に付きてかくのごとく籠り居り申し候。あわれに候わば、そのまま宗門御立させ下され候えかしと存じ奉り候」とあり、さらに、「奇特なる宗門にて」、そちらからいくら鉄砲を撃っても、当方は死人も手負いも出ないと付け加えている由で、堀江は「面の憎き事を申したる」とみんな語り合っていると記している。おなじ熊本藩の小林半三郎の長岡監物宛書簡も、矢文の趣旨は、上様や領主に対して一揆を企てたのではなく、「宗門名誉の奇特ござ候につき、その道を捨て難く存じ候処に、御誅伐の儀迷惑仕り、かくのごとく取り籠り申し候」というものだと伝える。これは堀江や小林が矢文そのものを読んで、その趣旨を要約しているのだから、最も信じるに足る。伝来する各種の文面も、国郡を望む訳でも、天下への恨みがある訳でもなく、ただ宗旨に従いたいだけだという点では一致している。

矢文は一通だけではなく、数日にわたり何通も城中から射出されたようだ。その中にはオランダ船に砲撃させているのを難じるものもあった。オランダ船が原城沖に到着したのは一月一一日、砲撃を開始したのは一三日である。

オランダ平戸商館長クーケバッケルに最初求められたのは、大砲と火薬を提供することで、彼は碇泊中のデ・ライプ号の砲五門を取りはずして、松浦藩を介して現地へ送った。だが一月六日には、平戸にいるオランダ船二隻を原城沖へ差し向けよという命令が届いた。クーケバッケルはペッテン号を至急出港させ、残っているのは一隻だけですと答えて、自らデ・ライプ号に乗りこんで原城に赴いたのである。オランダ人に求められたのは、海上から砲撃するとともに、陸上の砲台からの砲撃を指導することだった。陸上の砲台には先に平戸から送った大砲五門が据えつけられ、さらにデ・ライプ号の備砲も陸揚げして増強された。砲撃は二七日まで続けられた。クーケバッケルは原城の構造からして、砲撃はあまり効果あるまいと見ていたが、心理的な面も含めて籠城方にある程度の痛手は与えたようだ。

大砲の破裂事故や、攻城方の陣営が城に接近して来て、誤射を受けるおそれやらで、二七日になってオランダ船は平戸へ帰ってよろしいということになった。クーケバッケルが幕命に従ったのはむろん、オランダが将軍に忠実であることを事あるごとに示そうとする東インド会社の方針によったものだが、厄介なお役目だったことは確かである。この一件で、オランダはキリスト教徒迫害に加担したと、ヨーロッパ中で非難されることになる。だがクーケバッケルは日記中、これは宗教戦争ではなく、領主の苛政に反抗した農民一揆だと、くどいほど強調している。彼はオランダ人自身、新教とはいえキリスト教徒である以上、この反乱をキリスト教という宗門に起因するものとは認めたくなかったのだ。

一方松平信綱がオランダ船に助力させたのは、キリシタンたるオランダ人まで攻撃に参加しているのを城方に見せつけて、海外キリシタン国の救援の望みを断つためだったという。しかし、籠城中の百姓たちが、果してそんな高度な計算までしていたかどうか甚だ疑わしく、「知恵伊豆」の読み過ぎと評すべきだろう。第一、一揆勢は、新教国オランダをおなじキリシタンとは認めていなかった可能性が高い。ただ、異国勢まで加勢させて恥とは思わぬのかと、寄手を非難しているだけである。

矢文の往来は続いていた。堀江勘兵衛は妻子を助け下されば男たちは御意次第の処分を受けるとの矢文があったと記すが、これは彼自身認めるように噂にすぎない。しかし、一月一九日付の細川三家老宛の矢文は注目すべき内容を含んでおり、一揆衆の心情をよく伝えている。特に、このたびの「宗門存立候儀」は、かねて計画していた訳ではなく、「不思議の天慮、奇特なる御道化（道によって人を教化すること）を以て、惣様《そうざま》ケ《か》様に燃立ち候」と述べ、宗門の奥儀を知らぬ者たちが不審がるのはもっともなことだと言い切っている点は、この反乱の本質についての最も重要な証言のひとつである。

「天下様へ慮外を仕懸け」たとか、人が多く死んだとかお咎めだが、「一度として此方《こなた》より仕掛け申したる儀ござなく候」。天草島原を「軍勢を以て御踏み殺され候間、至極迷惑、防ぎ申したる分」であるのは、調べてみれば「いちいち分明に知れ」ることだ。長門守様（松倉勝家）への恨みかとのお尋ねだが、われわれの「宗旨にお構いござなく候えば、何の御恨みの事これなく候」。宗門に志のない者を無理に城へ入れたというのは根拠のないことである。もっとも他宗の者も少しは居るが、これは本人が望むによってキリシタンにしたまでだ。四郎殿のことは、あさましい平人が申すべきではないが、「生まれながらの才智、天使にてござ候」。今生の儀であれば天下様に一命をかけて御奉公するつもりであるが、「後生の一大事においては天使の御下知に随い退き申さず候」。籠城の者を妻子ともども帰村させるとのことだが、「広大無辺の宝土《ほうど》を求め候上は、火宅の住所は望ましめず候」。「この城内艱難《かんなん》を天上快楽《けらく》の事かと存じ、江戸、京都美麗は業障《ごっしょう》の苦界と存じ候間、一人として落城の者ござあるまじく候」。以上のことよく合点下されて、今後いらざる世話などなさらぬがよろしい。まさに堂々の大文章であった。

落城の者一人もあるまじと矢文は言うが、落人は早くから出始めており、一月の末には数もふえている。一月二六日に着陣した細川忠利は、翌日書いた書簡で、落人から聞いた城中の様子や自分の観察を書き留めている。それによると、弾薬・食糧が不足して来て、鉄砲もやたらに撃つなと命ぜられているそうで、だから攻め手による「仕寄《しより》」もしやすい。米は一人二合の配給、薪が不足して困っている。城内で麦を作っていると申す者もいるが、よく見ると草の根を掘っている。立木も切り取っているようで、よほど薪に困っているのだろう。一月三〇日の落人は水汲みに出るとまわりをたばかって脱出した者で、「落たがり申す者多くござ候えども、かたく番を付け申し候に付き、なり申さず」と語っている。この者はまた、城中の者の半分は「切って出よう」と主張しているが、残りの半分は「切って出て仕損い、敵地で死ぬよりも、城中で死ぬこそ本望」と思っていると、城中の気分を伝えている。

七之丞という落人があって、自分の一族を助命してくれるなら、城へ戻って火をかけようと言うので、そのまま帰したところ何の音沙汰もない。そのうち別な落人の口から、城へ戻った七之丞がよくやったと、四郎親子からほめられているとわかった。偽《いつわ》って落人と見せ、攻囲軍の様子を探って報告していたのである。このような挿話を生みながら、落人はあくまで一部の現象だった。城から逃亡する者がぞろぞろ出たということは、攻囲期間中一度も記録されていない。

これはややのちの二月一九日のことだが、立花藩の人足が「仕寄」の工事をしていると、城中からしきりに石を打つので、「何としてか様に石を打ち申すぞ。我らども迷惑に候えども、主命の儀に候間」こうやって仕事しているのだと呼ばわると、ふっと石打ちが止んだ。普請を終ってまた城中に、みんな穴の中にいて、食い物がなく、「大豆いりのたら」ばかり食ってご苦労なことだ、出て来て「わびごと」したらどうだと呼びかけると、城中から生ぼらを一匹掲げ、穴の中にいても、こんなに新しい魚を喰っているのだぞと、返答に及んだという。

書状を交わし合う信綱と四郎

松平信綱は細川藩につかまった大矢野島の小左衛門、それに四郎の母マルタ、姉ふく、妹まん、ふくの息子小平を、かねて島原の陣営へ連れて来ていた。母は五〇歳ほど、姉は二四、五、妹と甥は七つばかりだった。信綱は二月一日、小平に小左衛門の書状を持たせて城中へ遣した。その趣旨は、城中に籠りおるキリシタンは殉教しようが、籠舎にて相果てようが勝手にするがよろしいが、城中にあまたいると聞く、強制的にキリシタンにされた「ぜんちょ」(異教徒)、あるいはいまからでも宗旨を棄てようとする者は助命したい、この者らを城外へ出すならば、四郎の母、姉、妹、甥の四人を城中に送ろうというものであった。これには、おまえたちと一緒になりたいので、どうぞ、言われる通り「ぜんちょ」を城外へ出してくれという、母と姉の手紙も添えられていた。

小平は城内からの返事を持ち帰ったが、それには「我々城中之衆も天主に対し、いかようにも此節身命を奉る覚悟までに候」とあり、他宗の者を強制的にキリシタンにしたことはないと言い切ってあった。「落人の儀はいかほどござ候とても、城内より少もかまい申す事にござなく候」と言っているのも注目すべきである。小平に「柿、みかん、さとう、久年母《くねんぼ》(柑橘類の一種)、まんじゅう、いも」の類を入れた袋を、土産に持たせたというのも哀れを誘う。

二月八日にはまた小平に四郎の妹まんをつけ、小左衛門の手紙を持たせて城中へ遣した。小左衛門の手紙は言う。無理にキリシタンにしたことはないというのは偽りだ。村々を焼き払い、島原城と志岐城を攻めたのは、「ぜんちょ」をキリシタンにしようというもくろみ以外ではない。城中では番をつけて落人が出ないようにしているではないか。小左衛門は完全に信綱の意中の駒になっていて、「江戸様の御仕置ことのほかひろく」、詫言さえ言えば、われわれ四郎の係累を城中に渡しても構わぬとの御諚であるなど、さながら信綱の口移しだった。城内からの返事はまず「城山の梢は春の嵐かなはらいそかけて走る村雲」の一首をしるし、「必ず必ずはらいそにては合い申すべくと存じ候、ともかくもでうすの御はからい次第に候」と述べる。まんは掌に指輪ひとつとムクロジをふたつ握りしめていた。兄四郎のくれたものであろう。

内通者、山田右衛門作

この間重大な事が進行していた。山田右衛門作の裏切りである。島原の旧主でいまは日向延岡に転封されている有馬直純は一月二六日に着陣。籠城中の者たちはもとの家来や領民たちなので、工作の余地ありと考えて、松平信綱と協議の上、二月一日城中に矢文を射こんだ。趣旨はそなたら顔みしりの家臣有馬五郎左衛門を送って話し合いをしたいので、日時と場所をきめてほしいというものである。翌日城中から、五郎左衛門宛の山田右衛門作と蘆塚忠右衛門の連名の矢文が届いた。明日三日、城下の大江の浜で会おうというのである。ところが矢文にはもう一通、山田のみが署名した別文が結びつけられていた。山田は自分が入城したのは本意ではなく、まわりの事情で余儀なくされたのだと言い訳し、御譜代の主君から墨つきの御印をいただいた以上、この身はどうなろうとも、「如何《いか》様とも才覚仕るべく候」と内心の意を打ち明けていた。

三日当日、大江の浜に山田右衛門作が現われ、有馬五郎左衛門と会見した。有馬は山田に有馬直純の親書を手渡し、松平信綱から託された七カ条の覚書を読み聞かせると、山田はそれを書き留めた。それから城内の話になったが、戦闘員は一万人おり、食糧・薪水も十分にある、刀槍は鍛冶職人に毎日作らせており、鉄砲の弾丸も鋳《い》ているので事欠かない。ただ火薬が三月中ごろまではもつまいとのことだった。山田はかなり窮状を糊塗していたようだが、衆人環視の中、正直な打ち明け話もしにくかったろう。結局この会見は何の成果も生むことはなかった。落城後の山田の口述書によると、こののち彼は部下と語らって、攻囲軍を手引きし、四郎を生け捕りにする計画を立てたが、直純から来た秘密の矢文を見つけられ、一揆方から牢に押しこめられた。

直純は三日の会見後も、しばしば矢文を送って交渉を継続しようと試み、交渉に応じるなら延岡兵だけ残して他勢は引き揚げるよう上使に上申しようとまで言い送ったが、城中は何も答えなかった。

二月も九日になると、城中の食糧事情もかなり切迫してきたらしく、落人の話では、四郎も食事は下々《しもじも》の籠城衆と一向変らず、食つきなば共にかつえ死すべしと言っているという。一六日の落人は一四日から「扶持《ふち》」がなくなり、この二日は麦や大豆ばかりで米を喰っていない、城中では家探しして隠した食物を求めていると告げた。山田右衛門作の供述によると、四郎が本丸で碁を打っていると、鍋島勢の井楼から発射した大筒の弾が四郎の袖を裂き、傍らの男女が死ぬという出来事があり、四郎様にさえ弾丸が当るというので、一揆勢は動揺したという。これは細川藩士が家老へ出した手紙で、二月一四日鍋島の石火矢が四郎の「おとな」つまり部将の一人を撃ち殺したと報じているのと同一事件であろう。

一揆勢の夜襲と攻囲軍の総攻撃

原城攻囲軍の前線は北から、細川、立花、松倉、有馬(久留米)、鍋島、寺沢、黒田の各藩兵となっていて、これを「先備えの七家」と称した。二一日の真夜中、一揆勢は五〇〇〇の兵を繰り出して、このうち鍋島、寺沢、黒田の陣営を襲った。各陣営とも不意のこととて混乱したが、陣営を突破しようとして夜襲した訳ではないらしく、反撃されて城内に兵を引いた。黒田陣営から火薬二箱とられたというから、食糧・弾薬の奪取も目的だったのかも知れない。この夜襲で一揆勢の残した死骸は二九五、生け捕りが七名だった。攻囲軍側では死者七五、負傷者二七二。数字は文献により多少の出入りがある。死者のうちには黒田藩家老の黒田監物もいた。生け捕りされた七名は松平信綱の前に引き出されて尋問された。彼らの申し口では、城中もはや米は尽き、大豆、小豆、麦、胡麻をたべ、番船のいない折を見計って、わかめも採っているという。死骸の腹を割《さ》いてみると、その通りだった。ところが一方、米や焼き飯を腰につけた死骸もあったのが不思議に思えた。「下々は過半かつえ」ているが、「よき者はいまだ」に兵糧にありついているらしかった。夜襲は衰えた士気を回復するもくろみもあったろうが、結局は窮余の一策を出るものではなかったのである。

　夜襲のあった日からわずか六日後の二月二七日、総攻撃が行われたのは、信綱が一揆勢の抵抗力が最早乏しいと見たからだろう。しかし、彼の当初の方針からすれば、城中の食糧が底を尽きつつあるのだから、もう少し待てば「干《ほ》し殺し」にすることができるのに、なぜ犠牲の多い強攻をあえてしたのか。事実、総攻撃で攻囲軍はかなりの死傷者を出しているのだ。実は二一日の夜襲ののち、

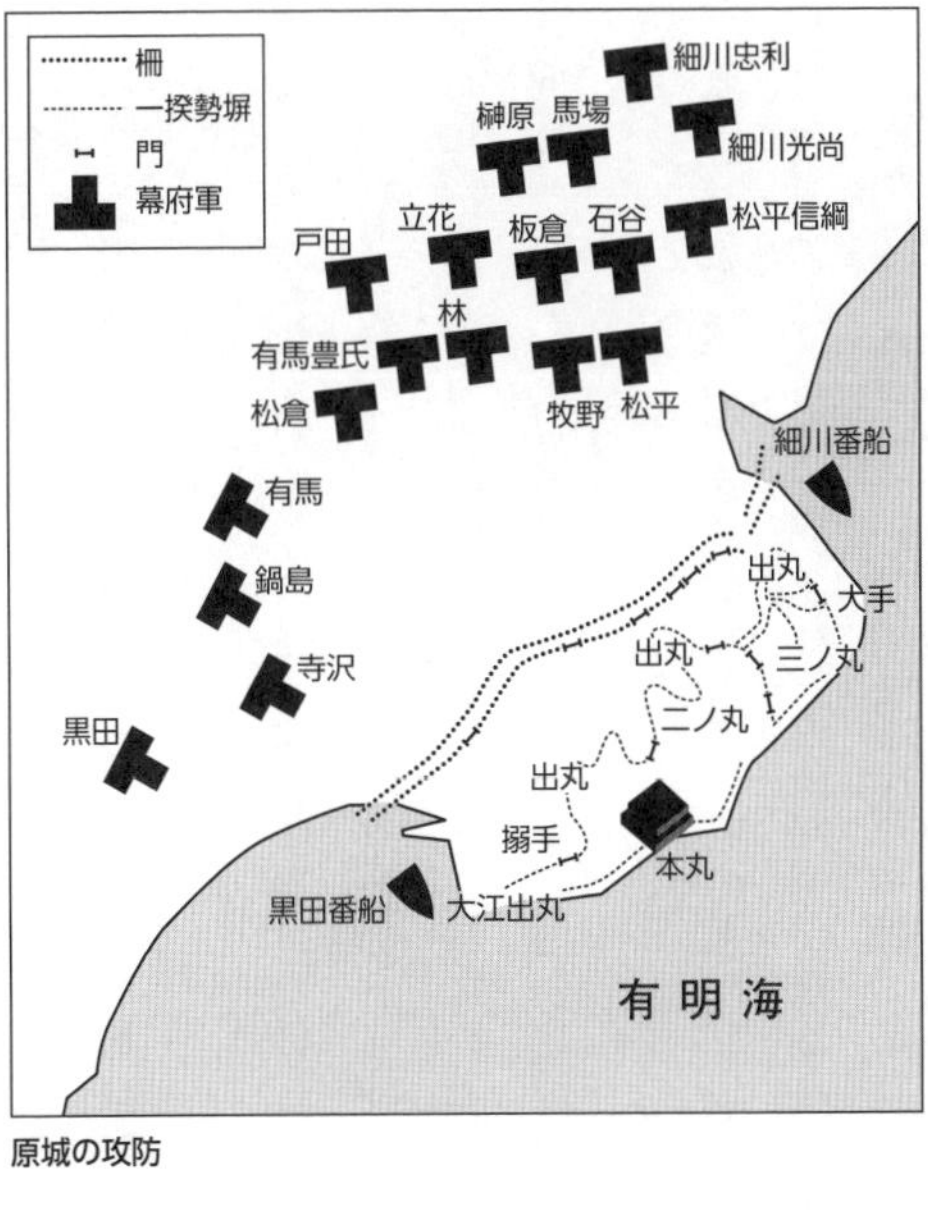

原城の攻防

攻囲軍の中からは脱走者が出ていた。一〇万の大軍を養うのにも、莫大な費用がかかる。長陣に倦《う》む雰囲気もかもされている。ここらがもう潮時と信綱は決断したのであろう。最後は武威を示さねばという考えもあったはずだ。

攻撃開始は二月二八日払暁と定められたが、鍋島勢の前面の出丸に敵影が見えず、どうも引き揚げたらしい。今がチャンスというので、二七日の午後になると鍋島勢が出丸に取りつき、それを見た各藩勢が色めき立って、われ勝ちに攻撃を開始した。鍋島の抜け駆けについては、戦目付の榊原職直《もとなお》とのいざこざも伝えられているが、詳説には及ぶまい。一月一日の失敗に終った総攻撃のときと同様、見苦しい無統制ぶりだったが、前回と違って城方の抵抗力はすでに低下していた。

城方も死力を尽して防戦に及んだけれど、各藩兵が他藩に敗けじと矢鱈に突き進むうちに、三の丸、二の丸と次々に落ち、残すは本丸のみというところで、その日は暮れた。本丸は石垣で囲まれ、中に四郎が籠るらしい館が建っている。信綱は火矢をかけるように命じ、本丸は一夜かけて灰燼に帰した。翌二八日早朝、火の収まったところに突入、ここに原城は遂に落ちたのである。

細川忠利は乱の終結後、何人か宛に書状を書き、一揆勢の凄惨な最期を伝えている。「本丸にての死人、七重八重かさなり死に申し候。焼け候熾《おき》を手にて押し上げ、中へはいり死に候もの数々にてござ候。さてさて不思議なる仏法にてござ候。なかなか逃げ申し候ものは見申さず候。三の丸より二の丸へはいり候も、少しも足ばやには参らず候。不思議なる事にてござ候」。「城中の家焼け候時、さてさて強き男女の死に様にてござ候。焼け候火を手にて押し上げ、中へはいり候者多くござ候」。「本丸にてキリシタン自害の躰《てい》、此方《こなた》の者多勢見申し候。小袖を手にかけ焼け申し候。熾を上へ押しあげ、内へはいり候者多くござ候。また子ども已下《いか》を中へおし込み、上へあがり死に候者も多く見え申し候、なかなか奇特なる下々の死、言語絶え申し候」。忠利の口調に憎悪なく、かえって心からの賛嘆の響きがあることは明らかだろう。

四郎の首は細川の手の者、陣佐左衛門が取った。焼け落ちようとしている四郎の館に駆け入ると、負傷したのか絹の衣をかぶって臥せている者がいて、女が一人つき添っている。佐左衛門の足音に驚き衣を掲げるところを、一刀で首を討ち落とした。首を提げて外へ走り出たとたん、館は焼け落ちた。それが四郎の首とは知らずに提げ行くところを、忠利が四郎の首ではないかと見とがめ、念を入れて検分させたのである。四郎を討ち取ったという者は他勢にもいて、翌二九日、それらの首を四郎の母に見せたところ、「老母少しも臆せず、四郎殿は我子ながらも実の天使にて候えば思いも寄らず、容《かたち》をかくし南蛮呂宋《るそん》にも至るべし」と驚く色もなかったが、佐左衛門の取った首を見るや、そのやせたのを見て「辛苦せし事よ」とよばわって落涙したという。出来すぎた話のようでもあるが、細川藩の史料集『綿考輯録』に録されているから、あながち疑うべきでもあるまい。忠利の父ですでに隠居していた三斎公（忠興）は、忠利への書簡で「四郎古今あるまじき奇特なる者に候。助け置きて大名ども先手申付け候とも、あぐみ申すまじくと存じ候。とかく常の人間とは見え申さず候」と所感を述べている。「あぐむ」とは事をなしとげられずいやになるの意。「攻めあぐむ」が現代でも通じる用例。戦乱の世を生き抜いた老武将の眼にも、四郎はこう映った。

普通、原城落城は二月二八日とされる。しかし細川藩家老の書簡は「二八日の夜かけて二九日までも、死骸の下にかがみ候もの、または穴の中に居候ものなどは殺し申し候間、二九日に落城と申し候ても偽《いつわ》りは之《これ》なく候」と述べている。みな殺しに努めた訳だが、一部は助命された者もおり、また城中から何とか脱出した者もいた。

第二六章　農民反乱か宗教戦争か

一揆衆はむざむざと殺戮されたのではない。敢闘したことは攻め手の死傷者数によって知られる。戦死者は一一三〇名、負傷者は六九六〇名にのぼった。細川忠利は落城二日後の手紙に「我等人数は手負死人《ておいしにん》多くござ候て、迷惑仕り候」と書いている。

当時ドゥアルテ・コレアなるポルトガル人が大村の獄に繋がれていて、島原一揆に関する報告書なるものを著した。宣教師ではなく船員の出で、報告といっても獄中で聞いた噂を書き留めただけで、事実に関しても誤りが多く、たいして史料的価値のあるものではない。ただ次の一節は引用に値する。「私は島原通いの本街道筋の牢屋にいたので、全軍引き上げの時主人を亡くした家来が主なき馬を引いて、泣きながら故郷へ帰るのを目撃した。負傷者は駕籠で運ばれたが、その数をかぞえるのに疲れる程多かった」。攻囲に従った各藩の損害は大きかったのである。幕府が費した金子は三九万八〇〇〇両に達したという。

乱後の処置について言うと、反乱を惹き起こした責任者たる島原・唐津両藩主のうち、松倉勝家は特に責任重しとされて所領没収の上斬罪、寺沢堅高は天草四万石を削られたのみだったが、憤を発して自害した。また鍋島勝茂と長崎奉行榊原職直は、最後の総攻撃で軍令に背いて抜け駆けしたかどで、閉門を命じられた。一方、四郎の係累たる母、姉、妹、甥、それに渡辺小左衛門も落城直後に処刑された。

数万の百姓が時の権力に楯突いて城に籠り、落城に及んでも降伏しなかったというのは、それ以前にもそれ以後にも、わが日本史にはないことであった。江戸期の百姓一揆とはまったく性格の異なる出来事であるのは明白である。またこの反乱がキリシタン的性格をもつことも、同様に明らかと言わねばならない。

苛政・収奪が原因か

しかし、マルクス主義史観が支配した戦後史学界では、この反乱の宗教的性格をことさらに否定し、封建領主の収奪に対する農民蜂起と断定する論調が一時さかんだった。ところが、このような捉えかたは、論者たちがそう思いこんだような新説でもなんでもなく、昭和一七年、すなわちかの太平洋戦争のさなかに刊行された『日欧交通史』中で、幸田成友がつとに示していたところだったのである。幸田は言う。「彼等は信仰の抑圧に対して暴発したのではなく、政治上経済上の不満から暴動を起したのである。故に之を切支丹一揆といふは当らない」。だが幸田は史料を精査してかく断定した訳ではなく、おそらく当時から名著の誉れあったナホッドの『十七世紀日蘭交渉史』に影響されたのである。この本は当時まだ邦訳されていなかったが、幸田は原著を十分に利用していた。

ナホッドはオランダ船が原城を砲撃したことを弁護するために、次のように述べていた。「この全騒動は何等西欧宣教師という者なくしておこり、近隣のカトリック勢力すら此れを知らざる間に消滅した位で、その真因は信仰圧迫の苛酷より反って経済的重圧の絶対の中にあった」。彼はまた「一揆の指導者等によって殉教的信仰熱が利用されたにすぎない」とも主張している。ナホッドがこう主張するのは、前記したように、キリスト教徒の弾圧に加担したという非難を回避するためであるが、砲撃の責任者で当時の平戸のオランダ商館長クーケバッケル自身が、『日記』中に同様の主張を執拗に繰返しているのに基いたのであろう。

クーケバッケルは有馬領で反乱が起きたと報知された一一月一日（邦暦）の日記に、松倉領では重税がかけられ、納入できぬ農民には蓑をきせて火をつけ、これを「蓑踊り」と称ぶとか、女を人質にとり全裸にして吊すとか、残酷な処置がとられ、「僅かに木の根、草の根で生命を保っていた」農民は、「長い間かかって死ぬよりは、一度に死のう」というので反乱が起ったと記している。一一月三日には天草での蜂起を聞き、「これはさきに彼等の主人、唐津の領主が残虐な行為を命令したためである」と記す。一方一一月一〇日になると、有馬のキリシタンが農民と合流し、好意をもって迎えられ、仏教寺院を焼打ちした、彼らの幟《のぼり》には神への奉仕とか信仰のために死ぬとか書いてあると記す。つまり農民の反収奪闘争にキリシタンが合流したという理解で、事実とは全く反するが、クーケバッケルはすべて噂をもとに記している訳である。彼はこの見解をバタヴィアのインド総督への書簡でも繰返している。

松倉藩の苛政については、当時噂が広く流布していたらしく、コレアも重税や迫害についていろいろ書いている。むろん獄中で聞いた噂で、そのまま信じる訳にはいかぬが、それなりのことはあったのだろう。ただコレアが「さすれば長門守（松倉勝家）に対する謀反は決して切支丹宗門のためではない」、虐政を隠すためにそう言いふらしたのだと述べているのは、彼自身の隠れた動機を示す。すなわち、コレアにせよクーケバッケルにせよ、この反乱は信仰に基くものではないとしたい強い動機を持っていた。クーケバッケルは新教徒ではあるが、クリスチャンであるのに変りはない。彼らはつまり、ヨーロッパ人たるわれわれの信仰のせいではありませんと言いたかったのだ。

だが苛政自体については、日本側の情報もある。肥後の住人孫助は長崎で聞いた噂として、一一月六日に言上している。島原領では七年このかたの未進の年貢を取り立て、また三〇〇石の米を積んだ船が沈んだのでその分も払うよう求め、女を水責めにしたので、たまらずに一揆を起したというのだが、そのあとに孫助は「またきりしたんの事ども申し候」ともつけ加えている。だが、これもあくまで長崎での伝聞なのである。しかし、これほど広く苛政の噂が広がるには、何らかの実態がなければならない。「天下に恨みがあるのか。または長門守への恨みか」と尋ねた一月一〇日の松平信綱署名の矢文に対して、一三日に攻囲軍に届いた天野四郎署名の一通を除いて、城中の返事は、天下への恨みなどなく、宗旨にお構いなくあればほかに望むものはないと答えている。天野四郎署名のものだけは長門守の苛政に言及して恨みを述べているが、この矢文は文飾甚しく偽作の疑いが強い。

ところが、讃岐《さぬき》国小豆島の『壺井家文書』中に、原城からの矢文なるものがあって、松倉藩への明白な恨みを述べていることが、実は一九七〇年に学界に報告されていた。この文書がなぜ小豆島に残ったのかという問題も含めて、大橋幸泰『検証島原天草一揆』（吉川弘文館・二〇〇八年）が詳しく考察している（この文書は鶴田倉造編の史料集に収録されている）。

この矢文は日付を欠いているが、松平信綱が一月一〇日、矢文で城中に「天下に恨ありや、長門（松倉勝家）に恨ありや」と問うたのに対する、城中からの答のひとつであることは疑いない。たどたどしい文体で、正確な読解には専門家の合議が必要なほどだが、松倉の苛政への恨みを執拗に述べ立てているのは確かだ。

恨みはまず、先代重政が入部以来厳しい検地を行ない、重税を課して家財衣装の類まで剝ぎとり、未進の者に縄をかけ打擲《ちょうちゃく》したことから始まっている。四万石のところに一二万石の「所務」をかけられたというのは、重政が江戸城普請の際、朱印高四万石の身で一二万石の役負担を申し出たことを言うのだろう。その後勝家の代になって重税も少しは緩むかと思ったが、一向変らぬ厳しい取り立てなので、この数年の日でりによる不作に疲れ果て、江戸まで代表を上らせて訴えたが何の甲斐もなかったと矢文は言う。この江戸藩邸への訴えというのは、他資料には出てこぬところである。

この矢文の筆者の心理はなかなか複雑で、このあと一変して、往年のキリシタン禁教令発布の際、重政が「御内の者」には寛大であったのに、自分たち「不肖の輩」は「かたく制禁」したと恨みを述べ、続いてなぜ異国の宗旨になったかと言えば、あまりに収奪が厳しくて、キリシタンは貧者を救うというので、今日のみ命続かんがため入信したのだと言い訳し、しかし、「我国の神を違背《いはい》申し、いかんとしては異国の神を引入れ申すべきや、それ故上意なれば永代にころび申す事まぎれなく候」と結ぶ。筆者は攻囲軍に対して、自分はキリシタンではない、ただ松倉勝家があまりに苛政を続けるので、恨みに報いるため籠城したのだと言いたいのだ。

筆者のこういう立場は矢文の末尾ではっきり述べられている。「然れども各々ひいきに存じ候故、一揆の奴《やつ》原《ばら》隠密にて、この矢文内証にて申し入れ候」。つまり籠城の者にはそれぞれひいき（信念）があるから、連中には知られぬように申し入れるというのだ。何を申し入れるというのか。勝家の首をとって城中の者に見せてくれれば、一同城を出て降伏すると、この筆者は言う。それぞれひいきの筋があるから、「奴原」には知れぬように申し入れると言う以上、彼は一揆勢中の異端であり少数者である。勝家の首さえ見られれば喜んで開城するというのは、彼のみ、あるいは彼一派のみの心中にすぎない。

しかも勝家の首云々も、素直には受けとれぬふしがある。弓箭《きゅうせん》をとるのは百姓のなすべきことではないが、勝家があまりなことをするので、仕方なくやっているのだ。しかし、そのため「各々うたれ給う事不憫に候」。つまりこの男は、攻囲の武者たちに対して、あんた方は勝家のせいで命を落としているので可哀そうだね、と言っている訳で、これはほとんど嘲弄に近い。一月一日の総攻撃で大将板倉が戦死してまだ一〇日ほどしか経っていないのだ。

しかも「城中の躰」は五年三年の催しではなく「思う儘《まま》拵《こしら》え置き申し候間、今寄せ手の分にては、日本中の者ども皆打ちほたれ申すべき候」と言う。続けて「来月の末にも成り候はば、異国の者ども大船数船にて取り入り候様に承り候」とあるのを、マカオあるいはマニラからの救援と解する人もいるが、文脈からしてこれは、オランダ船が幕府軍の加勢にやってくることを指しているととるのが自然だろう。信綱から加勢の要請がクーケバッケルに届いたのは一月六日で、オランダ船が来るらしいという噂はすでに城中に聞えていただろう。一月一三日付の城中からの矢文は「海上二唐船見え来り候。……漢土迄相催れ候事……日本之外聞不可然候」と述べていた。デ・ライプ号は一〇日には原城沖に投錨していたのである。また、一揆勢が落人を装った間者を攻囲陣営に放っていた以上、オランダ船加勢の噂がすぐ城中に伝えられたとしても不思議はない。

とにかく問題の矢文は、一揆の原因を領主の苛政に求める主張を補強する有力な史料というにとどまらぬ複雑な性格を示している。これはむしろ、城内に強制的に入城させられた非キリシタンがいるという幕府側の主張を裏付ける史料と言ってよい。またこの矢文にも、偽作の疑いがまったくないではない。

この分では寄せ手はみな討ち死にすることになろうという文言は見たことがある。すでに紹介した石丸七兵衛（板倉重昌の討ち死にの現場にいた）の書簡中に「今の分に候わば、寄せ衆をばみな打ち殺し申すべしと見え申し候」とあった。石丸はむろん寄せ手の一人だ。このような感想が寄せ手の中にひろまっていたのだ。その文言が城中からの矢文になぜ収まっているのだろう。偶然の一致か。それとも寄せ手の中の流言が、いち早く城中に届いたのか。

しかし、松倉領内で領民に対する苛酷な収奪が行なわれていた点については、このなかなか問題含みの矢文にまつまでもなく、他領での評判からして確実だと思う。天草ではどうであったかと言えば、寺沢氏は領有後検地を行ない、四万二千石の石高を打ち出した。これは過重であって、領民が負担にあえいだのは当然である。乱後天草の代官となった鈴木重成が石高半減を幕府に上申して腹を切り、その後半減が実現を見たことは先に記した。しかも、一六三四年から一六三六年にかけて島原・天草は連年凶作に見舞われ、農民は飢餓状態にあったと言われる。この点も厳密な検証は欠くものの、島原・天草一帯でかなり切迫した状況が現れていたのは確実と思われる。

「千年王国到来」の幻視

以上のように収奪のきびしさ、かてて加えての凶作による切迫した状況を認めうるにしても、一揆は収奪に抗議し、困窮を打開するために起きたのではない。もしそうであるなら、島原の農民は年貢半減とか、これこれの課税廃止とか、救済米の放出とか、要求を掲げて島原城をとり巻いたはずである。事態はまったく異なっていた。彼らはにわかにキリシタン信仰を取り戻して聖像を拝み出し、これを取り締まろうとした役人たちを殺し、島原城に攻め寄せたのも、鎮圧軍の引き足に乗じてのことだった。島原藩が鎮圧の兵を送らなかったら、彼らは勝手に聖像を拝み、神社仏閣を焼き打ちするだけで、島原城に押し寄せるなど考えもつかなかっただろう。天草でも事情は同様である。まず集団的なキリシタンへの立ち帰りが現れて、中には地域の代官にまでわざわざそのことを通知する者があった。年貢や課役への不平など一切言っていない。富岡城を囲んだのも、城側が鎮圧軍を出したので、それを打ち破った余勢を駆っただけにすぎなかった。

一揆が最初から狂信的ともいうべき信仰の熱気に包まれていたことには、数々の証言がある。先述したことの繰り返しになる嫌いもあるが、改めて確認しておこう。

蜂起の当初から「かづさじゅわん廻状」「佐志木作右衛門廻状」は、天草四郎という「天人」が出現して「審判《ずいそ》」が行われ、異教徒は滅ぼされると述べていた。だから一刻も早くキリシタンに立ち帰れというのである。ここでいう「審判」とは中世キリスト教学の主要観念のひとつ、この世の終末ののちに訪れる「最後の審判」にほかなるまい。だとすると四郎は再臨するキリストに擬せられていることになる。

現地を視察した肥後藩の道家七郎右衛門は蜂起の四日後の日付で、一揆衆の言い分を次のように伝えていた。「是は人間の態《わざ》にてはなく、日本人の知る事にて之《これ》なく候、やがて天火をおろしやきはらい申す可き由」。これは重要な情報であって、城中からの矢文に、この度の「宗門存立候義」は、かねて計画していたのではなく、「不思議の天慮、奇妙なる御道化を以て、惣様《そうざま》ケ様《かよう》に燃立ち候」、「宗門の奥儀」を知らぬあなた達が与り知るところではない、と述べているのとまったく合致する。細川藩が富岡城代三宅藤兵衛へ差し向けた使者の通行を阻んだ天草キリシタンは「藤兵衛と申すは昔の事、今はデウスの御代」と述べたのも、まさにおなじ観念にもとづいている。すなわち、古き世は終ったのであり、城中の矢文によれば「広大無辺の宝土」が目前に現れたのだ。だから、道家七郎右衛門が伝えているように、「当年などは麦をも作り申さず、やがて死に申し候由申し居り候」、島原城へ掛かるときも「無性に死にさへ仕り候えばよく候」ということになる。

これが西欧中世後期に頻発した千年王国運動と通底する特徴であるのは言うまでもない。ノーマン・コーンの『千年王国の追求』は千年王国運動の救世観の特徴として、信者共同体的であること、彼岸的でなく現世的であること、忽然と現れる緊迫性、地上の生活を完全に変えてしまう絶対的性格、超自然的奇蹟性をあげている。島原・天草一揆はこの特徴をよく示しているといってよい。ただ現世的という点では、一揆衆がはらいそへ向けて死に急いだ点が異なるように見える。しかしこれも切迫した状況のせいで、討伐さえされねば、彼らは「広大無辺の宝土」の到来をこの世に幻視できたのである。

千年王国の到来には、必ず一人のメシア、あるいは偽メシアの出現がきっかけとなる。この点でも島原・天草一揆は千年王国運動の条件をみたしていて、四郎はむろんメシアと受けとられた。一六歳の少年がどうしてメシアたりうるかと問うのはナンセンスだろう。史上の千年王国運動に現れたメシアは、いかに客観的にはいかがわしい人物だろうと、いずれも霊感に憑かれた人物で、その憑依《ひょうい》が周囲に伝染するだけのカリスマを持つ。伝染の素地はむろん現実、地上の生活の苦難と抑圧の深さなのである。あるいはこの場合、旧約の預言者たちを想起してもよい。預言者とは神の言を預けられた者である。四郎はたしかに神の言を預けられていた。道家の伝えるところでは、四郎は「此中《このごろ》切支丹の葬らひを仕らず候に付き、死人ども浮かび申さず候。天竺《てんじく》よりことの外御逆鱗にて候」と告げたという。イスラエルの預言者は神をないがしろにしたのでユダヤの民は苦難を蒙ったのだと叱責した。四郎はそのように転んだキリシタンの罪を問うたのである。棄教の覚えあるものは痛悔の涙にくれ、奮起したことであろう。

宗門一揆と農民一揆は表裏一体

島原・天草一揆を農民一揆か、宗門一揆かと問う者は、前近代においては、貧困や抑圧に対する現実的抗議が、必ず宗教的な理念と感情によって駆動されるという、ありふれた原則を知らぬのである。英国においてワット・タイラーの一揆に、「アダムが耕しイヴが紡いだとき、郷紳はどこにいたか」と問うジョン・ボールの説教が伴い、ドイツ農民戦争にトマス・ミュンツァーの千年王国的煽動が伴っていたことを想えば、島原・天草一揆を、農民一揆か宗門一揆のいずれかに分類せねば気のすまぬ者たちが、なにか馬鹿げた勘違いをしていることは明らかだろう。

私はすでに一九七三年に刊行した『熊本県人』において、この一揆を千年王国幻想と関連して取りあげている。「ドイツ農民戦争の例を見てもわかるように、宗門一揆と農民一揆とは表裏一体なのである。島原の乱の場合、問題なのは、それが単なる農民一揆ではなく、キリスト教信仰という、思想的な結集点をもっていた農民一揆であるということである。宗教的幻想という結集軸をもっていたために、要求はたんなる年貢引下げとか悪代官罷免とかの改良的水準にとどまらず、それを突破して、神の国＝農民共和国という、まさに革命的な性質のものに、あっというまに高揚し、この世の全面否定を貫徹して一揆全員が死ぬという結末をもたらしたのである。この農民一揆が幕藩時代を通じて最大であり、最もラディカルであったのは、それが宗門一揆であったからにほかならぬ」。私はまた四郎について、「彼がカリスマ的人格というには、あまりにも受動的で消極的な印象、いうなれば一種のたおやめぶりの印象をあたえるとすれば、それはひよわで優雅な貴人が、武力反乱者のよりどころとして尊重される、この国の特殊な伝統のしからしむるところではないだろうか」とも書いている。

私の視点は四〇年前とまったく変っていない。ただ次の点は言い足しておかねばなるまい。城中からの矢文は徳川の治世自体には何の不足もないと言表している。国郡を望むものではないというのは、天下を望んでいるのではないという釈明である。自分たちの信仰さえ許してくれるならよいのであって、もし徳川の世に楯突く反逆者が現れれば、自分たちが先手に立って討伐するとまで言っている。絶対的な神の国をこの世に現前させようとする千年王国の立場からすれば、なんと妥協的であることだろう。だがこの不徹底は、宣教師たちがかねがね信者たちに、領主に対する服従を説いていたことと関連づけるべきだろう。一揆衆の中核においては、現世のことは権力者に任せても、こと信仰に関われば絶対に譲らぬ信念が確立していた。領主に怨みはないというのも、最早そんな次元は超えたと言いたいのだと思う。この二分法はそれなりの思想的達成と言うべきである。

第二七章　ポルトガル人追放

幕府はすでに一六三五年に、日本人の海外渡航と在外日本人の帰国を禁じ、一六三六年には日葡混血児を国外追放し、長崎に築造した出島にポルトガル人を隔離していた。一六三八年四月、島原・天草一揆を終熄させたのち、いよいよ課題に上ったのはポルトガル人の追放である。ポルトガル船の来航が続き、マカオとの関係が断たれぬ以上、宣教師の潜入が避けられぬのは言うまでもない。

将軍家光と幕府要人のキリスト教禁圧への執念は、たんに異教がおぞましいというのではない。宣教師はあくまでスペイン・ポルトガルの侵略の先兵だという、豊臣政権下のサン・フェリーペ号事件（一五九六年）以来の観念は牢固たるものがあり、鎮圧したばかりの一揆農民が、もしも叛意を持つ大名と共謀していたらという恐怖は消えることがなかった。スペイン・ポルトガルの世界支配はすでに退潮に赴いていたと言っても、そんなことが当時の幕府にわかる訳もなく、政権の基礎を固めたばかりの彼らにとって、マニラとマカオの軍事力への対応は、国家防衛上の最優先事項だった。

「オランダがマニラを占領できないか」

参府中の第七代オランダ商館長クーケバッケルは、原城陥落からふた月余りしかたたぬ一六三八年五月一九日、牧野信成宅に招かれた。牧野は当時オランダ人応接の任にあった。彼の発言は次のように記録されている。「最高の閣老は私と同様、ポルトガル人を今後日本に来させず、彼らの通交・貿易を完全に禁止しようと考えている。しかしこの件に関して、皇帝（家光のこと）の所で未だ最終的な発表と決定は行われていない」。牧野はポルトガル人追放の理由として、毎年宣教師を連れてきて布教を止めず、そのため有馬・天草の反乱など、毎年数えきれぬほど多数が宣教師のために死んでいるからだと説明した。

この時大目付の井上政重が来訪、牧野としばらく談合して、こんどは二人がかりの質問になった。井上は上使として島原・長崎を視察したばかりだった。牧野が「日本は金銀に不足していない。だが生糸・絹織物が供給されないとなると、高価になって困ったことになる」と述べたのに対して、クーケバッケルは「われわれはポルトガル人がマカオからもたらしたのと同様のものをもたらすだろう」と胸を張った。牧野はさらに尋ねる。

「ポルトガル人は日本を追放されてもマカオに留まるだろうか」「日本貿易が断絶すれば、彼らはマラッカ・ゴアへ、やがて本国へ立ち去るだろう」。牧野はさらにオランダがマニラを占領できないかと尋ねる。「マニラは防備が固くて、会社の兵力で占領するのは無理である」。すると二人は不審そうに「有馬の旧主松倉重政は自分の兵だけでマニラを占領すると、将軍に申出たぞ」と言う。クーケバッケルは同地の状況を詳しく説明し、艦隊で海上封鎖するのが最上と答えた。

銀の大産出国・日本

牧野が金銀に不足はないと言っていることについて説明しておこう。当時最大の産銀国がスペイン領のペルーであるのは言うまでもないが、明清社会経済史が専門の岸本美緒によると、一六〇〇年前後は年に二五〇トンの銀がヨーロッパへ、二五〜五〇トンがマニラへ流入したという。それに対して日本の銀産出は年間五〇〜八〇トンであった。少なくとも局面をアジアに限れば、ヨーロッパを経由してアジアに流入する分を考慮しても、日本銀の地位は確固たるものがあった。日本の銀輸出が激減するのは一六六〇年代後半、銀山がまったく涸渇するのは一八世紀半ばで、牧野が金銀は十分にあると言ったのは事実その通りだった。

クーケバッケルは翌一六三九年初頭に離日し、フランソワ・カロンが商館長の地位に着いた。クーケバッケルと共にタイオワン事件の収拾に努めたカロン（第二三章）は、平戸勤務が長く日本語も達者で、のちに『日本大王国志』を著わす人物である。カロンは三九年五月二日に江戸に着いた。井上政重は二〇日、カロンを招待して、マニラ攻略の可能性や、今年のポルトガル船来航の見こみについて尋ねたあと、「最近三人の宣教師が捕えられ牢獄に入れられている。二人は日本人、一人はスペイン人である。彼らは誰も助けようとしないので非常に弱り、道で食物を乞い、自ら裁判所の手に落ちたのである」と語った。

これは奥州水沢で捕えられたジュアン・バウチスタ・ポロ司祭、ペトロ・カスイ岐部司祭、マルティノ式見司祭の三人のことである。水沢は一村挙げてキリシタンだった見分《みわけ》（後藤寿庵の領地）の近くで、日本イエズス会士の最後の潜伏地だった。ポロは病弱ですでに六三歳。もう潜伏は無理と覚悟して、自ら仙台藩家老水沢領主の石母田大膳宗頼のもとへ出頭した。石母田は彼を親切に迎え、医師をつけて江戸に送った。岐部・式見も似たりよったりの事情でつかまったものだろう。幕府は島原・天草一揆のあと、キリスト教禁圧を徹底するよう、各藩に指令しており（寛永一五［一六三八］年九月）、井上はこのときキリシタン禁圧政策の責任者の立場にあった。彼が「彼らのために罪なくして死んだ日本人と同数のポルトガル人を殺してやりたい」と激語したのは、この日カロンに対してである（三七四頁）。井上が言及した三人のうち、穴吊るしの拷問にあってポロと式見は転んだが、岐部は棄教を拒んで絶命したと伝えられる。

井上はまた「もし日本の当局がポルトガル人を追放したら、オランダ人はこれまでポルトガル人がしていたように、日本に絹織物や薬品を持って来られるか」と前年一六三八年五月、牧野がクーケバッケルに述べたのと同様の案件を問うた。カロンは出来ると即答し、さらに、ポルトガルの仲介で、高価な広東《カントン》の織物・金羅紗を日本へ輸出してきたシナ人は困窮するだろう、他の国はこのようなものを求めないからだ、彼らは非常に銀を求めているので、オランダ人に渡すためにあらゆる方法を用いるだろうとつけ加えた。

オランダ平戸商館長カロンと重臣忠勝の問答

井上の質問はポルトガル人追放が、いまや幕府のさし迫った課題になっていることを示していた。翌二一日には平戸侯の二人の奉行が、酒井忠勝と松平信綱のもとに呼ばれ、「ポルトガル人が日本から追放されたら、ポルトガル・スペイン人は、オランダ人が日本へ来ることを妨害できるだろうか」と問われた。「世界中のどの船もオランダ船には対抗できないと度々聞いている」と二人は答えた。二人はオランダ人カロンに、スペインからインド、さらに日本までの海路を示す地図を作らせるように命じられた。

ここで忠勝と信綱が出て来るのには意味がある。将軍家光は父秀忠のもとで権勢をふるった土井利勝を遠ざけようとしていたし、土井と忠勝はこのころ極端な不仲になっていた。また信綱は家光の子飼いで、一揆鎮圧の功を立て、出頭ぶりには目ざましいものがあった。つまりこの二人は家光の意志を代弁していたのである。

カロンらは一夜で海路図を仕上げた。何枚もの紙にわけて描き、張り合わせて一枚の地図にした。「我々の知識と経験の及ぶ限り書き示した」。翌五月二二日、上記の平戸藩の奉行二人が取りに来て、城中へ持参した。

カロンたちも呼ばれて登城し、「閣老の隔離された集合所」に案内された。閣老全員が集まっていた。カロンが閣老と呼んでいるのは、年寄や六人衆（後の老中・若年寄）だけでなく、もっと広く要職にある幕臣のことだ。日本近世史が専門の山本博文は『江戸幕府日記』によると、この日評定所の大寄合が開かれていて、カロンらが呼び出されたのがこの場だったのは確かだと言う。これが史上有名な四月二〇日（邦暦）の大評定である。議長は酒井忠勝が務めた。そこにはオランダ人の地図以外に様ざまな世界地図が並べてあった。まず忠勝が口を切って、一昨日の井上とおなじく、オランダ船の日本来航がスペイン・ポルトガル船によって妨げられることはないのかと問うた。カロンは答える。「我々がスペイン人を恐れるのではなく、彼らが我々を恐れているのだ。彼らは戦わずして逃げ失せる。ゴアその他を毎年封鎖しているのはわが艦隊である。スペイン人は我々を日本から遠ざけることはできない」。

閣老たちの憂慮のひとつはかくして解消した。しかし、まだより重要な憂慮が残る。「ポルトガル人が追放されたら、貴下らはこれまで彼らが日本に提供していたのと同量の生糸・絹織物・薬・乾物を供給できるのか」。カロンは井上に答えたことを繰り返し、台湾を介するオランダのシナ貿易が年々著しく増大していて、前記の物資入手には確信があるばかりではなく、ポルトガル人が追放されたら、これまで以上シナ船が来航して、必要物資を供給するだろうことは、先年マードレ・デ・デウス号事件でポルトガル船来航が中絶した折、シナ船来航が急増した先例で明らかだと答えた。

忠勝は納得した様子だったが、意外なことを言い出した。「まあ不足なものがあれば、我々の船を出して取ってくればいい訳だ。ポルトガル人は我々の船を攻撃できるだろうか。どう思うかね」。彼だけではない。幕閣の何人かはこの時期になってもなお、奉書船の復活を選択肢のひとつとして考慮していたのである。日本貿易独占を企むオランダ東インド会社としては、ここが踏んばり所だった。カロンは答える。日本船が台湾以北のシナ沿岸で交易するなら、ポルトガル・スペインの妨害は受けない。彼らはこの海上の支配権を持たぬからだ。しかし、シナは日本に敵意を持っているから交易は不可能だ。だから日本船は台湾以南、トンキンや交趾《コーチ》シナ、カンボジア、タイへ向かうことになる。従来ポルトガルは長崎貿易のため日本船を見過ごしていたし、スペインも僚国ポルトガルのためそうしていた。しかし、ポルトガル人が追放されたとなると、彼らには手控える理由がない。日本船はむろん復讐される。

　このあと閣老間で議論が交わされた。大部分は日本船は海外渡航せぬがよいとの考えだったが、数人はこれに反対したとカロンは記している。討論の末、忠勝は「我々は他の人の奉仕をうけることが出来る限り、日本船を国外に渡航させる必要はない」と結論づけたが、六人衆の阿部重次は「中国船は禁制を犯してひそかに日本へ来航する。オランダ人が持って来る商品も、中国人がひそかに台湾へ持ちこんだものだ」とオランダの供給能力になお懐疑的だった。カロンは忠勝に促されて反論した。「我々が我々の船でシナへ行かぬのは事実だ。だからと言ってひそかに商品が持ちこまれていることにはならない。オランダ人はシナへ行かぬ契約が結ばれているからだ。しかし台湾に商品を持って来る商人には、シナの代官から通航許可証が与えられている。必要量に足りぬなら、買物掛のシナ人を送って買付けることもできる」。

　議論は二時間にわたったとカロンは言っている。五日後の五月二七日、カロンは招かれて牧野信成を訪ね、彼から二二日の大評定の様子を聞かれた。彼はこの寄合に出席していなかったのだ。彼はポルトガル人追放問題に結論が出るには、まだ一年はかかるだろうと言った。しかし実際は二二日の大評定の意義は重大で、幕閣はポルトガルのあとはオランダが埋めてくれるという、決定的な心証を得ていたのである。あとは家光の決断を待つだけだった。

ポルトガル船の長崎来航禁止

ポルトガル船の来航を禁ずる老中奉書が出されたのは、この年七月五日（一六三九年八月四日）のことである。長崎には上使太田資宗《すけむね》が派遣され、太田は兵七〇〇を率いて八月三日に長崎に着き、ポルトガル人のみならず、オランダ人、中国人にもこの旨伝達した。ポルトガル人は長崎貿易が停止されればマカオは生きてゆけぬと泣訴したが、どうにもなるものではない。かくしてポルトガル船来航の約一世紀の歴史が閉じられた。

マカオ市は貿易再開を嘆願するため翌一六四〇年、使節を長崎に派遣したが、幕府は黒人など一三人を除いて使節以下六一人を処刑、船は焼却して断乎たる決意を示した。しかし一六四〇年、スペインから独立すると、ポルトガルは本国から日本へ使節を送って交易再開を試み、一六四七年、大使シケイラ・デ・ソウザが二隻の船を率いて長崎へ入港した。ポルトガルは独立に当って、スペインの仇敵オランダと同盟を結んでおり、独立と同盟を通知して幕閣の心証をよくしようと望んだのである。しかし幕閣の方針は揺らがず、二隻は平和裏に退去せしめられた。

よく説かれるように、幕府はポルトガル船の来航を禁じたのみで、西洋諸国との通商を断絶したのではない。しかし一六七三年、英船リターンが来航して貿易再開を望んだとき、幕府は英国王室とポルトガル王室の姻戚関係を口実としてこれを拒んだ。幕府にはオランダとの通商で十分で、それ以上に紛擾《ふんじょう》を招く原因となる海外関係は持ちたくなかったのだ。

山本博文はキリスト教厳禁がポルトガル人排除にまでエスカレートした以上、東南アジア海域において強固な力をもつスペイン・ポルトガル勢力と衝突せずに、オランダに物品輸入を頼るという選択をとらざるを得なかった、それがいわゆる「鎖国」だと言う。また岸本美緒によれば、東アジアの大航海時代は一七世紀初めに最盛期を迎え、その後次第に鎮静化して、一七〜一八世紀の東アジア・東南アジアでは、「鎖国」「海禁」ないし海外交通の縮小という形で、国を閉じる傾向が広く見られるとのことだ。それはまた新たな国家形成の動きでもあり、幕府の選択も、その動向の一環であった。

長崎でポルトガル人追放令を伝達した上使太田は、同時に当地へ呼び出していた大名の使者たちに「浦々御仕置之奉書」を交付した。これはすでに江戸で在府の大名たちに伝達されていたのだが、改めて念を入れたのである。この奉書は領内浦々に常に確かな者を置いて、不審な船が現れたら改めることを命じたもので、幕府の念頭にある不審な船とは、むろんスペイン・ポルトガル船だった。つまり幕府はポルトガル人追放ののち、スペイン・ポルトガル船による報復が、日本沿岸で行われるのではないかと強く憂慮していたのだ。

翌一六四〇年、前記したように、マカオ船が嘆願のため長崎へ来航して厳しい処分を受けた際、そのために下向した上使加々爪《かがつめ》忠澄は、九州諸大名の使者を集め、領内に遠見番所を設置し、ポルトガル船を見かけたら、島原藩主高力《こうりき》忠房と長崎奉行に報知して、その指揮のもとに対処すべきことを命じた。しかも幕府は「浦廻上使」の名で船手頭を派遣して、沿岸の警備実施を検分する熱心さであった。これは各藩にとって相当な負担で、細川忠利は知人への手紙で、遠見番所に勤める者は藩で召し抱えねばならぬし、早船三〇艘には一二〇〇人の水夫《かこ》が必要で、「事のほか九州の弱りにて候。きりしたん程日本をなやまし候もの、またと之なく候」とこぼしている。長崎港の警備については、曲折はあったものの、一六四二年になって、福岡藩と佐賀藩による交代勤番が確定した。

家光の奢侈禁止令とキリスト教排除という「国家理性」の発動

スペイン・ポルトガル船が仮想された外からの脅威だとすると、内では深刻な不景気という現実が進行していた。一六四〇年二月、カロンは大坂の商人福島新左衛門から「大きな値下りと、なお毎日全商品の値段が下っているため、非常な損害を受けているので、約二万八〇〇〇テールにのぼる彼の負債の残りを、今まで支払うことができない」との通知を受けた。カロンは通詞利右衛門を大坂へ送り、四月になって利右衛門は新左衛門から二万二〇〇〇テールを取り立てて帰ったが、上方ではやはりすべての商品が急激に値下りしているとのことだった。カロンは参府のために四月二七日に大坂に着いた。話に聞いた通りの状況だった。「一つの例外もなしにすべての商品の値段が下った。多数の豪商は大部分の商品を、まだよい値段の中に買ったため破産した。ポルトガル人の追放により、すべてが値上りすると考えたが、反対となった。そこで彼らの多数は妻子を残して逃亡した」。自殺した者もいるとカロンは書いている。

カロンは江戸に着くと多くの商人から「すべての商品は値下りし、低廉な入札が続いている」と聞かされた。「この最も主な理由は、皇帝が布告により、貴族、商人、市民の使用人は、今後絹の着物を着てはならないと厳しく命じたからである。また領主、役者は金羅紗、刺繡・金入りの布を、着物や寝具に用いてはならないと命じられた。これらの人々はこれらの高価な品物を非常に大量に使用していたので、今この厳しい禁令はすべての商品にとって非常な障害となり入札は止められたままである」。すなわち寛永一六（一六三九）年、家光の意志によって発せられた奢侈禁止令は、長崎交易に依存する商人に大打撃を与えた。当時の日本人が身分の上下を問わず、華美な絹織物を競って着用していたことについては、アビラ・ヒロン『日本王国記』を始め数々の証言がある、家光はこれを嫌った。

先のこととなるが、一六四二年の参府は、カロンの次に平戸の商館を次いだマクシミリアン・ルメール（在任一六四二）が長崎へ商館を移設した後、商館長となったエルセラック（在任一六四一〜四二、四三〜四四）が行ったが、彼はその往路と復路にわたって、京・大坂の取引先である豪商たちが破産して、いまは悲惨な境遇に陥っていることを知った。彼らの破産はポルトガル人追放による生糸・絹織物の価格上昇を見込んで、過剰に商品を仕入れたためだろうが、不況一般については、ポルトガル船への日本人の投資が、追放によって回収不能となったことも考慮せねばなるまい。オランダ船は連年マラッカ海峡を制圧し、ゴア・マカオ間を往来するポルトガル船を一五〇隻、一六二九年から一六三五年までに捕獲・撃沈した。その結果ゴアからの資金を断たれたマカオは、長崎で日本人から高利の借金をするようになった。日本側からするとポルトガル船に投資した訳だが、長崎商人のみならず大名・幕臣までポルトガル人に貸しつけ、その額は追放の年一六三九年には、七〇万クルザードにのぼった。これだけの金が回収不能となったのである。いくつかの銀行が倒産したようなものだ。幕府はこれほどの犠牲を、おのれの権力の基盤たる者たちに払わせても、ポルトガル人追放を断行したのであって、キリスト教排除を最優先とする「国家理性」の発動を、そこに見るべきなのは言うまでもない。

「オランダ人もキリシタン」

オランダ人はもちろん、ポルトガル人追放を歓呼して迎えた。このことを知ったバタヴィアのインド政庁は一二月一〇日をもって感謝日と定めたほどである。一六四〇年、オランダの輸入は約六三〇万グルデンに達した。これはその後も破られることのない最高記録である。そのうち生糸輸入は二二万九〇〇〇斤、前年の二倍にのぼっている。当時日本市場での生糸需要は三〇万斤前後と見られていた。だが、オランダ人の前にはなお障害が残っていた。長崎市民と五カ所糸割符仲間から、オランダ生糸をパンカド（一括購入）のもとに置くこと、商館の長崎移転を望む働きかけが、幕閣に対してなされていたのである。また、一六四〇年の輸入額が前年より倍増したといっても、不況の影響で銀輸出は四分の一に落ち、利益は激減していたのだ。カロンは一六四〇年度の参府によって、牧野信成の助けを得て、パンカド強制と長崎移転を阻止することができた。当時幕閣の第一人者たる酒井忠勝を始めとして、カロンは幕閣内に有力な庇護者を持っていた。だが、暗雲は彼ら閣老越しに、オランダ人の頭上に垂れこめようとしていた。

この年七月、家光は領国へ帰る松浦鎮信に対して、「汝の父隆信はオランダ人によい秩序を守らせた。汝も父のやり方に従うように。教えをひろめない点で違ってはいるが、オランダ人もキリシタンである。ポルトガル人はキリシタンのために日本から追放されたのである」と戒めた。家光がオランダ人もキリシタンだという警戒感を抱いたのは、貿易再開嘆願のため来航したポルトガル使節を処断させるために、長崎へ下向させた旗本加々爪忠澄の報告で、オランダ商館にキリスト紀元年号が記されているのを知ったからだとされるが、加々爪の平戸検分は八月のことで、家光の警戒感はその前から生れていた。家光は加々爪忠澄の報告を得て、オランダ人もキリシタンであるという事実に、さらに疑念をかき立てられたのだろう。特に聞き逃せないのは、彼らの建造物にキリスト生誕紀年が記されているという一件だった。その年のうちに、井上政重を上使として平戸へ派遣して、商館倉庫を破却させたのは、オランダ人に厳重な警告を与えようとしたものと考えられる。

政重の一行は一六四〇年一一月九日に平戸オランダ商館を検分した。カロンの記するところでは、申渡しは大要次の通りだった。「皇帝は貴下がポルトガル人と同様キリシタンであるとの、確かな報告を受けている。貴下は日曜を守り、キリスト生誕の年を貴下の家の破風に書いている。ポルトガル人との違いを我々は小さいと考えている。十戒、主の祈り、洗礼、晩餐礼、新旧約聖書、モーゼ、預言者、使徒などを信じている。ポルトガル人との違いを我々は小さいと考えている。貴下がキリシタンであることは以前から知っていたが、別なキリシタンと考えていた。そこで皇帝は私に、上記の年号の入っている建物を、例外なしに取り壊させるよう命令した。これは最近建てられた北側から始め、全部を取り壊すように。日曜を公に守ることは許さない。商館長は今後一年以上留まってはならず、毎年交替せよ。これは国民と長い間接触して、教えを弘めないためである」。「最近建てられた北側」というのはこの年の春に竣工したばかりの倉庫である。しかし、カロンはためらわなかった。皇帝（家光）の禁令にちょっとでも不平を見せてはならぬと承知していたからである。彼は「冷静に、度量を見せて、しかし恭しく」、命令にはすべて正確に従うと即答した。

これがよかったのだと、カロンは自讃している。でないと危ういところだった。というのは、その後彼は平戸侯から、もしカロンが抗弁したり、懇願したりしていたら、上使はその場で彼を殺害し、商館員を全部逮捕するつもりであったと伝えられたからだ。井上はカロンの即答ぶりに満足し、驚いてもいるとのことだった。平戸侯が伝えた井上の言葉には注目すべき点があった。カロンが延期を願い、この件を酒井忠勝、堀田正盛、牧野信成らオランダ人びいきに訴えて、宮廷工作をすることを井上は予想していたのである。彼はそれを断固として阻止する決意だった。だから即答を促し、カロンがしぶるなら、斬り捨てる覚悟だったのだ。

倉庫破却命令は家光の判断か

このカロンの記述の真偽は従来問題にされてきたところだ。幕閣はオランダ人が十分な生糸・絹織物を供給できると確信できたからこそ、念願のポルトガル人追放に踏み切ったのではなかったか。そのオランダ人を殺してしまってどうするつもりなのか。肝心なのは井上が、これは将軍じきじきの命令で、重臣たちはそれを知らないと言っていることである。つまり家光は、今回の措置を閣老たちに知られたら、うるさいことになると考えて、井上に密命して自分の意志を断行させたのだ。いったい家光はキリシタン禁制のためには、今後唯一の海外貿易の窓口となるであろうオランダと断交してもよいと決断していたのだろうか。ここは判断の難しいところである。カロンを殺し商館を接収してしまえば、この窓口は閉じる。家光はいったん閉じても、かのノイツ事件のときのように、オランダ人は屈従して戻って来るはずだと読んでいたのだろうか。それとも、平戸侯かカロンの伝えるところのどちらかに誇張があり、井上はまさかカロンを殺そうとまでは考えていなかったのか。今となっては断定のしようもないことであるが、ただ明白なのは、このときの措置が、閣老たちを抜きにした家光ひとりの決断だったことである。

それにしても、「十戒」を始めとして羅列された語句は、まさか家光自身の言葉ではあるまい。これはキリシタン取締りの責任者の地位についた井上自身の勉強を語るものだろう。井上は殉教者を作ることを好まず、司祭たちを背教せしめることによって、一般信者の信念を沮喪《そそう》させようとしたという。穴吊るしはあくまでも棄教を強いる手段だったのである。井上はカロンとは旧知の仲であり、一件落着のあとカロンに、このような任に当ったのは残念だと語った。彼はカロンの態度に感銘を受け、こののちオランダ人に対して父親のような保護者の立場を示すことになる。

オランダ商館、長崎の出島へ

カロンは翌一六四一年二月に離日し、マクシミリアン・ルメールがあとを継いだ。商館長は毎年交替せよとの命に従ったのである。ルメールはこの年四月、恒例の献上品を携えて参府し、五月一一日に江戸城中で、酒井忠勝、松平定綱ら四人の老中から、商館の長崎移転を命じられた。その場には井上政重と長崎奉行馬場利重が立ち会い、老中の言葉はこの二人が取り次いだ。ルメールによると大要次の通りである。「外国人が貿易を行うかどうかは、日本国にとってあまり重要ではないが、オランダ人は老皇帝（家康）から通航許可証を得ているので、彼らの商業その他について自由を享受してよい。ただし、船は今後長崎へ入港し、財産一切は平戸から長崎へ移すように」。

外国貿易が重要ではない云々《うんぬん》はもちろん勿体《もったい》をつけたのである。長崎移転という厳しい処置をとるためには、恩を着せる必要があった。ルメールはなぜこんな事態に至ったのか、情報収集に努めたが、結局「これは日本を安定させるという、重大な理由から起ったものであり、最近有馬で起ったような反乱が、再び外国人の援助によって起るのを防ぐためである」といった程度の話しか聞けなかった。

オランダ商館の長崎移転は、倉庫破壊の時点で決まっていた訳ではない。その後幕閣で評定が繰り返され、家光の意志との摺り合わせもなされて、この決定に至ったのであろう。別に平戸藩に叛意は認められないにせよ、唯一の外国との窓口を特定の一藩に管理させるのは不都合で、やはり長崎奉行の監視下に置くべきだとの結論に至ったものか。長崎にはすでに出島が築かれていた。これを活用せぬ手はない。長崎商人はポルトガル人追放以後、オランダ人を長崎に招致する運動を続けていたが、幕府はあくまでも国益の見地からこう決めたのである。幕府はこの時ルメールに、宣教師を乗せたポルトガル・スペインの船を捕獲してよいと、虫のいい許可も出している。

ルメールは江戸を去るに当って、平戸藩主松浦鎮信を訪ね、長年の厚誼を謝した。鎮信も感謝の言葉を述べたが、「悲しそうで、深く物思いに沈み、あわれに見えた」。一五歳で父隆信のあとを継いだ鎮信は、このときまだ二〇歳に達していなかったのである。

最後のイエズス会宣教団

一六四二年と翌四三年の二度にわたって、イエズス会は最後の日本宣教団を送った。最後というのは、結果としてそうなったのであって、送りこむ側も送りこまれる側も、これが最後と思ったわけではない。これはアントニオ・ルビノという一人のイタリア人神父の強い意志から出たことで、イエズス会自体は本部も出先も、日本へ無理して宣教師を送ることには消極的だった。この宣教団の基本史料は、パジェスの『日本切支丹宗門史』と、『長崎オランダ商館の日記』である。『バタヴィア城日誌』の記載はこの蘭館日記の引き写しにすぎない。ただ、『バタヴィア城日誌』の注釈者が「情報も不正確、錯誤があって、不明な点が多い」と述べているのはその通りだ。

一六三九年、ルビノは日本管区巡察師に就任した。巡察師になったからといって、別に日本へ行く必要はなく、前任者がマカオで死んだので、そのあとを継いだだけである。だが彼はぜひとも日本へ潜入する覚悟だった。パジェスによると彼には背教者フェレイラの償いをするという、強い動機があったとのことだ。

ルビノはフランシスコ・マルケス司祭を伴ってマニラへ渡った。マルケスはポルトガル人と、大友宗麟の血筋をひく女との間に生まれた混血児である。マニラで同志を得たルビノは、これをふたつのチームに分けた。その方が成功の確率が高いと考えたのだろう。ルビノの率いる第一団は、彼とマルケスのほか、ディエゴ・デ・モラレス（スペイン人）、アントニオ・カペチェ（イタリア人）、アルベルト・メチンスキ（ポーランド人）の三人の司祭、それに三人の従者からなっており、その一人朝鮮人トマスはカンボジアの日本人教会で働いていたという。

彼らの船は一六四二年八月一一日、薩摩の下甑《しもこしき》島で座礁、一行はすぐに見廻りの役人に見つかり、長崎に連行された。幕府が強化させた沿岸警備体制が機能していた証拠だ。長崎到着は二二日で、この日の蘭館日記に記載がある。蘭館日記は四人の司祭と五人の従者とし、姓名・年齢を記すが、姓名には誤りがある。パジェスは一行八人とするが、日記は一貫して九人としており、現地情報ゆえにこの方を信ずべきだ。

「彼らは皆日本の服装をして居り、改宗パードレ・ジョアンが奉行の命を受けて棄教を勧めたところ、激しい言葉で拒否された」。ジョアンとはフェレイラのことで、ルビノはフェレイラ背教の事情が知りたくて潜入したのに、いきなり本人から転向を勧められたのだ。驚愕・怒りはいかほどであったろう。「取調に対しては少しも憚るところなく、キリスト教を伝えるために禁を犯して日本に渡来したのに、早くも発見されたが、いかなる刑罰も忍ぶ覚悟であると述べたので、奉行以下取調に当った人は皆驚いた」。ルビノはこのときすでに六二歳であった。

一行九名は翌一六四三年三月一七日、穴吊るしの拷問を受けた。棄教したのは従者一人で、それも手当中に死んだ。残る八名中三名が徐々に死亡、二五日までに生き残った五人は首をはねられた。五野井隆史『日本キリスト教史』は大村牢の死亡帳に、三人の南蛮人が一六四二年、六五年、九〇年に死亡したと記載されていることを付記し、全員処刑に疑いを残しているが、この三人は蘭館日記によると、三、四年前琉球でとらえられた別なスペイン人である。

ペドロ・マルケス（ポルトガル人）、アロンソ・デ・アロヨ（スペイン人）、フランシスコ・カッソラ（イタリア人）、ジェゼッペ・キアラ（イタリア人）の四人の司祭、ほかに日本人イルマン、五人の従者よりなる第二団は、一六四三年マニラを出帆、六月二三日筑前の梶目大島で、黒田藩の見張り番に捕えられた。『長崎実録大成』によると、「月代《さかやき》ヲ剃リ日本風ノ如キ衣類ヲ着シタレドモ、眼ザシ鼻ノ高サ常ナラザル故、所ノ役人ニ告知」された。なお従者のうち三人は海外在留二〇年を越す日本人だった。彼らは江戸へ連行され、全員棄教して、宗門奉行井上政重の小日向の屋敷中に設けられた「切支丹屋敷」に収容された。

密航カトリック宣教師に言及するオランダ商館長

同年一一月参府した長崎商館長エルセラックは通辞から、彼らは拷問の恐怖から棄教し、囚人で行動の自由はないが、生涯各月米五俵、年一貫目を支給されることになった、背教者として彼らは早速、京・伏見の信者を摘発したと聞かされた。

彼は一二月二日の項にも、通辞の話としてこう記している。「転向して日本人となった彼らは、三日前に上司から日本風に妻女と同棲することを命じられ、日本人パードレたちは承知して自由になったが、ポルトガル人パードレ四人は拒絶したので、再び投獄され、前よりも厳重に監視を命じられた由」。むろんパードレのうちポルトガル人は一人だし、日本人にパードレだった者はいない。同月一八日には、井上政重の「首席執事がエルセラックの宿に来て、パードレらが女と同棲することを承諾せぬので拷問した」と話した。二一日に彼は井上政重から将軍の「命令書」を交付されたが、その第三項はこのたびの二次にわたる宣教団の渡来に言及し、「パードレらが日本に渡り、またイスパニアやポルトガル人に頼んで、日本に対し何か悪事を企てることを聞いた時は、日本官憲に知らせることを望む」と述べていた。家光の憂慮は深かったのである。エルセラックは切支丹屋敷の司祭たちに関心があったらしく、一六四四年五月の日記にも、長崎奉行馬場三郎左衛門利重の「江戸で棄教したパードレは依然婦人に接することを承知せぬので、毎日水責めその他の拷問にかけられている」という談話を記載している。拷問がこわくて棄教したというのに、女に接するのは拷問以上におそろしいというのは、カトリック修道僧ならではの心理だろう。

フェレイラに関しても商館日誌は度々言及し、沢野忠庵と名乗る彼が「奉行の所にある地球儀の水平線上に聖徒の名のついた暦がある」、危険だから削るべきだと指摘するほど、幕府の忠実な手先となっていたことを伝えている。

ルビノのふたつの宣教団が壊滅したあと、一七〇八年シドッチが単身潜入するまで、宣教師の入国の試みは途絶えた。新井白石の審問で有名になったシドッチの例は、個人の壮挙にすぎず、ルビノの宣教団が「最後の」と呼ばれるのは失当ではない。しかし幕府は依然として憂慮していた。一六五一年にもなって、井上政重は長崎商館長に対して、会社の信用を保ちたければ「この国の仇敵であるローマ・キリスト教徒」のたくらみについて知り得たときは、すぐ長崎奉行に通知せよと注意せずにはおれなかった。

エピローグ　ファースト・コンタクト再考

一六世紀中葉から一七世紀半ばに至る日欧接触は「鎖国」によって断たれた。むろんこれはポルトガル・スペインとの断交を意味し、それ以外のヨーロッパ船の来航を拒否したものではない。しかし仮にオランダ以外の商船の来航が許されたとしても、長崎で厳重に管理された貿易しか行われなかっただろうし、一六七三年英船リターンが長崎に来航し、日英貿易再開を望んで拒否されたのち、一八世紀末ロシアが派船して交易を望むまでは、徳川期日本と接触を望むヨーロッパ国家は現れなかった。

リターンは英国王チャールズ二世の親翰まで持参していたのだが、長崎官憲はスペイン人・ポルトガル人の船中潜伏の有無を確かめるだけでなく、英人のキリスト教信仰について詮議し、英船の掲げるセント・ジョージ十字旗まで猜疑して掲揚を禁じた。最大の問題はチャールズ二世がポルトガル王女を妻としていたことで、これが幕閣の通商拒絶の理由となった。幕閣はこれを口実としたのではなく、実際にカトリック国との関係を憂慮したのであろう。島原の乱からまだ三五年しか経っていなかった。奉行以下長崎の役人たちは、オランダと同じ条件で日英交易が再開されるものと思っていたので意外だった。両国王室の通婚の事実を告げ知らせたのは、オランダ商館長である。

つまり「鎖国」は、この時点では「祖法」にはなっていなかったのである。幕閣がオランダ以外の西洋諸国との国交・交易を拒否するのを「祖法」としたのは、一九世紀初頭のレザーノフの長崎来港の際だと、さも新説のように説かれる。しかしこの説は井野辺茂雄が、一九四二年刊の『新訂　維新前史の研究』において、すでに明白に述べたところであった。

　だがこの説には難点がある。一七三九年、露人シュパンベルグが船隊を率いて東日本一帯を調査したときの各地の官憲の対応を見ても、さらには、ポーランド人捕虜ベニョフスキが一七七一年、カムチャツカから脱走して、日本沿岸を航行し、阿波国日佐和に寄港した際の蜂須賀家の対応を見ても、異国船は日本沿岸に近づけてはならぬという観念は一八世紀には間違いなく成立している。通信は朝鮮・琉球、通商はオランダ、シナに限るという、レザーノフに通告された「祖法」の観念は、その時点で幕閣が創り出したものというより、一八世紀を通じて成立した観念を明文化したにすぎまい。

　一九世紀にはいると、一八一八年、英船ブラザーズが浦賀を訪れ通商を求め、二二年には英捕鯨船サラセンが浦賀で薪水を要求、二五年には「無二念打払令」が出されて、三七年のモリソン号打ち払い事件を惹起し、四五年には米船マンハッタンが浦賀へ、英艦サマランが長崎へ来航。四六年にはアメリカの提督ビッドルが二隻を率いて、正式の国使として浦賀に現れるなど、鎖《とざ》された日本のドアは次々にノックされる状況となった。ペリー艦隊は突然浦賀に出現したわけではないのだ。しかし、幕閣はこのノックをことごとく撥ねのけ、事実上一八五三年のペリー来航まで、出島に閉じこめたオランダ以外の欧米諸国との通交を拒否し続けたのである。ポルトガル船が追放されてから二〇〇余年後、日本人は紅毛碧眼のヨーロッパ人と、再び全面的にあいまみえることになった。

　そのとき彼らは異人たちと初めて出会ったかに感じた。もちろん長崎出島にはオランダ人が居て、時折は江戸へ出かけて来た。だが、彼らと接したのはほんの一部の日本人で、オランダ人は目を楽しませ珍らしい話を伝えてくれる、珍奇な風物詩にすぎなかった。しかし、いま押し寄せて来るヨーロッパ人はほとんど津波と言ってよかった。彼らはこの異人たちと、二〇〇年の昔繁々と交わっていたことを、すっかり忘却していたのだ。彼らがヨーロッパと初めてコンタクトしたと感じたのは、ヨーロッパがその間変貌していたからでもある。それにはアメリカという出店までできていた。だが事実を言うなら、これはセカンド・コンタクトにすぎなかった。お目通り、すなわちファースト・コンタクトは二〇〇余年前にすんでいたのである。それも行きずりに眼が合ったというのではない。一〇〇年にわたる濃密な交わりがあった。最後には彼らの信じる神をめぐって血が流れた。だがそれ故にこそ、ファースト・コンタクトは忘却された。いや、忘却させられねばならなかった。一〇〇年にわたる〝日本におけるキリシタンの世紀〟は、徳川政権の徹底的な記憶抹殺の営為によって忘却された。その徹底ぶりは一八世紀初頭、新井白石がシドッチを訊問した際、キリシタン関係の資料を参照しようとしても、ごく僅かな断片しか入手できなかった一事に示されている。

セカンド・コンタクトにおいては、ヨーロッパは文明的優越者として、わが国の前に出現した。だからこそこれは徹底的なインパクトだった。だがファースト・コンタクトにおいては、両者は文明的に対等であった。対等だと、ポルトガル人もスペイン人も、オランダ人も英人も認めた。むろん、両者は文明の質において異なっていたので、ヨーロッパ人は彼ら自身のキリスト教的世界観・人間観に立って、日本文明の数々の特質を批判することができた。だが彼らは、日本人の社会の組織のしかたや、礼儀・習慣も含めての風習、その文化的形成物、民族としての知力等々において、つまり文明をして文明の名に値させる水準において、日本がヨーロッパに劣っているとは考えなかった。異質で批判したくなったとしても、知力・武力・文化的洗練において対等な者として、敬意を覚えずにはおれなかったのである。

これは広く世界的視野に立っても、根拠ある事実と言わねばならない。当時の世界経済において、第一位の実力者は明・清朝のシナであった。ムガル帝国を含めるなら、経済的実力において、アジアはヨーロッパに優越していた。だからこそヨーロッパは、アジアの富を求めて「大航海」に乗り出さねばならなかったのだ。しかもその海外進出においても、彼らが得たのは少なくともアジアにおいては、一七世紀初頭にあっても、いくつかの臨海拠点であって、彼らの商業活動はアジア内陸を震撼させるような域には、まったく達していなかったのである。事情はわが国でも同様だった。秀吉や家康はヨーロッパによる軍事侵略など恐れていなかった。彼らが憂慮したのはただ、キリシタン大名が宣教師の走狗となることであった。またデウスの世界支配を説くカトリックの教旨が、彼らの支配下にある家臣団・農民の忠誠心を分裂させはしないかということだった。かくてファースト・コンタクトの焦点は、キリシタン問題に絞られることになったのである。

おなじ西洋とのコンタクトと言っても、ファーストとセカンドの場合、コンタクトの相手がかなり異なっていたことを忘れてはならない。一六、七世紀のコンタクトの相手はポルトガル・スペインであった。むろん英国もオランダも日本市場に参入したが、前者は早々と撤退し、後者の影響はむしろ「鎖国」後において顕著だった。すなわちファースト・コンタクトの相手は南欧カトリック諸国であって、彼らは北欧諸国の宗教改革に対する「対抗宗教改革」の一環として、ローマ教皇の付与した布教保護権のもとに海外布教に乗り出したのである。『キリシタン思想史研究序説』の著者井手勝美は言う。「十六世紀の西洋社会は、十七世紀末からの科学革命と精神革命を経て、宗教が文明推進の主導力を失った世俗化の時代と異なり、宗教が文明の要としての統合的機能をなお保持していた時代だった」。一方、一六世紀から一七世紀半ばにかけての日本も、一向一揆の例をまつまでもなく、宗教的熱情がなお生きている時代だった。信長に表れているような世俗化の動向は、このののち江戸時代を支配する流れとなるが、戦乱と下剋上のもたらすアナーキーがやっと終熄したこの時期にあっては、現世を超える救済への渇望はなお強烈だったのである。当時の代表的芸能とされる説教節を街頭で聴く人びとを描いた絵を見ると、鬚面の武士がこぶしを眼に当てて、人目もはばからずおいおい泣いている。説教節は運命によってどん底に突き落とされた主人公の、死して甦る救済の物語である。プロテスタンティズムの挑戦を受け、再興を期して海外布教に乗り出した南欧カトリシズムの前に現れたのは、このような現世の苦難に敏感で、救済願望に衝き動かされる日本人だったのだ。

もちろん、合理的知性によって世界を理解しようとする近世的衝迫は双方にあった。ザビエルを初め宣教師たちは、この国民が著しく道理を重んじ、道理によってしか説得されぬことを早々と観取った。一方、ザビエルらイエズス会士にはそれに応える用意があった。彼らの神学は当時のヨーロッパにあって最新の科学によって基礎づけられていた。彼らは錬金術・占星術の徒ではなかった。当時の最新の天文学的知識によって武装されていたのであり、それによる宇宙開闢《かいびゃく》の物語は日本人の耳にも「道理」と聞こえた。

当時の日本人に、キリスト教の教旨がどの程度理解できたか、言い換えれば、真正のキリスト者的信仰に達しえたかどうかは、これまで十分に議論されてきた。岡田章雄は「ただ異邦の神に現実的な利益《りやく》を求める気持ちからその信仰を守り、十字架を大切にするという場合が案外多かった」と言い、十字架・聖像・聖水に呪術的効験が求められた実態を示して、「これらの信仰形態は、神祇信仰、民間信仰の場合ひろく行われていたところであって、ただその信仰の対象がキリスト教の神に代位されたに過ぎない」と言う。一方、日本キリシタン史が専門の海老沢有道はそれに対して、「仮りに現世利益的観念から入信したものがあったにせよ、彼らがその御利益信仰を超えて、現実には最大の苦難の道をあえて選んだこと」が問題だと主張する。キリシタン大名が貿易の利を望んで入信したとしても、「キリシタン信仰の理解者、そして最後まで弾圧に抗し、殉教の血潮を流すまで、思想に信仰に忠実であったのは、むしろ名も知れぬ幾万の民衆であったのである」。

岡田の言うところももっともで、宣教師自身の記録によっても、彼らが聖水や十字架で病者や精神障害者を治療したことが、一村の入信の動機になった例は甚だ多い。当時のヨーロッパにおけるキリスト教信仰自体、聖遺物信仰にみるように、呪術的信仰の次元に立ち、聖職者もそれを容認していたことを考えると、日本におけるキリスト教信仰にその要素が伴ったのに何の不思議もあるまい。だが、呪術的現世利益を信じるヨーロッパの民衆が、だから真正な信仰を知らなかったとは言えない。呪術的俗信と真正の信仰とは両立しうるのである。日本の場合はどうだったのか。

当時の日本人のキリスト教受容はまず、世界を創造した唯一神が存在するという考えを承認するかどうかという形をとった。宣教師と仏僧との宗論もその一点をめぐって争われた。というのは、ザビエル以降宣教師たちが、日本で神仏と称されているものは決して世界の創造者ではなく、その被造物にすぎないと主張したからである。すなわち彼らは自らの神を日本人に受容させるには、まず日本の神仏が真の神の資格をもたず、悪魔のまどわしであることを説得せねばならぬと信じたのである。世界を創造した唯一の絶対神というのは日本人がそれまで知らなかった観念で、彼らはそれに魅惑された。論理的徹底性において、その神性は彼らが知る神仏の上に在ったからである。仏僧や学者から入信者があったのは当然であるが、ふつうの民衆にとって、そのような唯一絶対神は、日本の神仏よりはるかに威力ある神と感じられたであろう。その神は自分たち衆生《しゅじょう》を必ず救いとってくれるという。その場合、海老沢有道が指摘するように、「浄土門における弥陀《みだ》の犠牲的慈悲による本願成就への信仰」が、救済者デウスを受容する上での下地になっただろうことは想像に難くない。だがデウスは阿弥陀と違い、世界創造者という絶対的権能の持ち主なのだった。

日本宣教の初期に当って宣教師たちは、世界創造者たるデウスを信じさえすれば洗礼に値すると認めた。キリスト教の教旨は単にその一点にとどまるものではなく、海老沢の表現を借りると「キリストの十字架において啓示されたデウスの愛による救いの信仰」を含まねばならぬのだが、初期の宣教師にはそこまで説く余力はなかったらしい。だがヴァリニャーノやフロイスによれば、日本人の改宗動機は来世における救済と道理の納得であり、これは日本人の特徴と言ってもよかった。創造神デウスの受容はまさに道理の納得であるが、来世における救済となれば十字架におけるイエスの出番である。フロイスは日本人が、このイエスの受難と復活の物語を特に好み、それに感動を示すと言っている。このような信仰の深まりは、宣教後期の弾圧期において、特に信心会《コンフラリア》などの信者組織を通じて実現した。そこでは『どちりな・きりしたん』等、いわゆる切支丹印刷物が偉力を発揮したことだろう。現世利益的動機に発するにせよ、日本キリシタンの信仰が真正の域に達していた点については、いわゆる殉教史のうちに数々の証拠が示されている。

キリスト教の神と日本の神仏との違いで大切なことは、前者が世界普遍性として出現したことである。日本人はわが神仏が世界に通用するか否か、それまで考えたこともなかったし、また通用させようとも思わなかった。ところが宣教師たちはおのれの神を、人間である限り受け入れるべき世界普遍の神として提示したのである。前記したように、宣教師たちは文明の次元で比較する限り、日本をヨーロッパより劣ったものとは見なさなかった。しかしおのれが信じる神については絶対的優位を確信しており、この点でセカンド・コンタクトの特徴となる高次文明による低次文明の教化の立場を先取りしていたと言える。

いったん神が民族神・地域神を脱して普遍性を獲得すると、それはおのずと世界への拡張を志向するものである。だがイエズス会士の宣教は、そのような自然で生易しいものではなかった。イグナチオ・ロヨラの思考の跡をたどると、彼はキリスト者たることが人間たることの第一条件で、従っていまだ蕃神・邪神を信じる諸民族をキリスト者たらしめるのは彼らを真の人間にすることであって、それこそ喫緊かつ最高の人類史的課題と考えていたらしい。アジア宣教は単に、北方プロテスタンティズムによるカトリック世界の縮小を補償するものではなかった。それは著しく後年の共産主義者の世界革命理念に似ている。

共産主義者にとって、革命は人類の前史を終らせるものであった。すなわち革命によって初めて人間は、様々な障害・束縛を断ち切って真の人間となるのであって、人類の本史はここに始まるのである。彼らが自らを「共産主義的人間」たらしめるべく、いかにストイックであり真摯であったか、証言は不足していない。自らだけでなく他者、すなわち全人類を「共産主義的人間」たらしめようと彼らが奮闘した結果はよく知られている。『収容所群島』こそその成果だった。

彼らは人間を改造しようとした。イエズス会士の目指したのもおなじく人間のキリスト者への改造であった。彼らはイグナチオの考案した「霊操」という修養システムに従って、まず自らをイエズス会士として改造した。日本にやって来たのは、誤った信仰に囚われた人びとを真正の信仰に導くため、すなわち真に人間としての資格を持つものに改造するために、戦士として特殊な訓練を受けた一群だったのであり、悲壮な殉教史が現出したのはそのためである。彼らが自ら殉教をいとわず、信者大衆にもそれを強いたのは、それが絶対神の世界計画すなわち人類救済史の顕現であると信じたからだ。神の世界計画に参与することこそおのれの救済なのだ。共産主義者たちもこれと全くおなじことを信じた。マルクス主義的に理解された歴史の必然的展開にあずかることこそが人間の最終的存在意義である以上、おのれはむろんのこと他者も犠牲とするに何の憚りがあろうか。

イエズス会と世界共産主義活動との間には数々の類似点がある。組織内にあって、メンバーは中央指導部に絶対服従であった。また、イエズス会は布教先の現地人の中に活動家を養成すべく、彼らをローマあるいはマカオに呼び寄せて教育した。コミンテルンもまたモスクワや上海に、アジア各地から現地人を招いて教育した。

だが問題はこのような絶対的な世界普遍性を、当時の日本人が素直に受容できたか、いやそれ以前に理解できたかということにある。宣教師たちがおのれの宣教する教義の世界普遍性を信じえたのは、その根底に、トマス・アクィナスを頂点とする哲学＝神学の理論的普遍性が存在したからにほかならない。ところがこの哲学の理解こそ、日本人を司祭に叙階する上での最大障壁であった。スコラ神学を学ぶためには、まずラテン語を修得せねばならない。日本人学生にとってこれは難事業だった。日本人司祭の養成にあれほどの熱意と希望を示したヴァリニャーノさえ、第二次日本巡察の報告書において「今まで彼らの何人《なんぴと》もラテン語をざっと解する程度にしか上達しなかった」と認めざるを得なかった。ヴァリニャーノは彼らが「特に哲学・神学、その他理論的スコラ哲学」に熟達することは困難だと見た。その理由は、彼らが「困難に耐え抜く堅忍不抜の精神に著しく欠け」るゆえである。「彼らは生来、善に対しても悪に対しても、我々のような強烈な情熱を有していない」という彼の所感は「乏しい食物で育てられてきた」からそうなったのだという原因論はともかくとして、われわれ現代日本人にとっても興味あるところだ。

問題は概念的・論理的な思考の構築の伝統が、この国にはなかったということである。概念・範疇を思考の単位として作り出し、それを論理によって、関係させ組み合わせて、思想的建造物をそそり立たせる習慣がなかった。そういう思考習慣はどの文明にも放っておいて自然に生ずるというものではなく、西洋スコラ哲学の場合も、メソポタミア、エジプト、ギリシャ、ローマ、イスラム等の諸文明の遺産の、ある偶然的な結合によって生まれたのである。それが世界普遍性の正体であった。

一六、七世紀の日本人が、キリスト教神学の根底にある哲学的構築のダイナミクスを、容易に受容しえなかったのはあまりにも当然である。日本人司祭の養成は司教セルケイラの実行するところとなったが、その場合彼が行なった教育は、井手勝美によると「実践的な義務をいかにして遂行すべきかという確固たる実践的知識、いわゆる良心問題すなわち倫理神学であった」。キリスト教神学の核心にあるスコラ哲学の教授は先送りされたのである。しかし、もう時間がなかった。家康の全国禁教令が実効をあげ始めるにつれて、キリスト教の世界普遍性を支える神学＝哲学の日本への移植など、夢のまた夢となり果てた。不干斎ハビアンは禅僧から入信してイルマンとなり、一六〇五年に護教書『妙貞問答』を著したが、三年後には棄教して、一六二〇年にはキリスト教批判書として有名な『破提宇子《はだいうす》』を書いた。擁護するにせよ否定するにせよ、立場はかなり単純な合理論にすぎなかった。もし宣教師たちに十分な時間が与えられ、スコラ哲学的思考の訓練が日本に根づいたら、どんな展開が見られたことか。それは心唆《そそ》る想像ではある。しかし、そのような哲学的思考＝神学が根づかなかったからと言って、三〇万人、当時の人口の一パーセント強の信者たちが、根底の浅い現世利益の徒だとか、真のキリスト者ではないとかは、あの熱烈無垢な殉教の事実からして到底言えまい。

日本の精神風土には、キリスト教が真に根づくには向かない何かがあるといった考えは、これまで繰り返して述べられてきた。芥川龍之介が一九二二年に発表した小説『神神の微笑』は、その代表的な一例である。主人公は「ウルガン・バテレン」として日本人に親しまれ、本人も猛烈な日本びいきであったミヤコ地方の宣教の統括者オルガンティーノで、舞台は京の南蛮寺である。ある春の夕、オルガンティーノは忍び寄る憂鬱を払いかねるままに祭壇に祈る。「この日本に住んでゐる内に、私はおひおひ私の使命が、どの位難《かた》いかを知り始めました。この国には山にも森にも、或《あるい》は家家の並んだ町にも、何か不思議な力が潜んでをります。（略）さうしてそれが冥々の中《うち》に、私の使命を妨げて居ります。その力とは何であるか、それは私にはわかりません。（略）まづこの力を破らなければ、（略）邪宗に惑溺した日本人は波羅葦増《はらいそ》の荘厳を拝する事も、永久にないかも存じません」。

祭壇のあたりにけたたましい鶏声が聞えたかと思うと、内陣は尾長鶏の群れが充満し、続いて幻影が現われる。古代日本人の一群が酒を酌み交わし、桶の上で半裸の女が憑かれたように踊っている。岩屋の奥から、何に笑い興じているのかと問う女の声が聞える。桶の上の女があなたにも立ち勝《まさ》った新しい神を歓迎しているのだと答えると、岩屋の一枚岩が左右に開き、「言句《ごんく》に絶した」光が溢れ出し、大日孁貴《おおひるめむち》、新しい神などおりませんと歓呼の声が湧きあがる。オルガンティーノは失神した。言うまでもなく、彼はアマテラスの天の岩戸かくれのシーンを幻視した訳である。失神から醒めた彼は「この国の霊と戦ふのは、思ったよりもっと困難らしい。勝つか、それとも又負けるか」とひとりごつ。「負けですよ」という囁きが聞えた。

翌日の夕、オルガンティーノはやや元気になって、寺の庭を歩いていた。その日、侍が三、四人入信したのだ。昨夜の幻は幻にすぎない。やはり十字架の威光の前には、穢らわしい日本の霊の力など何者でもないのだ。そのとき、頸に玉を巻いた老人、昨夜の幻の一人が現われ、デウスはこの国の霊に負けると告げる。オルガンティーノは必死に反論しようとする。だが老人は語る。この国に渡ってきた異神はデウスだけではない。孔子を始め支那の哲人たちの教えがあり、仏陀がある。しかし彼らの教えは、この国の霊の力によって何か別ものに造り変えられてしまった。われわれの力とはこの造り変える力なのだ。われわれの力は木々にも水の流れにも、吹き渡る風にもひそんでいる。お気をつけなさい。デウスもこの国の土人に変わりますよ。

戦後の代表的なキリスト者文学者遠藤周作も、『沈黙』（一九六六年）の中で、芥川とおなじような考えを述べている。この小説はかつて母国でクリストヴァン・フェレイラの教育を受けた青年が、徳高き師の棄教がどうしても信じられず、事の真相をつきとめたいと願って、宣教師として日本へ潜入するという趣向をとっている。彼は入国するや即座に捕われて、やがて沢野忠庵と名を変えたフェレイラと対面する。

遠藤はフェレイラに、この国は「お前や私たちの宗教は所詮、根をおろさぬ」沼地だと言わせている。布教が最も華やかで信者が四〇万に達したときも、日本人キリシタンが信じたのは、キリスト教の神ではなく、彼らが屈折させ変化させたもの、つまり彼らの神なのだ。遠藤の考えが芥川のそれと全く一致するのは明白である。遠藤はさらにフェレイラに、「日本人は人間とは全く隔絶した神を考える能力を持っていない。日本人は人間を美化したり拡張したものを神とよぶ。だがそれは教会の神ではない」と言わせる。つまり一神教が育たぬ多神教・自然宗教の風土の問題を指摘している。

だがこのような観方、日本の精神風土は西洋的絶対神を理解する能力がなく、受容したかに見えても、実は日本土着の心性によって変形されてしまうという観方の盲点は、そういった事態は何も日本特有のものではなく、南米やアフリカにおける住民のキリスト教化の実態を思えば、およそ非キリスト教世界で普遍的に生じる事態だということに気づかぬ点にある。フェレイラ流に言えば、非キリスト教地域はすべて「沼地」であって、そこで蒙るキリスト教の変容が怖ければ、世界布教などに乗り出さねばよいのだ。

いや異教世界どころではない。ローマ教皇庁のお膝元のイタリアにおいてさえ、正統的キリスト教信仰が土着の異教的遺産と混淆するシンクレティズムの現象が絶えなかったのは、カルロ・ギンズブルグが『夜の合戦』と『チーズとうじ虫』の二著で暴露したところであった。

北イタリアのフリウウリ地方に、ベナンダンテと呼ばれる異端たちが存在すると教皇庁が気づいたのは、日本宣教の真っ盛りに当る一六世紀後半のことだった。ベナンダンテとは胞衣《えな》に包まれたまま生れた人間で、彼らは年に四回、夜中に魔術師たちと戦うために出かける。ベナンダンテはウイキョウの枝、魔術師はモロコシの茎を手にして打ち合う。ベナンダンテが勝てばその年は豊作、負ければ凶作となる。と言っても実際に合戦に出かけるのではない。体から抜け出した魂が行なう合戦なのである。その間、本人の体は硬直し意識は失われたままである。ベナンダンテが女の場合、抜け出した魂は古ゲルマンの豊穣の女神に従い「夜の騎行」に出かけ、死んだ者と出会ってその消息を遺族に伝える。

これが古代から伝わる異教的な農耕儀礼の生き残りであることは明らかである。教皇庁の裁判官たちは、これをどう理解しどう処置するべきか途方に暮れた。正統信仰からすれば明白な異端だが、本人たちはちゃんと教会に来て聖餐にあずかり、告解も行なっている。悪魔の唆かしではないかと疑っても、教会側の悪魔・魔女の構図にうまくあて嵌まらない。結局、警告するにとどまるほかなかった。

また、一五八三年に教皇庁に告訴されたメノッキオという、これもフリウリ地方の粉挽き屋がいた。彼は神も含めて一切の存在は牛乳が発酵してチーズが固まるようにして生れた、天使もチーズがうじ虫を生じるように生れたと主張していた。彼の途方もない異端説は、プロテスタントの文献も含む広汎な読書によって形成されたらしい。しかし底流には、古くから農民間に伝承されて来た異教的なユートピズムが在ったとギンズブルグは言う。まさにヨーロッパそのものがひと皮剝けば、正統信仰からすると泥沼だったのだ。

G・B・サンソムはキリスト教との遭遇は日本人の国民生活にほとんど痕跡を残さなかったと言っている（"Japan: A Short Cultural History"）。サンソムならずともこれは公論であろう。ほぼ一世紀にわたるヨーロッパとの交渉は、「鎖国」後の徳川政府による徹底的なキリシタン根絶策によって、日本人の記憶から抹殺された。わずかに医学に交渉のあとがとどめられたともされるが、それも長崎出島から伝わり続けた蘭法医学の流れと区別がつきがたい。

その一世紀中、ヨーロッパの服装や装身具は特に領主階級によって、最新のモードとして珍重された。彼らは南蛮服を身につけ、ローマ字を刻した印章を携え、ロザリオを首に掛けた。食生活においてさえ、例えば平戸藩主は英国商館に、度々西洋料理の提供を求めた。今日そうであるように、日本人は風俗の面において、異国の珍奇を歓迎したのである。だが、「鎖国」によって、このような流行はただちに影をひそめた。

だからこそ幕末以来、西洋人との再度の出会いを経験した日本人は、二百数十年前に自分たちが彼らと密接な交渉を持っていたことを思い出したとき、はろばろとした夢幻めいた思いに包まれたのである。日本人はその史実を、アーネスト・サトウのような外交官にして日本研究家から、長崎でかくれキリシタンを発見したカトリック神父たちから教えられた。そして明治末年から大正にかけて、北原白秋、木下杢太郎、新村出などによる南蛮趣味が一世を風靡し、芥川龍之介は自分の小説を、『れげんだ・おうれあ』なる未知のキリシタン文献によるものと称して、世人を驚かせた。むろん、これは彼一流の悪戯《いたずら》にすぎなかったが。彼らにとって、一六、七世紀の西洋との交渉は、ネオロマン主義的な夢幻絵図と化していたのだ。

一六、七世紀は西洋が日本へ働きかけただけでなく、朱印船・日本人南洋町の事例の語る通り、日本人の海外進出の時代だった。論者の中には、「鎖国」がなかったら、日本人の東南アジア進出の勢いは、一八世紀にはインド洋で英国艦隊と決戦するに至っただろうと言う人もいる。だがおそらく、そういうことにはならなかった。というのは日本の政治権力は、日本人の海外進出を国家として主導したことも支援したこともなかったからである。秀吉はこの点異例であったろう。だから後世の進歩的史家から、朝鮮出兵やフィリピン威嚇について批判された。家康も貿易に関心があった。だがこと海外進出に関しては、徹底して紛争回避策をとった。ということは南洋での覇権を求めないことを意味する。

スペイン・ポルトガルの海外進出はこれに対して、徹頭徹尾国家によって主導され、支援されていた。英蘭の東インド会社についても同様である。このような国家意志を日本は持たなかった。これは決定的な違いである。「鎖国」以前においても、日本船は、インド洋はマラッカ以西には姿を現わさなかった。そうする動機がなかったからである。徳川権力はオランダ人からしばしばスペイン領フィリピンの奪取を唆《そその》かされたにもかかわらず、それに乗らなかった。彼らの動機は国内支配の安定であって、海外領土の獲得ではなかった。ヨーロッパとの接触と言っても、ポルトガル人がもたらすもので日本人が必要としたのは、シナの絹であった。ヨーロッパの産品を必要とした訳ではなかった。ポルトガル人は当時断絶していた日中関係のせいで、日本市場に代理人として参入したのである。

いったん「鎖国」が断行され、オランダ人が長崎出島に閉じこめられてしまい、さらにキリスト教が根絶されてしまうと、ファースト・コンタクトがそのあとに何の影響も残さぬ幻の記憶と化したのは理の当然というものだった。むろん出島からはつねに「蘭学」が発信され続けた。だがそれは科学、それもテクノロジカルな一面にとどまり、広く政治体制や国民の心性に影響を与えるものではありえなかった。

もっとも、コンタクトの断絶後とて、ひとつの重要な事実は残った。それは世界像の中の日本についての意識である。コンタクト以前の日本人は、世界について日本・支那・印度よりなる曖昧な像しか持っていなかった。しかしコンタクト以後は、ユーラシア、アフリカ、南北アメリカという明確な全世界像が成立し、それは「鎖国」以後も、出島蘭館から提出される『風説書』によって絶えず補正された。徳川時代の日本の為政者・知識人はナポレオン戦争についてよく知っていたのである。

ファースト・コンタクトにおいて、ヨーロッパが侵食力を示したのは、キリシタン信仰という宗教的一面においてのみで、それも結局は根絶された。それは一六、七世紀のヨーロッパが、経済・科学技術・軍事等の面で、東アジア世界に対し優位に立っていなかったという、重大な世界史的事実の反映と言ってよい。A・G・フランクによれば、一七五〇年においてすら、アジアは世界人口の六六パーセントを占め、総生産の八〇パーセントを生産していた。一六世紀に東アジアへ進出したスペインやポルトガルは、東アジア市場で売るべき商品は何も持っていなかった。一七世紀に現われたイギリスやオランダも同様で、ヨーロッパはアジアから、絹・陶磁器・茶・香辛料という商品を輸入すべき立場に在った。つまり、アジアは経済的文化的先進国、ヨーロッパは後進国の立場にあった。ヨーロッパはアメリカから収奪した金銀によって、アジアという先進文明の産物を購入するしかなかった。ヨーロッパのアジア進出とはその実、アジアという巨人の肩の上に乗った営みだったのだ（フランク『リオリエント』）。

このアジアの優越が崩れ、ヨーロッパの優位が確立するのは、一八世紀末から一九世紀初頭にかけてにすぎないとフランクは言う。この所説は西欧人の日本観察記の変遷によっても裏付けられる。一七世紀のケンペルから一九世紀初頭のシーボルトに至るまで、出島蘭館員は、徳川期日本の文明を高く評価しており、決してヨーロッパ文明より劣等とは見ていなかった。ところが、一九世紀中葉に至って重要な変化が生じた。ペリーによる開国後来日した欧米人は、独特の美点を認めはしたが、文明の段階としては遅れたもの、劣ったものと日本をみなしたのである。

ファースト・コンタクトは西洋優位が成立していない時代の出来事だった。日本社会はそれによって根底から揺すぶられることはなかった。しかしキリシタン騒動が明らかにしたように、彼我の思考様式の違いの問題は残った。それは明治から今日まで、我々が意識せざるをえない課題として、いまなお存在し続けている。

あとがき

月刊総合雑誌「選択」編集顧問だった伊藤光彦氏が、連載の話を持って私を訪ねられたのは、二〇〇六年の二月だった。私はこの人の名を知っていた。「毎日新聞」西ドイツ特派員をされていた時の生彩ある記事を読んでいたし、著書『謀略の伝記』（中公新書）も架蔵していた。謙虚なお人柄で、そのことを口にするとはにかんでおられた。古き物語なら、「いかなる天魔に魅入られしか」と言うところだが、伊藤さんの申し出をしばらく考慮して私は、一五、六世紀のキリシタン史でも書きましょうかと答えてしまったのだ、それが一〇年余の労役の始まりとなると覚悟もせずに。

そんなとんでもない仕事を思いついたのには、むろんいきさつがあった。私は『日本近世の起源』（弓立社・二〇〇四年）という本を書くために、フロイス、ヴァリニャーノを初めとする当時の外国人の日本観察記をかなり読みこんでいて、その面白さを忘れかねていたのである。さらに遠くに溯るなら、和辻哲郎さんの『鎖国』があった。この本は前半がスペインのアメリカ征服史、後半がポルトガルの日本到達、及び日本布教史になっている。私は結核療養所にいたはたち前後、雑誌「展望」に連載されているのをとびとびに読んで、将来こんな仕事ができればと夢見た。しかし、和辻さんの仕事はもう決定的に古い。戦後キリシタン史の研究は飛躍的に進んでいる。それを踏まえて、新しい通史が書けるのではないかなどと妄想したのが、いま思えば運の尽きだったのだ。

連載は二〇〇六年四月号から始まり、この「あとがき」も含めて一〇年九カ月に及んだわけだが、それは一回分が見開き二ページという短さのせいで、しかも途中で本誌の活字が大きくなって一回分の枚数が減った。それにしても編集部の方々は、よくもこんな長期の連載を許して下さったものだ。九年目にさしかかった頃だったか、あとは書きおろしで本にしますから、一応終わりましょうかと打診したら、遠慮は無用、最後まで続けなさいとのありがたいご返事だった。本誌の生きのよい現代政治・経済の報道・分析の間に、古色蒼然たる拙文がはさまっているのは、毎回身がすくむ思いだったが、完結に漕ぎつけたいま、編集長以下のご寛容には、何ともお礼の言いようもない。

当今は何かメディアにものを書けば、編集者諸君から小煩さいチェックがはいるのが常態になっている。ところがこの連載に限って、私は何も煩さいことを言われなかった。一度だけ、読者から話がいつ日本のことになるのかという催促があるので、早くザビエルを日本に上陸させてもらえぬかと注文があっただけである。私はポルトガルがアフリカを廻ってアジアへやってくる筋道が面白くて、それに長々と筆を費やしていたのだった。ちょうどスペイン・ポルトガルのモルッカ諸島争奪戦を書こうとしていたところだったが、それを省いて急遽ザビエルを日本に上陸させることにした。これはいまも心残りになっているのだが、モルッカについては生田滋さんの『大航海時代とモルッカ諸島』（中公新書）を読んでほしい。ポルトガルのアジア進出史中でもとび切り面白い。

私がキリシタン史の研究者でないことは断るまでもない。キリシタン史の研究は戦前からの長い蓄積があり、特に戦後は面目を一新するような進展が見られた。この連載期間を通して、私は研究者諸氏の業績から学び、それを利用させていただいた訳だが、特に松田毅一、高瀬弘一郎、五野井隆史、永積洋子の各氏の業績がなければ、私のこの拙い仕事も不可能だったと思う。四氏を初め、参看した研究者たちのお仕事に敬意と感謝を捧げたい。

ところで、私のような素人が研究者の業績に学んでキリシタン史を書くことに何の意義があるのか。私に何らかの創見があった訳ではないのは、一読いただければすぐにわかることである。では、なぜ書いたか。私はただキリシタンの事跡に心ひかれて、それを詳しく物語りたかったのである。すなわち私のこの連載に意義があるとすれば、ただただ通史として話が詳しいという点にあるだろう。

むろんキリシタンの通史はいくつかある。和辻さんの『鎖国』もそのひとつだが、それ以前に書かれた姉崎正治の『切支丹伝道の興廃』（一九三〇年）も立派なものである。だが戦後の研究の進展からすればもう古い。今日の研究水準を踏まえた通史としては、五野井隆史『日本キリスト教史』があるが、叙述が昭和に及んでおり、キリシタン史としては基本史実の概説的叙述になっていて、エピソードまでは筆が届いていない。信頼すべき通史ではあっても、もっと詳しい記述が欲しいところである。

しかし、研究者は一般向けの詳しい通史を書きたがらない。労のみ多くして、研究業績にはならぬからである。一般の読書人にとって、欲しいのは詳しい通史である。なぜなら、歴史叙述は詳しいほど面白いからだ。それは例えばギリシア史の教科書と、ヘロドトス、トゥキュディデスを読み較べればわかる。私はそんな通史を、一五、六世紀の最初の日欧遭遇について書いてみたかったのである。

連載は一〇年余の長きにわたったから、その間私はこれだけに専念していたわけではない。例えば「熊本日日新聞」夕刊に連載した『黒船前夜』は、この連載と併行した仕事だった。むろんそのほかにも、本を何冊も出した。ほかの仕事からその都度キリシタン史に頭を切り替えるのは、少々厄介な作業でもあった。また話の進展に従って、史料、研究書を新たに読破せねばならなかった。いまは「やっとキリシタン史から解放されたか」という気分で、しかも大した達成感もない。やれやれというのが正直な気持ちである。よくもこんなことを一〇年もやったという気がしないでもない。私の仕事全体から言うと、これは『日本近世の起源』の補足篇とでもいうべきポジションにあるのだろう。私自身得たものと言えば、西洋との第一の遭遇と第二の遭遇の根本的な違いについて、考えるところがあった。それだけでもよしとせねばなるまい。私はいま八六歳である。セカンド・コンタクトというべき維新革命について書きたいと長年思っていたが、もうその機を失したかも知れぬ。

最後に、一〇年余面倒を見て下さった「選択」編集部の各位に、心から御礼申しあげたい。ほんとうに気持ちよく書かせていただいた。またお読み下さった方々にもよくぞお付き合いいただいたと御礼申し上げたい。私たちの社会はいま急速な転機を迎えつつあるのだろうが、「歴史」はその際つねに最良の教師であると思う。

＊＊＊

以上は「選択」二〇一六年一二月号に載った最終回である。この連載にいち早く目をとめて、単行本にしたいと申し出られたのは、当時洋泉社にいた小川哲生さんだった。小川さんは古い知り合いで、一も二もなく承諾したところ、その直後新潮社の庄司一郎さんという未知の方から同様の申し出があった。小川さんとの約束があるのでお断りするしかなかったが、その後の小川さんの話では、自分は洋泉社に長くいる予定はない、在社中に本にしたいとのこと。『バテレンの世紀』はまだ四、五年はかかると申し上げると、それなら自分の編集者の最後の仕事としてほかに何かないかとおっしゃる。ちょうど「熊日」に連載中の『黒船前夜』をあげましょう、これは間もなく終るからと約束が出来、『バテレンの世紀』は早々と目にとめて下さった庄司さんにお願いすることになったのである。

連載は四、五年どころか、二〇〇六年四月号から二〇一六年一二月号まで一二九回に及んだ。その間一回も休まなかったのは我ながら感心である。庄司さんは三回様子をうかがいに拙宅をお訪ねになり、ここ数年は庄司さんの上司、三重博一さんも何度かご来訪下さった。今日のような出版状況の中で、私のこんな本を出したって商売にならないのは知れたことである。つまりお二人は全くの好意でこの本を出して下さる訳だ。記して感謝の言葉としたい。さらにまた庄司さんは、年表・索引の作成という煩しい仕事をなし遂げて下さった。これも感謝の他はない。

二〇一七年三月　　著　者　識

村上直次郎訳　長崎オランダ商館の日記１～３（岩波書店　1968～1970年）
村上直次郎訳　バタヴィア城日誌　１～３（平凡社東洋文庫　1970-1975年）
村田四郎　八幡船史（草臥房　1943年）
モルガ、神吉敬三・箭内健次訳　フィリピン諸島史（大航海時代叢書〈第Ⅰ期　７〉岩波書店　1966年）
モレホン，ペドゥロ、佐久間正訳　日本殉教録（キリシタン文化研究会　1974年）
モレホン，ペドゥロ、野間一正・佐久間正訳　続日本殉教録（キリシタン文化研究会　1973年）
モンセラーテ／パイス、ヌーネス、清水広一郎他訳／浜口乃二雄訳　ムガル帝国誌／ヴィジャヤナガル王国誌（大航海時代叢書〈第Ⅱ期　５〉岩波書店　1984年）
矢野仁一　支那近代外国関係研究（弘文堂　1928年）
山田憲太郎　スパイスの歴史（法政大学出版局　1979年）
山田憲太郎　香料の道（中公新書　1977年）
山中謙二　地理発見時代史（吉川弘文館　1969年）
山本博文　江戸時代を「探検」する（文藝春秋　1996年）
山本博文　鎖国と海禁の時代（校倉書房　1995年）
山本博文　寛永時代（吉川弘文館　1989年）
横田庄一郎　キリシタンと西洋音楽（朔北社　2000年）
呼子丈太朗　倭寇史考（新人物往来社　1971年）
ヨリッセン，エンゲルベルト、谷進・志田裕朗訳　カルレッティ氏の東洋見聞録（PHP 研究所　1987年）
ラウレス，ヨハネス　聖フランシスコ・ザヴィエルの生涯（エンデルレ書店　1948年）
ラウレス，ヨハネス、松田毅一訳　高山右近の生涯（中央出版社　1948年）
リード、平野秀秋・田中優子訳　大航海時代の東南アジアⅠⅡ（法政大学出版局　2002年）
リヴァシーズ、君野隆久訳　中国が海を支配したとき（新書館　1996年）
リンスホーテン、岩生成一他訳　東方案内記（大航海時代叢書〈第Ⅰ期　８〉岩波書店1968年）
レクリヴァン、フィリップ、垂水洋子訳　イエズス会——世界宣教の旅（創元社　1996年）
ロジャーズ，P. G.、幸田礼雅訳　日本に最初に来たイギリス人（新評論　1993年）
ロドーリゲス，ジョアン、江馬務他訳　日本教会史　上・下（大航海時代叢書〈第Ⅰ期９、10〉岩波書店　1967年、1970年）
ロヨラ，イグナチオ、門脇佳吉訳　ある巡礼者の物語（岩波文庫　2000年）
ロヨラ，イグナチオ、門脇佳吉訳　霊操（岩波文庫　1995年）
和辻哲郎　鎖国—日本の悲劇（筑摩叢書　1964年）

林銑吉　島原半島史　中巻（長崎県南高来郡市教育会　1954年）
バロス，ジョアン・デ、生田滋他訳　アジア史１、２（大航海時代叢書〈第Ⅱ期　２，３〉岩波書店　1980年、1981年）
坂東省次・川成洋編　日本・スペイン交渉史（れんが書房新社　2010年）
ピアスン，M. N.、生田滋訳 ポルトガルとインド―中世グジャラートの商人と支配者（岩波現代選書　1984年）
ピガフェッタ他　ヨーロッパと大西洋（大航海時代叢書〈第Ⅱ期　１〉岩波書店　1984）
ビスカイノ，セバスティアン　金銀島探検報告（雄松堂出版異国叢書　1966年）
ビベロ，ロドリゴ・デ、村上直次郎訳註　日本見聞録（雄松堂出版異国叢書　1966年）
ヒル，ファン、平山篤子訳　イダルゴとサムライ（法政大学出版局　2000年）
ピレス，トメ、生田滋他訳　東方諸国記　（大航海時代叢書〈第Ⅰ期　５〉岩波書店　1966年）
弘末雅士　東南アジアの港市世界（岩波書店2004年）
ヒロン，アビラ、佐久間正他訳　日本王国記（大航海時代叢書11所収　岩波書店　1965年）
ピント、岡村多希子訳　東洋遍歴記　１、２、３（平凡社東洋文庫　1979、1980年）
藤木久志　雑兵たちの戦場（朝日新聞社　1995年）
フランク，A.G.、山下範久訳　リオリエント（藤原書店　2000年）
ブルドン，アルベール=アラン、福嶋正徳訳　ポルトガル史（文庫クセジュ　1999年）
フロイス，ルイス、松田毅一・川崎桃太訳　日本史１～12（中央公論社　1977～1980年）
フロイス，ルイス、柳谷武夫訳　日本史　キリシタン伝来のころ１～５（平凡社東洋文庫）
フロイス，ルイス、岡田章雄訳・注　日欧文化比較（大航海時代叢書11所収　岩波書店　1965年）
ブロール，モーリス、西村六郎訳　オランダ史（文庫クセジュ　1994年）
ベニョフスキー、水口志計夫・沼田次郎編訳　ベニョフスキー航海記（平凡社東洋文庫　1970年）
ペンローズ、荒尾克己訳　大航海時代（筑摩書房　1985年）
洞富雄　鉄砲――伝来とその影響（思文閣出版　1993年）
牧野正　三浦按針の足跡（サガミヤ　1959年）
増田四郎　日本人が世界と衝突したとき（弓立社　1997年）
増田義郎　新世界のユートピア（研究社・1971年）
増田義郎　大航海時代（世界の歴史　ビジュアル版13　講談社　1984年）
松田毅一　伊達政宗の遣欧使節（新人物往来社　1987年）
松田毅一　黄金のゴア盛衰記（中公文庫　1977年）
松田毅一　近世初期日本関係南蛮史料の研究（風間書房　1967年）
松田毅一　天正少年使節（角川新書　1965年）
松田毅一　天正遣欧使節（講談社学術文庫　1999年）
松田毅一　日葡交渉史（教文館　1963年）
松田毅一　南蛮史料の発見（中公新書　1964年）
松田毅一監訳　十六・七世紀イエズス会日本報告集　第Ⅰ期１～５　第Ⅱ期１～３　第Ⅲ期１～７（同朋舎出版　1987～1998年）
的場節子　ジパングと日本（吉川弘文館　2007年）
宮崎正勝　ザビエルの海（原書房　2007年）
宮崎正勝　鄭和の南海大遠征（中公新書　1997年）
宮本正興・松田素二編　新書アフリカ史（講談社現代新書　1997年）
村井章介　海から見た戦国日本（ちくま新書　1997年）
村上直次郎　日本と比律賓（朝日新選書　1945年）
村上直次郎　六昆王山田長政（朝日新聞社　1942年）

田中健夫　中世対外関係史（東大出版会　1975年）
田中健夫　倭寇――海の歴史（講談社学術文庫　2012年）
田保橋潔　増訂近代日本外国関係史（刀江書院　1943年）
チースリク，フーベルト　キリシタン時代の邦人司祭（キリシタン文化研究会　1961年）
チースリク，フーベルト　キリシタン人物の研究（吉川弘文館　1963年）
チースリク編　北方探検記（吉川弘文館　1962年）
チポラ,C. M.　大谷隆昶訳　大砲と帆船（平凡社　1996年）
辻善之助　増訂海外交通史話（内外書籍株式会社　1930年）
角山栄　堺――海の都市文明（PHP 新書　2000年）
鶴田倉造編　原史料で綴る天草島原の乱（本渡市　1994年）
デ・サンデ、泉井久之助訳　天正遣欧使節記（雄松堂出版新異国叢書５　1969年）
土井忠生　吉利支丹文献考（三省堂　1963年）
東京大学史料編纂所　日本関係海外史料　イエズス会日本書簡集　訳文編之一上・下、二上・下（東大出版会　1991～2000年）
東京大学史料編纂所　大日本史料第11編別巻之一　天正遣欧使節関係資料（東大出版会　1974年）
東京大学史料編纂所　大日本史料第12編（東大出版会　2017年）
東京大学史料編纂所　日本関係海外史料・イギリス商館長日誌　訳文編上・下（東大出版会　1979－1982年）
東光博英　マカオの歴史（大修館　1998年）
トビ，ロナルド・P. 速水融・川勝平太・永積洋子訳　近世日本の国家形成と外交（創文社　1990年）
トムソン，フランシス、中野記偉訳　イグナチオとイエズス会（講談社学術文庫　1990年）
外山卯三郎　南蛮学考（地平社　1944年）
外山幹夫　大友宗麟（吉川弘文館　1975年）
外山幹夫　大村純忠（静山社　1981年）
長崎市　長崎市史　通工貿易篇西洋諸国部（清文堂出版　1967年）
永積昭　オランダ東インド会社（近藤出版社　1971年）
永積昭　東南アジアの歴史（講談社現代新書　1977年）
永積洋子　近世初期の外交（創文社　1990年）
永積洋子　朱印船（吉川弘文館　2001年）
永積洋子・武田万里子　平戸オランダ商館・イギリス商館日記（そしえて　1981年）
永積洋子訳　平戸オランダ商館の日記１～４（岩波書店　1968～1970年）
中村質　島原の乱と鎖国（岩波講座日本歴史第９巻所収　1975年）
中屋健一　新大陸と太平洋（中公バックス　世界の歴史11、1983年）
ナホッド，オスカー、富永牧太訳　十七世紀日蘭交渉史（養徳社　1956年）
バード，レイチェル、狩野美智子訳　ナバラ王国の歴史（彩流社　1995年）
バーミンガム、高田有現・西川あゆみ訳　ポルトガルの歴史　ケンブリッジ世界各国史シリーズ（創土社　2002年）
ハウトマン／ファン・ネック、生田滋・渋沢元則訳　東インド諸島への航海（大航海時代叢書〈第Ⅱ期10〉岩波書店　1981年）
パジェス，レオン、吉田小五郎訳　日本切支丹宗門史　上・中・下（岩波文庫　1938年）
パステルス，パブロ、松田毅一訳　16-17世紀日本スペイン交渉史（大修館書店　1994年）
長谷川輝夫・土肥恒之・大久保桂子　世界の歴史 17　ヨーロッパ近世の開花（中央公論社　1997年）
パチェコ，ディエゴ　九州キリシタン史研究（キリシタン文化研究会　1977年）
林銑吉　島原半島史　上巻（長崎県南高来郡市教育会　1954年）

五野井隆史　日本キリスト教史（吉川弘文館　1990年）
五野井隆史　支倉常長（吉川弘文館　2003年）
小葉田淳　日本鉱山史の研究（岩波書店　1968年）
小林多加士　海のアジア史（藤原書店　1997年）
コリヤード，ディエゴ、大塚光信訳　懺悔録（岩波文庫　1986年）
コレア，ドゥアルテ、井沢実訳　天草島原一揆報告書（白鯨社　1949年）
コロンブス他、林屋永吉他訳　航海の記録（大航海時代叢書〈第１〉岩波書店　1965年）
コーン，ノーマン、江河徹訳　千年王国の追求（紀伊國屋書店　1978年）
ゴンサーレス・デ・メンドーサ、長岡実・矢沢利彦訳　シナ大王国誌（大航海時代叢書〈第Ｉ期６〉岩波書店　1965年）
坂井隆　「伊万里」からアジアが見える（講談社選書メチエ　1998年）
ザビエル、アルーペ神父・井上郁二訳　聖フランシスコ・デ・ザビエル書翰抄　上・下（岩波文庫　1949年）
ザビエル、河野純徳訳　聖フランシスコ・ザビエル全書簡（平凡社　1985年）
サンソム，G. B.、金井圓他訳　西欧世界と日本　上・中・下（ちくま学芸文庫　1995年）
シュッテ，ヨゼフ・フランツ編、佐久間正・出崎澄男訳　アフォンソ・デ・ルセナの回想録（キリシタン文化研究会　1975年）
新村出　南蛮広記（岩波書店　1925年）
新村出　続南蛮広記（岩波書店　1925年）
新村出　南蛮更紗（改造社　1924年）
新村出　南蛮記（大雅堂　1943年）
新村出　日本吉利支丹文化史（地人書館　1941年）
新村出　吉利支丹研究餘禄（国立書院　1948年）
新村出、柊源一校註　吉利支丹文学集１、２（平凡社東洋文庫　1993年）
助野健太郎　島原の乱　（桜楓社　1974年）
鈴木正三顕彰会編　鈴木正三――今に生きるその足跡（鈴木正三顕彰会　1984年）
ズナメンスキー、秋月俊幸訳　ロシア人の日本発見―北太平洋における航海と地図の歴史（北海道大学図書刊行会　1979年）
セーリス，ジョン、村川堅固訳　日本渡航記（雄松堂出版新異国叢書６　1970年）
高瀬弘一郎　キリシタンの世紀（岩波書店　1993年）
高瀬弘一郎　キリシタン時代の研究（岩波書店　1977年）
高瀬弘一郎　キリシタン時代対外関係の研究（吉川弘文館　1994年）
高瀬弘一郎　キリシタン時代の文化と諸相（八木書店　2001年）
高瀬弘一郎　キリシタン時代の貿易と外交（八木書店　2002年）
高瀬弘一郎訳　イエズス会と日本　１，２（大航海時代叢書〈第Ⅱ期　６、７〉岩波書店　1981年、1988年）
高瀬弘一郎訳注　モンスーン文書と日本（八木書店　2006年）
高瀬弘一郎訳注　大航海時代の日本（八木書店　2011年）
高橋裕史　イエズス会の世界戦略（講談社選書メチエ　2006年）
高良倉吉　新版琉球の時代（ひるぎ社　1989年）
高良倉吉　琉球王国（岩波新書　1993年）
立花京子　信長と十字架（集英社新書　2004年）
田中真造　トーマス・ミュンツァー（ミネルヴァ書房　1983年）
田中萃一郎　東邦近世史　上・中・下（岩波文庫　1939年）

宇田川武久　鉄砲伝来（中公新書　1990年）
宇田川武久　真説鉄砲伝来（平凡社新書　2006年）
榎一雄　西欧文明と東アジア（東西文明の交流５・平凡社　1971年）
海老沢有道　南蛮文化（至文堂　1958年）
海老沢有道　日本キリシタン史（塙書房　1966年）
海老沢有道ほか　キリシタン書・排耶書（日本思想体系25　岩波書店　1970年）
海老沢有道訳　南蛮寺興廃記・邪教大意・妙貞問答・破堤宇子（平凡社東洋文庫　1964年）
エリオット、藤田一成訳　スペイン帝国の興亡（岩波書店　1982年）
遠藤周作　沈黙（新潮社　1966年）
大橋幸泰　検証島原天草一揆（吉川弘文館　2008年）
岡田章雄　天草時貞（吉川弘文館　1960年）
岡田章雄　キリシタン・バテレン（至文堂　1955年）
岡田章雄　三浦按針（創元社　1948年）
岡本良知　キリシタンの時代――その文化と貿易（八木書店　1987年）
岡本良知　16世紀日欧交通史の研究（原書房　1974年）
岡本良知　中世モルッカ諸島の香料（東洋堂　1944年）
加藤栄一　幕藩制国家の形成と外国貿易（校倉書房　1993年）
加藤知弘　バテレンと宗麟の時代（石風社　1996年）
加藤祐三，川北稔　世界の歴史25　アジアと欧米世界（中央公論社　1998年）
金井圓　近世日本とオランダ（放送大学教育振興会　1993年）
樺山紘一　岩波講座世界歴史13　東アジア・東南アジア伝統社会の形成（1998年）
上垣外憲一　「鎖国」の比較文明論（講談社選書メチエ　1994年）
カモンイス、小林英夫他訳　ウズ・ルジアダス（岩波書店　1978年）
カロン，フランソワ、光田成友訳　日本大王国志（平凡社東洋文庫　1967年）
川島元次郎　朱印船貿易史（内外出版株式会社　1921年）
神田千里　島原の乱（中公新書　2005年）
神田千里　宗教で読む戦国時代（講談社メチエ　2010年）
岸野久　西欧人の日本発見（吉川弘文館　1989年）
岸本美緒，宮嶋博史　世界の歴史12　明清と李朝の時代（中央公論社　1998年）
岸本美緒　東アジアの「近世」（山川出版社　1998年）
木下杢太郎　安土城記（『全集』6　岩波書店　1982年）
木村正弘　鎖国とシルバーロード（サイマル出版　1989年）
金七紀男　エンリケ航海王子―大航海時代の先駆者とその時代（刀水歴史全書 2004年）
金七紀男　増補新版ポルトガル史（彩流社　2010年）
ギンズブルグ、杉山光信訳　チーズとうじ虫（みすず書房　1984年）
ギンズブルグ、上村忠夫訳　夜の合戦（みすず書房　1986年）
クーパー，マイケル、松本たま訳　通辞ロドリゲス（原書房　1991年）
倉塚平　異端と殉教（筑摩書房　1972年）
グヮルチェリ、木下杢太郎訳　日本遣欧使者記（「木下杢太郎全集」21所収　岩波書店1982年）
黄仁宇　万暦十五年――1587「文明」の悲劇（東方書店　1989年）
幸田成友　日欧通交史（岩波書店　1942年）
後藤正哲，中里成章，水島司　世界の歴史 14　ムガル帝国から英領インドへ（中央公論社　1998年）
五野井隆史　徳川初期キリシタン史研究　補訂版（吉川弘文館　1992年）
五野井隆史　日本キリシタン史の研究（吉川弘文館　2002年）

参考文献

Boxer, C. R. The Christian Century in Japan, 1549-1650, Berkeley and Los Angeles 1951
Boxer, C. R. The Portuguese Seaborne Empire, 1415-1825 (Pelican) NewYork 1975
Chaudhuri, K. N. Trade and Civilisation in the Indian Ocean: An Economic History from the Rise of Islam to 1750, Cambridge 1985
Panikkar, K. M. Asia and Western Dominance 1969
Sansom, G. B. Japan: A Short Cultural History, NewYork, 1962
Sansom, G. B. Japan in World History Kenkyusha 1965

赤嶺守　琉球王国（講談社選書メチエ　2004年）
秋山謙蔵　日支交渉史話（内外書籍株式会社　1935年）
芥川龍之介全集　第1巻（岩波書店　1977年）
アズララ／カダモスト、長南実訳／河島英昭訳　西アフリカ航海の記録（大航海時代叢書〈第Ⅰ期2〉岩波書店　1967年）
姉崎正治　切支丹伝道の興廃（国書刊行会　1976年）
荒野泰典　近世日本と東アジア（東大出版会　1988年）
安野眞幸　バテレン追放令（日本エディタースクール出版部　1989年）
飯塚一郎　大航海時代のイベリア（中公新書　1981年）
家島彦一　イスラム世界の成立と国際商業（岩波書店　1991年）
家島彦一　海が創る文明（朝日新聞社　1993年）
イエズス会日本管区　イエズス会（エンデルレ書店　1958年）
伊川健二　大航海時代の東南アジア（吉川弘文館　2007年）
生田滋　ヴァスコ・ダ・ガマ　東洋の扉を開く（大航海者の世界Ⅱ・原書房　1992年）
生田滋　大航海時代とモルッカ諸島（中公新書　1998年）
井沢実　大航海時代夜話（岩波書店　1977年）
石井謙治　和船Ⅱ（法政大学出版局　1995年）
石澤良昭、生田滋　世界の歴史13　東南アジアの伝統と発展（中央公論社　1998年）
石原道博　倭寇（吉川弘文館　1996年）
井手勝美　キリシタン思想史研究序説（ぺりかん社　1995年）
井野辺茂雄　新訂維新前史の研究（中文館書店　1942年）
今村義孝　天草学林とその時代（天草文化出版社　1990年）
彌永信美　幻想の東洋（青土社　1987年）
岩生成一　鎖国（日本の歴史14　中公文庫　1974年）
岩生成一　新版朱印船貿易史の研究（吉川弘文館　1985年）
岩生成一　南洋日本町の研究（岩波書店　1966年）
岩生成一　続南洋日本町の研究（岩波書店　1987年）
岩生成一訳注　慶元イギリス書簡（雄松堂書店　1929年）
ヴァリニヤーノ、松田毅一訳　日本巡察記（平凡社東洋文庫　1973年）
ヴァリニヤーノ、高橋裕史訳　東インド巡察記（平凡社東洋文庫　2005年）
ヴァリニヤーノ、矢沢利彦・筒井砂訳　日本イエズス会士礼法指針（キリシタン文化研究会　1970年）
ヴェアシュア、河内春人訳　モノが語る日本対外交易史7-16世紀（藤沢書店　2011年）
上田信　海と帝国（全集中国の歴史9　講談社　2005年）

1618	元和４	末次平蔵、長崎代官就任 長崎奉行所、スピノラ捕縛	
1619	元和５	京都大殉教	
1620	元和６	支倉常長、帰国。平山常陳事件	
1622	元和８	元和の大殉教(宣教師ら長崎西坂で処刑)	
1623	元和９	江戸大殉教 イギリス平戸商館閉鎖	家光将軍に。アンボイナ事件
1624	元和10	スペイン船来航禁止 密航したソテロ処刑 オランダ、タイオワンに商館開設	
1628	寛永５	タイオワン事件	
1630	寛永７	山田長政シャムで毒殺される。末次平蔵、幽閉・斬殺	
1632	寛永９	タイオワン商館長ノイツ、日本に送致	
1633	寛永10	管区長代理フェレイラ、棄教	
1636	寛永13	混血児287人をマカオに追放 ノイツ、バタヴィアに帰還	
1637	寛永14	島原の乱（～1638）	
1638	寛永15	クーケバッケル、牧野信成宅訪問 宗門改め強化	
1639	寛永16	カロン、江戸参府 ポルトガル船長崎来航禁止	オランダ、中国、朝鮮以外の国に対する鎖国完成
1640	寛永17	平戸オランダ商館倉庫破壊命令	
1641	寛永18	オランダ商館、長崎出島に移転	

1596	慶長元	サン・フェリーペ号事件。フランシスコ会宣教師捕縛	
1597	慶長２	長崎西坂でキリシタン殉教（日本26聖人）	慶長の役
1598	慶長３	セルケイラ、ヴァリニァーノ（３回目）来日	豊臣秀吉没
1599	慶長４	ヘロニモ・デ・ヘスース、家康と伏見城で面会	
1600	慶長５	イエズス会上京教会建立 オランダ船リーフデ号、漂着 パシオ、準管区長に	関ヶ原の戦い
1601	慶長６	邦人初司祭セバスティアン木村とルイスにあばら叙階 家康、朱印状を発行	
1603	慶長８		家康将軍に
1605	慶長10		秀忠将軍に
1606	慶長11	家康、伏見城で日本司教セルケイラを引見	
1607	慶長12	パシオ、駿府の家康、江戸の将軍秀忠に会う	
1608	慶長13	マカオ事件	
1609	慶長14	ロドリゴ・デ・ビベロ、駿府で家康に謁見 オランダ平戸商館開設	
1610	慶長15	マードレ・デ・デウス号爆沈	
1611	慶長16	日本イエズス会、準管区から管区に昇格 カルヴァーリョ、管区長に	
1612	慶長17	岡本大八事件 家康、キリシタン禁教令を天領に発布	
1613	慶長18	伊達政宗の遣欧使節、支倉常長ら出発 有馬領での殉教。２万の群集、刑場に集まる セーリス、平戸に到着。イギリス商館開設	
1614	慶長19	家康、キリシタン禁教令を全国に発布 「教会分裂」＝イエズス会とスペイン系修道会の対立 「大追放」＝宣教師と高山右近らマニラ追放 長崎奉行長谷川左兵衛の有馬・口之津キリシタン迫害	大坂冬の陣
1615	元和元	高山右近、マニラにて没 支倉常長、ローマ教皇パウロ五世に謁見	大坂夏の陣、豊臣氏滅亡
1616	元和２	秀忠、改めてキリシタン禁制を諸大名に通達 末次平蔵が長崎代官村山等安を江戸で告発	家康没

1569	永禄12	フロイス、信長に謁見	
1570	永禄13	大村純忠、長崎開港。カブラル、オルガンティーノ来日。トルレス死去、カブラル、布教長に	
1571	元亀2	カブラル、上京	
1572	元亀3	後藤貴明、大村純忠を攻める。三城七騎籠り	
1573	天正元	カブラル、博多・山口布教	足利義昭、都を追放される
1575	天正3	布教長コエリュによる大村領キリシタン化	長篠の戦い
1576	天正4	京都で南蛮寺の献堂式 有馬義貞、受洗	
1578	天正6	大友宗麟、カブラルから受洗	耳川の戦い
1579	天正7	巡察師ヴァリニァーノ、来日	
1580	天正8	有馬・安土に修道院できる 純忠、イエズス会に長崎を寄進	
1581	天正9	ヴァリニァーノ、本能寺で信長に謁見 日本イエズス会、布教区から準管区に昇格 コエリュが準管区長に	
1582	天正10	天正少年遣欧使節、出発。ヴァリニァーノ、ゴアまで同行	本能寺の変、織田信長没
1583	天正11	オルガンティーノ、秀吉に謁見。大坂に土地を提供される	
1584	天正12	スペイン船、平戸入港 蒲生氏郷、黒田孝高ら有力大名の入信	沖田畷の戦い
1585	天正13	右近、明石に移封。伊東マンショらローマ教皇に謁見	大坂城の天守竣工
1587	天正15	秀吉がバテレン追放令発布、高山右近改易 オルガンティーノ、小西行長の領地小豆島に隠れる	秀吉、島津を下し九州平定
1590	天正18	天正少年遣欧使節、帰国。ヴァリニァーノ再来日 ペドロ・ゴメス、準管区長に	秀吉天下統一
1591	天正19	ヴァリニァーノ、遣欧使節と秀吉に聚楽第で謁見	
1593	文禄2	ペドロ・バウティスタ、名護屋で秀吉に謁見 フランシスコ会、都に進出	文禄の役(前年～)休戦

関連年表

1385		ポルトガルにアヴィス朝成立。	
1415		ジョアン1世、セウタ攻略	
1488		バルトロメウ・ディアス、喜望峰到達	
1494		トルデシーリャス条約締結	
1498		ヴァスコ・ダ・ガマ、インドのカリカット到達	
1509		アルメイダ、ディウ海戦に勝利	
1510		アルブケルケ、ゴア攻略。翌年マラッカ攻略	
1534		ロヨラ、ザビエルら、イエズス会結成	
1543	天文12	種子島へ鉄砲伝来	
1549	天文18	ザビエル、トルレス、フェルナンデス、鹿児島に到着	
1551	天文20	山口・豊後府内で布教後、ザビエル離日 トルレス、日本イエズス会布教長に	大内義隆自害
1552	天文21	ザビエル、上川島で死去。	
1553	天文22	ガーゴ、豊後での布教開始	
1555	天文24	アルメイダ、豊後で育児院を設立。 トルレス、豊後に移る。	厳島で陶晴賢敗死。
1559	永禄2	ヴィレラ、京都で布教を開始	
1560	永禄3	ヴィレラ、将軍足利義輝に謁見、宣教の許可を得る	桶狭間の合戦
1561	永禄4	ヴィレラ、堺へ。 平戸で宮ノ前事件、大村領の横瀬浦開港	
1562	永禄5	有馬領口之津開港	
1563	永禄6	横瀬浦港焼失。畿内で結城山城守、高山飛騨守（右近の父）、清原枝賢らの受洗。九州で大村純忠受洗、キリシタン領主出現。ルイス・フロイス来日	
1564	永禄7	高山右近受洗	
1565	永禄8	福田開港。1月フロイス入洛、7月「デウスはらい」。ヴィレラ、フロイスら堺に避難	松永久秀、将軍義輝を誅す
1566	永禄9	アルメイダ、西肥前で布教	

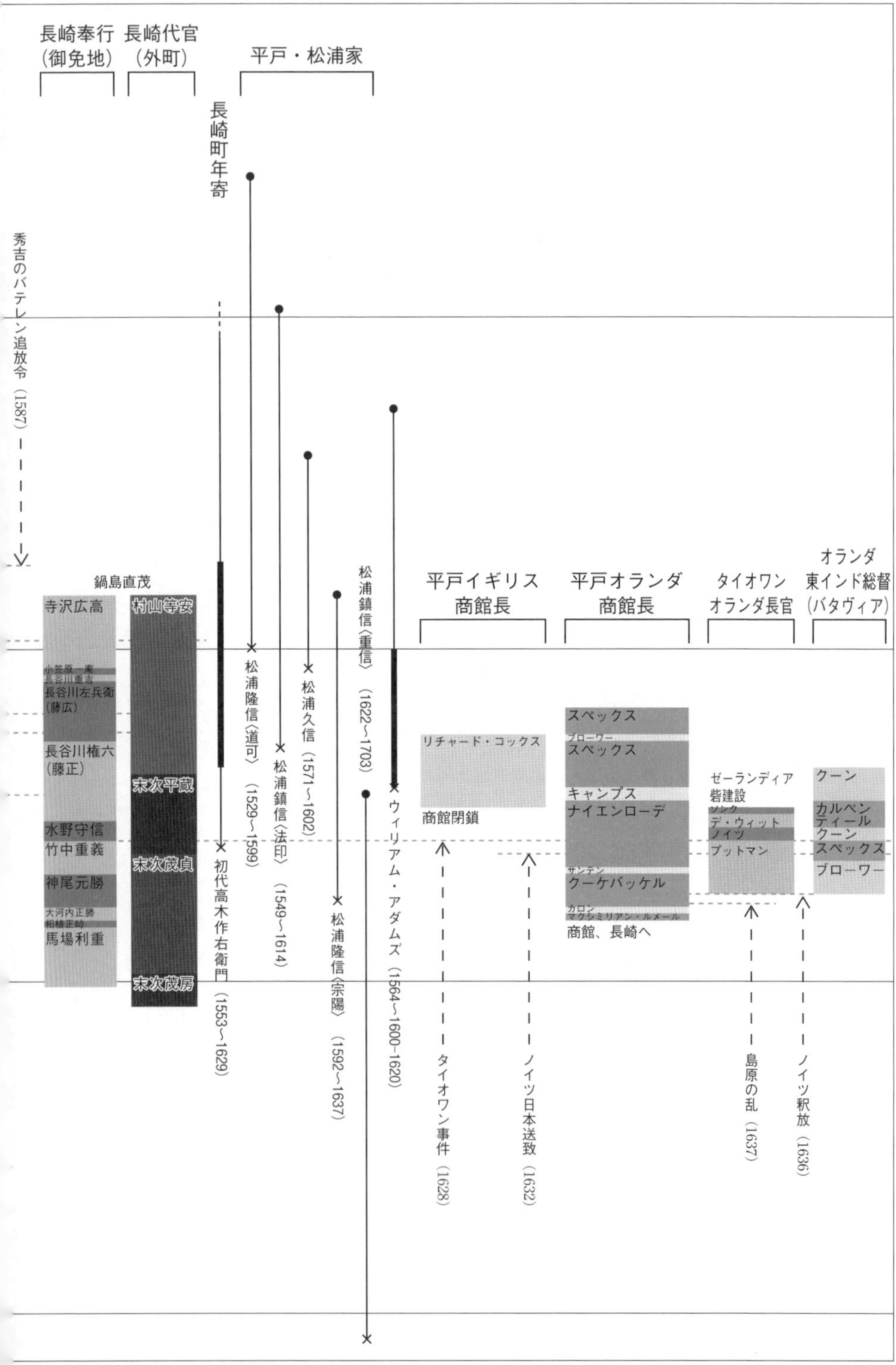

長崎奉行（御免地）
長崎代官（外町）
平戸・松浦家
長崎町年寄
秀吉のバテレン追放令（1587）
鍋島直茂
寺沢広高
小笠原一庵
長谷川重吉
長谷川左兵衛（藤広）
長谷川権六（藤正）
水野守信
竹中重義
神尾元勝
大河内正勝
柘植正時
馬場利重
村山等安
末次平蔵
末次茂貞
末次茂房
初代高木作右衛門（1553～1629）
松浦隆信〈道可〉（1529～1599）
松浦鎮信〈法印〉（1549～1614）
松浦久信（1571～1602）
松浦隆信〈宗陽〉（1592～1637）
松浦鎮信〈重信〉（1622～1703）
ウィリアム・アダムズ（1564～1600-1620）
平戸イギリス商館長
リチャード・コックス
商館閉鎖
タイオワン事件（1628）
平戸オランダ商館長
スペックス
ブローワー
スペックス
キャンプス
ナイエンローデ
ノイツ日本送致（1632）
サンテン
クーケバッケル
カロン
マクシミリアン・ルメール
商館、長崎へ
タイオワンオランダ長官
ゼーランディア砦建設
ソンク
デ・ウィット
ノイツ
プットマン
島原の乱（1637）
オランダ東インド総督（バタヴィア）
クーン
カルペンティール
クーン
スペックス
ブローワー
ノイツ釈放（1636）

3. その他（本書に関連のあるもののみ記載）

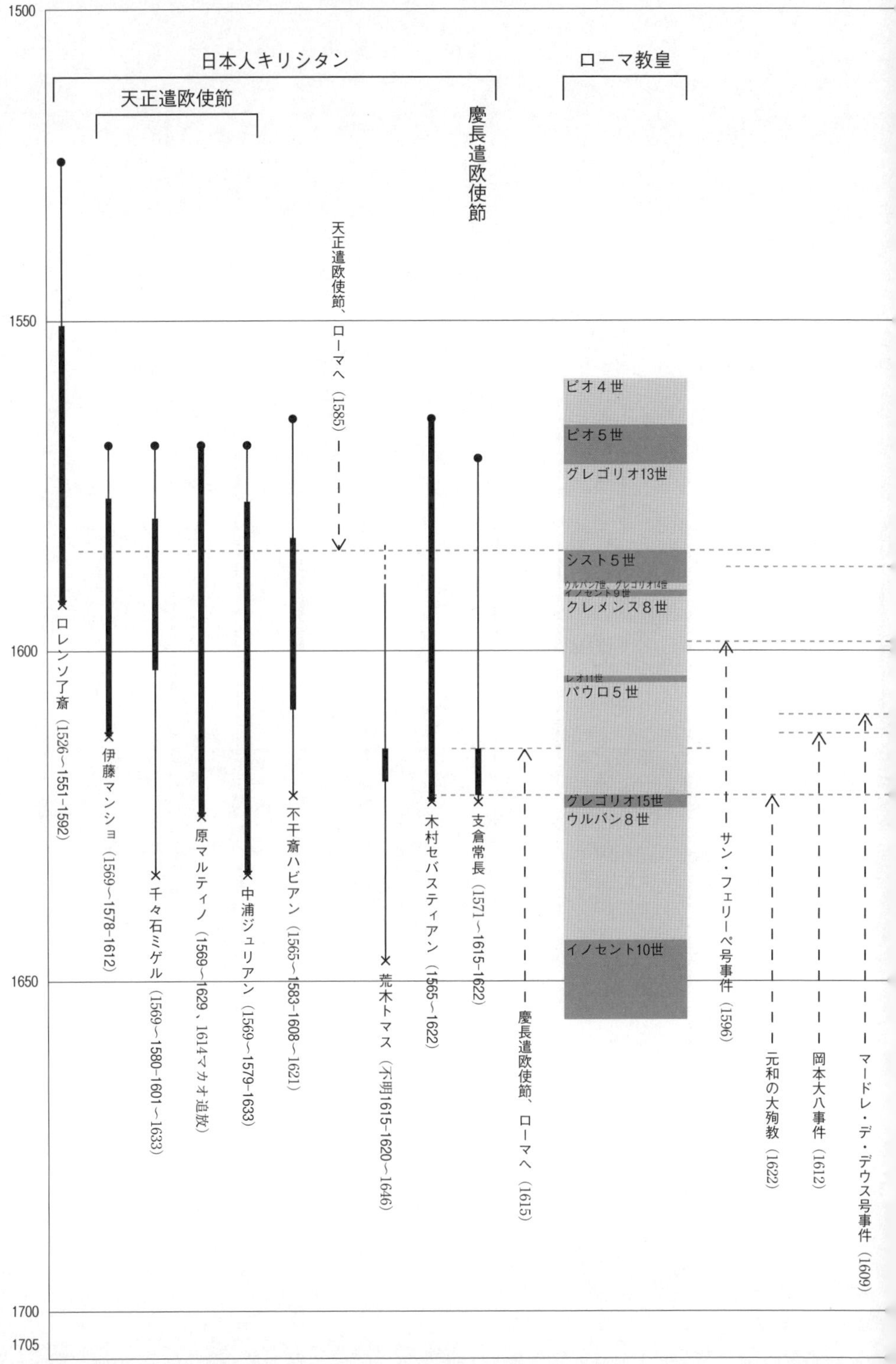

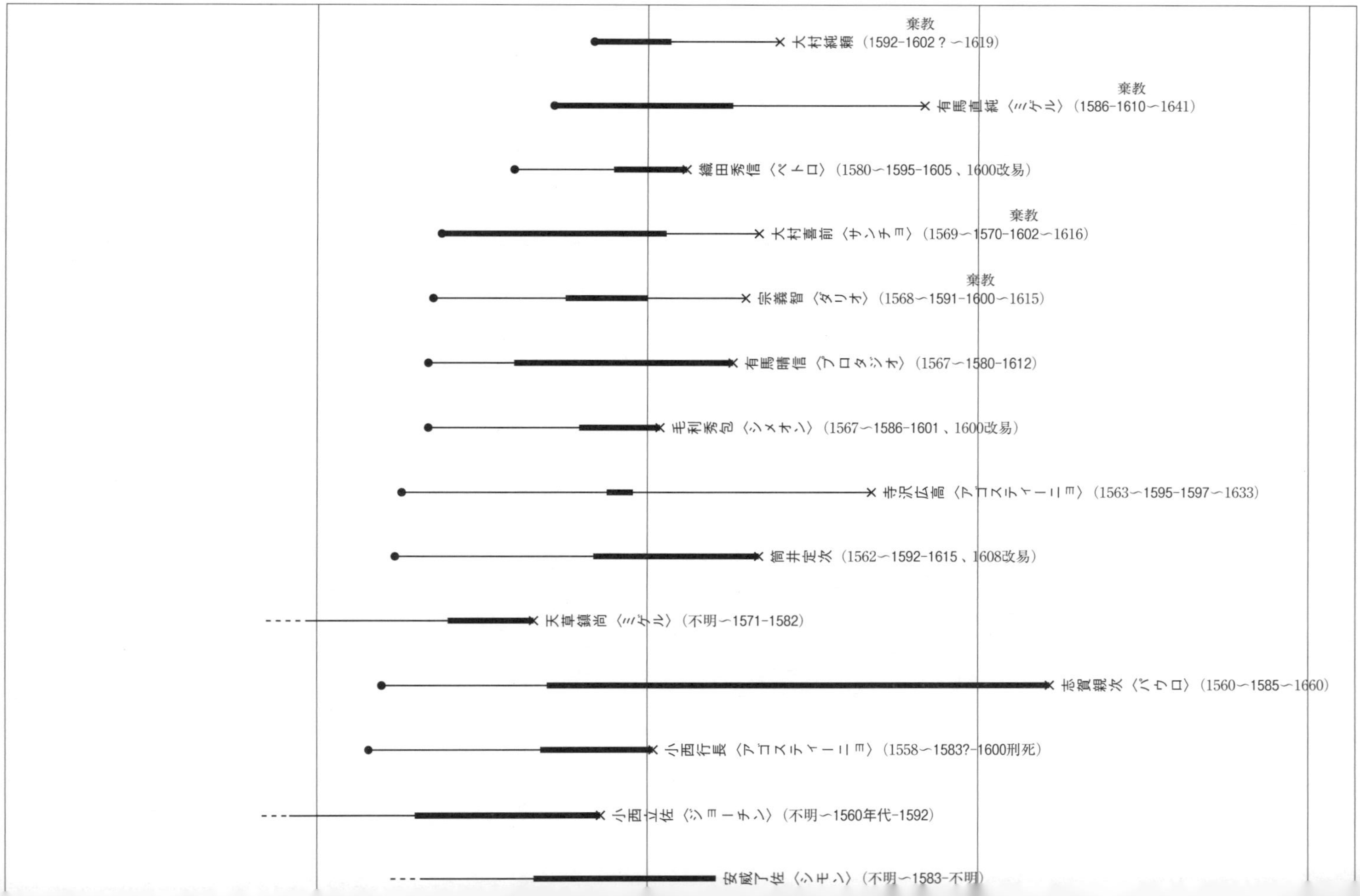

棄教
大村純頼（1592-1602？～1619）
棄教
有馬直純〈ミゲル〉（1586-1610～1641）
織田秀信〈ペトロ〉（1580～1595-1605、1600改易）
棄教
大村喜前〈サンチョ〉（1569～1570-1602～1616）
棄教
宗義智〈ダリオ〉（1568～1591-1600～1615）
有馬晴信〈プロタジオ〉（1567～1580-1612）
毛利秀包〈シメオン〉（1567～1586-1601、1600改易）
寺沢広高〈アゴスティーニョ〉（1563～1595-1597～1633）
筒井定次（1562～1592-1615、1608改易）
天草鎮尚〈ミゲル〉（不明～1571-1582）
志賀親次〈パウロ〉（1560～1585～1660）
小西行長〈アゴスティーニョ〉（1558～1583?-1600刑死）
小西立佐〈ジョーチン〉（不明～1560年代-1592）
安威了佐〈シモン〉（不明～1583-不明）

2. キリシタン大名（生年〜洗礼年－没年〔太線▌〕または、生年〜洗礼年－棄教年〔太線▌〕〜没年）

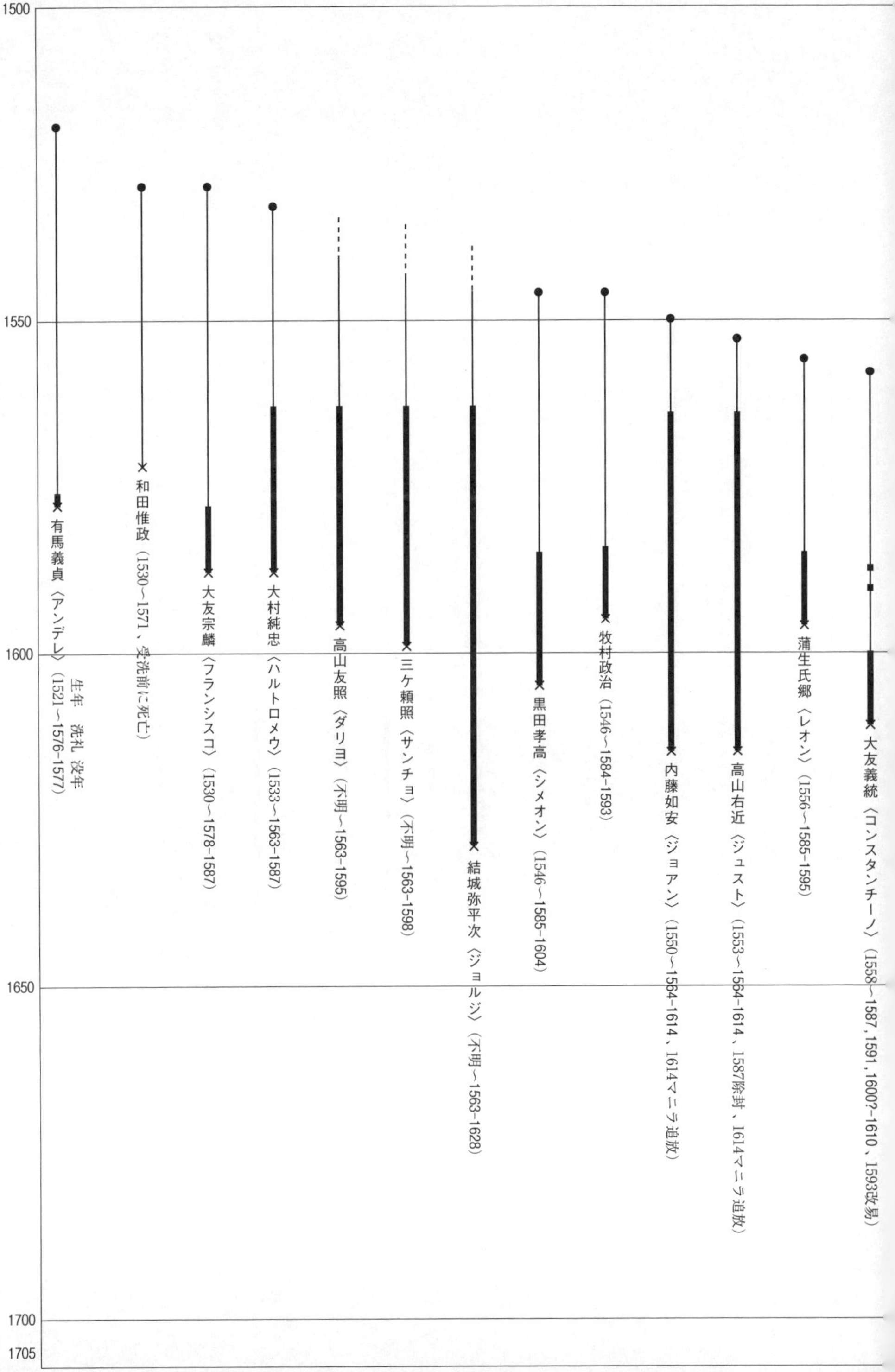

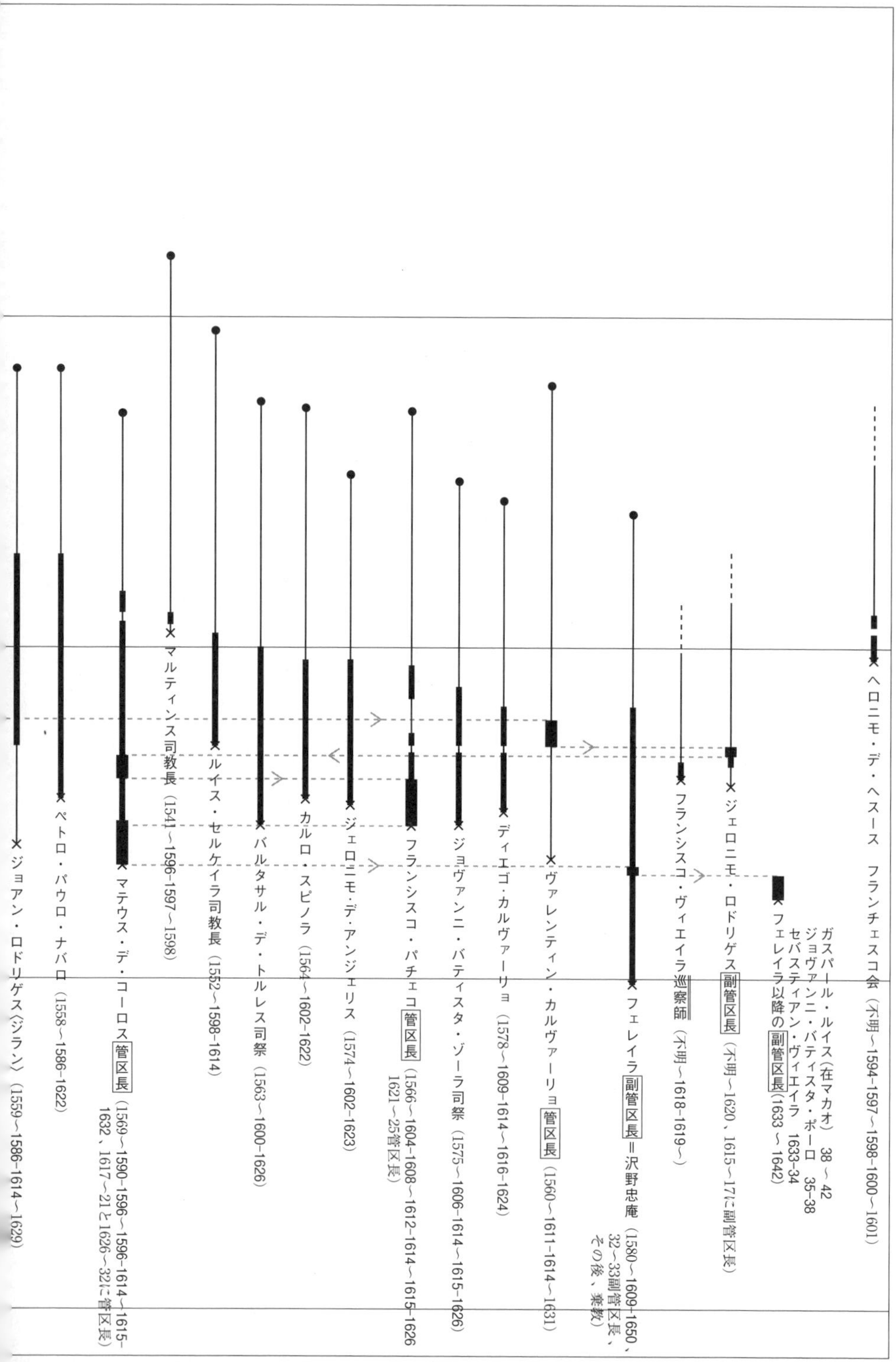
ヘロニモ・デ・ヘスース　フランチェスコ会（不明～1594-1597～1598-1600～1601）
ガスパール・ルイス（在マカオ）　38 ～ 42
ジョヴァンニ・バティスタ・ポーロ　35-38
セバスティアン・ヴィエイラ　1633-34
フェレイラ以降の副管区長（1633 ～ 1642）
ジェロニモ・ロドリゲス副管区長（不明～1620、1615～17に副管区長）
フランシスコ・ヴィエイラ巡察師（不明～1618-1619～）
フェレイラ副管区長＝沢野忠庵（1580～1609-1650、32～33副管区長、その後、棄教）
ヴァレンティン・カルヴァーリョ管区長（1560～1611-1614～1631）
ディエゴ・カルヴァーリョ（1578～1609-1614～1616-1624）
ジョヴァンニ・バティスタ・ゾーラ司祭（1575～1606-1614～1615-1626）
フランシスコ・パチェコ管区長（1566～1604-1608～1612-1614～1615-1626 1621～25管区長）
ジェロニモ・デ・アンジェリス（1574～1602-1623）
カルロ・スピノラ（1564～1602-1622）
バルタサル・デ・トルレス司祭（1563～1600-1626）
ルイス・セルケイラ司教長（1552～1598-1614）
マルティンス司教長（1541～1596-1597～1598）
マテウス・デ・コーロス管区長（1569～1590-1596～1596-1614～1615-1632、1617～21と1626～32に管区長）
ペトロ・パウロ・ナバロ（1558～1586-1622）
ジョアン・ロドリゲス〈ジラン〉（1559～1586-1614～1629）

1．来日バテレン（生年～来日年－離日年〔太線▌〕～没年または、生年～来日年－没年〔太線▌〕）

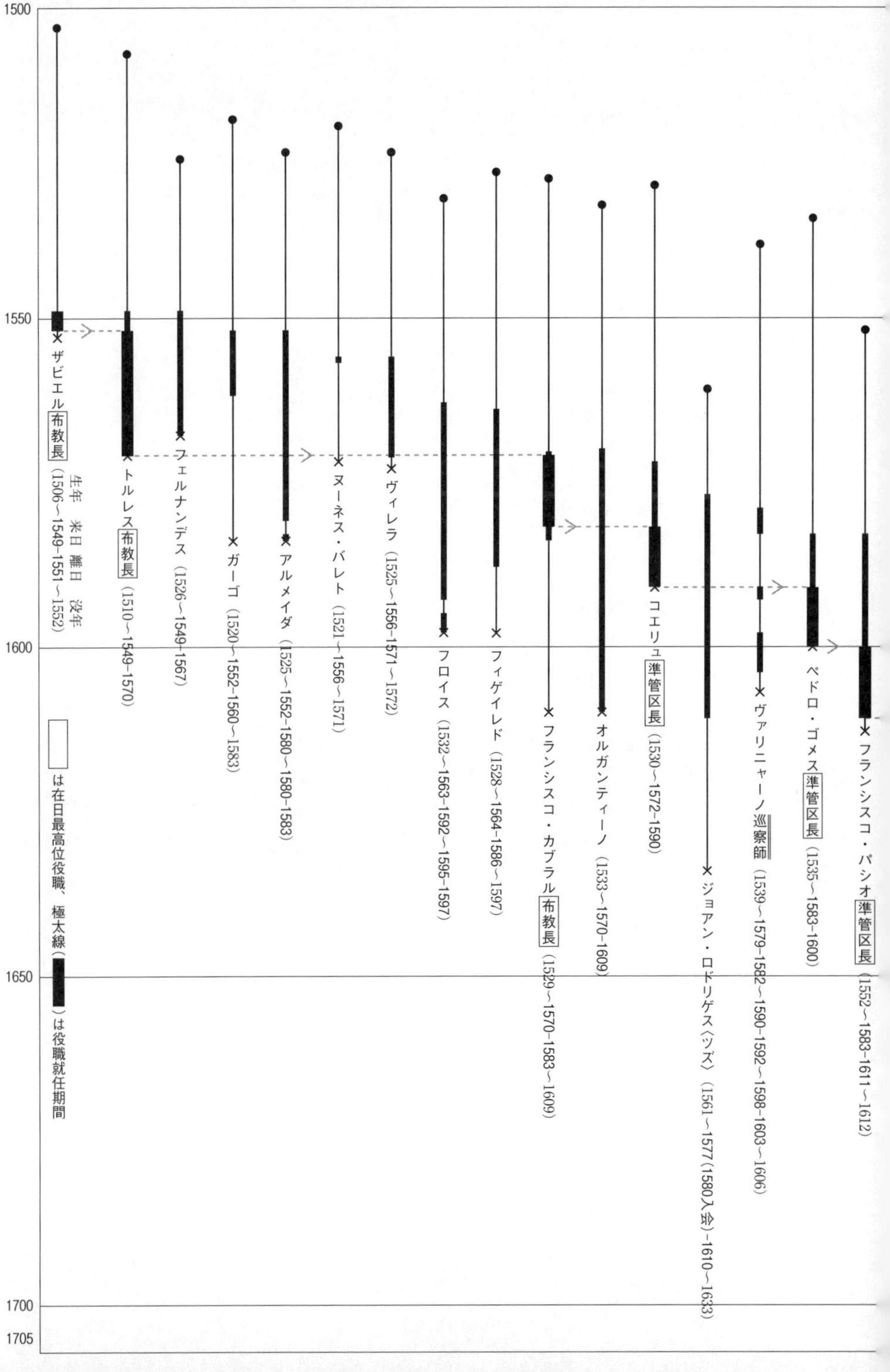

マ行

ヤ行

ラ行

ワ行

ハ行

タ行

ナ行

サ行

索引

ア行

カ行

初出誌　「選択」
二〇〇六年四月号〜二〇一六年一二月号、連載一二九回

【著者略歴】

渡辺《わたなべ》京《きょう》二《じ》

1930年京都生まれ。大連一中、旧制第五高等学校文科を経て、法政大学社会学部卒業。日本近代史家。河合文化教育研究所主任研究員。主な著書に『北一輝』（毎日出版文化賞）、『日本近世の起源』、『逝きし世の面影』（和辻哲郎文化賞）、『江戸という幻景』、『未踏の野を過ぎて』、『もうひとつのこの世』、『万象の訪れ』、『黒船前夜』（大佛次郎賞）、『幻影の明治』、『無名の人生』、『日本詩歌思出草』他。

バテレンの世紀《せいき》

二〇一七年一一月三〇日発行
二〇二三年一二月一〇日六刷

著　者　渡辺《わたなべ》京《きょう》二《じ》

発行者　佐藤隆信

発行所　株式会社新潮社
郵便番号一六二―八七一一
東京都新宿区矢来町七一
電話（編集部）〇三―三二六六―五四一一
（読者係）〇三―三二六六―五一一一
http://www.shinchosha.co.jp

印刷所　錦明印刷株式会社

製本所　加藤製本株式会社

価格はカバーに表示してあります。

乱丁・落丁本は、ご面倒ですが小社読者係宛お送り下さい。送料小社負担にてお取替えいたします。

ISBN978-4-10-351321-6 C0095